Zur Abwicklungsproblematik nichtehelicher Lebensgemeinschaften aus rechtsvergleichender Sicht

Europäische Hochschulschriften

Publications Universitaires Européennes
European University Studies

Reihe II
Rechtswissenschaft

Série II Series II
Droit
Law

Bd./Vol. 4530

PETER LANG
Frankfurt am Main · Berlin · Bern · Bruxelles · New York · Oxford · Wien

Stephanie Bammel

Zur Abwicklungsproblematik nichtehelicher Lebensgemeinschaften aus rechtsvergleichender Sicht

Eine konzeptionelle Betrachtung des deutschen und spanischen Rechts

PETER LANG
Europäischer Verlag der Wissenschaften

Bibliografische Information der Deutschen Nationalbibliothek
Die Deutsche Nationalbibliothek verzeichnet diese Publikation in der Deutschen Nationalbibliografie; detaillierte bibliografische Daten sind im Internet über <http://www.d-nb.de> abrufbar.

Zugl.: Hagen, FernUniv., Diss., 2006

D 708
ISSN 0531-7312
ISBN-10: 3-631-56459-7
ISBN-13: 978-3-631-56459-2

www.peterlang.de

Meinen Eltern

Vorwort

Die Arbeit wurde im Sommersemester 2006 von dem Fachbereich Rechtswissenschaft der FernUniversität in Hagen als Dissertation angenommen. Das Manuskript wurde im Sommer 2006 abgeschlossen.

Mein besonderer Dank gilt meinem Doktorvater, Herrn Professor Dr. Karl August Prinz von Sachsen Gessaphe, der mir in vielfältiger Weise tatkräftige Förderung, Verständnis und Ermutigung zuteil werden ließ. Durch die Tätigkeit an seinem Lehrgebiet wurde der Grundstein für den Erfolg dieser Arbeit gelegt.

Besonders bedanken möchte ich mich bei Herrn Professor Dr. Klaus Jochen Albiez Dohrmann, der mich während meines Auslandsaufenthaltes an der Universität von Granada betreute und mir mit seinen wertvollen Anregungen einen schnellen Einstieg in das spanische Recht ermöglichte. Weiterhin gebührt ihm mein Dank für die zügige Erstellung des Zweitgutachtens.

Dank schulde ich der Juristischen Fakultät der Universität von Granada und dem Ilustre Colegio Notarial de Granada, die mir die umfangreichen Recherchen gestatteten. Besonders hervorheben möchte ich den damaligen Leiter des Departamentos de Derecho Civil, Professor Dr. Juan Miguel Ossorio Serrano, sowie die Bibliothekarin des Ilustre Colegio Notarial de Granada, Mª del Carmen Salazar Rodríguez.

Auch danke ich dem Deutschen Akademischen Austauschdienst (DAAD), mit dessen finanzieller Unterstützung der Auslandsaufenthalt ermöglicht wurde.

Des Weiteren möchte ich mich bei Frau Ass. iur. Sange Addison-Agyei, bei Frau Dr. iur. Hanife Altınsoy und Frau Marleen Koninckx für die zahllosen Ratschläge und die konstruktive Kritik bedanken. Schließlich danke ich Frau Mechtild Thünemann-Aepkers, die die Mühsal des Korrekturlesens übernommen hat.

Dortmund, im Dezember 2006

Inhaltsverzeichnis

Verzeichnis der verwendeten Literatur

Albaladejo, Manuel/ Díaz Alabart, Silvia: Comentarios al Código Civil y Compilaciones Forales
Tomo XXVI, Ley sobre el Derecho Civil Foral del País Vasco, 2. Auflage 1997, Madrid
Tomo XXVII, Vol.2.°, Artículos 52 a 96 de la Compilación de Cataluña, 2. Auflage 1990, Madrid
Tomo XXXI, Vol.1.°, Artículos 1 a 65 de la Compilación del Derecho civil de Baleares, 2. Auflage 2000, Madrid
Tomo XXXIII, Vol.1.°, Artículos 1 a 35 de la Compilación de Aragón y Ley de parejas estables no casadas, Madrid 2000
Tomo XXXVII, Vol.2.°, Leyes 253 a 345 de la Compilación o Fuero Nuevo de Navarra, Madrid 2001
zitiert: Albaladejo/Díaz Alabart/*Bearbeiter*

Alonso Herreros, Diego: A propósito de los registros de uniones civiles de hecho, RGD 2001, 1835 - 1852

De Amunátegui Rodríguez, Cristina: Uniones de Hecho. Una nueva visión después de la publicación de las Leyes sobre Parejas Estables, Valencia 2002

Dies.: La aplicación de las Leyes de parejas no casadas por parte de los tribunales, RDP 2004, 527 - 572

Anwaltskommentar, BGB
Band: 4, Familienrecht, Bonn 2005
zitiert: AnwK-BGB/*Bearbeiter*

Arce Janáriz, Alberto: Constitución y derechos civiles forales, Madrid 1987

Bachs Estany, Josep M.ª: Las prestaciones económicas entre los miembros de las uniones estables de pareja y sus descendientes, in: Ortuño Muñoz, José Pascual (dir.), Las uniones estables de pareja, Cuadernos de Derecho Judicial, I - 2003, Consejo General del Poder Judicial, Madrid 2003, S. 165 - 197

Badenas Carpio, Juan Manuel: Notas a la Ley 18/2001, de 19 de diciembre, de Parejas Estables de las Islas Baleares, AC 2002, 965 - 978

Balaguer Callejón, Francisco: Derecho constitucional, Volumen II, 2. Auflage 2003, Madrid, zitiert: *Balaguer*, Derecho constitucional II

Bamberger, Heinz Georg/ Roth,Herbert : Kommentar zum Bürgerlichen Gesetzbuch
Band 1, München 2005
zitiert: Bamberger/Roth/*Bearbeiter*

Bartsch, Herbert: Unterhaltspflichten nach Auflösung der eheähnlichen Gemeinschaft?, JR 1979, 364 - 366

Battes, Robert: Gesellschaftsrechtliche Überlegungen zur nichtehelichen Lebensgemeinschaft, ZHR 143 (1979), 385 - 408

Ders.: Nichteheliches Zusammenleben im Zivilrecht, Köln 1983

Ders.: Auseinandersetzung, Rückabwicklung, Entgelt, in: Festschrift für Heinz Hübner zum 70. Geburtstag, Berlin, New York 1984, S. 379 - 393

Becker, Hans-Jürgen: Die nichteheliche Lebensgemeinschaft im Schadensrecht, VersR 1985, 201 - 206

Bercovitz Rodríguez-Cano, Rodrigo: Comentarios a la Ley de Arrendamientos Urbanos, 2. Auflage 1997, Navarra, zitiert: Bercovitz Rodríguez-Cano/*Bearbeiter*

Ders.: La conservación, modificación y desarrollo de los derechos civiles, forales o especiales, allí donde existan, DPC 1993, 15 - 82

Bercovitz Rodríguez-Cano, Rodrigo/ Pérez de Castro, Nazareth: La vecindad civil, Madrid 1996

Bermejo Pumar, Maria Mercedes: Uniones de participación integral de vida, RGD 1991, 2489 - 2515

Beyerle, Angelika: Die bereicherungsrechtliche Abwicklung eheähnlicher Gemeinschaften, München 1981

Blanco Pérez-Rubio, Lourdes: Parejas no casadas y pensión de viudedad, Madrid 1992

Bosch, Friedrich Wilhelm: Rückblick und Ausblick oder: De legibus ad familiam pertinentibus – reformatis et reformatis? (Familienrechtsreform in Vergangenheit, Gegenwart und Zukunft), FamRZ 1980, 849 - 855

Ders.: Ist das geltende Ehegatten-Erbrecht bei kinderloser Ehe reformbedürftig?, FamRZ 1983, 227 - 239

Brötel, Achim: Kinderrechte - Staatenpflichten: Überlegungen zum Verhältnis von Völkerrecht und innerstaatlichem Recht in der aktuellen Reformdiskussion, DAVorm 1997, 537 - 550

Brudermüller, Gerd: Wohnungszuweisung und Ausgleichszahlung, FamRZ 1989, 7 - 16

Ders.: Wohnungszuweisung bei Beendigung einer nichtehelichen Lebensgemeinschaft, FamRZ 1994, 207 - 216

Ders.: Zuweisung der Mietwohnung bei Ehegatten, Lebenspartnern, Lebensgefährten, WuM 2003, 250 - 255

Busche, Jan: Unterhaltsansprüche nach Beendigung nichtehelicher Lebensgemeinschaften, JZ 1998, 387 - 396

Bruns, Manfred: Art. 6 I GG und gesetzliche Regelungen für gleichgeschlechtliche Lebensgemeinschaften, ZRP 1996, 6 - 10

Camarero Suárez, M.ª Victoria: Uniones de hecho y conflictividad matrimonial, RGD 1997, 67 - 80

Dies.: Estudio de las iniciativas parlamentarias sobre uniones no matrimoniales, RGD 1999, 3552 - 3578

Von Campenhausen, Axel: Verfassungsgarantie und sozialer Wandel - Das Beispiel von Ehe und Familie, VVDStRL 45 (1987), 7 - 54

Cantero Nuñez, Frederico: Uniones de hecho, in: Garrido de Palma, Victor, Instituciones de derecho privado, Tomo IV, Familia, Vol. 1°, Madrid 2001, S. 269 - 488

Capilla Roncero, Francisco: El Código Civil y el estado de las autonomías: La supletoriedad del Código Civil, in: Moreno Quesada (coord.), Bernardo, Competencia en materia civil de las comunidades autónomas, Madrid 1989, S. 42 - 52

Castan Tobeñas, José: Derecho Civil español, común y foral, Tomo V, Vol.1.°, Derecho de familia, Relaciones conyugales, 11. Auflage 1987, Madrid

Cervera Soto, Teresa: Breves reflexiones sobre la regulación jurídica de las uniones no matrimonales, RDP 2000, 211 - 220

Cervilla Garzón, María Dolores: El derecho a percibir una pensión compensatoria en las rupturas de las parejas de hecho, RJN 2002, octubre-diciembre, núm. 44, 127 - 163

Coester, Michael: Das Kindeswohl als Rechtsbegriff, Die richterliche Entscheidung über die elterliche Sorge beim Zerfall der Familiengemeinschaft, Frankfurt 1983

Ders.: Elternrecht des nichtehelichen Vaters und Adoption - Zur Entscheidung des Bundesverfassungsgerichts vom 7. 3. 1995 - FamRZ 1995, 1245 - 1251

Ders.: Elternautonomie und Staatsverantwortung bei der Pflege und Erziehung von Kindern, FamRZ 1996, 1181 - 1187

Ders.: Verfassungsrechtliche Vorgaben für die gesetzliche Ausgestaltung des Sorgerechts nicht miteinander verheirateter Eltern, FPR 2005, 60 - 65

Coester-Waltjen, Dagmar: Die Lebensgemeinschaft - Strapazierung des Parteiwillens oder staatliche Bevormundung?, NJW 1988, 2085 - 2090

Coing, Helmut: Verhandlungen des 49. Deutschen Juristentages, Band I, (Gutachten) Teil A, Empfiehlt es sich, das gesetzliche Erbrecht und Pflichtteilsrecht neu zu regeln?, München 1972

Corral Gijón, Carmen: Las uniones de hecho y sus efectos patrimoniales (Parte 1.ª: Configuración del fenómeno), RCDI 2000, 3325 - 3388

Däubler, Wolfgang: Entwicklungstendenzen im Erbrecht, ZRP 1975, 136 - 146

Delgado Echeverría, Jesús: Los derechos civiles forales en la Constitución, RJC 1979, 643 - 667

Derleder, Peter: Vermögenskonflikte zwischen Lebensgefährten bei Auflösung ihrer Gemeinschaft, NJW 1980, 545 - 552

Diederichsen, Uwe: Die nichteheliche Lebensgemeinschaft im Zivilrecht, NJW 1983, 1017 - 1026

Ders.: Rechtsprobleme der nichtehelichen Lebensgemeinschaft, FamRZ 1988, 889 - 897

Ders.: Die Reform des Kindschafts- und Beistandsrechts, NJW 1998, 1977 - 1991

Dietlein, Johannes: Der Schutz nichtehelicher Lebensgemeinschaften in den Verfassungen und Verfassungsentwürfen der neuen Länder - Zu den bundesverfassungsrechtlichen Grenzen landesstaatlicher Grundrechtssetzung, DTZ 1993, 136 - 141

Díez-Picazo, Luis y de León, Ponce: Las Competencias del Estado y de las Comunidades Autónomas en materia de Derecho Civil, in: Moreno Quesada, Bernardo (coord.), Competencia en materia civil de las Comunidades Autónomas, Madrid 1989, S. 13 - 21

Díez-Picazo, Luis/ Gullón Antonio: Sistema de Derecho Civil, Volumen IV, Derecho de familia, Derecho de sucesiones, 8. Auflage 2001, Madrid, zitiert: *Díez-Picazo/Gullón*, Sistema de Derecho Civil IV

Dreier, Horst: Grundgesetz Kommentar, Band I, Art. 1 - 19, Tübingen 1996

Erler, Michael: Nicht-eheliche Lebensgemeinschaften zwischen Alternative und „Normalität“, FuR 1996, 10 - 13

Erman: Bürgerliches Gesetzbuch
Band II, 11. Auflage 2004, Münster, Köln
zitiert: Erman/*Bearbeiter*

Estrada Alonso, Eduardo: Las uniones extramatrimoniales en el Derecho civil español, 2. Auflage 1991, Madrid

Evans-von Krbek, Franziska: Das „Zusammenleben“ und sein Verhältnis zur Verlobung und Ehe, JA 1979, 236 - 242

Eyrich, Heinz: Nichteheliche Lebensgemeinschaft - eine Aufgabe für den Gesetzgeber?, ZRP 1990, 139 - 143

Fahrenhorst, Irene: Familienrecht und Europäische Menschenrechtskonvention, Das Ehe- und Familienrecht der Bundesrepublik Deutschland und seine Vereinbarkeit mit der Europäischen Konvention zum Schutz der Menschenrechte und Grundfreiheiten, Paderborn u.a. 1994

Ferreres Comella, Victor: El principio de igualdad y el «derecho a no casarse» (A propósito de la STC 222/92), REDC 1994, núm. 42, 163 - 196

Finger, Peter: Wohngemeinschaft, Partnerschaft, Lebensgemeinschaft, JZ 1981, 497 - 510

Ders.: Kündigung und Fortsetzung des Mietverhältnisses bei beendeter, nichtehelicher Partnerschaft, WuM 1993, 581 - 584

Fosar Benlloch, Enrique: La Constitución Española de 1978 y la unión libre, RJC 1982, 885 - 934

Frank, Rainer: Vermögensrechtliche Ansprüche beim Scheitern nichtehelicher Lebensgemeinschaften, Eine kritische Würdigung der Rechtsprechung des Bundesgerichtshofes, in: Festschrift für Wolfram Müller-Freienfels zum 70. Geburtstag, Baden-Baden 1986, S. 131 - 158

Ders.: Gesellschaften zwischen Ehegatten und Nichtehegatten, - Kritische Überlegungen zur Rechtsprechung des Bundesgerichtshofs -, FamRZ 1983, 541 - 546

Friauf, Karl Heinrich: Verfassungsgarantie und sozialer Wandel - das Beispiel von Ehe und Familie, NJW 1986, 2595 - 2602

Gallego Domínguez, Ignacio: Las parejas no casadas y sus efectos patrimoniales, Madrid 1995

García Cantero, Gabriel: Familia y constitución, in: García de Enterría, Eduardo u.a.: El desarollo de la Constitución Española, Zaragoza 1982, S. 189 - 213

García Pastor, Milagros: La situación jurídica de los hijos cuyos padres no conviven: Aspectos personales, Madrid 1997

Garrido de Palma, Victor Manuel/ Regojo Otero, Alejandra: La familia no matrimonial (Estudio sobre el concubinato), RGLJ 1986, 613 - 625

Garrido Melero, Martín: Matrimonio, convivientes *more uxorio* y familia en el Código de familia y en la Ley catalana de uniones estables de pareja, La Notaría 1998, núm. 7, 35 - 124

Ders.: Derecho de familia, Un análisis del Código de Familia y de la Ley de Uniones Estables de Pareja de Cataluña y su correlación con el Código Civil, Madrid, Barcelona 1999

Gavidia Sánchez, Julio Vicente: La unión libre (El marco constitucional y la situación del conviviente supérstite), Valencia 1995

Ders.: ¿Es la unión libre una situación análoga al matrimonio?, RJN 1999, octubre-diciembre, núm. 32, 199 - 355

Ders.: Uniones libres y competencia legislativa de ciertas Comunidades Autónomas para desarrollar su propio Derecho Civil, La Ley 1999, D-251, 1970 - 1978

Ders.: Las uniones libres en la Ley Foral de Navarra de Parejas Estables, AC 2001, 605 - 643

Gernhuber, Joachim: Die Mitarbeit von Ehegatten im Zeichen der Gleichberechtigung, FamRZ 1958, 243 - 251

Ders.: Ehe und Familie als Begriffe des Rechts, FamRZ 1981, 721 - 727

Gernhuber, Joachim/ Coester-Waltjen, Dagmar: Lehrbuch des Familienrechts, 4. Auflage 1994, München

Gete-Alonso y Calera, M.ª del Carmen/ Ysás Solanes, María/ Solé Resina, Judith: Derecho de familia vigente en Cataluña, Barcelona 2003

Goetz, Stephan: Erbrechtliche Ansprüche außerhalb des Familienerbrechts - Ein Beitrag zur Diskussion über eine künftige Erbrechtsreform -, FamRZ 1985, 987 - 991

Gómez, Yolanda: Familia y matrimonio en la Constitución española de 1978, Madrid 1990

Greßmann, Michael: Neues Kindschaftsrecht, Bielefeld 1998

Grziwotz, Herbert: Nichteheliche Lebensgemeinschaft, 4. Auflage 2006, München

Ders.: Erbrechtliche und erbschaftssteuerrechtliche Probleme des nichtehelichen Zusammenlebens, ZEV 1994, 267 - 274

Ders.: Rechtsprechung zur nichtehelichen Lebensgemeinschaft, FamRZ 2003, 1417 - 1424

Ders.: Rechtsprechung zur nichtehelichen Lebensgemeinschaft (Fortsetzung), FamRZ 1999, 413 - 422

Ders.: Rechtsprechung zur nichtehelichen Lebensgemeinschaft, FamRZ 1994, 1217 - 1226

Hausmann, Rainer: Nichteheliche Lebensgemeinschaften und Vermögensausgleich, München 1989

Ders.: Ausgleichsansprüche für Ehegattenmitarbeit nach § 242 BGB, - Bemerkungen zu BGH, Urt. v. 13.7.1994 -, ZEV 1995, 129 - 131

Hausmann, Rainer/ Hohloch, Gerhard: Das Recht der nichtehelichen Lebensgemeinschaft, 2. Auflage 2004, Berlin

Heilmann, Joachim: Die nichteheliche Lebensgemeinschaft, Ihre rechtliche Behandlung in der Bundesrepublik Deutschland und ein Vergleich zur neueren Entwicklung in Schweden, JA 1990, 116 - 121

Henrich, Dieter: Eherecht und soziale Wirklichkeit, in: Festschrift für Wolfram Müller-Freienfels zum 70. Geburtstag, Baden-Baden 1986, S. 289 - 327

Hernández Ibáñez, Carmen: Una aproximación a la Ley 10/1998, de 15 de julio, de Uniones Estables de Pareja de Cataluña, AC 1999, 583 - 622

Dies.: Las uniones de hecho en la Ley 6/1999, de 26 de marzo, relativa a las parejas estables no casadas de Aragón, in: Herrera Campos (dir.), Ramón, Homenaje al profesor Bernardo Moreno Quesada, Volumen II, Granada/ Jaen 2000, S. 789 - 805

Hill, Paul/ Kopp, Johannes: Nichteheliche Lebensgemeinschaften - theoretische Aspekte zur Wahl der Lebensform, in: Klein, Thomas/ Lauterbach, Wolfgang, Nichteheliche Lebensgemeinschaften, Opladen 1999, S. 11 - 35

Von Hippel, Fritz: Richtlinie und Kasuistik im Aufbau von Rechtsordnungen, Ein Kapitel moderner Gesetzgebungskunst, Marburg 1942

Hofmann, Werner: Eigentumsvermutung und Gewahrsamfiktion in der „Ehe ohne Trauschein", ZRP 1990, 409 - 411

Huffmann, Johann-Friedrich: Die Erfassung der Familie im Zivilrecht, Die Auslegung der Begriffe „Familie", „Familienangehöriger" und „naher Angehöriger", Stuttgart, Berlin, Köln 1990

Jaeger, Wolfgang: Die Wiederentdeckung der stillschweigenden Ehegatteninnengesellschaft als Instrument des Vermögensausgleichs nach gescheiterter Ehe, in: Festschrift für Dieter Henrich zum 70. Geburtstag, Bielefeld 2000, S. 323 - 334

Jarass, Hans/ Pieroth, Bodo: Grundgesetz für die Bundesrepublik Deutschland, 8. Auflage 2006, München

Jauernig, Othmar: Bürgerliches Gesetzbuch, 11. Auflage 2004, München, zitiert: Jauernig/*Bearbeiter*

Kingreen, Thorsten: Die verfassungsrechtliche Stellung der nichtehelichen Lebensgemeinschaft im Spannungsfeld zwischen Freiheits- und Gleichheitsrechten, Berlin 1995

Ders.: Die verfassungsrechtliche Stellung der nichtehelichen Familie am Beispiel des Sonderurlaubs für Beamte, NVwZ 1999, 852 - 855

Knöpfel, Gottfried: Faktische Elternschaft, Bedeutung und Grenzen, FamRZ 1983, 317 - 331

Ders.: Erforderliche Änderungen im Nichtehelichenrecht, ZRP 1990, 234 - 239

Krause, Rüdiger: Abwicklungsprobleme bei der nichtehelichen Lebensgemeinschaft, JuS 1989, 455 - 460

Krings, Günter: Verfassungsrechtliche Vorgaben für eine rechtliche Ordnung nichtehelicher Lebensgemeinschaften, FPR 2001, 7 - 12

Kühne, Gunther: Wechselbeziehungen zwischen ehelichem Güterrecht und Zuwendungsgeschäften unter Ehegatten, - Eine rechtsvergleichende Skizze -, in: Festschrift für Günther Beitzke zum 70. Geburtstag, Berlin, New York 1979, S. 249 - 267

Lacruz Berdejo, José Luis/ Sancho Rebullida, Francisco de Asís/ Luna Serrano, Augustín/ Delgado Echecerría, Jesús/ Rivero Hernández, Francisco/ Rams Albesa, Joaquín: Elementos de Derecho Civil IV, Familia, 9. Auflage 2002, Madrid, zitiert: Lacruz Berdejo u.a., Elementos de Derecho Civil IV

Lacruz Berdejo, José Luis: Matrimonio y dicorcio, Comentarios al título IV del libro primero del Código Civil, 2. Auflage 1994, Madrid, zitiert: Lacruz Berdejo/*Bearbeiter*

Ders.: Convivencia „more uxorio“: Estipulaciones y presunciones, in: Asociación de profesores de derecho civil, Centenario del Código Civil (1889-1989), Tomo I, Madrid 1990, S. 1061 - 1069

Larenz, Karl: Methodenlehre der Rechtswissenschaft, 6. Auflage 1991, Berlin u.a.

Lasarte Álvarez, Carlos: Comentarios a la Ley de Arrendamientos Urbanos, Ley 29/1994, de 24 de noviembre, Madrid 1996, zitiert: Lasarte Àlvarez/*Bearbeiter*

Lauterbach, Wolfgang: Die Dauer Nichtehelicher Lebensgemeinschaften. Alternative oder Vorphase zur Ehe?, in: Klein, Thomas/ Lauterbach, Wolfgang, Nichteheliche Lebensgemeinschaften, Opladen 1999, S. 269 - 307

Lecheler, Helmut: Verfassungsgarantie und sozialer Wandel, DVBl. 1986, 905 - 911

Leipold, Dieter: Wandlungen in den Grundlagen des Erbrechts?, AcP 180 (1980), 160 - 237

Lieb, Manfred: Verhandlungen des 57. Deutschen Juristentages, Band I, (Gutachten) Teil A, Empfiehlt es sich, die rechtlichen Fragen der nichtehelichen Lebensgemeinschaft gesetzlich zu regeln?, München 1988

Lipp, Martin: Die nichteheliche Lebensgemeinschaft und das bürgerliche Recht: eine dogmatisch-methodische Studie, AcP 180 (1980), 537 - 603

Ders.: Das elterliche Sorgerecht für das nichteheliche Kind nach dem Kindschaftsrechtsreformgesetz (KindRG), FamRZ 1998, 65 - 76

Llaquet de Entrambasaguas, José Luis: Consideraciones en torno a la 'Llei d´uniones estables de parella` (Llei 10/1998, de 15 de julio), de Cataluña, REDCanónico 1999, enero-junio, núm. 56, 261 - 273

Llebaría Samper, Sergio: Hacia la familia no matrimonial, Barcelona 1997

Ders.: Consecuencias de una convivencia prometiendo en matrimonio: indemnización y analogías matrimoniales, Comentario a la sentencia del Tribunal Supremo de 16 de diciembre de 1996, La Ley 1997, D-238, 1624 - 1634

Ders.: Glosa crítica a esta (nuestra) nueva Ley de Uniones Estables de Pareja, La Notaría 1998, núm. 10, 57 - 111

Ders.: El patrimonio de las parejas de hecho, in: Garrido Melero, Martín/ Fugardo Estivill, Josep Maria (coord.), El patrimonio familiar, profesional y empresarial. Sus protocolos, Tomo II, Barcelona 2005, S. 363 - 421

López Azcona, Aurora: La Ruptura de las Parejas de Hecho, Análisis comparado legislativo y jurisprudencial, Pamplona 2002

López Burniol, Juan-José: La Ley catalana de uniones estables de pareja, RJC 1999, 641 - 676

López Guerra, Luis/ Espín, Eduardo/ García Morillo, Joaquín/ Pérez Tremps, Pablo/ Satrústegui, Miguel: Derecho Constitucional, Volumen I, El ordenamiento constitucional. Derechos y deberes de los ciudadanos, 6. Auflage 2003, Valencia, zitiert: *López Guerra u.a.*, Derecho Constitucional I

Von Mangoldt, Hermann/ Klein, Friedrich/ Stark, Christian: Bonner Grundgesetz, Kommentar
Band 1: Präambel, Art. 1 - 19, 5. Auflage 2005, München
zitiert: von Mangoldt/Klein/Stark/*Bearbeiter*

Martín Casals, Miquel: Informe de Derecho Comparado sobre la regulación de la pareja de hecho, ADC 1995, 1709 - 1808

Ders.: Aproximación a la Ley catalana 10/1998, de 15 de julio, de Uniones Estables de Pareja, DPC 1998, 143 - 187

Martinell Gispert-Saúch, Josep M.: La Llei d'uniones estables de parella, La Notaría 1999, núm. 2, 59 - 89

Martínez-Calcerrada, Luis: La familia en la Constitución española, RDP 1981, 959 - 986

Martínez de Aguirre, Carlos: Acuerdos entre convivientes *more uxorio*, RDP 2001, 841 - 874

Martínez López-Muñiz, José Luis: La familia en la Constitución Española, REDC 2000, 11 - 43

Martínez-Piñeiro Caramés, Eduardo: Uniones estables de pareja en Cataluña (Ley 10/1998, de 15 de julio), La Notaría 1999, núm. 10, 51 - 70

Ders.: Uniones estables de pareja en Cataluña (Ley 10/1998, de 15 de julio), RJN 2000, julio-septiembre, núm. 35, 77 - 101

Martínez Rodríguez, Nieves: ¿Están los convivientes de hecho obligados a prestarse alimentos?, in: Martinell, Josep María/ Areces Piñol, Mª Teresa, uniones de hecho, Lleida 1998, S. 345 - 358

Masot Miquel, Miguel: Los principios generales del derecho sucesorio balear, in: Bercovitz/Martínez-Simancas, Derechos Civiles de España, Vol. VI, Navarra 2000, S. 4889 - 4931

Maunz, Theodor/ Dürig, Günter: Grundgesetz, Kommentar
Band I, Art. 1 - 5, München 2005
zitiert: Maunz/Dürig/*Bearbeiter*

Mesa Marrero, Carolina: Las Uniones de Hecho, Análisis de las relaciones económicas y sus efectos, 3. Auflage 2006, Navarra

Meyer, Thomas: Rechtsprobleme bei der gemeinsamen Nutzung einer Wohnung, ZMR 1990, 444 - 446

Meyer-Teschendorf, Klaus: Standesamtliche Eheschließungsform und Grundgesetz, StAZ 1982, 325 - 331

Ministerio de Justicia: Comentario del Código Civil, Tomo II, 2. Auflage 1993, Madrid

Montero Aroca, Juan: La pensión compensatoria en la separación y en el divorcio (La aplicación práctica de los artículos 97, 99, 100 y 101 del Código Civil), Valencia 2002

Ders.: Guarda y costodia de los hijos (La aplicación práctica del artículo 92 del Código Civil), Valencia 2001

Moreno Verdejo, Jaime: Algunas reflexiones sobre los registros municipales de uniones civiles no matrimoniales, RGD 1994, 12543 - 12549

Motzer, Stefan: Die Entwicklung des Rechts der elterlichen Sorge und des Umgangs seit 2002, FamRZ 2004, 1145 - 1155

De los Mozos, José Luis: Familia y derecho: De nuevo sobre las parejas no casadas, La Ley 2000, D-226, 1235 - 1244

Von Münch, Eva-Marie: Für eine gesetzliche Regelung rechtlicher Frage nichtehelicher Lebensgemeinschaften, ZRP 1988, 327 - 330

Dies.: Ehe und Familie, in: Benda, Ernst/ Maihofer, Werner/ Vogel, Hans-Jochen, Handbuch des Verfassungsrechts der Bundesrepublik Deutschland, Berlin, New York 1994, S. 293 - 326

Von Münch, Ingo: Verfassungsrecht und nichteheliche Lebensgemeinschaft, in: Landwehr, Götz: Die nichteheliche Lebensgemeinschaft, Göttingen 1978, S. 137 - 151

Von Münch, Ingo/ Kunig, Philip: Grundgesetz-Kommentar
Band 1 (Präambel bis Art. 19), 5. Auflage 2000, München
zitiert: v. Münch/Kunig/*Bearbeiter*

Münchener Kommentar zum Bürgerlichen Gesetzbuch:
Band 5, Schuldrecht, Besonderer Teil III, 4. Auflage 2004, München
Band 7, Familienrecht I, 4. Auflage 2000, München
Band 8, Familienrecht II, 4. Auflage 2002, München
Band 9, Erbrecht, 4. Auflage 2004, München
zitiert: MüKo/*Bearbeiter*

Mutter, Stefan: Zum Schicksal der gemeinsamen Mietwohnung bei Beendigung einer nichtehelichen Lebensgemeinschaft, ZMR 1994, 7 - 9

Nave-Herz, Rosemarie: Die nichteheliche Lebensgemeinschaft - eine soziologische Analyse -, FPR 2001, 3 - 7

Dies.: Die Nichteheliche Lebensgemeinschaft als Beispiel gesellschaftlicher Differenzierung, in: Klein, Thomas/ Lauterbach, Wolfgang, Nichteheliche Lebensgemeinschaften, Opladen 1999, S. 37 - 59

Niepmann, Birgit: Die Reform des Kindschaftsrechts - Die wichtigsten Neuerungen für die Praxis -, MDR 1998, 565 - 570

Oliván del Cacho, Javier: Problemas de constitucionalidad de la Ley aragonesa de parejas estables no casadas, RCJLM 2000, N° 29, 118 - 152

Ossorio Serrano, Juan Miguel: Relaciones y efectos puramente personales y no patrimoniales, que se derivan de la convivencia de las parejas de hecho, in: Herrera Campos (dir.), Ramón, Parejas de hecho, Curso de verano de la universidad complutense en Almería, Granada 1996

Padial Albas, Adoración: La indemnización debida al conviviente en caso de ruptura de la unión de hecho: aplicación analógica del artículo 23 de la "Llei de relacions patrimonials entre cònjuges", in: Martinell, Josep María/ Areces Piñol, Mª Teresa, uniones de hecho, Lleida 1998, S. 369 - 379

Pantaleón Prieto, Fernando: Régimen jurídico civil de las uniones de hecho, in: Martinell, Josep María/ Areces Piñol, Mª Teresa, uniones de hecho, Lleida 1998, S. 67 - 77

Pereña Vicente, Montserrat: Las uniones de hecho en la legislación autonómica. Análisis comparativo desde la Ley Catalana a la Ley Andaluza, La Ley 2004, D-182, 1626 - 1636

Pérez Ureña, Antonio-Alberto: Normativa sobre las uniones de hecho. Cuestiones candentes, Madrid 2002

Ders.: Las uniones de hecho ante la pensión compensatoria, Aspectos sustantivos y adjetivos, Granada 2003

Pérez Vallejo, Ana María: Autorregulación en la convivencia de hecho (a propósito de las recientes disposiciones prelegislativas y legislativas tendencialmente más dispositivas), Almería 1999

Peschel-Gutzeit, Lore Maria/ Jenckel, Anke: Gleichstellung von ehelichen und nichtehelichen Kindern - Altfälle, FuR 1996, 129 - 137

Pintens, Walter: Partnerschaft im belgischen und niederländischen Recht, FamRZ 2000, 69 - 77

Rallo Lombarte, Artemi: Uniones conyugales de hecho y Constitución (La necesidad de clarificar la contradictoria jurisprudencia constitucional), RGD 1995, 1759 - 1779

Rauscher, Thomas: Reformfragen des gesetzlichen Erb- und Pflichtteilsrechts, Band I, Regensburg 1993

Ders.: Familienrecht, Heidelberg 2001

Reina, Víctor/ Martinell, Josep María: Las uniones matrimoniales de hecho, Madrid 1996

Reina Bernáldez, Víctor: Uniones de hecho: perspectiva histórica, in: Martinell, Josep María/ Areces Piñol, Mª Teresa, uniones de hecho, Lleida 1998, S. 15 - 19

Reuter, Dieter/ Martinek, Michael: Ungerechtfertigte Bereicherung, Tübingen 1983

Ribas Algueró, Inmaculada: La vecindad civil: Problemática en torno a su régimen jurídico y a su prueba, Barcelona 1984

Roca Trías, Encarna: Familia y cambio social (De la «casa» a la persona), Madrid 1999

Dies.: Familia, familias y derecho de la familia, ADC 1990, 1055 - 1091

Dies.: El nou dret catalá sobre la família, RJC 1999, 9 - 30

Rodríguez Martínez, Mª Eugenia: La legislación autonómica sobre uniones de hecho, Revisión desde la Constitución, Valencia 2003

Rodríguez-Piñeiro y B.F., Miguel: Uniones de hecho y protección social, in: Martinell, Josep María/ Areces Piñol, Mª Teresa, uniones de hecho, Lleida 1998, S. 49 - 60

Rogalski, Regina: Rechtsfragen der nichtehelichen Lebensgemeinschaft, AnwBl 1983, 358 - 368

Roth-Stielow, Klaus: Rechtsfragen des ehelosen Zusammenlebens von Mann und Frau, JR 1978, 233 - 236

Röthel, Anne: Ehe und Lebensgemeinschaft im Personenschadensrecht, NZV 2001, 329 - 335

Röwer, Heinz-Hugo: Reformen im Familienrecht - eine rechtliche und gesellschaftliche Notwendigkeit, in: Festschrift für Franz Merz zum 65. Geburtstag, Köln 1992, S. 515 - 532

Ruland, Franz: Wohl dem, der ein Verhältnis hat - das BVerfG und die eheähnliche Gemeinschaft, NJW 1993, 2855

Sachs, Michael: Grundgesetz, Kommentar, 3. Auflage 2003, München, zitiert: Sachs/*Bearbeiter*

Prinz von Sachsen Gessaphe, Karl August: Das Konkubinat in den mexikanischen Zivilrechtsordnungen, Eine angemessene Antwort auf eine soziale Herausforderung?, Tübingen 1990

Sánchez González, M.ª Paz: La extinción del derecho a la pensión compensatoria, Granada 2005

Sánchez Martínez, M. Olga: Constitución y parejas de hecho, El matrimonio y la pluralidad de estructuras familiares, REDC 2000, 45 - 69

Saura Alberdi, Beatriz: La pensión compensatoria; criterios delimitadores de su importe y extensión, Valencia 2004

Schilling, Roger: § 1615 l BGB-E - ein Fortschritt?, FPR 2005, 513 - 516

Schlaich, Martin: „Ehebezogene Zuwendungen" unter Nicht-Ehegatten, 1997

Schlüter, Wilfried: Die nichteheliche Lebensgemeinschaft, Berlin, New York 1981

Ders.: Die gesetzliche Regelung von außerehelichen Partnerschaften gleichen und verschiedenen Geschlechts, FF 2000, 76 - 85

Schlüter, Wilfried/ Belling, Detlev: Die nichteheliche Lebensgemeinschaft und ihre vermögensrechtliche Abwicklung, FamRZ 1986, 405 - 416

Schmidt-Aßmann, Ulrike: Verhandlungen des 57. Deutschen Juristentages, Band II (Sitzungsberichte), Empfiehlt es sich, die rechtlichen Fragen der nichtehelichen Lebensgemeinschaft gesetzlich zu regeln?, Referat I 9 - 44, München 1988

Schneider, Norbert/ Hartmann, Kerstin/ Eggen, Bernd/ Fölker, Brigitte: Materialien zur Familienpolitik Nr. 10, Wie leben die Deutschen?, Lebensformen, Familien- und Haushaltsstrukturen in Deutschland, Sonderauswertungen mit den Daten des Mikrozensus 1998, erstellt im Auftrag des Bundesministeriums für Familie, Senioren, Frauen und Jugend, 2000

Scholz, Rupert/ Uhle, Arnd: „Eingetragene Lebenspartnerschaft" und Grundgesetz, NJW 2001, 393 - 400

Schreiber, Christiane: Die nichteheliche Lebensgemeinschaft, Ein Handbuch für die Praxis, 2. Auflage 2000, Köln

Schriftenreihe des Bundesministers für Jugend, Familie und Gesundheit: Nichteheliche Lebensgemeinschaften in der Bundesrepublik Deutschland, Band 170, Stuttgart 1985, zitiert: BMJFG

Schumacher, Klaus: Zum gesetzlichen Regelungsbedarf für nichteheliche Lebensgemeinschaften, FamRZ 1994, 857 - 865

Schüren, Peter: Mietrechtlicher Kündigungsschutz für Wohngemeinschaften, JZ 1989, 358 - 364

Schumann, Eva: Die nichteheliche Familie, Reformvorschläge für das Familienrecht mit einer Darstellung der geschichtlichen Entwicklung und unter Berücksichtigung des Völker- und Verfassungsrechts, München 1998

Schuschke, Winfried: Vorläufiger Rechtsschutz unter Lebensgefährten im Hinblick auf die gemeinsame Wohnung, NZM 1999, 481 - 485

Schwab, Dieter: Zivilrecht und nichteheliche Lebensgemeinschaft, in: Landwehr, Götz: Die nichteheliche Lebensgemeinschaft, Göttingen 1978, S. 61 – 83

Ders.: Konkurs der Familie? - Familienrecht im Umbruch -, München 1994

Ders.: Einführung in das neue Kindschaftsrecht, FamRZ 1997, 1377 - 1383

Ders.: Elterliche Sorge bei Trennung und Scheidung der Eltern - Die Neuregelung des Kindschaftsrechtsreformgesetzes -, FamRZ 1998, 457 - 472

Ders.: Zivilrechtliche Schutzmöglichkeiten bei häuslicher Gewalt, FamRZ 1999, 1317 - 1324

Ders.: Familienrecht, 13. Auflage 2005, München

Schwenzer, Ingeborg: Vom Status zur Realbeziehung, Familienrecht im Wandel, Baden- Baden 1987

Dies.: Gesetzliche Regelung der Rechtsprobleme nichtehelicher Lebensgemeinschaften?, JZ 1988, 781 - 789

Serrano García, José Antonio: El régimen económico matrimonial aragonés, in: Bercovitz/Martínez-Simancas, Derechos Civiles de España, Vol. VIII, Navarra 2000, S. 3439 - 3488

Simitis, Spiros: Kindschaftsrecht - Elemente einer Theorie des Familienrechts, in: Festschrift für Wolfram Müller-Freienfels zum 70. Geburtstag, Baden-Baden 1986, S. 579 - 616

Soergel: Kommentar zum Bürgerlichen Gesetzbuch
Band 2, Allgemeiner Teil 2, 13. Auflage 1999, Stuttgart u.a.
Band 7, Familienrecht I, 12. Auflage 1989, Stuttgart u.a.
Band 21, Erbrecht 1, 13. Auflage 2002, Stuttgart u.a.
zitiert: Soergel/*Bearbeiter*

Söllner, Alfred: Der Bereicherungsanspruch wegen Nichteintritts des mit einer Leistung bezweckten Erfolges (§ 812 Abs.1 S.2, 2. Halbsatz BGB), AcP 163 (1964), 20 - 45

Stab, Ulrike: Was ist eine nichteheliche Lebensgemeinschaft?, Seminar des Deutschen Juristinnenbundes, ZRP 1988, 355 - 356

Statistisches Bundesamt: Statistisches Jahrbuch 2005 für die Bundesrepublik Deutschland, Wiesbaden 2005

Von Staudinger, Julius: Kommentar zum Bürgerlichen Gesetzbuch
§§ 840 - 853, 13. Bearbeitung 2002, Berlin
§§ 985 - 1011, Neubearbeitung der 13. Bearbeitung 2002, Berlin
Einleitung zu §§ 1297 ff, §§ 1297 - 1302, Nichteheliche Lebensgemeinschaft (Anhang zu §§ 1297 ff), §§ 1303 - 1362, 13. Bearbeitung 2000, Berlin
§§ 1967 - 2063, Neubearbeitung der 13. Bearbeitung 2002, Berlin
zitiert: Staudinger/*Bearbeiter*

Steiger, Heinhard: Verfassungsgarantie und sozialer Wandel - Das Beispiel von Ehe und Familie, VVDStRL 45 (1987), 55 - 93

Steinert, Karl-Friedrich: Vermögensrechtliche Fragen während des Zusammenlebens und nach Trennung Nichtverheirateter, NJW 1986, 683 - 689

Stintzing, Heike: Nichteheliche Lebensgemeinschaft und rechtliche Regelung - ein Widerspruch? Eine konzeptionelle Betrachtung des deutschen und australischen Rechts unter besonderer Berücksichtigung der verfassungsrechtlichen Problematik, Berlin 1992

Stöcker, Hans: Die Neuordnung der gesetzlichen Erbfolge im Spiegel des mutmaßlichen Erblasserwillens, FamRZ 1971, 609 - 618

Striewe, Peter: Ausländisches und Internationales Privatrecht der nichtehelichen Lebensgemeinschaft, Köln u.a. 1986

Strätz, Hans-Wolfgang: Rechtsfragen des Konkubinats im Überblick, FamRZ 1980, 301 - 308 und 434 - 440

Ders.: Rechtspolitische Gesichtspunkte des gesetzlichen Erbrechts und Pflichtteilsrechts nach 100 Jahren BGB, FamRZ 1998, 1553 - 1567

Struck, Gerhard: Rechtspolitische Grundfragen zu Ehe und eheähnlicher Partnerschaft - am Beispiel des Vermögensrechtes, ZRP 1983, 215 - 219

Talavera Fernández, Pedro A.: La unión de hecho y el derecho a no casarse, Granada 2001

Thomas, Hans-Friedrich: Formlose Ehen, Eine rechtsgeschichtliche und rechtsvergleichende Untersuchung, Bielefeld 1973

Torrent, Armando: Las uniones de hecho, nueva tipología de la familia, in: González Porras, Méndez González (coords.), Libro homenaje al profesor Manuel Albaladejo García, Tomo II, Murcia 2004, S. 4783 - 4821

Ders.: Unión de hecho y separación de hecho, RDN 1988, núm. 141-142, 287 - 312

Torrero Muñoz, Magda: La jurisprudencia del Tribunal Supremo y del Tribunal Constitucional ante las uniones de hecho, RGD 1998, 10625 - 10642

Torres Escámez, Salvador: La sucesión mortis causa del conviviente "more uxorio", in: Herrera Campos, Ramón (dir.), Parejas de hecho, Curso de verano de la universidad complutense en Almería, Granada 1996, S. 117 - 128

Tschernitschek, Horst: Familienrecht, 3. Auflage 2000, München

Vaskovics, Laszlo/ Rupp, Marina/ Hofmann, Barabara: Lebensverläufe in der Moderne: Nichteheliche Lebensgemeinschaften, Eine soziologische Längsschnittstudie, Opladen 1997

de Verda y Beamonte, José Ramón: Principio de libre desarrollo de la personalidad y *ius connubii* (a propósito del auto del Tribunal Constitucional 222/1994), RDP 1998, 683 - 736

Ders.: Principio de libre desarrollo de la personalidad y *ius connubii* (a propósito del ATC 222/1994), in: Martinell, Josep María/ Areces Piñol, Mª Teresa, uniones de hecho, Lleida 1998, S. 477 - 495

Ders.: Las uniones de hecho a la luz de la Constitución Española de 1978: estado de la cuestión en la legislación estatal y autonómica, AC 2001, 59 - 80

Vidal Gil, Ernesto/ Martin Moron, Mª Teresa: Jurisprudencia y cambios legislativos: la equiparación del cónyuge y el conviviente *more uxorio* en la más reciente doctrina del Tribunal Constitucional, RGD 1993, 6895 - 6927

Wagenitz, Thomas/ Barth, Thomas: Die Änderung der Familie als Aufgabe für den Gesetzgeber, FamRZ 1996, 577 - 587

Weimar, Robert: Ausgleichsansprüche bei Auflösung nichtehelicher Lebensgemeinschaften?, MDR 1997, 713 - 717

Wellenhofer-Klein, Marina: Die mittelbare Diskriminierung des nichtehelichen Kindes durch § 1615 l BGB, FuR 1999, 448 - 455

Wever, Reinhardt: Vermögensauseinandersetzung der Ehegatten außerhalb des Güterrechts, 3. Auflage 2002, Bielefeld

Wingen, Max: Der soziologische Tatbestand der nichtehelichen Lebensgemeinschaften, FamRZ 1981, 331 - 337

de Witt, Siegfried/ Huffmann, Johann-Friedrich: Nichteheliche Lebensgemeinschaft, 2. Auflage 1986, München

Zeidler, Wolfgang: Ehe und Familie, in: Benda, Ernst/ Maihofer, Werner/ Vogel, Hans-Jochen, Handbuch des Verfassungsrechts der Bundesrepublik Deutschland, Berlin, New York 1984, S. 555- 607

Zippelius, Reinhold: Verfassungsgarantie und sozialer Wandel - Das Beispiel von Ehe und Familie, DÖV 1986, 805 - 810

Zuleeg, Manfred: Verfassungsgarantie und sozialer Wandel - das Beispiel von Ehe und Familie, NVwZ 1986, 800 - 807

Verzeichnis der geläufigsten Abkürzungen

a.A.	andere Ansicht
abl.	ablehnend/er
Abs.	Absatz
AC	Actualidad Civil (Zeitschrift)
AcP	Archiv für civilistische Praxis
ADC	Anuario de Derecho Civil (Zeitschrift)
a.F.	alte Fassung
AFG	Arbeitsförderungsgesetz, jetzt SGB III
AG	Amtsgericht
Anh	Anhang
Anm.	Anmerkung
AnwBl	Anwaltsblatt
AP	Audiencia Provincial = Landgericht
ArCiv	Aranzadi Civil
Art.	Artículo, Artikel
AT	Audiencia Territorial = Regionalgericht
ATC	Auto Tribunal Constitucional
Aug.	August
BAG	Bundesarbeitsgericht
BayObLG	Bayerisches Oberstes Landesgericht
BB	Der Betriebsberater
BGB	Bürgerliches Gesetzbuch
BGH	Bundesgerichtshof
BGHZ	Entscheidungen des Bundesgerichtshofes in Zivilsachen
BMJFG	Schriftenreihe des Bundesministers für Jugend, Familie und Gesundheit
BOCG	Boletín Oficial de las Cortes Generales
BSG	Bundessozialgericht
BSHG	Bundessozialhilfegesetz, jetzt SGB II und XII
bspw.	beispielsweise
BT-Drucks.	Bundestagsdrucksache
BVerfG	Bundesverfassungsgericht
BVerfGE	Entscheidungssammlung des Bundesverfassungsgerichts
BVerwG	Bundesverwaltungsgericht
BVerwGE	Entscheidungssammlung des Bundesverwaltungsgerichts
bzw.	beziehungsweise

Cap.	Capítulo = Kapitel
CC	Código Civil
CCJC	Cuadernos Cívitas de Jurisprudencia Civil
CE	Constitución Española = spanische Verfassung
CF	Código de Familia de Cataluña
DB	Der Betrieb
ders.	derselbe
Dez.	Dezember
dies.	dieselbe
dir.	director = Schriftleiter, Herausgeber
DJT	Deutscher Juristentag
DÖV	Die Öffentliche Verwaltung
DPC	Derecho Privado y Constitución
DStR	Deutsches Steuerrecht
DTZ	Deutsch- Deutsche Rechts- Zeitschrift
DVBl.	Deutsches Verwaltungsblatt
EGMR	Europäischer Gerichtshof für Menschenrechte
EMRK	Konvention zum Schutz der Menschenrechte und Grundfreiheiten
FamRZ	Zeitschrift für das gesamte Familienrecht
f. (ff.)	folgende (mehrere folgende) Seiten
Feb.	Februar
FF	Forum Familien- und Erbrecht
Fn	Fußnote
FPR	Familie, Partnerschaft, Recht
FS	Festschrift
FuR	Familie und Recht
GewSchG	Gewaltschutzgesetz
GG	Grundgesetz für die Bundesrepublik Deutschland
ggf.	gegebenenfalls
HausratsV	Verordnung über die Behandlung von Ehewohnung und des Hausrats
h.M.	herrschende Meinung
HS	Halbsatz
i.E.	im Ergebnis
insb.	insbesondere
i.V.m.	in Verbindung mit
JA	Juristische Arbeitsblätter
Jan.	Januar
JR	Juristische Rundschau
JUR	Datenbank Westlaw.ES (Aranzadi)

JuS	Juristische Schulung
JZ	Juristenzeitung
Kap	Kapitel
KG	Kammergericht
krit.	kritisch
La Ley	La Ley: Revista jurídica española de doctrina, jurisprudencia y bibliografía (Zeitschrift)
La Notaría	La Notaría, Col·legi de Notaris de Catalunya (Zeitschrift)
LAU	Ley de Arrendamientos Urbanos
LDCF	Ley 3/1992, de 1 de julio, del Derecho Civil del País Vasco
LEC	Ley 1/2000, de 7 de enero, de Enjuiciamiento Civil
LFIJPE	Ley foral 6/2000, de 3 de julio, para la igualdad jurídica de las parejas estables (Navarra)
LG	Landgericht
LGSS	Ley General de la Seguridad Social
LPE	Ley 18/2001, de 19 de diciembre, de Parejas Estables (Balearen)
LPENC	Ley 6/1999, de 26 de marzo, relativa a parejas estables no casadas (Aragón)
LRPH	Ley 2/2003, de 7 de mayo, reguladora de las parejas de hecho (Baskenland)
LRC	Ley del Registro Civil
LUEP	Ley 10/1998, de 15 de julio, de uniones estables de pareja (Katalonien)
m.	mit
MDR	Monatsschrift für deutsches Recht
Nehel LG	Nichteheliche Lebensgemeinschaft
Nr.	Nummer
m.w.N.	mit weiteren Nachweisen
NJW	Neue Juristische Wochenschrift
NJW-RR	NJW-Rechtsprechungs-Report Zivilrecht
Nov.	November
núm.	número = Nummer
NVwZ	Neue Zeitschrift für Verwaltungsrecht
NVwZ-RR	NVwZ-Rechtsprechungs-Report
NZM	Neue Zeitschrift für Mietrecht
NZV	Neue Zeitschrift für Verkehrsrecht
Okt.	Oktober
OLG	Oberlandesgericht

OVG	Oberverwaltungsgericht
RabelsZ	Zeitschrift für ausländisches und internationales Privatrecht, begründet von Ernst Rabel
RCDI	Revista Crítica de Derecho Inmobiliario (Zeitschrift)
RDN	Revista de Derecho Notarial (Zeitschrift), ab 1992 Revista Jurídica del Notariado
RDP	Revista de Derecho Privado (Zeitschrift)
REDC	Revista Española de Derecho Constitucional (Zeitschrift)
REDCanónico	Revista Española de Derecho Canónico (Zeitschrift)
RG	Rechtsgrund
RGD	Revista General de Derecho (Zeitschrift)
RGLJ	Revista General de Legislación y Jurisprudencia (Zeitschrift)
RJ	Repertorio de Jurisprudencia (Aranzadi)
RJC	Revista Jurídica de Cataluña (Zeitschrift)
RJCLM	Revista Jurídica de Castilla-La Mancha (Zeitschrift)
RJN	Revista Jurídica del Notariado (Zeitschrift), bis 1992 Revista de Derecho Notarial
Rn	Randnummer
Rspr.	Rechtsprechung
RTC	Revista Aranzadi del Tribunal Constitucional
S.	Seite; Satz; sentence
Sept.	September
STC	Sentencia del Tribunal Constitucional
STS	Sentencia del Tribunal Supremo
s. u.	siehe unten
SGB	Sozialgesetzbuch
sog.	sogenannt
st.	ständige
StAZ	Das Standesamt
TC	Tribunal Constitucional
TS	Tribunal Supremo
TSJ	Tribunal Superior de Justicia
u.a.	unter anderem
v.	vom, von
VGH	Verwaltungsgerichtshof
vgl.	vergleiche
vol.	volúmen = Band

VVDStRL	Veröffentlichungen der Vereinigung der Deutschen Staatsrechtslehrer
WM	Wertpapiermitteilungen
WuM	Wohnungswirtschaft und Mietrecht
z.B.	zum Beispiel
ZEV	Zeitschrift für Erbrecht und Vermögensnachfolge
ZHR	Zeitschrift für das gesamte Handels- und Wirtschaftsrecht
zit.	zitiert
ZMR	Zeitschrift für Miet- und Raumrecht
ZPO	Zivilprozessordnung
ZRP	Zeitschrift für Rechtspolitik

Einleitung

Die Forderung nach einer gesetzlichen Normierung nichtehelichen Zusammenlebens sieht sich in Deutschland dem Vorwurf ausgesetzt, einer Modeerscheinung nachzulaufen. Der stetig anhaltende Zuwachs nichtehelicher Lebensgemeinschaften rechtfertigt aber die Annahme, dass es sich um eine dauerhafte Veränderung der gesellschaftlichen Realität handelt.[1] Bestätigt wird diese Hypothese, wenn man die Entwicklungsfaktoren nichtehelichen Zusammenlebens genauer betrachtet. Der Anstieg ist nur Reaktion auf tatsächliche Veränderungen, ausgelöst durch den Wandel der Wertvorstellungen in der postmodernen Gesellschaft. Neben den Veränderungen der Stellung der Frau hin zu mehr Selbstbestimmung, Gleichberechtigung und wirtschaftlicher Unabhängigkeit sind begünstigende Faktoren die Möglichkeit der Geburtenkontrolle, das höhere Eheeintrittsalter, die größere Mobilität und nicht zuletzt auch die gesellschaftliche Akzeptanz dieser Form des Zusammenlebens.[2] Da diese Einflüsse sich weiter verstärken, gilt ein Anstieg für die Zukunft als wahrscheinlich. Gleichzeitig erreicht die Vielfalt der Formen familiären Zusammenlebens stets neue Rekorde der Diversifikation. Dabei verliert die Ehe zunehmend ihre Exklusivität als Form des Zusammenlebens. Während eine Eheschließung noch bis in die frühen 80er Jahre üblich war, bedarf es heutzutage eines spezifischen Grundes, um zu heiraten. Nur dann wird die Individualität, Flexibilität und Selbstständigkeit in der nichtehelichen Lebensgemeinschaft aufgegeben zugunsten des in der Ehe herrschenden Schutzes und der Sicherheit.[3] Die steigende Vielfalt familiärer Formen des Zusammenlebens erhöht auch den Bedarf nach individuell passenden Regeln.

Mit der Akzeptanz außerehelichen Zusammenlebens in weiten Bevölkerungsschichten, hat ebenfalls die innere Stabilität und Dauerhaftigkeit solcher Verbindungen in den letzten Jahren zugenommen.[4] Gerade diese Haltbarkeit führt aber nach mehrjähriger Partnerschaft zu Abwicklungsschwierigkeiten; die Verstrickung der Vermögensmassen birgt für die vermögensrechtliche Abwicklung der Lebensgemeinschaft erhebliches Konfliktpotenzial. Ist die Lebensgemeinschaft dann zudem eheähnlich ausgestaltet, werden häufig vermögensrechtlich relevante Entscheidungen getroffen, welche die Trennlinie zwischen „Mein“ und

---

[1] In Deutschland ergab der Mikrozensus von März 2004 des Statistischen Bundesamtes 2.445.000 nichteheliche Lebensgemeinschaften. In Spanien wies die erste staatliche Zählung des Instituto Nacional de Estadística auf der Grundlage des Mikrozensus´ des Jahres 2001 563.249 (heterosexuelle) Paare aus, die nichtehelich zusammenlebten.

[2] Näher: *Vaskovics/Rupp/Hofmann*, Nichteheliche Lebensgemeinschaften, S. 28 ff.; *Hill/Kopp*, in: Klein/Lauterbach, Nichteheliche Lebensgemeinschaften, S. 11, 27.

[3] Näher: *Nave-Herz*, FPR 2001, 3, 4 ff.; *Lauterbach*, in: Klein/Lauterbach, Nichteheliche Lebensgemeinschaften, S. 269, 278.

[4] Vgl. die Langzeitstudie von *Erler*, FuR 1996, 10, 12; ähnlich: BMJFG, S. 29.

„Dein" verwischen können. Vorstellbar sind etwa der Kauf gemeinsamer Einrichtungsgegenstände, die gemeinsame Bestreitung des Lebensunterhalts, aber auch (stillschweigende) Vereinbarungen, die Haushaltsführung und Berufsausübung betreffen.

Die vorliegende Arbeit will Kriterien entwickeln, an welchen sich eine einfachgesetzliche Lösung auszurichten hat. In einem zweiten Schritt soll es dann Ziel der Untersuchung sein, anhand der gefundenen Merkmale eine vorsichtige Integration nichtehelichen Zusammenlebens in das bestehende Familienrecht zu wagen. In den Fällen, in denen die Lebensgemeinschaft die Funktion einer Familie übernimmt, ist sie der ehelichen Familie gleichzustellen. Ist hingegen die Paarbeziehung Anknüpfungspunkt von Rechtsfolgen, bietet sich - im weitesten Sinne - eine Orientierung an der Gütertrennungsehe an.

Das beharrliche Schweigen des deutschen Gesetzgebers regt an, den Blick über die Grenzen unseres Landes zu richten. So widmet sich die Arbeit dem Vergleich der rechtlichen Behandlung des nichtehelichen Zusammenlebens in der Bundesrepublik Deutschland und Spanien. Beide Länder weisen aufgrund ihrer Zugehörigkeit zum abendländischen Kulturkreis ein gewisses Maß an kultureller und gesellschaftlicher Homogenität auf, Voraussetzung für einen sinnvollen Rechtsvergleich mit familienrechtlichem Schwerpunkt.[5] Im Gegensatz zum deutschen Gesetzgeber ist in einigen autonomen Gemeinschaften Spaniens den beschriebenen gesellschaftlichen Wandlungen im Bereich nichtehelichen Zusammenlebens durch eine Normierung Beachtung geschenkt worden.

Die spanische Rechtsordnung befürwortet damit eine rechtliche Anerkennung nichtehelicher Lebensgemeinschaften. Oftmals spiegelt sich in den einzelnen Regelungen die Grundentscheidung der rechtlichen Einordnung zwischen Schuld- und Familienrecht wider. Insbesondere an den Voraussetzungen einer nichtehelichen Lebensgemeinschaft, dem Grad der Verrechtlichung sowie der Reichweite der Rechtsfolgen lässt sich das vom Gesetzgeber verfolgte Grundkonzept ablesen. Die rechtliche Einordnung der nichtehelichen Lebensgemeinschaft ist aber mehr als nur eine dogmatische Entscheidung, sondern Ausdruck der zugrunde liegenden rechtspolitischen Einschätzung. Die im Schrifttum beider Länder diskutierten dogmatischen Lösungsmöglichkeiten geben Aufschluss darüber, ob die Autoren die nichteheliche Lebensgemeinschaft in das familienrechtliche Gefüge zwischen Ehe und Verlöbnis oder als rechtlich bedeutungslose Intimverbindung einstufen. Ein Statusdenken zugunsten der Ehe steht einer rechtlichen Anerkennung nichtehelichen Zusammenlebens hindernd gegenüber. Entsprechend erschöpft sich die deutsche Diskussion häufig in der Frage nach dem dogmatischen *„wohin"* mit der nichtehelichen Lebensgemeinschaft.[6] Insbesondere die Literatur konzentriert sich allzu oft allein auf die Frage, nach wel-

---

[5] *Thomas*, Formlose Ehen, S. 15.
[6] Statt vieler: *Lipp*, AcP 180 (1980), 537.

chem dogmatischen Ansatz dem nichtehelichen Partner Ansprüche auf einen Vermögensausgleich zustehen können.

Demgegenüber stellen die spanischen Regelungen die dogmatischen Auseinandersetzungen hintan zugunsten einer als gerecht empfundenen Lösung. Vorrangig geht es den Gesetzgebern der autonomen Gebietskörperschaften um den Schutz der Mitglieder einer nichtehelichen Familie. Richtet sich eine Rechtsordnung wie die spanische an der Realbeziehung aus, erfolgt dies meist argumentativ unter Hinweis auf die Ähnlichkeit zwischen den sozialen Tatbeständen der Formen des Zusammenlebens.[7] Nach anderer Ansicht ergeben sich Unterschiede allein aufgrund der Tatsache, dass die Partner nicht miteinander verheiratet sind. Demgemäß konzentriert sich das Untersuchungsinteresse nicht nur auf die unterschiedlichen rechtlichen Konstruktionen, sondern auch auf die hinter den Regelungen stehenden rechtspolitischen Wertungen als Voraussetzung für die Übertragbarkeit der dem spanischen Recht zugrunde liegenden gedanklichen Konzeptionen.

Thematisch beschränkt sich die Arbeit auf die Abwicklung solcher nichtehelicher Lebensgemeinschaften, in denen keine vertraglichen Vereinbarungen zwischen den Partnern bestehen. Zwar lassen sich Abwicklungsprobleme mit Partnerschaftsverträgen weitgehend vermeiden,[8] doch zeigen Umfragen, dass schriftliche oder notarielle Trennungsvereinbarungen nur in seltenen Fällen getroffen werden.[9] Die Eingrenzung des Themas auf die Abwicklungsproblematik orientiert sich an der Tatsache, dass vor allem solche Fälle vor die Gerichte getragen wurden. Während der Lebensgemeinschaft besteht zwischen den Partnern meist Einigkeit über die Ausgestaltung der Beziehung mit den sich untereinander ergebenden Rechten und Pflichten.

Bescheidung war zudem bei der Frage geboten, auf welchen Personenkreis sich die Untersuchung beziehen soll, zumal im spanischen Recht teilweise unterschiedliche Regelungen danach getroffen werden, ob es sich um verschieden- oder gleichgeschlechtliche Lebensgemeinschaften handelt. Im Vordergrund stehen demnach heterosexuelle Partnerschaften, wobei damit eine entsprechende Anwendung der gefundenen Lösungen auf gleichgeschlechtliche Partnerschaften nicht pauschal verneint werden soll.

Eine Begrenzung galt es auch hinsichtlich der zu behandelnden Gesetze der autonomen Gebietskörperschaften in Spanien vorzunehmen. Es sollen nur solche autonomen Gemeinschaften Berücksichtigung finden, welchen die Kompe-

---

[7] *Schwenzer*, Vom Status zur Realbeziehung, S. 175.

[8] Vgl. zu den inhaltlichen Gestaltungsmöglichkeiten solcher Partnerschaftsverträge: *Hausmann*, in: Hausmann/Hohloch, Das Recht der nichtehelichen Lebensgemeinschaft, Kap 13; für Spanien: *Martínez de Aguirre*, RDP 2001, 841 ff.

[9] BMJFG, S. 87, wonach lediglich 6 % der Befragten unter 30 Jahren, 15 % derer zwischen 30 und 60 Jahren und 25 % der älteren Partner entsprechende Vereinbarungen getroffen hatten.

tenz zur Entwicklung ihrer Zivil-, Foral- und Sonderrechte zusteht. Die Gesetze über nichteheliche Lebensgemeinschaften der übrigen autonomen Gemeinschaften enthalten lediglich verwaltungsrechtliche Vorschriften und sind damit für die Vergleichung wenig aufschlussreich. Da zudem das gesamtspanische Recht der derzeitigen deutschen Rechtslage weitgehend ähnelt,[10] beschränkt sich die Untersuchung für den gesamtspanischen Raum auf die neueste (richterrechtliche) Entwicklung, welche Folge der Ausstrahlungswirkung der autonomen Gesetze ist.

Endet eine nichteheliche Lebensgemeinschaft, so stellt sich die Frage, wie eine Abwicklung zu erfolgen hat. Die beiden Rechtsordnungen halten dafür unterschiedliche Lösungen bereit, die vorab in Länderberichten erläutert werden sollen. In einem dritten Teil erfolgt die rechtliche Würdigung der erläuterten Regelungen. Vor die Frage, *wie* eine rechtliche Behandlung der nichtehelichen Lebensgemeinschaft erfolgen kann, schiebt sich dabei die Frage, *ob* ein Eingreifen in das Selbstbestimmungsrecht der Partner gerechtfertigt werden kann. Ausgangspunkt für ein solches Regelungsbedürfnis ist eine Abwägung zwischen dem mutmaßlichen Parteiwillen der Lebensgefährten und dem staatlichen Schutzauftrag. Dem Selbstbestimmungsrecht kommt mit Blick auf die Ausgestaltung einer Regelung eine doppelte Relevanz zu; es hat zusätzlich Einfluss auf die Regelungsreichweite sowie die Regelungsdichte. Soweit die Autonomie der Partner reicht, ist diese vorrangig zu berücksichtigen.

Zudem bestimmen zwei weitere Aspekte den Umfang einer möglichen rechtlichen Erfassung. Auf der einen Seite gilt es, der Bedeutung der nichtehelichen Lebensgemeinschaft als Form familiären Zusammenlebens Rechnung zu tragen. Auf der anderen Seite begrenzt das Verhältnis zur Ehe den Gestaltungsspielraum des Gesetzgebers. Zwar machen soziologische Befunde deutlich, dass die nichteheliche Lebensgemeinschaft in den meisten Fällen allenfalls zeitlich begrenzt in Konkurrenz zur Ehe tritt. Vielmehr stellt die nichteheliche Lebensgemeinschaft eine eigenständige Lebensphase vor der Familiengründung dar.[11] Die Zurückhaltung des deutschen Gesetzgebers auf dem Gebiet des nichtehelichen Zusammenlebens beruht aber vor allem auf der durch Art. 6 Abs.1 GG vorgegebenen Wertenormierung zugunsten der Ehe. Nachfolgend werden anhand der einzelnen Regelungsbereiche Folgerungen für die Interpretation des heimischen Rechts gezogen. Ein Schwerpunkt liegt dabei auf der Prüfung, inwieweit die spanischen Regelungen tatsächlich ein angemessenes Lösungsinstrumentarium zur Verfügung stellen. Insbesondere soll die Übertragbarkeit der spanischen Lösungen für bestehende Regelungslücken im deutschen Recht aufgezeigt werden.

---

[10] Vgl. *Gallego Domínguez*, Las parejas no casadas y sus efectos patrimoniales, 3. Teil, Cap. 1-4.

[11] *Nave-Herz*, FPR 2001, 3, 6; *Lauterbach*, in: Klein/Lauterbach, Nichteheliche Lebensgemeinschaften, S. 269 ff.

1. Teil: Die Regelung in Deutschland

§ 1 Die Konzeption der nichtehelichen Lebensgemeinschaft

Erstmals fand die nichteheliche Lebensgemeinschaft Erwähnung im Bereich des Sozialrechts. Zweck dieser Regelungen war und ist es, eine Besserstellung der nichtehelichen Lebensgemeinschaft gegenüber der Ehe zu vermeiden, indem das Bestehen einer eheähnlichen Gemeinschaft zu einem Anspruchsausschluss für Sozialleistungen führen kann. Vereinzelt finden sich auch Vorschriften im Bürgerlichen Gesetzbuch, welche nichteheliche Lebensgemeinschaften in ihren Anwendungsbereich einbeziehen (z.B. § 563 Abs.2 S.4 BGB). Den bestehenden Normen liegt jedoch kein einheitliches Regelungskonzept zugrunde; Regelungen wurden nur für solche Fälle geschaffen, in denen sie unausweichlich erschienen, und beschränken sich auf die Lösung von Einzelproblemen.

Mit den Hartz-IV-Reformen des II. Sozialgesetzbuches ist die Problematik nichtehelichen Zusammenlebens zwar wieder in das öffentliche Interesse gerückt, doch bleibt die Debatte weitestgehend auf die erwähnten anspruchsnegierenden Rechtswirkungen beschränkt. Gesetzesvorhaben, welche eine Regelung für die rechtlich bedeutsamen Bereiche des Vermögensrechts, Unterhalts, Hausrates sowie des Erbrechts vorsahen, konnten das Stadium der parlamentarischen Gesetzgebungsinitiative nicht überwinden.[1] Ebenso vermochte die Diskussion um das Lebenspartnerschaftsgesetz für den Bereich des nichtehelichen Zusammenlebens keine wesentlichen Impulse zu setzen. Einzig das Bundesverfassungsgericht nahm in seinem Urteil über die Verfassungsmäßigkeit des Lebenspartnerschaftsgesetzes erstmals zum Verhältnis zwischen Ehe und nichtehelicher Lebensgemeinschaft Stellung.[2]

Da die soziale Wirklichkeit aber nicht vor der ablehnenden Haltung des Gesetzgebers über die Regelungsbedürftigkeit nichtehelichen Zusammenlebens halt macht, sah sich die Rechtsprechung zur Reaktion auf das Phänomen der nichtehelichen Lebensgemeinschaft gezwungen. Zwar ergeben sich während des Zusammenlebens kaum rechtliche Probleme, da insoweit noch Einigkeit zwischen den Lebensgefährten besteht; Rechtsstreitigkeiten entstehen regelmäßig erst mit der Trennung. So haben sich die Gerichte meist ausschließlich mit der vermögensrechtlichen Abwicklung der Lebensgemeinschaft zu beschäftigen. Durch das Untätigbleiben des Gesetzgebers kommt der Rechtsprechung im Bereich des nichtehelichen Zusammenlebens eine Vorreiterrolle zu. Nachteilig wirkt sich dabei aus, dass aus der sich zwangsläufig ergebenden Einzelfallkasuistik erst

---

[1] Vgl. die Gesetzesvorschläge von Bündnis 90/Die Grünen, BT-Drucks. 11/1834 mit Antwort der Bundesregierung in BT-Drucks. 11/2044; abermals in BT- Drucks. 11/7197; 12/7885; 13/71; 13/847; 13/2728; 13/9961 sowie der PDS, BT-Drucks. 13/2355.

[2] Dazu unten 1. Teil § 2.I.1 und 3.

eine gefestigte Linie entstehen musste. Für den wichtigen Bereich des Vermögensrechts ist diese Entwicklung nach wie vor nicht abgeschlossen.[3]

Die rechtliche Behandlung nichtehelicher Lebensgemeinschaften bereitet insbesondere deshalb Schwierigkeiten, weil es sich nicht um eine bloße Wirtschaftsgemeinschaft handelt, sondern um eine umfassende Gemeinschaft, die in allen Lebensbereichen Wirkungen zeitigt. Insbesondere der Umstand, dass die Formen des Zusammenlebens als „typische Erscheinung des sozialen Lebens"[4] in der Wirklichkeit äußerst mannigfaltig sind, erfordert eine differenzierte Betrachtung. Neben die schon fast klassische Form einer sog. „Ehe auf Probe" treten nacheheliche Lebensgemeinschaften geschiedener, getrennt lebender oder verwitweter Personen wie auch Gemeinschaften von Lebensgefährten, die eine Eheschließung generell ablehnen.

I. Terminologie

Bereits an der verwendeten Terminologie ist die Vielfalt nichtehelichen Zusammenlebens, aber auch die sich wandelnde Bedeutung ablesbar. Die längste Tradition weist der Begriff des Konkubinats auf, der aber wegen seiner stigmatisierenden Wirkung kaum noch gebraucht wird.[5] Weitere Ausdrücke sind der in der Nachkriegszeit gebräuchliche Begriff der Onkel-Ehe, Ehe ohne Trauschein, wilde Ehe oder Ehe auf Probe.

Im juristischen Sprachgebrauch hingegen sind überwiegend zwei Bezeichnungen zu finden. Der Gesetzgeber bevorzugt den Ausdruck der eheähnlichen Gemeinschaft, wie er z.B. in § 7 Abs.3 Nr.3 b) SGB II verwendet wird. Ungeachtet dessen überwiegt in der Literatur der Ausdruck nichteheliche Lebensgemeinschaft.[6] Mangels einheitlicher Terminologie sowie zur Vermeidung einer weiteren Begriffszersplitterung wird im Folgenden der Begriff der nichtehelichen Lebensgemeinschaft benutzt.

---

[3] S. unten 1. Teil § 3.I.2.c.

[4] So bereits: BVerfG Beschluss v. 16. Dez. 1958 BVerfGE 9, 20, 32; Beschluss v. 3. April 1990 BVerfGE 82, 6, 13.

[5] So aber noch: *Bosch*, FamRZ 1980, 849, 852 f.; *Strätz*, FamRZ 1980, 301 ff.; zu den Einwänden gegen diesen Begriff vgl. *Zeidler*, in: Benda/Maihofer/Vogel, Handbuch des Verfassungsrechts, 1984, S. 555, 577; *Gernhuber*, FamRZ 1981, 721, 723.

[6] So: *Lieb*, Gutachten zum 57. DJT, A 7; *Grziwotz*, Nichteheliche Lebensgemeinschaft, § 3 Rn 30 ff.; *Diederichsen*, NJW 1983, 1017, 1018; *ders.* FamRZ 1988, 889; MüKo/*Wacke*, Nach § 1302 Rn 1; Staudinger/*Strätz*, Anh zu §§ 1297 ff Rn 6; Soergel/*Lange*, Nehel LG Rn 1; Erman/*Heckelmann*, Vor §§ 1353-1362 Rn 12 ff.; Jauernig/*Berger*, vor § 1297 Rn 3; anders noch: *Gernhuber*, FamRZ 1981, 721, 723, der dem Begriff keine große Zukunft voraussagte.

II. Begriffsbestimmung

Im Gegensatz zu der Ehe fehlt es bei der nichtehelichen Lebensgemeinschaft an einem förmlichen Begründungsakt, der es erlaubt, die zahlreichen Typen von Lebensgemeinschaften einheitlich dem Rechtssystem zu unterstellen. Zu der Abgrenzung nichtehelicher Lebensgemeinschaften von bloßen Verhältnissen sowie von anderen Sozial- und Wirtschaftsgemeinschaften bedarf es der Begriffsbestimmung. Obwohl der Gesetzgeber die eheähnliche Gemeinschaft vor allem im Bereich des Sozialrechts zur Kenntnis genommen hat, fehlt es an einer Definition; es bleibt weiterhin Rechtsprechung und Lehre überlassen, den Begriff der nichtehelichen Lebensgemeinschaft zu konkretisieren. So definiert das Bundesverfassungsgericht die eheähnliche Gemeinschaft als „eine Lebensgemeinschaft zwischen einem Mann und einer Frau, die auf Dauer angelegt ist, daneben keine weitere Lebensgemeinschaft gleicher Art zulässt und sich durch innere Bindungen auszeichnet, die ein gegenseitiges Einstehen der Partner füreinander begründen, also über die Beziehungen in einer reinen Haushalts- und Wirtschaftsgemeinschaft hinausgehen“.[7]

1. Der Begriff der nichtehelichen Lebensgemeinschaft weist nicht allein eine terminologische Nähe zur Ehe auf, sondern auch die Ausgestaltung der Lebensgemeinschaft muss eheähnlich sein. Da die nichteheliche Lebensgemeinschaft im Gegensatz zur Ehe nicht durch einen formalen Akt begründet wird, bedarf es objektiver, äußerlich erkennbarer Kriterien zur Abgrenzung. Überwiegend wird daher ein Zusammenleben im Sinne einer Wohn- und Wirtschaftsgemeinschaft gefordert.[8] Zwar setzt selbst die eheliche Lebensgemeinschaft keine häusliche Gemeinschaft voraus; für die nichteheliche Lebensgemeinschaft hingegen ist das Zusammenleben unverzichtbares Merkmal in Bezug auf die Abgrenzung zu einem bloßen (Liebes-) Verhältnis.[9] Weiteres typisches Kennzeichen ist das gemeinsame Haushalten und Wirtschaften, welches sich im Fehlen einer klaren Trennlinie zwischen „Mein“ und „Dein“ ausdrückt.[10]

Da sich eheliche wie nichteheliche Partnerschaften auf dem Gefühl von gegenseitiger Liebe und Zuneigung gründen und mitnichten auf den wirtschaftlichen Bereich beschränkt sind, sind neben objektiven Merkmalen weitergehende innere Bindungen erforderlich. Die intensiven affektiven Bindungen sind Besonderheit der nichtehelichen Lebensgemeinschaft und vermögen diese von an-

---

[7] BVerfG Beschluss v. 2. Sept. 2004 NVwZ 2005, 1178; Urteil v. 17. Nov. 1992 NJW 1993, 643, 645 zu § 137 Abs.2 a AFG; so auch: BGH Beschluss v. 13. Jan. 1993 BGHZ 121, 116, 123; BSG Urteil v. 10. März 1993 NJW 1993, 3346; BVerwG Urteil v. 17. Mai 1995 BVerwGE 98, 195, 198.

[8] *Derleder*, NJW 1980, 545, 546; *Lieb*, Gutachten zum 57. DJT, A 9; *Wingen*, Nichteheliche Lebensgemeinschaft, S. 13.

[9] Ebenso: MüKo/*Wacke*, Nach § 1302 Rn 1; *Diederichsen*, FamRZ 1988, 889, 891; *Tschernitschek*, Familienrecht, Rn 169; a.A. *Rauscher*, Familienrecht, § 26 I 1 Rn 727.

[10] *Grziwotz*, § 3 Rn 43.

deren Wohn- und Wirtschaftsgemeinschaften zu unterscheiden; sie müssen sich zu einer Verantwortungs- und Einstehensgemeinschaft verdichtet haben.[11] Besteht eine Geschlechtsgemeinschaft zwischen den Partnern, spricht dies zusätzlich für das Vorliegen einer besonderen emotionalen Verbindung; ob es sich dabei um ein konstitutives Definitionsmerkmal handelt, ist jedoch streitig.[12]

2. Die Ehe als formalisierte Verbindung, welche nur durch richterlichen Gestaltungsakt aufgelöst werden kann, weist eine hohe Stabilität auf; aus diesem Grund soll auch die nichteheliche Lebensgemeinschaft beständig sein. Eine Lebensgemeinschaft gilt insbesondere dann als beständig, wenn sie von einer gewissen Dauer ist. Grundsätzlich soll es aber genügen, dass die Partnerschaft auf Dauer angelegt ist.[13]

3. Das Bundesverfassungsgericht qualifiziert eine Lebensgemeinschaft nur dann als eheähnlich, wenn sie zwischen einem Mann und einer Frau besteht und keine weitere Lebensgemeinschaft gleicher Art existiert.[14] Kritik erfährt das Ausschließlichkeitskriterium hinsichtlich solcher Verbindungen, bei denen ein oder beide Partner noch mit einer anderen Person verheiratet sind.[15] Nach dieser Auffassung soll begriffsprägend sein, dass die Lebensgemeinschaft monogam gelebt wird.[16]

4. Zwar geht die Angleichung an die Ehe nicht so weit, dass die Ehefähigkeit der Partner verlangt wird; dennoch greifen die Definitionen einzelne Merkmale der Ehefähigkeit auf. Nur beiläufig erwähnt der VGH Mannheim unter Hinweis auf § 1307 BGB, dass eine Lebensgemeinschaft zwischen Verwandten keine eheähnliche Lebensgemeinschaft sein könne.[17] Ebenso setzen die Definitionen der obersten Gerichte die Verschiedengeschlechtlichkeit der Partner voraus.[18]

---

[11] BVerfG Urteil v. 17. Nov. 1992 NJW 1993, 643, 645; BGH Beschluss v. 13. Jan. 1993 BGHZ 121, 116, 123.

[12] Dafür: *Lieb*, Gutachten zum 57. DJT, A 9; *Derleder*, NJW 1980, 545, 546; *Roth-Stielow*, JR 1978, 233; dagegen: Staudinger/*Strätz*, Anh zu §§ 1297 ff Rn 13; *Stintzing*, Nichteheliche Lebensgemeinschaft, S. 63; *Kingreen*, Nichteheliche Lebensgemeinschaft, S. 61.

[13] *Schreiber*, Die nichteheliche Lebensgemeinschaft, Rn 12.

[14] BVerfG Urteil v. 17. Nov. 1992 NJW 1993, 643, 645; so auch BSG Urteil v. 24. März 1988 NJW 1988, 2128.

[15] VGH Mannheim Beschluss v. 16. Nov. 1995 NJW 1996, 2178; *Ruland*, NJW 1993, 2855.

[16] *Rauscher*, Familienrecht, § 26 I 1 Rn 727; *Kingreen*, Nichteheliche Lebensgemeinschaft, S. 60.

[17] VGH Mannheim Beschluss v. 16. Nov. 1995 NJW 1996, 2178 (damals noch § 4 EheG); a.A. *Grziwotz*, § 3 Rn 46; *Gernhuber/Coester-Waltjen*, Familienrecht, § 41 I 1.

[18] BVerfG Urteil v. 17. Nov. 1992 NJW 1993, 643, 645; BSG Urteil v. 10. März 1993 NJW 1993, 3346; BVerwG Urteil v. 17. Mai 1995 BVerwGE 98, 195, 198; ebenso: *Wingen*, FamRZ 1981, 331, 332; *Strätz*, FamRZ 1980, 301, 303; *de Witt/Huffmann*, Nichteheliche Lebensgemeinschaft, Rn 4 f.; Deutscher Juristinnenbund, *Stab*, ZRP 1988, 355; *Rogalski*, AnwBl 1983, 358, 359; a.A. *Grziwotz*, § 3 Rn 44; *Gernhuber/Coester-Waltjen*, Familienrecht, § 41 I 1; *Schumacher*, FamRZ 1994, 857 ff.; *Rauscher*, Familienrecht, § 41 I 2; *Ruland*, NJW 1993, 2855.

Zusammenfassend besteht eine nichteheliche Lebensgemeinschaft zwischen zwei Personen, die räumlich zusammenleben, deren Lebensgemeinschaft auf Dauer angelegt ist und durch emotionale Bindungen getragen wird. Unverzichtbares Merkmal ist dabei das Zusammenleben unter einem Dach. Welchen Grad der Verdichtung die persönlichen Beziehungen darüber hinaus aufweisen müssen, hängt maßgeblich von den Umständen des Einzelfalls ab. Besteht beispielsweise zwischen den Partnern keine umfassende Wirtschaftsgemeinschaft, kommt den inneren Bindungen eine größere Bedeutung zu. Dann kann es von konstitutiver Natur sein, ob zwischen den Partnern eine Geschlechtsgemeinschaft besteht. Umgekehrt kann das Vorhandensein gemeinsamer Kinder ein Anzeichen sowohl für die Dauerhaftigkeit der Lebensgemeinschaft wie auch für das Bestehen innerer Bindungen zwischen den Lebensgefährten darstellen. Nur die Zusammenschau verschiedener Anzeichen wird für die vielfältigen Erscheinungsformen nichtehelichen Zusammenlebens in der sozialen Realität eine verlässliche Bestimmung über das Vorliegen einer nichtehelichen Lebensgemeinschaft zulassen.

III. Nachweis der Lebensgemeinschaft

Während eine Ehe durch Vorlage der entsprechenden Personenstandsurkunden belegt werden kann, gestaltet sich der Nachweis einer nichtehelichen Lebensgemeinschaft deutlich schwieriger. Mangels formalisierter Verbindung muss sich der Nachweis der nichtehelichen Lebensgemeinschaft in Deutschland auf die oben erörterten konstitutiven Merkmale erstrecken. Hierzu können alle zulässigen Beweismittel herangezogen werden. Insbesondere dem Umstand eines räumlichen Zusammenlebens kommt als objektivem Merkmal eine starke Indizwirkung zu. Eine Meldebestätigung des gemeinschaftlichen Hausstands erbringt darüber Beweis. Das Bestehen eines Gemeinschaftskontos wie auch gegenseitig erteilte Kontovollmachten können Auskunft über das Vorliegen einer Wirtschaftsgemeinschaft geben. Zusätzlich kommt dem Auftreten der Partner in der Öffentlichkeit Bedeutung zu, wenn dadurch ein Zusammenleben als Gemeinschaft in offenkundiger Weise belegt wird. Sofern ein Partnerschaftsvertrag geschlossen wurde, erleichtert dieser zusätzlich den Nachweis.

IV. Auflösung der Lebensgemeinschaft

Die Auflösung der nichtehelichen Lebensgemeinschaft kann aus drei Gründen erfolgen: Die Partner können die Lebensgemeinschaft in eine Ehe überführen, sie durch Trennung aufgeben oder sie wird durch den Tod eines Beteiligten beendet. Zwar wird die Lebensgemeinschaft in den seltensten Fällen für eine fest bestimmte Zeitspanne eingegangen, doch gehen die Partner insbesondere im Falle eines probeweisen Zusammenlebens davon aus, dass das nichteheliche Zusammenleben nur ein Interimsmodell vor einer zukünftigen Eheschließung ist.

Bewährt sich die Gemeinschaft, wird sie oftmals in eine Ehe überführt, andernfalls wird die Lebensgemeinschaft durch eine Trennung aufgelöst.

Die Beendigung einer nichtehelichen Lebensgemeinschaft durch eine Trennung ist jederzeit möglich; selbst eine Kündigung zur Unzeit kann analog § 723 Abs.2 BGB keinen Schadensersatzanspruch begründen.[19] Weitergehend sind auch vertragliche Regelungen, welche die Auflösung der Lebensgemeinschaft erschweren (z.B. Vertragsstrafen), nichtig.[20] Jedoch kann nicht jede vertraglich festgelegte Zahlung, die im Fall des Scheiterns der Lebensgemeinschaft geschuldet wird, als derartige Vertragsstrafe angesehen werden. Eine Zahlungsvereinbarung sollte vielmehr nur dann als nichtig angesehen werden, wenn mit der Zahlung das persönliche Verhalten des trennungswilligen Partners sanktioniert wird. Die freie Willensentschließung der Partner und das Fehlen eines rechtlichen Bandes stehen insoweit einem schutzwürdigen Vertrauen des verlassenen Partners auf Fortsetzung der Gemeinschaft entgegen. Die Trennung stellt damit ebenso wie der Beginn der Lebensgemeinschaft ein bloßes Faktum dar, lässt sich aber in der Regel leichter datieren, zumal sie im Gegensatz zu dem sukzessiven Zusammenziehen abrupt erfolgt.

[19] *Diederichsen*, NJW 1983, 1017, 1021; *Schreiber*, Die nichteheliche Lebensgemeinschaft, Rn 156.

[20] OLG Hamm Urteil v. 24. März 1987 NJW 1988, 2474 f.

§ 2 Die Schranken einer Verrechtlichung nichtehelicher Lebensgemeinschaften

Einer Verrechtlichung nichtehelicher Lebensgemeinschaften wird in Deutschland meist mit zurückhaltender Skepsis, zuweilen sogar mit offener Ablehnung begegnet. Neben verfassungsrechtlichen und methodischen Einwänden finden sich rechtspolitisch motivierte Argumente gegen eine statusrechtliche Anerkennung nichtehelichen Zusammenlebens; diese richten sich in erster Linie gegen die Erstreckung von Ehewirkungen im Wege richterlicher Rechtsfortbildung, aber auch gegen eine gesetzliche Regelung schlechthin.

I. Gesetzliche Erstreckung von Ehewirkungen

Im Grundgesetz findet die nichteheliche Lebensgemeinschaft keine explizite Erwähnung. Verweigert die Verfassung mit diesem Schweigen der nichtehelichen Lebensgemeinschaft die rechtliche Anerkennung, ergibt sich daraus ein Gleichstellungsverbot oder lässt sie dem Gesetzgeber dadurch gänzlich freie Hand? Die Einordnung der nichtehelichen Lebensgemeinschaft in das bestehende Verfassungsgefüge bereitet insbesondere deshalb Schwierigkeiten, da in kaum einem anderen Bereich sich seit Inkrafttreten des Grundgesetzes die Wertanschauungen in der Gesellschaft so massiv gewandelt haben. Während noch bei Erlass des Grundgesetzes ein gesellschaftlicher Grundkonsens zugunsten der Ehe bestand, scheint die Vorrangstellung der Ehe nicht mehr schlichtweg unantastbar.

Im Folgenden soll aufgezeigt werden, welche Schlussfolgerungen daraus für das Verhältnis zwischen Ehen und nichtehelichen Lebensgemeinschaften zu ziehen sind. Ausgangspunkt dafür ist die Frage, ob Art. 6 Abs.1 GG allein die Ehe schützen oder weitergehend eine Sperrwirkung entfalten soll, welche die Gestaltungsfreiheit des Gesetzgebers im Hinblick auf eine rechtliche Regelung nichtehelicher Lebensgemeinschaften einschränkt. Mit diesen verfassungsrechtlichen Grenzen ist mittelbar auch über den Inhalt und die Reichweite des Schutzes durch andere Grundrechte, insbesondere die Auffanggrundrechte des Art. 2 GG entschieden. Schließlich gilt es zwischen den Diskrepanzen einen Ausgleich zu finden, der den verbleibenden Handlungsspielraum des Gesetzgebers offen legt.

1. Konkurrenzschutz für die Ehe durch Art. 6 Abs.1 GG?

Über den Umfang des aus dem Schutzauftrag für die Ehe korrespondierenden Benachteiligungsverbotes gehen die Ansichten auseinander. Dabei ist neben der Instituts- bzw. Einrichtungsgarantie die Funktion als Grundsatznorm betroffen, welche als verbindliche Wertentscheidung für den gesamten Bereich des Ehe- und Familienrechts einen besonderen Schutz durch die staatliche Ordnung gebietet.[21] Einigkeit besteht nur insoweit, als Art. 6 Abs.1 GG nicht die Bedeutung entnommen werden kann, dass nichteheliches Zusammenleben von Gesetzes wegen zu bekämpfen ist.[22]

Erstmals nahm das Bundesverfassungsgericht in seiner Entscheidung vom 17. Juli 2002 über das Lebenspartnerschaftsgesetz zum Verhältnis von Ehe und nichtehelicher Lebensgemeinschaft Stellung.[23] Danach sei das Fördergebot für die Ehe immer dann verletzt, wenn sie ihre Funktion verlöre. Die Gefahr einer Verletzung dieses Fördergebots bestehe, „wenn der Gesetzgeber in Konkurrenz zu der Ehe ein anderes Institut mit derselben Funktion schüfe und es etwa mit gleichen Rechten und geringeren Pflichten versähe, so dass beide Institute austauschbar wären“. Eine Konkurrenzsituation bestehe insbesondere, wenn sich die Institute an denselben Adressatenkreis richteten.

Mithin entnimmt das Gericht Art. 6 Abs.1 GG lediglich ein Diskriminierungsverbot.[24] Zwar verbietet sich danach eine Benachteiligung der Ehe bzw. Besserstellung anderer Lebensformen; eine (partielle) Gleichstellung nichtehelicher Lebensgemeinschaften ist hingegen zulässig. Weitergehend kann daraus geschlossen werden, dass aus dem Förderauftrag an den Gesetzgeber nicht eine Exklusivität der staatlichen Förderung für die Ehe folgt.[25] So können im Einzelfall Diskriminierungen der Ehe durch „einleuchtende Sachgründe“[26] oder besondere Rechtfertigungsgründe[27] gerechtfertigt werden. Insgesamt aber besteht eine über das Verbot der Schlechterstellung hinausgehende Förderpflicht des Staates für die Ehe.[28] Neben dem Verbot, nichteheliche Lebensgemeinschaften gegenüber Ehen zu begünstigen, ist daher auch eine völlige Gleichstellung untersagt;[29] jedoch sind Regelungen in Anlehnung an die eherechtlichen Vorschriften nicht pauschal versagt.

---

[21] Ausführlich zu den Schutzfunktionen des mehrdimensionalen Grundrechts des Art. 6 Abs.1 GG: von Münch/Kunig/*Coester-Waltjen*, Art. 6 GG Rn 12 ff.

[22] BVerfG Beschluss v. 16. Dez. 1958 BVerfGE 9, 20, 34 f.; *Grziwotz*, § 4 Rn 6; Sachs/*Schmitt-Kammler*, Art. 6 GG Rn 43 m.w.N.; *Vogelsang*, in: Hausmann/Hohloch, Kap 3 Rn 36 m.w.N.; *I. von Münch*, in: Landwehr, Die nichteheliche Lebensgemeinschaft, S. 137, 147 f.; *Schlüter*, S. 15; *Krings*, FPR 2001, 7, 10.

[23] BVerfG Urteil v. 17. Juli 2002 BVerfGE 105, 313, 350 f.

[24] So: *Grziwotz*, § 4 Rn 16 f. (3. Auflage); von Mangoldt/Klein/Stark/*Robbers*, Art. 6 GG Rn 50.

[25] *Grziwotz*, § 4 Rn 17 (3. Auflage); *Bruns*, ZRP 1996, 6, 8.

[26] BVerfG Beschluss v. 27. Mai 1970 BVerfGE 28, 324, 347; Beschluss v. 26. April 1988 BVerfGE 78, 128, 130.

[27] BVerfG Urteil v. 24. Jan. 1962 BVerfGE 13, 290, 299.

[28] So neuerdings BVerfG Urteil v. 17. Juli 2002 BVerfGE 105, 313, 350 f.; I. von Münch/Kunig/*Coester-Waltjen*, Art. 6 GG Rn 39; Dreier/*Gröschner*, Art. 6 GG Rn 29; Sachs/*Schmitt-Kammler*, Art. 6 GG Rn 43; *Schlüter*, FF 2000, 76, 80.

[29] Dreier/*Gröschner*, Art. 6 GG Rn 29.

Damit wendet sich das Bundesverfassungsgericht zugleich gegen die Auffassung, die der Nichteinbeziehung der nichtehelichen Lebensgemeinschaft in den Schutzbereich des Art. 6 Abs.1 GG entnimmt, dass der im Grundgesetz festgeschriebene besondere Schutz der Ehe abschließend gemeint ist. Demzufolge enthalte Art. 6 Abs.1 GG in der Funktion als wertentscheidende Grundsatznorm ein Schutzabstandsgebot; es müsse zwischen den eheschützenden Normen und den Vorschriften zum Schutz anderer Lebensgemeinschaften ein Schutzabstand gewahrt bleiben, so dass eine relative Besserstellung der Ehe bewirkt werde.[30] Nur so könne ein besonderer Schutz sichergestellt werden und eine Entwertung der Ehe vermieden werden.[31] Das Urteil des Bundesverfassungsgerichts sieht sich deshalb seitens dieser Ansicht dem Einwand einer Minimalisierung des verfassungsrechtlichen Schutzes ausgesetzt:[32] Die Annahme, die Besonderheit der Ehe liege lediglich darin, dass die Ehe als Institut verfassungsrechtlichen Schutz erfahre, nicht aber auch andere Lebensformen, relativiere den besonderen Schutz zu einem normalen Schutz.

Gegen ein Schutzabstandsgebot spricht jedoch zum einen der Wortlaut des Art. 6 Abs.1 GG, der nicht von einem „alleinigen", sondern nur vom „besonderen" Schutz der Ehe spricht.[33] Zum anderen konnte sich ein erster Formulierungsvorschlag, der die Ehe als die *rechtmäßige* Form der dauernden Lebensgemeinschaft von Mann und Frau unter den besonderen Schutz des Grundgesetzes stellte, nicht durchsetzen.[34] Zutreffend weist *von Münch* darauf hin, dass die Fortlassung des Zusatzes „rechtmäßig" nicht folgenlos bleibt: Die ursprüngliche Fassung impliziert nämlich die Auslegung der Ehe als die *einzige* rechtmäßige Form der dauernden Lebensgemeinschaft von Mann und Frau.

Die Auslegung als Schutzabstandsgebot steht zudem weder im Einklang mit der grundsätzlichen Entscheidung des Grundgesetzes für individuelle Freiheit und Toleranz[35] noch findet der Umstand angemessene Berücksichtigung, dass auch die nichteheliche Lebensgemeinschaft verfassungsrechtlichen Schutz genießt.

---

[30] *Krings*, FPR 2001, 7, 9 f.; *Zippelius*, DÖV 1986, 805, 808 f.; *Meyer-Teschendorf*, StAZ 1982, 325, 329; so auch im Zusammenhang mit eingetragenen Lebenspartnerschaften: *Scholz/Uhle*, NJW 2001, 393, 398 f. m.w.N.

[31] So eine ältere Auffassung: *Schlüter*, S. 18 f.

[32] *Tettinger*, JZ 2002, 1146, 1148 f.; *Vogelsang*, in: Hausmann/Hohloch, Kap 3 Rn 35.

[33] *Kingreen*, Nichteheliche Lebensgemeinschaft, S. 71.

[34] Eingehend zu den Erörterungen des Parlamentarischen Rates: *I. von Münch*, in: Landwehr, Die nichteheliche Lebensgemeinschaft, S. 137, 144 f.

[35] *Zeidler*, in: Benda/Maihofer/Vogel, Handbuch des Verfassungsrechts, 1984, S. 555, 580; *Zuleeg*, NVwZ 1986, 800, 803.

2. Nichteheliches Zusammenleben als Schutzobjekt des Grundgesetzes

Auf der anderen Seite bleibt nichteheliches Zusammenleben nicht völlig schutzlos.

1. Die nichteheliche Lebensgemeinschaft erfährt als Paarbeziehung Schutz durch Art. 2 Abs.1 GG. Der Zusammenschluss zu einer nichtehelichen Lebensgemeinschaft ist Betätigung menschlichen Verhaltens und fällt damit unter die allgemeine Handlungsfreiheit.[36] Soweit die engere persönliche Lebenssphäre betroffen ist, wird den Partnern einer nichtehelichen Lebensgemeinschaft der Schutz aus Art. 2 Abs.1 i.V.m. Art. 1 Abs.1 GG zuteil.[37]

Der Umstand, dass nichteheliches Zusammenleben als Ausdruck der allgemeinen Handlungsfreiheit aus Art. 2 Abs.1 GG verfassungsrechtlichen Schutz genießt, lässt aber noch keine Schlussfolgerung auf Inhalt und Umfang dieser Schutzwirkung zu. Als Auffanggrundrecht kommt Art. 2 Abs.1 GG nur dann zur Anwendung, wenn keines der spezielleren Grundrechte einschlägig ist. Zwar ist, wie bereits ausgeführt wurde, der Schutzbereich des Art. 6 Abs.1 GG nicht eröffnet, doch gelten die dadurch statuierten Grenzen ebenfalls im Rahmen der allgemeinen Handlungsfreiheit.

Die allgemeine Handlungsfreiheit des Art. 2 Abs.1 GG wirkt aber zudem in entgegengesetzter Richtung: So sieht sich eine (umfassende) Verrechtlichung nichtehelichen Zusammenlebens dem Vorwurf der Schaffung einer Zwangsehe ausgesetzt. Nach zutreffender Ansicht ist der Einwand eines faktischen Eheschließungszwanges aus dem positiven Schutz des Abwehrgrundrechtes des Art. 2 Abs.1 GG abzuleiten.[38] Nach anderer Auffassung verpflichte das Grundrecht des Art. 6 Abs.1 GG die staatliche Gewalt auch zum Respekt vor der individuellen Entscheidung der Partner, keine Ehe eingehen zu wollen; Art. 6 Abs.1 GG wirke dann im Sinne einer negativen Eheschließungsfreiheit.[39] Insbesondere, wenn der Gesetzgeber die nachpartnerschaftlichen Verpflichtungen soweit verdichtete, dass zwischen den Partnern eine Pflichtengemeinschaft entstünde,

---

[36] So auch mittlerweile die ganz h.M.: BVerfG Beschluss v. 3. April 1990 BVerfGE 82, 6, 16; Urteil v. 17. Nov. 1992 BVerfGE 87, 234, 267; Dreier/*Gröschner*, Art. 6 GG Rn 29; *Lieb*, Gutachten zum 57. DJT, A 25; *Zeidler*, in: Benda/Maihofer/Vogel, Handbuch des Verfassungsrechts, 1984, [Fn 10], S. 555, 580; *I. von Münch*, in: Landwehr, Die nichteheliche Lebensgemeinschaft, S. 137, 149; zum Schutz des nichtehelichen Zusammenlebens durch die Länderverfassungen vgl. *Grziwotz*, § 4 Rn 5; *Dietlein*, DTZ 1993, 136.

[37] *Zippelius*, DÖV 1986, 805, 809; *Krings*, FPR 2001, 7, 11. Allgemein zu Herleitung und Umfang des Allgemeinen Persönlichkeitsrechts: BVerfG Beschluss v. 21. Dez. 1977 BVerfGE 47, 46, 73; Beschluss v. 11. Okt. 1978 BVerfGE 49, 286, 298.

[38] BVerfG Urteil v. 24. März 1981 BVerfGE 56, 363, 384; s. auch die ausführliche Begründung bei *Kingreen*, Nichteheliche Lebensgemeinschaft, S. 70 f.

[39] *Schlüter*, S. 17 f.; von Mangoldt/Klein/Stark/*Robbers*, Art. 6 GG Rn 57; *von Campenhausen*, VVDStRL 45 (1987), 7, 19 [Fn 48]; *Lieb*, Gutachten zum 57. DJT, A 26; *Eyrich*, ZRP 1990, 139, 140; vgl. für die korrespondierende Regelung des Art. 12 EMRK *Fahrenhorst*, Familienrecht, Teil B.A.I.1.

bewirkte dies einen mittelbaren Ehezwang. Darüber hinaus besteht bei einer umfangreichen Verrechtlichung die Gefahr, die freie Wahl des Personenstandes zu beeinträchtigen.

2. Darüber hinaus ist der nichtehelichen Lebensgemeinschaft als „faktischer Familie" der Schutz des Art. 6 Abs.1 GG über den Begriff der Familie eröffnet. Familie ist „die umfassende Gemeinschaft zwischen Eltern und Kindern"; folglich ist der Schutzbereich der Familie weit weniger institutionalisiert als der der Ehe.[40] Das Grundgesetz begreift die Familie als sozialen Tatbestand, ohne zwischen ehelicher und nichtehelicher Familie zu unterscheiden,[41] so dass die Familie nicht zwingend auf der Ehe basieren muss.

Voraussetzung ist jedoch das Bestehen vertikaler Beziehungen zwischen den Bezugsobjekten; demnach kann eine nichteheliche Lebensgemeinschaft als solche keine Familie im Sinne des Grundgesetzes sein.[42] Streitig ist weiterhin, ob nur das Verhältnis des Kindes zu seinem Vater und zu seiner Mutter in den Familienbegriff einzubeziehen ist oder die bestehende Gemeinschaft zwischen den nichtverheirateten Eltern und Kindern eine Familie bildet. Der erste Fall beinhaltet eine völlige Entkopplung des Familienbegriffes von der Paarbeziehung der Eltern mit der Folge, dass zwei Teilfamilien bestünden, während andernfalls eine Gesamtfamilie anzunehmen wäre.[43] Die Annahme zweier Teilfamilien widerspricht jedoch dem Wesen der Familie als Einheit. Zudem ist ein Zusammenleben im Familienverbund bereits definitorische Voraussetzung der nichtehelichen Lebensgemeinschaft.[44] Auch inhaltlich führen beide Meinungen zu einem unterschiedlichen Schutzumfang. Die Schutzfunktion erstreckt sich zwar grundsätzlich nur so weit, als das Kind als Bezugsobjekt beeinträchtigt ist;[45] dennoch führt die Annahme einer Gesamtfamilie - gleichsam als Reflex zur Eltern-Kind-Beziehung - außerdem zu eingeschränktem Schutz für die Paarbeziehung.

---

[40] BVerfG Urteil v. 29. Juli 1959 BVerfGE 10, 59, 66; Beschluss v. 18. April 1989 BVerfGE 80, 81, 90.

[41] So *Friauf*, NJW 1986, 2595, 2601 f.; *Kingreen*, NVwZ 1999, 852, 854; a.A. *Lecheler*, DVBl. 1986, 905, 907; beispielshalber sei das Verhältnis zu Adoptiv-, Stief- oder Pflegekindern genannt, BVerfG Beschluss v. 17. Okt. 1984 BVerfGE 68, 176, 187; Urteil v. 31. Jan. 1989 BVerfGE 79, 256, 267; Beschluss v. 18. April 1989 BVerfGE 80, 81, 90.

[42] *I. von Münch*, in: Landwehr, Die nichteheliche Lebensgemeinschaft, S. 137, 142; anders Art. 8 EMRK, vgl. EGMR Urteil v. 26. Mai 1994 FamRZ 1995, 110; Urteil v. 13. Juli 2000 NJW 2001, 2315, 2316 f.

[43] Für eine Gesamtfamilie: VGH Baden-Württemberg Beschluss v. 22. März 2000 NVwZ-RR 2000, 640; *Grziwotz*, § 4 Rn 3; *I. von Münch*, in: Landwehr, Die nichteheliche Lebensgemeinschaft, S. 137, 142; *Zippelius*, DÖV 1986, 805, 809 f.; *Zeidler*, in: Benda/Maihofer/Vogel, Handbuch des Verfassungsrechts, 1984, S. 555, 584; a.A. *Eyrich*, ZRP 1990, 139, 140.

[44] Dazu oben 1. Teil § 1.II.

[45] *Vogelsang*, in: Hausmann/Hohloch, Kap 3 Rn 24 f.

3. Nichteheliche Kinder werden durch Art. 6 Abs.5 GG geschützt. Es handelt sich um einen besonderen Gleichheitssatz,[46] welcher beeinträchtigt ist, wenn ein Kind wegen seiner Nichtehelichkeit benachteiligt wird.[47] Darüber hinaus enthält er einen Auftrag an den Gesetzgeber, gleiche Bedingungen für die körperliche und seelische Entwicklung zu schaffen. Auch wenn das Bundesverfassungsgericht betont, dass „bei richtigem Verständnis" des Verhältnisses zwischen Art. 6 Abs.1 und Abs.5 GG kein Gegensatz bestehe,[48] können beide Normen dennoch in einem Spannungsverhältnis stehen. Durch Art. 6 Abs.1 GG begründete wirtschaftliche Besserstellungen der Ehe können mittelbaren Einfluss auf das nichteheliche Kind haben.[49] Daher ist eine schematische Gleichstellung nicht geboten, sondern das Augenmerk ist auf die Herstellung materieller Gleichwertigkeit zu richten.[50]

3. Einfachgesetzliche Gestaltungsfreiheit des Gesetzgebers

Das Bundesverfassungsgericht hat mit seiner Entscheidung vom 17. Juli 2002[51] nicht nur einen Beitrag zur Klärung des Verhältnisses zwischen nichtehelichen Lebensgemeinschaften und Ehen geleistet, sondern auch zu der Gestaltungsfreiheit des Gesetzgebers Stellung genommen. Insbesondere die Aussage, dass ein Funktionsverlust der Ehe zu befürchten stehe, wenn der Gesetzgeber ein austauschbares Institut mit gleichen Rechten und geringeren Pflichten schüfe, ist richtungsweisend. Eine einfachgesetzliche Anerkennung der nichtehelichen Lebensgemeinschaft ist damit freilich nicht grundsätzlich versagt, doch ist der Regelungsumfang deutlich beschränkt.

Zu widersprechen ist der Ansicht *Vogelsangs*, der aus der Annahme eines Diskriminierungsverbots pauschal folgert, dass der Gesetzgeber neben der Ehe andere Lebensgemeinschaften schützen und fördern dürfe, soweit der Verfassungsauftrag zum Schutz und der Förderung von Ehe und Familie nicht gefährdet sei.[52] Einschränkend hat das Bundesverfassungsgericht nämlich hinzugefügt, dass eine Konkurrenzsituation insbesondere dann bestehe, wenn sich die Institute an denselben Adressatenkreis richteten. Damit sind, im Unterschied zu den in

---

[46] St. Rspr. des BVerfG seit Urteil v. 18. Dez. 1953 BVerfGE 3, 225, 240; Beschluss v. 11. März 1964 BVerfGE 17, 280, 283.
[47] BVerfG Beschluss v. 11. Juli 1967 BVerfGE 22, 163, 172; Beschluss v. 8. Dez. 1976 BVerfGE 44, 1, 18.
[48] BVerfG Beschluss v. 29. Jan. 1969 BVerfGE 25, 167, 196; Beschluss v. 18. Nov. 1986 BVerfGE 74, 33, 40.
[49] Vgl. BVerfG Beschluss v. 17. Okt. 1973 BVerfGE 36, 126, 133.
[50] BVerfG Beschluss v. 5. Nov. 1991 BVerfGE 85, 80, 88; ähnlich das Diskriminierungsverbot aus Art. 14 i.V.m. Art. 8 EMRK, vgl. EGMR Urteil v. 13. Juni 1979 NJW 1979, 2449 ff. („Marckx").
[51] BVerfGE 105, 313, 350 f.
[52] in: Hausmann/Hohloch, Kap 3 Rn 35.

dem Urteil behandelten gleichgeschlechtlichen Lebenspartnerschaften, vor allem heterosexuelle nichteheliche Lebensgemeinschaften der vom Verfassungsgericht ins Auge gefasste Fall einer Konkurrenzsituation. Gerade mit dem Argument der mangelnden Substituierbarkeit des Adressatenkreises wurde der Schutzzweck des Art. 6 Abs.1 GG durch die Schaffung des Instituts der eingetragenen Lebenspartnerschaft als nicht gefährdet angesehen. Damit bringt das Gericht zum Ausdruck, dass der Gestaltungsspielraum des Gesetzgebers für (heterosexuelle) nichteheliche Lebensgemeinschaften noch geringer ist.

Zwar spricht das Gericht von der Errichtung eines Instituts, jedoch dürfte dies nicht nur in einem formaljuristischen Sinne als eine durch privatrechtliche Rechtsnormen gestaltete Einrichtung - einem Rechtsinstitut - zu verstehen sein; vielmehr genügt bereits die Schaffung eines Regelungskomplexes, auch wenn dieser nur einen Ausschnitt nichtehelichen Zusammenlebens umfasst. Hingegen bleibt es dem Gesetzgeber unbenommen, Einzelregelungen zu statuieren, welche die Attraktivität und Exklusivität der Ehe in ihrer Gesamtheit nicht zu beeinträchtigen vermögen. Aufgrund der Entkoppelung des Begriffes der Ehe von dem der Familie ist der Gesetzgeber nämlich nicht gezwungen, das einfachgesetzliche Familienrecht an dem Modell der vollständigen Idealfamilie auszurichten.[53] Für wichtige Teilbereiche kann sich sogar ein Regelungsauftrag aus Art. 2 Abs.1 GG ergeben.[54]

Sofern eine Angleichung an das Eherecht vorgenommen wird, sollte dem eine Prüfung der Erforderlichkeit und Zweckmäßigkeit vorangehen. Obwohl das Eingehen einer Ehe weder von der Fortpflanzungsfähigkeit noch von dem entsprechenden Willen abhängig ist, hat das Bundesverfassungsgericht in einer früheren Entscheidung ausgeführt, das Motiv für die Privilegierung der Ehe sei, die rechtliche Absicherung der Partner zur Gründung einer Familie mit gemeinsamen Kindern zu ermöglichen.[55] Zwar lässt sich aus diesen Erwägungen der rechtliche Regelungsrahmen für nichteheliche Lebensgemeinschaften nicht im Einzelnen konturieren. Je mehr die Gründe für die Vorzugstellung der Ehe aber auch auf das nichteheliche Zusammenleben zutreffen, desto eher kann die Erforderlichkeit einer Annäherung an das Eherecht bejaht werden. Damit lässt sich die Unterscheidung zwischen ehebezogenen und nicht ehebezogenen Normen ebenfalls für die Frage einer Angleichung fruchtbar machen.[56] Wenn die Hausgemeinschaft oder die emotionale Verbundenheit der Partner Anknüpfungspunkt von Rechtsfolgen ist, kann eine gewisse Angleichung stattfinden, ohne das Fördergebot der Ehe zu verletzen. Betreffen die Rechtsfolgen Kinder, gebietet bereits Art. 6 Abs.5 GG eine Gleichstellung mit ehelichen Kindern.

---

[53] Dreier/*Gröschner*, Art. 6 GG Rn 44 ff. m.w.N.

[54] *Lieb*, Gutachten zum 57. DJT, A 27; diesem folgend: *Schwenzer*, JZ 1988, 781, 782; a.A. *Meyer-Teschendorf*, StAZ 1982, 325, 329.

[55] BVerfG Beschluss v. 4. Okt. 1993 NJW 1993, 3058.

[56] Vgl. dazu ausführlich unten 1. Teil § 3.I.1.a.

Paradigmatisch sei der Bereich des Umgangsrechts angeführt, der jüngst noch Gegenstand eines Beschlusses des Bundesverfassungsgerichts war.[57] Die Stellung nichtehelicher Eltern ist der ehelicher Eltern (weitestgehend) vergleichbar, so dass nunmehr das Umgangsrecht unabhängig vom Vorliegen einer ehelichen Gemeinschaft geregelt wurde. Hingegen muss eine Ausdehnung von Normen unterbleiben, die ihren Ursprung in der Institution der Ehe als einer durch das Eheversprechen begründeten Rechts- und Pflichtengemeinschaft haben. Das häufig angeführte Beispiel der Vorschriften über den ehelichen Zugewinnausgleich ist unglücklich gewählt, da aufgrund der in nichtehelichen Lebensgemeinschaften zumeist bestehenden faktischen Vermögenstrennung eher eine Ausrichtung an der Gütertrennungsehe nahe liegt.[58] Der Gestaltungsraum für den Gesetzgeber zur Regelung eines Vermögensausgleichs nach Auflösung der nichtehelichen Lebensgemeinschaft ist deshalb beschränkt; nur soweit eine finanzielle Sicherung der Familie notwendig ist, kommen einfachgesetzliche Regelungen in Betracht.

II. Richterrechtliche Erstreckung der Ehewirkungen

Zweifellos würde sich ein erheblicher Teil der durch nichteheliches Zusammenleben aufgeworfenen Rechtsprobleme erledigen, ließen sich die Ehewirkungen im Wege substanzieller Analogien auf nichteheliche Lebensgemeinschaften übertragen. Dieser Vorgehensweise sind jedoch seitens des Grundgesetzes Grenzen gesetzt. Dabei gilt es, neben der Zulässigkeit der richterlichen Rechtsfortbildung den Inhalt des geschaffenen Richterrechts zu prüfen. In engem Zusammenhang mit der Frage der verfassungsmäßigen Kompetenz der Gerichte zur Rechtsschöpfung stehen deren Voraussetzungen.

1. Die Grenzen (richterlicher) Rechtsfortbildung

Neben dem Erkennen und Aussprechen von Entscheidungen des Gesetzgebers obliegt es dem Richter, die der verfassungsmäßigen Ordnung immanenten, aber in den Texten der geschriebenen Gesetze nur unvollkommen zum Ausdruck gelangten Wertvorstellungen, „in einem Akt des bewertenden Erkennens, dem auch willenhafte Elemente nicht fehlen, ans Licht zu bringen und in Entscheidungen zu realisieren.“[59] Verfassungsrechtliche Grenzen sind richterlicher Rechtsfortbildung aber durch die in Art. 20 Abs.3 GG statuierte Bindung an Gesetz und Recht gesetzt. Eine Befugnis zur Rechtsfortbildung besteht folglich nur dann, wenn das Gesetz selbst lückenhaft ist. Eine Gesetzeslücke ist eine „planwidrige Unvollständigkeit“ des Gesetzes, wobei die Planwidrigkeit aus dem Ge-

[57] BVerfG Beschluss v. 9. April 2003 FamRZ 2003, 816 zum Kreis der Umgangsberechtigten (§ 1685 BGB).
[58] Dazu unten 3. Teil § 3.I.1.b.dd.
[59] BVerfG Beschluss v. 14. Feb. 1973 BVerfGE 34, 269, 287.

setz selbst wie auch durch historische und teleologische Auslegung zu ermitteln ist.[60]

Eine Ausfüllung solcher Lücken im Wege des Analogieschlusses gebietet die wertungsmäßige Gleichheit der Tatbestände; welche Elemente für die Wertung von Bedeutung sind, ist anhand der Zwecke und Grundgedanken der gesetzlichen Regelung zu ermitteln.[61] Die Rechtsfortbildung muss sich als Weiterentwicklung der „Grundgedanken der von der Verfassung geprägten Rechtsordnung mit systemimmanenten Mitteln" darstellen.[62] Eigene rechtspolitische Erwägungen dürfen hingegen nicht an deren Stelle gesetzt werden.[63] Ebenso ist von Bedeutung, ob die Rechtsfortbildung von einer allgemeinen Rechtsüberzeugung gestützt wird.[64] Zudem wächst mit dem Alter der Kodifikation die Freiheit des Richters zur schöpferischen Fortbildung des Rechts. Da Normen im Kontext der sozialen Verhältnisse und gesellschaftspolitischen Anschauungen stehen, kann und muss sich ihr Inhalt gegebenenfalls mit ihnen wandeln.[65]

2. Die Zulässigkeit von Rechtsfortbildung im Bereich des nichtehelichen Zusammenlebens

Richterrecht muss ebenso wie Gesetzesrecht verfassungskonform sein. Für die Feststellung einer Verfassungsverletzung sind die betroffenen Grundrechte heranzuziehen; demnach ist auch hier der durch Art. 6 Abs.1 und 2 Abs.1 GG vorgegebene Regelungsrahmen zu beachten.

Während das geltende Gesetzesrecht die nichteheliche Lebensgemeinschaft weitestgehend ignoriert, wirft die Auseinandersetzung nichtehelicher Lebensgemeinschaften für die Gerichte eine Vielzahl von Problemen auf.[66] Die Grundvoraussetzung für eine Rechtsfortbildung, nämlich dass „das geschriebene Gesetz seine Funktion, ein Rechtsproblem zu lösen, nicht erfüllt",[67] scheint damit vorzuliegen. Dennoch ist die Befugnis zur Rechtsfortbildung im Bereich des nichtehelichen Zusammenlebens eng begrenzt, zumal es nicht im Plan des Gesetzgebers lag, die nichteheliche Lebensgemeinschaft mit statusrechtlichen Wirkungen auszustatten. Der Gesetzgeber hat trotz Kenntnis der Problematik, der

---

[60] *Larenz*, Methodenlehre, Kap. 5, 2.a.

[61] *Larenz*, Methodenlehre, Kap. 5, 2.b.

[62] BVerfG Beschluss v. 14. Feb. 1973 BVerfGE 34, 269, 292; Urteil v. 18. Dez. 1973 BVerfGE 49, 304, 322.

[63] So aber nach Auffassung des Gerichts geschehen im Fall Urteil v. 18. Dez. 1973 BVerfGE 49, 304, 322.

[64] BVerfG Beschluss v. 14. Feb. 1973 BVerfGE 34, 269, 289 f.; Beschluss v. 19. Okt. 1983 BVerfGE 65, 182, 195.

[65] BVerfG Beschluss v. 14. Feb. 1973 BVerfGE 34, 269, 288 f.

[66] Vgl. dazu die Rechtsprechungsübersichten: *Grziwotz*, FamRZ 2003, 1417; *ders.*, FamRZ 1999, 413; *ders.*, FamRZ 1994, 1217.

[67] BVerfG Beschluss v. 14. Feb. 1973 BVerfGE 34, 269, 287.

zunehmenden Verbreitung und Akzeptanz nichtehelichen Zusammenlebens, von einer Regelung abgesehen; bei den Reformen des Scheidungsfolgenrechts hat er eine Einbeziehung nichtehelicher Lebensgemeinschaften in den Anwendungsbereich nicht einmal in Betracht gezogen.[68] Sofern die Ehewirkungen an die Verpflichtung zu einer umfassenden und auf Lebensdauer angelegten Gemeinschaft anknüpfen, liegt demnach keine (offene) Gesetzeslücke vor.

---

[68] *Hausmann*, Vermögensausgleich, S. 28.

§ 3 Vermögensrechtliche Abwicklung der Lebensgemeinschaft nach Trennung

I. Güterrechtliche Ausgleichsansprüche

Schon die eingangs erwähnte gängige Definition der nichtehelichen Lebensgemeinschaft als Wohn-, Wirtschafts- und Beistandsgemeinschaft verdeutlicht die Abwicklungsproblematik. Dabei ist diese nicht allein auf die Fälle einer Trennung der Partner einer nichtehelichen Lebensgemeinschaft beschränkt. Sofern die Nichtehelichkeit durch eine Eheschließung zwischen den Partnern endet, treten dieselben Abwicklungsprobleme mit der Scheidung der Ehe auf; das eheliche Güterrecht erfasst nämlich nur Vermögensveränderungen während der Ehe.

Insbesondere bei länger andauernden Partnerschaften kommt es zu Verflechtungen zwischen den persönlichen und wirtschaftlichen Beziehungen der Partner. In Anlehnung an diese beiden Charakteristika lässt sich eine rechtliche Kategorisierung anhand einer behutsamen Einbeziehung in das Familienrecht oder aber auf Basis des allgemeinen Zivilrechts, insbesondere des Schuldrechts, erreichen.

1. Familienrechtliche Lösungen

a) Analoge Anwendung von Eherecht?

Nicht zuletzt durch die Definition nichtehelichen Zusammenlebens anhand der Ehe weist die nichteheliche Lebensgemeinschaft deutliche Ähnlichkeiten zu der Ehe auf. Ob eine Lückenausfüllung durch *substanzielle Analogien* zum Eherecht erfolgen kann, steht jedoch zu bezweifeln.

Dennoch wird vereinzelt eine Anwendung ehelicher Vorschriften befürwortet.[69] Sofern die Verbindung über längere Zeit besteht und auf gegenseitigem Vertrauen beruht, wird sogar eine (bedingte) Anwendung des Scheidungsfolgenrechts für möglich gehalten. Insbesondere zum Schutz des schwächeren, abhängigen Partners sei in Bereichen wie Haushaltsführung, Kinderbetreuung und Pflegeleistungen sowie postmortalem Unterhalt eine Anlehnung an das Eherecht nicht prinzipiell ausgeschlossen. In Anbetracht der bewussten Untätigkeit des Gesetzgebers im Bereich des nichtehelichen Zusammenlebens sieht sich diese weite Auffassung dem Vorwurf rechtspolitischer Betätigung ausgesetzt.

Die Gegenansicht lehnt die Erstreckung von Ehewirkungen auf nichteheliche Lebensgemeinschaften mit dem Hinweis auf die mangelnde Vergleichbarkeit

---

[69] *E.-M. von Münch*, in: Benda/Maihofer/Vogel, Handbuch des Verfassungsrechts, 1994, S. 293, 300; so auch: *Zeidler*, in: Benda/Maihofer/Vogel, Handbuch des Verfassungsrechts, 1984, S. 555, 582.

beider Arten des Zusammenlebens strikt ab.[70] Die dieser Ansicht zugrunde liegende Differenzierung anhand des Charakteristikums der Rechtsgemeinschaft, zu der die nichteheliche Lebensgemeinschaft als bloß faktische Gemeinschaft den Gegensatz bilde, greift in dieser Pauschalität jedoch zu kurz. Die Interessenlagen sind dann vergleichbar, wenn die Tatbestände in den für die rechtliche Bewertung maßgebenden Umständen gleich sind. Die Feststellung, ob die Tatbestände in den wesentlichen Hinsichten übereinstimmen, ist damit ein wertender Vorgang, für den es die Zwecke und Grundgedanken der gesetzlichen Regelung zu ermitteln gilt.[71] Die Ehewirkungen und insbesondere das Scheidungsfolgenrecht knüpfen aber nicht ausnahmslos an die rechtsgeschäftliche Übernahme der Ehepflichten.[72]

Ausgehend von der sozialen Wirklichkeit weist das Zusammenleben von Ehegatten und Partnern einer nichtehelichen Lebensgemeinschaft vielfältige Ähnlichkeiten auf; beide Lebensformen gründen auf einer affektiven Beziehung. Sofern der Gesetzgeber lediglich die Folgen aus den engen persönlichen Beziehungen zu normieren suchte, steht dies einem Analogieschluss nicht entgegen. Die verfassungsrechtliche Sonderstellung der Ehe wird durch die Übertragung solcher - nicht ehebezogener - Vorschriften nicht tangiert.[73] Im Unterschied zu einer nichtehelichen Lebensgemeinschaft ist die Ehe durch die Unauflösbarkeit geprägt; eine Ehe auf Zeit gibt es nicht.[74] Zwar wird das Prinzip der „Lebenslänglichkeit" in zunehmendem Maße durch die erleichterte Form der Beendigung relativiert. Dennoch bleibt die Unauflösbarkeit der Ehe Leitprinzip des Gesetzgebers;[75] dies spiegelt sich in dem Umfang und der Reichweite des Scheidungsfolgenrechts wider, welches vor allem durch weitreichende Unterhaltspflichten die eheliche Solidarität fortsetzt. Zudem muss das Eheversprechen immer noch die Dauerhaftigkeit der Verbindung enthalten. Da die Ehe als Grundlage der Familie dient,[76] soll den Eheleuten innerhalb dieses Rechtsinstituts die notwendige finanzielle Planungssicherheit für die Gründung einer Familie gewährleistet werden. Damit ist das Bestehen einer Ehe häufig Anlass für Vermögensverfügungen, betrifft es auch nur die Entscheidung für eine traditionelle Rollenverteilung. Statistisch belegt wird dies durch den Umstand, dass die

---

70 OLG Saarbrücken Beschluss v. 18. Mai 1979 NJW 1979, 2050, 2051 („völliges aliud"); ebenso: *Schlüter*, Die nichteheliche Lebensgemeinschaft, S. 17; *Lipp*, AcP 180 (1980), 537, 561 f. („nicht überbrückbare Differenzen"); *Bosch*, FamRZ 1980, 849, 852 („Tatbestand sui generis"); *Gernhuber*, FamRZ 1981, 721, 724 („unüberbrückbarer Raum").

71 *Larenz*, Methodenlehre, Kap. 5, 2.b.

72 So aber die in Fn 70 Genannten.

73 So i.E. auch: Sachs/*Schmidt-Kammler*, Art. 6 GG Rn 43 m.w.N.; vgl. die Aufzählung bei *Schumacher*, FamRZ 1994, 857, 859.

74 BVerfG Urteil v. 28. Feb. 1980 BVerfGE 53, 224, 245.

75 So auch: *Vogelsang*, in: Hausmann/Hohloch, Kap 3 Rn 14 f.

76 Vgl. Parlamentarischer Rat, Verhandlungen des Hauptausschusses, insb. 21. und 43. Sitzung; so ausdrücklich auch noch eine der Vorgängerfassungen (Art. 7 a Abs.1 S.2).

Zahl der Einverdienerhaushalte unter Ehegatten deutlich höher ist als in anderen Paarbeziehungen.[77] Nichteheliche Lebensgemeinschaften hingegen werden oftmals vermögensbezogen im Bewusstsein der leichteren Auflösbarkeit gelebt.[78] Durch die Wahl des nichtehelichen Zusammenlebens wollen sich die Partner die Möglichkeit eines späteren Auseinandergehens offen halten.[79]

Hingegen sind Normen, die unmittelbar an die institutionelle Funktion der Ehe anknüpfen, ehebezogen und können daher nicht auf nichteheliche Lebensgemeinschaften übertragen werden.[80] Insbesondere güter- und vermögensrechtliche Regelungen sind Folge dieser lebenslangen Verbundenheit, weil sie den Ehegatten Planungssicherheit im Hinblick auf ihre wirtschaftliche Existenz geben sollen; Vorschriften über den Zugewinnausgleich,[81] Ehegattenunterhalt[82] und Versorgungsausgleich[83] sowie das Ehegattenerbrecht[84] sind gerade Ausdruck der besonderen Rechts- und Pflichtengemeinschaft und einem (substanziellen) Analogieschluss nicht zugänglich.

Ebenso sollen die Normen der Hausratsverordnung (insbesondere § 8 HausratsV) ihren Ursprung in der ehelichen Gemeinschaft haben und deshalb nicht übertragbar sein; ein Eingriff in die grundrechtlich geschützte Eigentümerposition könne allein bei Ehegatten gerechtfertigt werden, da mit der Eheschließung eine Solidargemeinschaft begründet werde.[85] Jedoch dienen die Regelungen der

---

[77] S. *Schneider/Hartmann/Eggen/Fölker*, Materialien zur Familienpolitik Nr. 10, Wie leben die Deutschen?, Tabelle 2.3.1.8 und 2.3.2.9.

[78] *Hill/Kopp*, in: Klein/Lauterbach, Nichteheliche Lebensgemeinschaften, S. 11, 26.

[79] Ebenso: *Vogelsang*, in: Hausmann/Hohloch, Kap 3 Rn 15.

[80] Ebenso differenzieren: *Hausmann*, Vermögensausgleich, S. 31; *Kingreen*, NVwZ 1999, 852, 854; *Schwenzer*, JZ 1988, 781, 782; *dies.*, Vom Status zur Realbeziehung, S. 173; *Schumacher*, FamRZ 1994, 857, 860 f.

[81] *Hausmann*, Vermögensausgleich, S. 41; *Schumacher*, FamRZ 1994, 857, 859; so i.E. auch: OLG Saarbrücken Beschluss v. 18. Mai 1979 NJW 1979, 2050 f.; OLG Frankfurt Beschluss v. 23. Okt. 1981 NJW 1982, 1885; *Battes*, Nichteheliches Zusammenleben, C.II.1 Rn 34 ff.; *Derleder*, NJW 1980, 545, 547; *Diederichsen*, NJW 1983, 1017, 1021; Soergel/*Lange*, Nehel LG Rn 77; *Lipp*, AcP 180 (1980), 537, 562; *Schlüter*, S. 20.

[82] *Hausmann*, Vermögensausgleich, S. 41; *Schlüter*, S. 20; Soergel/*Lange*, Nehel LG Rn 77; *Lieb*, Gutachten zum 57. DJT, A 87 f.; *de Witt/Huffmann*, Rn 157a; *Lipp*, AcP 180 (1980), 537, 562 [Fn 74]; MüKo/*Wacke*, Nach § 1302 Rn 27; *Battes*, in: FS Hübner, S. 379, 388; a.A. *Roth-Stielow*, JR 1978, 233, 236.

[83] *Hausmann*, Vermögensausgleich, S. 41; *Schlüter*, S. 20.

[84] Soergel/*Lange*, Nehel LG Rn 122; *Hausmann*, Vermögensausgleich, S. 41 f.; *Schlüter*, S. 35; *de Witt/Huffmann*, Rn 319; *Bosch*, FamRZ 1983, 227, 238; *Lieb*, Gutachten zum 57. DJT, A 93; MüKo/*Wacke*, Nach § 1302 Rn 40; so i.E. auch: OLG Saarbrücken Beschluss v. 18. Mai 1979 NJW 1979, 2050 f.; OLG Frankfurt Beschluss v. 23. Okt. 1981 NJW 1982, 1885.

[85] So die h.M.: OLG Hamm Beschluss v. 11. April 2005 FamRZ 2005, 2085; *Lieb*, Gutachten zum 57. DJT, A 77; *Gernhuber/Coester-Waltjen*, Familienrecht, § 44 IV 2; i.E. ebenso: *Hausmann*, in: Hausmann/Hohloch, Kap 4 Rn 12 m.w.N.

Hausratsverordnung vorwiegend der Praktikabilität der Auseinandersetzung, so dass die Annahme der Ehebezogenheit nicht gerechtfertigt erscheint.[86] Auch spiegelt sich in ihnen lediglich das Kriterium der engen persönlichen Verbundenheit wider.

b) Lückenausfüllung durch Verlöbnisrecht?

Die Ähnlichkeit der sozialen Beziehung zwischen Verlobten und Partnern, die ihr Zusammenleben als Ehe auf Probe führen, veranlasst einige Stimmen in der Literatur, Analogien im Bereich des Verlöbnisrechts in Betracht zu ziehen.[87] Während sich die Partner einer nichtehelichen Lebensgemeinschaft selbst in den Fällen der Ehe auf Probe die Möglichkeit offen halten, bei negativem Verlauf der Probezeit von einer Eheschließung Abstand zu nehmen, setzt § 1297 Abs.1 BGB ein bindendes Eheversprechen voraus. Damit wird deutlich, dass die Rechtsfolgen der §§ 1298, 1299 BGB Ausdruck des Gedankens der Vertrauenshaftung sind. Ein schutzwürdiges Vertrauen entsteht bei einer jederzeit auflösbaren nichtehelichen Lebensgemeinschaft gerade nicht, so dass es für einen Analogieschluss an der für die Lückenausfüllung erforderlichen Interessengleichheit fehlt.[88]

Selbst wenn der Nachweis eines Eheversprechens gelingt, scheitert eine Erstreckung der Rechtsfolgen des Verlöbnisrechts daran, dass dieses nicht auf eine umfassende Auseinandersetzung einer vorehelichen Lebensgemeinschaft angelegt ist.[89] Einerseits verlangt § 1298 Abs.1 BGB, dass die Aufwendungen gerade in „Erwartung der Ehe" erfolgen; Beiträge zum Lebensunterhalt können jedoch nicht als Aufwendungen im Hinblick auf eine künftige Ehe gewertet werden.[90] Andererseits sind Zuwendungen im Rahmen einer nichtehelichen Lebensgemeinschaft regelmäßig auch keine Geschenke im Sinne des § 1301 BGB.[91]

---

[86] So auch: *Schumacher*, FamRZ 1994, 857, 862; *Struck*, ZRP 1983, 215, 219; *Brudermüller*, FamRZ 1994, 207, 215 f.

[87] So *Evans-von Krbek*, JA 1979, 236, 242; in diese Richtung auch *Schwab*, in: Landwehr, Die nichteheliche Lebensgemeinschaft, S. 61, 74 ff.

[88] *Schlüter*, S. 24; *Lipp*, AcP 180 (1980), 537, 564; *Hausmann*, in: Hausmann/Hohloch, Kap 4 Rn 13.

[89] *Hausmann*, in: Hausmann/Hohloch, Kap 4 Rn 14.

[90] OLG München Beschluss v. 15. Nov. 1979 FamRZ 1980, 239, 240; OLG Düsseldorf Urteil v. 23. Juni 1981 FamRZ 1981, 770; OLG Oldenburg Urteil v. 26. Feb. 1986 NJW 1986, 1817 und Urteil v. 11. Juli 1995 FamRZ 1996, 287.

[91] OLG Köln Urteil v. 10. März 1995 NJW 1995, 2232; Staudinger/*Strätz*, § 1301 Rn 8.

2. Abwicklungslösungen auf Basis des Schuld- und Sachenrechts

Überwiegend wird eine Abwicklung auf Basis des Schuld- und Sachenrechts befürwortet. Die typischen, vor die Gerichte getragenen Sachverhalte lassen sich anhand von Fallgruppen kategorisieren: Klassischer Fall sind Aufwendungen auf Vermögensgegenstände des anderen Partners, wie beispielsweise Leistungen eines Partners zum Erwerb von Grundstücken und Immobilien sowie der Aus- und Umbau von Wohneigentum. Beim Eigentumserwerb tritt die Auflösungsproblematik immer dann auf, wenn der Eigentumsanteil geringer ausfällt als der erbrachte finanzielle Beitrag. Weitere Ausgleichssituationen entstehen bei unentgeltlicher oder gegen unzureichenden Lohn erbrachter Mitarbeit im Unternehmen des anderen Partners. Die dritte Fallgruppe umfasst Alltagsleistungen wie Haushaltsführung, Kinderbetreuung oder Krankenpflege sowie Unterhaltsleistungen. Ein Vermögensungleichgewicht kann aber auch bei gemeinsam erspartem Guthaben entstehen, wenn das Konto auf den Namen nur eines Partners lautet.

a) Vermögenstrennung

Allein das räumliche Zusammenleben in einer nichtehelichen Lebensgemeinschaft kann keine Änderungen der dinglichen Zuordnung bewirken. Einer Einbringung von Gegenständen in die Lebensgemeinschaft kann allenfalls die Erlaubnis zur gemeinsamen Nutzung für die Dauer des Zusammenlebens entnommen werden. Während Gegenstände des persönlichen Gebrauchs sowie besonders wertvolle Gegenstände regelmäßig Alleineigentum desjenigen werden, zu dessen Gebrauch sie bestimmt sind,[92] gestaltet sich die dingliche Zuordnung angeschaffter oder ersetzter Haushaltsgegenstände sowie weiterer gemeinsam genutzter Gegenstände problematisch.

Nach allgemeinen rechtsgeschäftlichen Regeln erwirbt derjenige das (Allein-) Eigentum, der das Erwerbsgeschäft getätigt hat. Anderes gilt, sofern dies rechtsgeschäftlich vereinbart ist oder ein Fall der Stellvertretung vorliegt. Dabei hat der Umstand, mit wessen Geld ein Gegenstand erworben wurde, Indizwirkung für das Vorliegen einer rechtsgeschäftlichen Abrede zwischen den Partnern.[93] Weitere Anhaltspunkte sind der Ausgestaltung der jeweiligen Lebensgemeinschaft zu entnehmen. Wird auf strikte Gütertrennung geachtet, ist ein Erwerb von Miteigentum fernliegend, selbst wenn der Gegenstand im gemeinsamen Haushalt genutzt werden soll.[94] Im umgekehrten Falle erscheint sogar eine stillschweigende Übertragung des Miteigentums bei Einbringung des Gegenstandes

[92] AG Eschweiler Urteil v. 14. Feb. 1992 FamRZ 1992, 942; OLG Köln Urteil v. 9. Aug. 1995 NJW-RR 1996, 1411; *Gernhuber/Coester-Waltjen*, Familienrecht, § 44 III 1.

[93] Vgl. OLG Hamm Urteil v. 28. Sept. 1988 NJW 1989, 909; *Steinert*, NJW 1986, 683, 685; *Grziwotz*, § 20 Rn 4.

[94] OLG Hamm Urteil v. 28. Sept. 1988 NJW 1989, 909; *Grziwotz*, § 20 Rn 6.

in den gemeinsamen Haushalt möglich.[95] Zudem wird dann ein Erwerb von Miteigentum nach den Grundsätzen des Geschäfts (besser Übereignung) für den, den es angeht, erwogen.[96]

Sofern die Eigentumslage zwischen den Parteien streitig und nicht aufklärbar ist, greift die Vermutung des § 1006 BGB. Die Rechtsprechung stellt jedoch an die Widerlegung dieser Vermutung nicht allzu hohe Anforderungen.[97]

b) Reichweite der Ausgleichslösungen

Für die Zuerkennung von Ausgleichsansprüchen lassen sich in Rechtsprechung wie Lehre drei Grundtendenzen erkennen:

1. Der Bundesgerichtshof geht in ständiger Rechtsprechung von einem Grundsatz der Nichtausgleichung gemeinschaftsbezogener Leistungen aus.[98] Aufgrund der herausragenden Bedeutung der persönlichen Beziehungen, welche das die Gemeinschaft betreffende vermögensmäßige Handeln der Partner bestimmten, bestehe nicht nur in persönlicher, sondern auch in wirtschaftlicher Hinsicht grundsätzlich keine Rechtsgemeinschaft. Dem liegt die Vorstellung zugrunde, dass Beiträge, die im Rahmen des Zusammenlebens zur Befriedigung von Bedürfnissen erbracht werden, regelmäßig von beiden und, wenn nicht, von demjenigen geleistet werden, der dazu in der Lage ist; soweit nachträglich etwas ausgeglichen werde, geschehe das aus Solidarität, und nicht in Erfüllung einer Rechtspflicht. Daraus folgert der Bundesgerichtshof, dass für Leistungen, die im gemeinsamen Interesse erfolgen, Gegenleistungen, Wertersatz, Ausgleichung oder Entschädigung nicht verlangt werden können.

2. Vereinzelt finden sich in der Literatur Stimmen für eine Gesamtlösung.[99] Danach sei die Lebensgemeinschaft an sich bzw. deren wirtschaftliche Seite vollständig dem Gesellschaftsrecht zu unterstellen, so dass eine annähernde Gesamtabwicklung erfolgte. Die Merkmale einer Gesellschaft Bürgerlichen Rechts seien bereits immer dann erfüllt, wenn die Partner zum Zweck der Erfüllung ihrer materiellen Lebensbedürfnisse gemeinsam wirtschafteten.[100] Das gemeinsa-

---

[95] *Hausmann*, in: Hausmann/Hohloch, Kap 4 Rn 112; Staudinger/*Gursky*, § 1006 Rn 32.

[96] Ausführlich: *Hausmann*, in: Hausmann/Hohloch, Kap 4 Rn 111 f.; *Battes*, Nichteheliches Zusammenleben, B.III.3.3.2.2 Rn 27; Soergel/*Lange*, Nehel LG Rn 23; *Finger*, JZ 1981, 497, 508.

[97] Vgl. BGH Urteil v. 11. Juni 1969 FamRZ 1970, 19; OLG Hamm Urteil v. 28. Sept. 1988 NJW 1989, 909; krit. dazu: *Hausmann*, in: Hausmann/Hohloch, Kap 4 Rn 107 ff.

[98] BGH Urteil v. 24. März 1980 BGHZ 77, 55; neuerdings: Urteil v. 21. Juli 2003 NJW-RR 2003, 1658; Versäumnisurteil v. 13. April 2005 NJW-RR 2005, 1089, 1091.

[99] *Battes*, Nichteheliches Zusammenleben; *ders.*, ZHR 143 (1979), 385 ff.; MüKo/*Wacke*, Nach § 1302 Rn 18 ff.; zustimmend: *de Witt/Huffmann*, Rn 339 ff.; *Schwenzer*, Vom Status zur Realbeziehung, S. 192 ff.

[100] *Battes*, ZHR 143 (1979), 385 ff.; *ders.*, Nichteheliches Zusammenleben, A.IV.1 Rn 9, E Rn 73 ff.

me „Wirtschaften aus einem Topf“ stelle eine Zweckverfolgung im Sinne des § 705 BGB dar. Nach Beendigung der Lebensgemeinschaft sei dann eine interessengerechte Auseinandersetzung ohne Rücksicht auf die dingliche Zuordnung der Vermögenswerte vorzunehmen. Aus dem personenbezogenen Charakter der Lebensgemeinschaft folge, dass auch bei der Abwicklung das Solidaritätsprinzip in den Mittelpunkt zu stellen sei. Von der Auseinandersetzung ausgenommen werden sollen lediglich Dienstleistungen sowie alle finanziellen Beiträge soweit sie aus dem laufenden Einkommen der Partner bestritten werden.

Bei einer (annähernden) Gesamtabwicklung droht jedoch die Gefahr einer nicht erwünschten verfassungswidrigen Verrechtlichung des persönlichen Bereichs (Art. 2 Abs.1 GG). Zum einen können sich die Verpflichtungen zu einem faktischen Zwang zur Aufrechterhaltung des Zusammenlebens verdichten, wodurch die freie Lösbarkeit der Lebensgemeinschaft unzulässig beschränkt wird.[101] Zum anderen wird ein solch „globaler Ersatzgüterstand“ von den Partnern einer nichtehelichen Lebensgemeinschaft grundsätzlich nicht gewünscht.[102] Selbst in der Ehe steht den Eheleuten die Wahl des Güterstandes offen. Zudem stellt sich das praktische Problem, im Nachhinein keine genaue Auflistung der Aufwendungen erstellen zu können.

3. Eine vermittelnde Auffassung befürwortet einen Vermögensausgleich anhand einer Einzellösung. Dazu sei nach dem Leistungszweck zu differenzieren: Beiträge zum laufenden Lebensunterhalt wie Dienstleistungen im Haushalt, Kinderbetreuung, Pflegeleistungen sowie Unterhaltsbeiträge seien einem Ausgleich nicht zugänglich. Ebenfalls keinen Ausgleich sollen Leistungen erfahren, die nicht im Interesse und zur Verwirklichung des Zusammenlebens erbracht worden sind, sondern allein einem Partner zugute gekommen sind. Dies betrifft insbesondere Verbindlichkeiten, die aus der Zeit vor der Begründung der Lebensgemeinschaft herrühren.

Grundsätzlich bejaht wird der Ausgleich für Leistungen mit Gemeinschaftsbezug, die zu einer Bereicherung eines Partners über die Lebensgemeinschaft hinaus geführt haben. Als solche kommen neben Immobilien wertvollere, gemeinsam finanzierte und erarbeitete Einzelgegenstände in Betracht. Korrekturen müssen im Einzelfall aber danach vorgenommen werden, wie die Partner ihre Vermögensbeziehungen während der Lebensgemeinschaft gestaltet hatten.[103] Achteten sie während des Zusammenlebens auf strikte Vermögenstrennung, kann dies ein Indiz für einen mangelnden Gemeinschaftsbezug sein. Im umgekehrten Fall können ausnahmsweise auch einmal Unterhaltsleistungen für den Ausgleich zu berücksichtigen sein, wenn die Partner gleichsam aus „einem Topf

---

[101] So auch: *Schwab*, in: Landwehr, Die nichteheliche Lebensgemeinschaft, S. 61, 68.

[102] *Frank*, FamRZ 1983, 541, 545; *Schlüter/Belling*, FamRZ 1986, 405, 410; vgl. auch *Strätz*, FamRZ 1980, 434, 436 f.; *Grziwotz*, § 5 Rn 21.

[103] Ausführlich: *Hausmann*, in: Hausmann/Hohloch, Kap 4 Rn 7 ff.; *Lieb*, Gutachten zum 57. DJT, A 60 ff.

gewirtschaftet" haben. Kritisch ist anzumerken, dass die dadurch entstehende Einzelfallkasuistik erhebliche Rechtsunsicherheiten verursacht.

c) Mögliche Anspruchsgrundlagen

In der Literatur finden sich vielfältige Ansätze zur Anwendung bestehender Rechtsgrundlagen. Neben Ansprüchen, die auf der Verpflichtungsebene ansetzen, werden Bereicherungsansprüche sowie Ansprüche wegen Wegfalls der Geschäftsgrundlage diskutiert.

1. Den breitesten Raum zur systematischen Erfassung eines Vermögensausgleichs nach Auflösung der nichtehelichen Lebensgemeinschaft nimmt die Frage nach der Anwendbarkeit der Normen über die Gesellschaft bürgerlichen Rechts (§§ 705 ff. BGB) ein. Die Rechtsprechung des Bundesgerichtshofes hat sich im Laufe der Jahrzehnte mehrmals gewandelt. Während die frühere Jurisdiktion noch von der Annahme einer (stillschweigenden) Innengesellschaft ausging,[104] konnte sich zwischenzeitlich ein Abfindungsanspruch allein aus einer entsprechenden Anwendung der Abwicklungsregelungen der §§ 730 ff. BGB ergeben.[105] Mindestvoraussetzung war allerdings, dass „die Parteien überhaupt die Absicht verfolgt haben, mit dem Erwerb des Vermögensgegenstandes einen - wenn auch nur wirtschaftlich - gemeinschaftlichen Wert zu schaffen, der von ihnen für die Dauer der Partnerschaft nicht nur gemeinsam benutzt werden würde, sondern ihnen nach ihrer Vorstellung auch gemeinsam gehören sollte".[106] Sofern eine solche gemeinschaftliche Wertschöpfung beabsichtigt war, konnte sogar die formalrechtliche Eigentümerstellung in den Hintergrund treten.[107] Der erforderliche Wille hierzu ergab sich aus getroffenen Absprachen oder etwa aus Äußerungen gegenüber Dritten. Andernfalls konnte er im Wege einer Gesamtwürdigung aller Umstände ermitteln werden, insbesondere aufgrund der wirtschaftlichen Bedeutung des Objekts, dem Umfang der geleisteten Beiträge sowie den finanziellen Verhältnissen der Partner.

Diese vormals gefestigte Linie ist mit der Entscheidung vom 28. September 2005 des nunmehr zuständigen XII. Zivilsenates aufgegeben worden.[108] Demnach setzt eine nach gesellschaftsrechtlichen Grundsätzen zu beurteilende Zu-

---

[104] BGH Urteil v. 24. März 1980 BGHZ 77, 55 ff.

[105] BGH Urteil v. 12. Juli 1982 BGHZ 84, 388, 390 f.; diesem grundsätzlich folgend: MüKo/*Wacke*, Nach § 1302 Rn 20; *Hausmann*, in: Hausmann/Hohloch, Kap 4 Rn 71 ff.; *Krause*, JuS 1989, 455, 457; die Aufgabe des Kriteriums einer rechtsgeschäftlich verbindlichen Vereinbarung zwischen den Partnern erfolgte bereits in: BGH Urteil v. 12. Juli 1982 BGHZ 84, 388 ff.; ebenso: Urteil v. 24. Juni 1985 FamRZ 1985, 1232; Urteil v. 4. Nov. 1991 NJW 1992, 906, 907; Urteil v. 1. Feb. 1993 FamRZ 1993, 939, 940; Urteil v. 8. Juli 1996 NJW-RR 1996, 1473.

[106] BGH Urteil v. 24. März 1980 BGHZ 77, 55, 57.

[107] BGH Urteil v. 4. Nov. 1991 NJW 1992, 906 f.

[108] FamRZ 2006, 607, 609.

sammenarbeit ebenfalls im Rahmen einer nichtehelichen Lebensgemeinschaft einen zumindest schlüssig zustande gekommenen Vertrag voraus. Eine rein faktische Willensübereinstimmung soll mithin nicht mehr ausreichend sein. Damit tritt der Bundesgerichtshof der vielfach geäußerten Kritik an dem Verzicht auf eine rechtsgeschäftlich verbindliche Vereinbarung der Partner entgegen.[109] Insbesondere wurde der Analogieschluss ohne Prüfung der Voraussetzungen der Analogie als methodisch nicht einsichtige Vorgehensweise bemängelt.[110] Auch schienen die Grenzen richterrechtlicher Rechtsfortbildung erreicht.

Das bislang geltende Argument, dass im Falle nichtehelicher Lebensgemeinschaften breiterer Raum zur Anwendung gesellschaftsrechtlicher Grundsätze verbleibe, da es im Gegensatz zur Ehe an einer rechtlichen Grundverbindung fehle,[111] wird nunmehr in sein Gegenteil verkehrt. Gerade weil es sich bei der nichtehelichen Lebensgemeinschaft um eine Verbindung ohne Rechtsbindungswillen handele, erfordere die Annahme einer nach gesellschaftsrechtlichen Grundsätzen zu bewertenden Zusammenarbeit der Partner einen zumindest schlüssig zustande gekommenen Gesellschaftsvertrag. Als Indizien kommen Planung, Umfang und Dauer der Zusammenarbeit in Betracht. Damit erfolgt nicht nur eine Abkehr von dem Analogieschluss zu den Abwicklungsregelungen der §§ 730 ff. BGB, sondern auch eine Wiederbelebung der Figur der (stillschweigenden) Innengesellschaft.

Die neue Rechtsprechung ist erkennbar von dem Bemühen geprägt, die Grundsätze über eheliche wie nichteheliche Innengesellschaften in einen einheitlichen Gesamtzusammenhang zu stellen.[112] Ob sich durch diese erneute Kehrtwende substanzielle Änderungen für den Bereich der nichtehelichen Lebensgemeinschaft ergeben werden, bleibt abzuwarten. Dagegen spricht zwar, dass es doch ähnliche Indizien sind, an die der Bundesgerichtshof die Beurteilung anknüpfen will, ob eine Innengesellschaft vorliegt. So wurde das Merkmal eines konkludenten Vertragsschlusses schon in der Vergangenheit eher ausgehend von dem zugrunde liegenden Zweck objektiv bestimmt.[113] Insgesamt wird diese Rückkehr zu den Ursprüngen des Gesellschaftsrechts wohl eine etwas restriktivere Abwicklung nach sich ziehen, zumal es doch die schwierige Annahme der für die Begründung der Gesellschaft erforderlichen Willenserklärungen war,

---

[109] *Gernhuber/Coester-Waltjen*, Familienrecht, § 20 III 6; MüKo/*Ulmer*, vor § 705 Rn 81 m.w.N.

[110] *Krause*, JuS 1989, 455, 457.

[111] BGH Urteil v. 30. Juni 1999 BGHZ 142, 137, 153; *Battes*, Nichteheliches Zusammenleben, C.I.3.5 Rn 54; diesem folgend: MüKo/*Wacke*, Nach § 1302 Rn 18; *de Witt/Huffmann*, Rn 344; a.A.: OLG Saarbrücken Beschluss v. 18. Mai 1979 NJW 1979, 2050 f.; OLG Frankfurt Beschluss v. 23. Okt. 1981 NJW 1982, 1885; *Frank*, FamRZ 1983, 541, 545.

[112] Dazu auch unten 3. Teil § 3.I.1.b.dd.

[113] BGH Urteil v. 11. April 1990 FamRZ 1990, 1219, 1220 m.w.N.; vgl. auch: *Wever*, Vermögensauseinandersetzung, Kap 5 B.I.2.

welche den vormals zuständigen II. Zivilsenat zu einer analogen Anwendung der gesellschaftsrechtlichen Abwicklungsgrundsätze bewegte.

Zwar räumt die neue Rechtsprechung viele kaum zu rechtfertigende Inkongruenzen zwischen der Abwicklung von Gütertrennungsehen und nichtehelichen Lebensgemeinschaften aus, doch bleiben einige prinzipielle Bedenken gegen eine gesellschaftsrechtliche Lösung bestehen. Da die persönliche Seite der Lebensgemeinschaft die entscheidende Prägung gibt, reduziert die Unterstellung einer auf wirtschaftlichen Beziehungen beruhenden Rechtsgemeinschaft die soziale Gemeinschaft auf eine rechtsgeschäftliche.[114] Gemäß § 705 BGB obliegt es den Vertragsparteien, den Gesellschaftszweck zu fördern, wodurch sich eine rechtliche Verpflichtung zur Aufrechterhaltung des Zusammenlebens sowie der damit verbundenen „Pflichten" wie Liebe, Treue und Achtung ergibt; dazu steht die gewollte jederzeitige Lösbarkeit der Lebensgemeinschaft in Widerspruch.

2. Vermögensrechtliche Ausgleichsansprüche können sich auch aufgrund Störung der Geschäftsgrundlage ergeben. Eine Geschäftsgrundlage bilden nach ständiger Rechtsprechung die bei Abschluss eines Vertrages zutage getretenen, dem anderen Teil erkennbar gewordenen und von ihm nicht beanstandeten Vorstellungen der einen Partei oder beider Parteien von dem Vorhandensein oder dem künftigen Eintritt bestimmter Umstände, sofern der Geschäftswille der Parteien auf diesen Vorstellungen aufbaut.[115] Vorteil dieser Anspruchsgrundlage ist die flexible Rechtsfolge der Vertragsanspassung, die hinreichenden Spielraum zur Beachtung der Einzelfallumstände lässt.[116]

Während sich die Lehre vom Wegfall der Geschäftsgrundlage für die Gütertrennungsehe zu einem dritten Pfeiler des Vermögensausgleichs entwickelt hat, ist sie im Bereich des nichtehelichen Zusammenlebens nur eine Randerscheinung. Der Grund ist in der fehlenden rechtlichen Bindung der nichtehelichen Lebensgemeinschaft zu sehen: Der Umstand der jederzeitigen Lösbarkeit ist den Partnern bewusst, so dass eine Leistung im Vertrauen auf den Fortbestand der Gemeinschaft ausscheidet.[117] Damit fehlt es regelmäßig bereits an einer tragfähigen Geschäftsgrundlage.[118] Zudem widerspricht eine Anwendung auf nichteheliche Lebensgemeinschaften dem Sinn der Lehre über den Wegfall der Geschäftsgrundlage. Sie verfolgt einen Billigkeitsausgleich (§ 242 BGB),

---

[114] *Derleder*, NJW 1980, 545, 547.

[115] St. Rspr.: BGH Urteil v. 25. Feb. 1993 BGHZ 121, 378, 391 m.w.N.

[116] *Gernhuber/Coester-Waltjen*, Familienrecht, § 44 IV 3; *Frank*, in: FS Müller-Freienfels, S. 131, 148; vgl. auch: OLG Karlsruhe Urteil v. 11. Feb. 1993 NJW-RR 1994, 1157; OLG Frankfurt Urteil v. 26. Mai 1999 ZEV 1999, 404; OLG Naumburg Beschluss v. 17. Sept. 2002, NJW-RR 2003, 578.

[117] OLG Hamm Beschluss v. 11. Dez. 1989 FamRZ 1990, 625, 626; vgl. auch: *Derleder*, NJW 1980, 545, 552.

[118] BGH Urteil v. 13. April 2005 FamRZ 2005, 1151, 1152.

soll die Parteien aber nicht vor dem bewusst eingegangenen Risiko der leichteren Lösbarkeit der Lebensgemeinschaft bewahren.[119]

Mit der neueren Rechtsprechung ist zugleich auch geklärt, nach welcher Maßgabe eine Abgrenzung zwischen gesellschaftsrechtlichem Ausgleich und den Regeln des Wegfalls der Geschäftsgrundlage erfolgt. Zwar knüpft der Bundesgerichtshof die Abgrenzung bei der Ehegatteninnengesellschaft an ein doppeltes Kriterium: Maßgeblich soll die Zielvorstellung der Ehegatten sein, die daraus entnommen werden könne, ob die Ehegatten mit ihrer Tätigkeit einen über die bloße Verwirklichung der ehelichen Lebensgemeinschaft hinausgehenden Zweck erreichen wollen, und ob ihrem Tun die Vorstellung zugrunde liege, dass das gemeinsam geschaffene Vermögen wirtschaftlich betrachtet nicht nur dem formal berechtigten, sondern auch dem anderen Ehegatten zustehen soll.[120] Doch kann zumindest letztere Zielvorstellung ebenso für die Partner einer nichtehelichen Lebensgemeinschaft gelten. Dieses Merkmal weist eine ersichtliche Ähnlichkeit zu der bisher in der Rechtsprechung des II. Zivilsenates statuierten Voraussetzung einer Absicht gemeinsamer Wertschöpfung auf[121] und spiegelt damit nicht zuletzt auch die Bestrebungen des XII. Zivilsenates zu einer Angleichung der Abwicklungsproblematik wider.

Im Gegensatz dazu möchte der Partner im Falle einer unbenannten Zuwendung die Rückgewährung einer Zuwendung, mit welcher er das Vermögen des anderen gemehrt hat; ein erwirtschaftetes Vermögen existiert nicht.[122] Dazu steht nicht in Widerspruch, dass die Leistung „um der Lebensgemeinschaft willen" erfolgen muss, zumal dem nur die Vorstellung und Erwartung des Zuwendenden zugrunde liegen muss, innerhalb der Gemeinschaft weiterhin am Vermögenswert und dessen Früchten teilhaben zu können.

3. Weiteres oftmals erläutertes Modell für die Vermögensauseinandersetzung ist das Bereicherungsrecht in Form der condictio ob rem.[123] Streit entzündet sich an der Frage, welche Anforderungen an den Inhalt der Rechtsgrundabrede zu stellen sind. Das Tatbestandsmerkmal des bezweckten Erfolges setzt nämlich eine Leistung voraus, die in Erwartung einer (konkreten) Gegenleistung erbracht worden ist.[124] Aus diesem Grund kann die Lebensgemeinschaft als solche bzw.

---

[119] *Krause*, JuS 1989, 455, 458.
[120] BGH Urteil v. 30. Juni 1999 BGHZ 142, 137, 153 f.
[121] Statt vieler: BGH Urteil v. 24. März 1980 BGHZ 77, 55 ff.
[122] *Hausmann*, ZEV 1995, 129, 131.
[123] OLG Stuttgart Urteil v. 29. Juni 1977 NJW 1977, 1779; Urteil v. 25. Feb. 1992 NJW-RR 1993, 1475, 1476; OLG Karlsruhe Urteil v. 13. Okt. 1993 NJW 1994, 948; *Lipp*, AcP 180 (1980), 537, 575 ff.; *Strätz*, FamRZ 1980, 434, 435; *Weimar*, MDR 1997, 713, 716; hingegen für die condictio indebiti: OLG Saarbrücken Beschluss v. 18. Mai 1979 NJW 1979, 2050, 2051; zur condictio ob causam finitam: OLG Frankfurt Urteil v. 11. Dez. 1990 DStR 1991, 1535.
[124] *Söllner*, AcP 163 (1964), 20, 31; *Reuter/Martinek*, Ungerechtfertigte Bereicherung, S. 149.

ihre Fortsetzung oder Aufrechterhaltung nicht Inhalt einer Zweckabrede sein.[125] Zudem lässt sich eine (stillschweigende) Zweckvereinbarung in der Praxis häufig kaum von einem einseitigen Motiv unterscheiden. Gerade bei alltäglichen Anschaffungen und Zuwendungen ist die Verwirklichung der Lebensgemeinschaft in der Regel nur „Hintergrunderwartung", die aber nicht den Anforderungen einer Zweckabrede genügt.[126] Hingegen kann eine Rückabwicklung einer Zweckschenkung im Falle der Zweckverfehlung sehr wohl in Betracht kommen.[127]

Grund für die vorbeschriebene Problematik der Anwendung des Bereicherungsrechts auf nichteheliches Zusammenleben ist der Zweck dieser Vorschriften. Das Bereicherungsrecht dient der Rückabwicklung gescheiterter Rechtsverhältnisse und ist auf die Wiederherstellung des status quo ante gerichtet, welche bei Dauerschuldverhältnissen aber nur im Wege einer Gesamtabwicklung möglich ist. Eine Gesamtabwicklung ist jedoch bei einer bereits länger andauernden Lebensgemeinschaft kaum möglich. Auch entspricht das für das Bereicherungsrecht charakteristische „Alles-oder-Nichts-Prinzip" nicht den Interessen der Beteiligten einer auf gegenseitigem Vertrauen basierenden Partnerschaft.[128]

4. Neben den erwähnten Ausgleichsinstrumenten werden eine Reihe weiterer Anspruchsgrundlagen diskutiert, die aber nur in besonderen Fallkonstellationen zur Anwendung gelangen können:

Bei Zuwendung wertvoller Gegenstände ist ein Vermögensausgleich über die Regeln über den Widerruf einer Schenkung (§§ 530, 531, 812 BGB) denkbar. Schwierigkeiten bereitet vor allem die Annahme eines Schenkungsvertrages, der eine (zumindest stillschweigende) subjektive Einigung über die Unentgeltlichkeit voraussetzt. Grober Undank ist nur dann anzunehmen, wenn die Beziehung unter Vorspiegelung falscher Tatsachen selbstsüchtig ausgenutzt wird.[129]

Im Falle von Dienst- und Arbeitsleistungen kommt ein Ausgleich solcher Leistungen in Betracht, die über Gefälligkeitshandlungen in Form von Haushaltstätigkeiten, Pflege- und Betreuungsleistungen hinausgehen. Nach der Rechtsprechung ist ein Arbeitsverhältnis ausnahmsweise dann gegeben, wenn ein Partner „vollberuflich" im Betrieb oder Geschäft des anderen mitgearbeitet habe[130] oder es sich um eine zweckverfehlte Dienstleistung handele.[131] Letztere

---

[125] *Diederichsen*, NJW 1983, 1017, 1024; so aber noch: OLG Saarbrücken Beschluss v. 18. Mai 1979 FamRZ 1979, 796, 798 sowie *Beyerle*, Die bereicherungsrechtliche Abwicklung eheähnlicher Gemeinschaften, S. 72.

[126] *Hausmann*, in: Hausmann/Hohloch, Kap 4 Rn 142.

[127] BGH Urteil v. 23. Sept. 1983 NJW 1984, 233.

[128] So auch: *Lieb*, Gutachten zum 57. DJT, A 69.

[129] OLG Hamm Urteil v. 30. Sept. 1977 NJW 1978, 224 für den Fall, dass der Beklagte noch Geldgeschenke der Klägerin annahm, obwohl er sich bereits anderen Frauen zugewandt hatte.

[130] BAG Urteil v. 10. März 1960 FamRZ 1960, 361, 362; KG Beschluss v. 9. März 1970 FamRZ 1970, 317.

liege dann vor, wenn der Leistende die Dienstleistung im Hinblick auf eine materielle Zukunftssicherung erbracht habe.

Für Aufwendungen, die schon während des Bestehens der Lebensgemeinschaft ausschließlich dem Interesse eines Partners zugute kommen, ist die Anwendung des Auftragsrechts (§§ 662, 670 BGB) sowie des Rechtes der Geschäftsführung ohne Auftrag (§§ 677, 683, 670 BGB) erwogen worden. Während Tilgungsleistungen während des Bestehens der Lebensgemeinschaft nicht ausgleichsfähig seien, seien die weiteren Ratenzahlungen, welche auf Kreditschulden nach Trennung geleistet werden müssten, anteilig zu ersetzen[132] bzw. es ergebe sich ein Freistellungsanspruch aus § 257 BGB.[133] Da aber beide Anspruchsgrundlagen ein Handeln in fremdem Interesse begriffsnotwendig voraussetzen, verbleibt nur ein äußerst kleiner Anwendungsbereich.

Bei Miteigentum an Hausrat und sonstigen Konsumgütern wird eine Auseinandersetzung nach Gemeinschaftsrecht (§§ 741 ff. BGB) befürwortet.[134] Ebenso seien Guthaben auf Gemeinschaftskonten nach § 742 BGB zu teilen. Unterhalten die Partner ein „Oder-Konto", sei Rechtsgrundlage für eine Ausgleichsverpflichtung § 430 BGB,[135] ergänzt durch die Regeln der Bruchteilsgemeinschaft (§§ 741 ff. BGB).[136] Hingegen versage das Gemeinschaftsrecht bei „faktischen Gemeinschaftskonten", die nur auf den Namen eines Partners lauteten, aber von denen mit beiderseitigen Einkünften gewirtschaftet werde. Kritikpunkt ist insbesondere die Regelung des § 742 BGB, da dieser die Höhe der beiderseitigen Beiträge unberücksichtigt lässt,[137] wodurch es vor allem bei Einverdienerhaushalten zu einer Honorierung von Hausarbeit und sonstigen Dienstleistungen des nichtverdienenden Partners kommt; jegliche Arten von Zugewinnausgleich sind aber allein der Ehe vorbehalten.[138]

3. Zusammenfassung

Festzustellen ist abschließend, dass die gesetzlich vorhandenen Instrumente die in der Praxis auftretenden Probleme nur ansatzweise zu lösen vermögen. Bei dem Versuch einer Lösung werden die Anwendungsbereiche der einschlägigen Normen häufig stark erweitert, so dass sich die Frage nach den Grenzen zulässi-

---

131 BAG Urteil v. 24. Juni 1965 DB 1965, 1562.

132 BGH Urteil v. 23. Feb. 1981 NJW 1981, 1502; OLG Frankfurt Urteil v. 9. Mai 1984 NJW 1985, 810; abl.: BGH Urteil v. 20. Jan. 1983 NJW 1983, 1055; OLG München Urteil v. 28. Juli 1987 FamRZ 1988, 58.

133 OLG Saarbrücken Beschluss v. 4. März 1997 FamRZ 1998, 738.

134 *Derleder*, NJW 1980, 545, 548; diesem folgend: *Finger*, JZ 1981, 497, 508.

135 BGH Urteil v. 29. Nov. 1989 NJW 1990, 705; OLG Celle Urteil v. 22. Okt. 1981 FamRZ 1982, 63; OLG Zweibrücken Urteil v. 27. Feb. 1990 NJW 1991, 1835.

136 *Rogalski*, AnwBl 1983, 358, 365; *Hausmann*, in: Hausmann/Hohloch, Kap 4 Rn 197 ff.

137 *Lieb*, Gutachten zum 57. DJT, A 76.

138 So auch: Staudinger/*Strätz*, Anh zu §§ 1297 ff Rn 98 f.

ger Rechtsfortbildung stellt. Solange der Gesetzgeber in diesem Bereich untätig bleibt (oder bleiben möchte), wird es auch in Zukunft eine Patentlösung kaum geben; es bleibt bei einer umfangreichen Einzelfallkasuistik, die ihre Grundlage in verschiedensten rechtlichen Instrumentarien hat.

Zwar scheint sich in der Rechtsprechung die gesellschaftsrechtliche Lösung endgültig durchzusetzen, doch bleiben die Voraussetzungen für eine Ausgleichsfähigkeit weiterhin undurchsichtig. Insbesondere nach der Kehrtwende des Bundesgerichtshofes im Jahre 2005 zurück zu der Figur der (stillschweigenden) Innengesellschaft, bleibt die weitere Präzisierung der Anforderungen an den die Gesellschaft begründenden Willensakt abzuwarten. Bis sich wieder eine gefestigte Rechtsprechung gebildet hat, wird man mit den sich ergebenden Rechtsunsicherheiten zu leben haben.

II. Unterhaltsansprüche

In Deutschland bestehen keine gesetzlichen Unterhaltspflichten zwischen den Partnern nichtehelicher Lebensgemeinschaften aufgrund des Zusammenlebens. Allein finden sich Unterhaltsrechte, welche nicht direkt an den Tatbestand der nichtehelichen Lebensgemeinschaft geknüpft sind, sondern aus Anlass der nichtehelichen Elternschaft gewährt werden. Die bestehende Rechtslage wird häufig als unbillig empfunden; insbesondere im Schrifttum werden daher Analogien zu den Vorschriften über den nachehelichen Unterhalt sowie schuldrechtliche Konfliktlösungen in Betracht gezogen.

1. Eine analoge Anwendung der Vorschriften über den Ehegattenunterhalt muss jedoch ausscheiden. So liegt bereits keine planwidrige Regelungslücke vor. Die Unterhaltsansprüche der §§ 1569 ff. BGB sind zu einer Zeit geschaffen worden, als dem Gesetzgeber das Phänomen der nichtehelichen Lebensgemeinschaft bereits bekannt war.[139] Die eherechtlichen Unterhaltstatbestände regeln abschließend Unterhaltsverpflichtungen zwischen Personen, die nicht miteinander verwandt sind.[140]

Nach anderer Ansicht scheitert eine analoge Anwendung des § 1570 BGB an der Regelung des § 1615 l BGB; beide Anspruchsgrundlagen intendierten zwar eine mittelbare Alimentierung des Kindes.[141] Dennoch sei entscheidender Rechtsgrund des Unterhaltsanspruchs aus § 1570 BGB die Ehe mit ihren nachwirkenden Pflichten, so dass die Begründung weitergehender Ansprüche nicht vorbei am Gesetzgeber geschehen dürfe.[142] Insbesondere fehle es der nichteheli-

---

139 *Busche*, JZ 1998, 387, 390; *Bartsch*, JR 1979, 364, 365.

140 *Bartsch*, JR 1979, 364, 365.

141 *De Witt/Huffmann*, Rn 157a.

142 *De Witt/Huffmann*, Rn 157a; *Lieb*, Gutachten zum 57. DJT, A 83 und 87 f.

chen Lebensgemeinschaft an einer nachwirkenden vermögensrechtlichen Solidarität, wie sie für die Ehe typisch sei.[143]

Mit ähnlicher Begründung hat das OLG Hamm einen Anspruch auf Trennungsunterhalt gemäß § 1361 BGB abgelehnt.[144] Im zugrundeliegenden Fall hatten die Parteien 35 Jahre in nichtehelicher Lebensgemeinschaft zusammengelebt, währenddessen die Unterhalt begehrende Frau zwei Kinder groß gezogen hatte. Zulässig sind aber rechtsgeschäftlich vereinbarte Unterhaltsverpflichtungen.[145]

2. Neuerdings wird ein Unterhaltsanspruch aufgrund vertragsähnlicher Vertrauenshaftung in den Fällen gemeinschaftsbedingter Bedürftigkeit erwogen. Übertragen auf Unterhaltsleistungen in einer nichtehelichen Lebensgemeinschaft bedeutet eine Vertrauenshaftung, dass der erwerbstätige Partner durch sein Verhalten einen zurechenbaren Rechtsschein gesetzt und damit den unterhaltsbedürftigen Lebensgefährten zu der vermögensrelevanten Entscheidung veranlasst haben muss. Des Weiteren ist Voraussetzung, dass der Leistungsempfänger im Vertrauen auf die Zahlungen des anderen eine Vermögensdisposition getroffen hat. Eine gemeinschaftsbedingte Bedürftigkeit kann demnach vor allem bei der Kinderbetreuung, der Haushaltsführung oder der Pflege von Angehörigen in Betracht kommen.[146] *Schwenzer* möchte den Fall ergänzt wissen, in dem der Lebensplan der Partner so angelegt war, dass wechselseitig Unterhalt für die Durchführung eines Studiums geleistet werden sollte.[147] Eine solche Entscheidung über die Art und Weise der Realisation der Lebensgemeinschaft könne dann auf zurechenbares Verhalten zurückgeführt werden.[148]

Ein Anspruch aus Vertrauenshaftung sieht sich aber dem Einwand ausgesetzt, dass das Vertrauen des Leistungsempfängers in zukünftige Zuwendungen nicht schutzwürdig ist; die tatsächliche Gewährung von Unterhalt ist regelmäßig durch das Bestehen der Lebensgemeinschaft bedingt. Zugespitzt stellt sich sogar die Frage, ob nicht der Zurechnungszusammenhang entfällt, wenn der potenziell Unterhaltsberechtigte durch die Aufkündigung der Lebensgemeinschaft seine Bedürftigkeit selbst aktualisiert hat. Im Ergebnis führte eine solche Sichtweise zu einer Wiedereinführung des Verschuldensprinzips.[149]

3. Einzig finden sich Unterhaltsrechte für nichteheliche Partner, welche nicht an den Tatbestand des nichtehelichen Zusammenlebens geknüpft sind. So begründet die Geburt oder Betreuung eines Kindes einen Unterhaltsanspruch zwi-

---

[143] *Busche*, JZ 1998, 387, 391.

[144] Beschluss v. 10. Jan. 1983 FamRZ 1983, 273; so auch *Busche*, JZ 1998, 387, 391.

[145] *Gernhuber/Coester-Waltjen*, Familienrecht, § 44 II 2.

[146] *Busche*, JZ 1998, 387, 393 f.; *Schwenzer*, Vom Status zur Realbeziehung, S. 204 f.; *de Witt/Huffmann*, Rn 181c.

[147] Vom Status zur Realbeziehung, S. 204 f.

[148] *Lieb*, Gutachten zum 57. DJT, A 83 f.

[149] Ausführlich zu den Einwänden unten 3. Teil § 3.I.2.

schen den Lebensgefährten. § 1615 l Abs.1 S.1 BGB gewährt einen Mutterschutzunterhalt für den Zeitraum von sechs Wochen vor und acht Wochen nach der Geburt. Weitergehend steht dem betreuenden Elternteil ein Anspruch für die Pflege und Erziehung des Kindes bis zu drei Jahren zu (§ 1615 l Abs.2 S.2 BGB ggf. i.V.m. Abs.4 S.1).

I. Auswirkungen einer Trennung auf das Mietverhältnis

Wird die nichteheliche Lebensgemeinschaft beendet, hat dies keine unmittelbaren rechtlichen Folgen für den Bestand des Mietverhältnisses; dennoch zeitigt das Scheitern der Lebensgemeinschaft Auswirkungen, zumal die Partner in der Regel nicht mehr länger unter einem Dach leben wollen. Die Beendigung des Mietverhältnisses verläuft abhängig davon, ob eine gemeinsame Berechtigung an der Wohnung besteht oder nur ein Partner Vertragspartei ist.

1. Sind beide Partner Vertragsparteien des Mietverhältnisses und können sie keine Einigung über dessen Fortsetzung erzielen, so muss dieses gekündigt werden. Schuldrechtlich besteht eine wechselseitige Verpflichtung, einer Kündigung unter Einhaltung der gesetzlichen Kündigungsfrist zuzustimmen. Dabei entspricht die Annahme einer Innengesellschaft am ehesten dem mutmaßlichen Parteiwillen, so dass sich ein Anspruch aus den §§ 723 Abs.1, 730 Abs.1 BGB ergibt.[150] Bei der Anmietung einer gemeinsamen Wohnung ist nämlich eine Konkretisierung des Gesellschaftszwecks auf einen bestimmten Vermögensgegenstand und seine Nutzung erfolgt.[151]

Eine andere Ansicht will das Mietverhältnis aufrechterhalten und schlägt deshalb einen Freistellungsanspruch des trennungswilligen Partners von der Verpflichtung zur Zahlung des Mietzinses im Innenverhältnis vor.[152] Damit hätte dieser im Außenverhältnis aber (weiterhin) das Insolvenzrisiko des anderen zu tragen und wäre über das Ende der Lebensgemeinschaft hinaus erheblich gebunden.

2. Weitgehend schutzlos ist der Partner, der nicht Vertragspartei des Mietverhältnisses ist. Die Rechtsstellung des Mitbewohners leitet sich von der des Mieters ab, so dass der aufgenommene Partner kein selbstständiges Recht zum Besitz hat.[153] Er erwirbt in der Regel lediglich - jederzeit widerruflichen - Mitbesitz

---

[150] KG Beschluss v. 30. März 1992 WuM 1992, 323; LG Hamburg Urteil v. 12. Nov. 1992 WuM 1993, 343; LG München II Urteil v. 25. Sept. 1991 NJW-RR 1993, 334, 335; LG Köln Urteil v. 16. März 1993 MDR 1993, 441; OLG Köln Urteil v. 21. Juni 1999 NZM 1999, 998; *de Witt/Huffmann*, Rn 404; a.A. *Mutter*, ZMR 1994, 7, 8 f., der ein Ausscheiden des Kündigungswilligen aus der Gesellschaft nach § 736 BGB annimmt.

[151] *Sternel*, in: Hausmann/Hohloch, Kap 5 Rn 9 m.w.N.

[152] So auch: LG Hamburg Urteil v. 12. Nov. 1992 WuM 1993, 343; LG Köln Urteil v. 16. März 1993 MDR 1993, 441; AG Hannover Urteil v. 16. April 1996 WuM 1996, 768; anders auch: *Finger*, WuM 1993, 581, 583 f., der eine Teilkündigung für möglich hält, zumindest aber den Vermieter zum Abschluss eines neuen Vertrages verpflichtet sieht.

[153] AG Potsdam Urteil v. 10. März 1994 WuM 1994, 528; *de Witt/Huffmann*, Rn 117; *Schuschke*, NZM 1999, 481, 482; a.A. OLG Hamburg Beschluss v. 19. Aug. 1992 WuM 1992, 548.

an der Wohnung (z.B. durch Aushändigen der Schlüssel);[154] entsprechend endet der Mitbesitz mit der Trennung und dem Räumungsverlangen. Die weitere Nutzung der Wohnung erfolgt dann rechtsgrundlos, so dass der mietende Partner einen Räumungsanspruch aus ungerechtfertigter Bereicherung nach §§ 812 ff. BGB hat.[155]

Aus Billigkeitsgründen kann dem räumungspflichtigen Lebensgefährten aber ein gewisser Besitzschutz für eine Übergangszeit zu gewähren sein. Ein Verlangen nach Räumung „zur Unzeit" kann nämlich rechtsmissbräuchlich sein (§ 242 BGB).[156] Das erzeugte Vertrauen gebietet einen Schutz dahingehend, dem Partner die Möglichkeit zu geben, geeigneten Ersatzwohnraum zu finden. Die Fälligkeit des Räumungsanspruchs wird dadurch hinausgeschoben. In zeitlicher Hinsicht liegt eine Orientierung an der ordentlichen Kündigungsfrist für Wohnraum des § 573 c BGB nahe. Zudem kann der nichtberechtigte Lebensgefährte Räumungsschutz nach § 721 ZPO sowie Vollstreckungsschutz aus § 765 a ZPO begehren.

Kündigt der mietende Partner die Wohnung, ist eine Erstreckung des Mieterschutzes auf den vertraglich nicht geschützten Partner der nichtehelichen Lebensgemeinschaft de lege lata abzulehnen. Die Annahme, dem nichtehelichen Partner könne für eine Übergangszeit gegenüber dem Vermieter ein Recht zum Besitz zustehen, da die nichteheliche Lebensgemeinschaft gegenüber der Miete ein sozial stärker verdichtetes Verhältnis darstelle,[157] vermag auf dem Boden des geltenden Rechts nicht zu überzeugen. Die nichteheliche Lebensgemeinschaft wird in Deutschland gerade nicht als familienrechtliche Sonderverbindung eingeordnet, so dass ein Zurücktreten der Rechte des Vermieters kaum zu rechtfertigen ist. Weigert sich der Partner, der nicht Vertragspartei des Mietverhältnisses ist, die Wohnung zu verlassen, muss der Vermieter auch gegen diesen einen Räumungstitel erwirken; der nichtberechtigte Lebensgefährte ist nämlich ebenso Gewahrsamsinhaber. Dass er seine Besitzberechtigung vom Hauptmieter ableitet, ist allein eine Frage des materiellen Rechts und in der Zwangsvollstreckung nicht zu prüfen.

---

[154] *Brudermüller*, FamRZ 1994, 207, 209; *Schwab*, Familienrecht, Rn 845; *Meyer*, ZMR 1990, 444, 445; für ein nach der Trennung zeitlich begrenztes eigenes Recht zur Nutzung: LG München I Urteil v. 1. Juni 1990 NJW-RR 1991, 834; AG Waldshut Urteil v. 7. Dez. 1993 NJW-RR 1994, 712; LG Chemnitz Beschluss v. 16. Dez. 1994 NJW-RR 1995, 269; MüKo/*Wacke*, Nach § 1302 Rn 37; *Grziwotz*, § 13 Rn 9 ff.; *Brudermüller*, FamRZ 1994, 207, 210; *Derleder*, NJW 1980, 545, 551 [Fn 59].

[155] LG Wiesbaden Urteil v. 26. Juni 1959 FamRZ 1960, 152, 153; *Sternel*, in: Hausmann/Hohloch, Kap 5 Rn 120; *Brudermüller*, FamRZ 1994, 207, 210; *Schuschke*, NZM 1999, 481, 482; *Strätz*, FamRZ 1980, 434, 439; vgl. auch AG Hamburg Urteil v. 14. Sept. 1988 NJW-RR 1989, 271, welches das Räumungsverlangen aufgrund der §§ 730 ff. BGB begründet sieht.

[156] *Meyer*, ZMR 1990, 444, 445.

[157] Vgl. *Derleder*, NJW 1980, 545, 551 [Fn 59].

II. Auswirkungen einer Trennung bei Wohneigentum

1. Sind beide Partner Miteigentümer der Wohnung, stehen ihnen die Rechte aus dem Eigentum - und damit auch das Nutzungsrecht - gemeinschaftlich zu (§ 741 BGB). Die Beendigung der Lebensgemeinschaft hat nicht zwangsläufig die Aufhebung der Gemeinschaft zur Folge. Zwar kann jeder Teilhaber die Aufhebung der Gemeinschaft verlangen (§ 749 Abs.1 BGB), doch lässt sich über § 745 Abs.2 BGB ebenso eine Änderung der Nutzungsvereinbarung erreichen.[158] Wird die Aufhebung der Gemeinschaft begehrt, wird die Teilung regelmäßig durch Verkauf § 753 BGB erfolgen müssen.

2. Hingegen kann ein Partner, der Alleineigentümer der Wohnung ist, nach Beendigung der Lebensgemeinschaft Räumung und Herausgabe des Wohnraums aus § 985 BGB verlangen. Durch Auslegung ist zu ermitteln, ob zwischen den Parteien (stillschweigend) ein Mietvertrag geschlossen wurde, der dem Nichteigentümer ein Recht zum Besitz gäbe; allein der Tatsache längeren Zusammenlebens kann ein entsprechender Rechtsbindungswille jedoch nicht entnommen werden.[159] Rechtsgrund für die Mitbenutzung der Wohnräume ist im Regelfall allein das Bestehen der nichtehelichen Lebensgemeinschaft.

III. Wohnungszuweisung und Schutz gegen Partnerwillkür

Einen Ausweg aus dem beschriebenen Dilemma für den nichtberechtigten Partner könnte eine Wohnungszuweisung bieten. Ein früher oftmals gefordertes Tätigwerden des Gesetzgebers bei häuslicher Gewalt ist mit dem Gewaltschutzgesetz bereits erfüllt worden.[160] Mit Blick auf das Kindeswohl wird diese Regelung durch § 1666 BGB ergänzt, der Maßnahmen zum Schutz des Kindes vorsieht, wenn es durch das Verhalten seiner Eltern oder eines Elternteils gefährdet ist. Das Vormundschaftsgericht hat dann die Möglichkeit die Wohnung dem Elternteil zur alleinigen Nutzung zuzuweisen, der die Wahrung des Kindeswohls gewährleistet.[161]

Des Weiteren wird eine entsprechende Anwendung geltender Rechtsvorschriften über die Folgen der Trennung von Ehegatten erwogen. Bei einem Getrenntleben von Ehegatten kann nach § 1361 b BGB ein Ehegatte verlangen, dass ihm der andere die Ehewohnung oder einen Teil zur alleinigen Nutzung überlässt, soweit dies notwendig ist, um eine unbillige Härte zu vermeiden. Eine Erstreckung des Anwendungsbereichs auf Partner einer nichtehelichen Lebens-

---

[158] Vgl. BGH Urteil v. 4. Feb. 1982 NJW 1982, 1753; Urteil v. 17. Mai 1983 NJW 1983, 1845, 1847; ausführlich: *Brudermüller*, FamRZ 1989, 7, 10 m.w.N.

[159] OLG Hamm Urteil v. 29. Aug. 1985 NJW 1986, 728, 729; Soergel/*Lange*, Nehel LG Rn 117 a; *Sternel*, in: Hausmann/Hohloch, Kap 5 Rn 10.

[160] Vgl. zu § 2 GewSchG *Brudermüller*, WuM 2003, 250, 254 f.

[161] *Brudermüller*, FamRZ 1994, 207, 211.

gemeinschaft wird jedoch überwiegend abgelehnt;[162] die Vorschrift erlaube nur eine vorläufige Entscheidung bis zu einer endgültigen Regelung bei Ehescheidung. Auch eine Anwendung der Hausratsverordnung, welche eine endgültige Entscheidung zulässt, sei abzulehnen. Die Normen seien auf eheliche Lebensgemeinschaften zugeschnitten und Ausdruck einer die Beziehung überdauernden rechtlichen Verantwortungsgemeinschaft.[163]

Zwar kann der nichteheliche Partner, der weder Miteigentümer noch Mitmieter der Wohnung ist, generell aus dieser gewiesen werden. Das Räumungsverlangen darf aber nicht im Wege der Selbsthilfe - etwa durch das Auswechseln der Türschlösser - durchgesetzt werden. Ein solches eigenmächtiges Hinauswerfen aus der gemeinsamen Wohnung stellt regelmäßig eine verbotene Eigenmacht dar. Der ausgesperrte Mitbesitzer kann mit einer einstweiligen Verfügung (zunächst) die Wiedereinräumung des Mitbesitzes verlangen, zumal die Ausübung des Hausrechts durch die Regeln von Treu und Glauben beschränkt ist.[164] Anders verhält es sich lediglich dann, wenn dem Mieter als Wohnungsinhaber Gefahr für Leib, Leben oder Eigentum durch den ausgesperrten Partner droht.

IV. Auswirkungen des Todes eines Partners

Mit dem Tode des Mieters treten nunmehr auch Personen, die mit diesem einen auf Dauer angelegten Haushalt geführt haben, in das Mietverhältnis ein (§ 563 Abs.2 S.4 BGB). Der Eintritt erfolgt automatisch, ohne dass es einer entsprechenden Willenserklärung bedarf. Möchte der Berechtigte das Mietverhältnis nicht fortsetzen, muss er dies binnen eines Monats seit Kenntnis vom Tod des Mieters gegenüber dem Vermieter formlos erklären. Sofern beide Partner Mieter waren, wird das Mietverhältnisses gemäß §§ 563 a Abs.1 i.V.m. 563 Abs.2 S.4 BGB mit dem überlebenden Mieter fortgesetzt. Der Eintritt bzw. die Fortsetzung bewirken eine Haftung für die Verbindlichkeiten aus dem Mietverhältnis, die bis zum Tode des Mieters entstanden sind.

---

[162] OLG Hamm Beschluss v. 11. April 2005 NJW-RR 2005, 1168; LG Hagen Beschluss v. 5. Aug. 1992 FamRZ 1993, 187; Staudinger/*Strätz*, Anh zu §§ 1297 ff Rn 186; MüKo/*Wacke*, Nach § 1302 Rn 37; *Brudermüller*, FamRZ 1994, 207, 213; *Meyer*, ZMR 1990, 444, 445; a.A. LG München I Urteil v. 1. Juni 1990 NJW-RR 1991, 834; *Grziwotz*, § 13 Rn 14.

[163] Ausführlich zu den Einwänden: *Brudermüller*, FamRZ 1994, 207, 214 f.

[164] AG Waldshut Urteil v. 7. Dez. 1993 NJW-RR 1994, 712; *Grziwotz*, § 13 Rn 10; *Brudermülller*, FamRZ 1994, 207, 210; *Battes*, Nichteheliches Zusammenleben, H.V.2.3 Rn 168.

§ 5 Die Stellung der nichtehelichen Eltern

Art. 6 Abs.5 GG verpflichtet den Gesetzgeber, ehelichen wie nichtehelichen Kindern die gleichen Bedingungen für ihre leibliche und seelische Entwicklung zu bieten. Dieser Verfassungsauftrag wurde erst nach und nach erfüllt, wobei der Gesetzgeber immer wieder durch das Bundesverfassungsgericht angestoßen werden musste. Das Kindschaftsrecht erfuhr hinsichtlich der Stellung nichtehelicher Kinder weitgehende Reformen, zuletzt in Folge eines Beschlusses des Bundesverfassungsgerichts[165] zum 1. Juli 1998.[166]

I. Die elterliche Sorge

Auch die elterliche Sorge als wichtigste Ausprägung des in Art. 6 Abs.2 GG garantierten Elternrechts hat im Zuge dieser Entwicklung in den letzten Jahrzehnten zahlreiche Änderungen zugunsten des nichtehelichen Vaters erfahren. Dennoch versagt das gegenwärtige Recht dem Vater ein originäres Sorgerecht;[167] § 1626 a BGB weist der Mutter die alleinige Sorge zu, es sei denn, die Eltern geben eine Sorgeerklärung ab oder heiraten einander.

Eine Trennung der Eltern lässt zwar die Sorgezuständigkeit zunächst unberührt.[168] Jedoch hat jeder Elternteil ein Antragsrecht auf Übertragung der alleinigen elterlichen Sorge, wenn die Eltern nicht nur vorübergehend getrennt leben, sondern nach ihrer Vorstellung die Trennung auf Dauer angelegt ist.[169] Die weiteren Antragsvoraussetzungen unterscheiden sich danach, ob den Eltern die Sorge gemeinsam zusteht oder von einem Elternteil allein wahrgenommen wird (§§ 1671, 1672 BGB). Im Falle der gemeinsamen Sorge ist dem Antrag auf Übertragung der Alleinsorge bei Zustimmung des anderen Elternteils stattzugeben. Bei Widerspruch des Kindes, welches bereits das 14. Lebensjahr vollendet hat, ist weitergehend zu prüfen, ob die Aufhebung der gemeinsamen Sorge und die Zuweisung der Alleinsorge dem Wohl des Kindes nicht widersprechen. Ein „Vetorecht" des Kindes sollte jedoch nicht geschaffen werden.[170] Hingegen ist bei alleiniger Sorge der Mutter Voraussetzung, dass die Übertragung der elterlichen Sorge auf den Vater dem Wohl des Kindes dient.

Nach dem Tod eines gemeinsam sorgeberechtigten Elternteils fällt die elterliche Sorge dem überlebenden Elternteil zu (§ 1680 Abs.1 BGB). Hingegen bedarf es bei Tod des allein sorgeberechtigten Elternteils der gerichtlichen Übertragung der Sorge durch das Familiengericht (§ 1680 Abs.2 BGB).

---

[165] BVerfG Beschluss v. 7. Mai 1991 BVerfGE 84, 168.

[166] Zu den wichtigsten Änderungen s. *Greßmann*, Neues Kindschaftsrecht, *Schwab*, FamRZ 1997, 1377 ff.; *Diederichsen*, NJW 1998, 1977 ff.; *Lipp*, FamRZ 1998, 65 ff.

[167] Zu der Begründung: BT-Drucks. 13/4899, S. 58 f.; *Lipp*, FamRZ 1998, 65, 69.

[168] BT-Drucks. 13/4899, S. 98; *Schwab*, FamRZ 1998, 457; *Niepmann*, MDR 1998, 565, 566.

[169] BT-Drucks. 13/4899, S. 98.

[170] Insoweit klarstellend zum missverständlichen Wortlaut, BT-Drucks. 13/4899, S. 99.

Dem Gesetzgeber wird seitens der Literatur aufgrund dieser Differenzierungen weiterhin Inkonsequenz vorgeworfen. Zwar knüpfe er keine Rechtsfolgen mehr an die Nichtehelichkeit, doch gelange er durch die Unterscheidung, ob den Eltern die gemeinsame Sorge zusteht oder die Mutter allein sorgeberechtigt ist (§§ 1671, 1672 sowie 1680 Abs.2 BGB), mittelbar zum gleichen Ergebnis.[171] Zuzugeben ist, dass der Hauptfall der alleinigen Sorge die nichteheliche Mutter betrifft, da dieser die Sorge nach § 1626 a BGB primär zugewiesen wird. Die seltenen Fälle einer Entziehung oder des Ruhens der elterlichen Sorge fallen demgegenüber kaum ins Gewicht. Im Unterschied zu § 1671 BGB, nach dem eine Übertragung auch möglich ist, wenn diese dem Wohl des Kindes am besten entspricht, bedarf es bei einer Alleinsorge der Mutter zwingend ihrer Zustimmung (§ 1672 BGB).

Das Bundesverfassungsgericht hat die primäre Zuweisung der elterlichen Sorge an die Mutter mit dem Grundgesetz für vereinbar erklärt;[172] das Kind brauche mit seiner Geburt einen Träger elterlicher Sorge. Im Falle nicht miteinander verheirateter Eltern könne eine entsprechende Grundlage aber nur über einen Konsens gewährleistet werden. Damit koinzidiert die Begründung des Gesetzgebers zu § 1672 BGB, der ebenfalls auf die Stabilität der Bezugsperson abstellt. Demnach könne bei nur vorübergehender Beeinträchtigung der Erziehungsfähigkeit der Mutter der Vater als der „bessere“ Elternteil erscheinen mit der Folge, dass die Mutter einen Sorgewechsel fürchten muss; dadurch werde nicht zuletzt auch die Mutter-Kind-Beziehung zum Nachteil des Kindes belastet.[173] Mit Blick auf nichteheliche Eltern, die sich unmittelbar nach der Geburt des Kindes getrennt haben oder zwischen denen sogar niemals eine Affektivitätsbeziehung bestand, kann die Besorgnis des Gesetzgebers zwar nicht völlig von der Hand gewiesen werden; doch sind bei einer Bewertung der Erziehungsfähigkeit der Elternteile ebenfalls die Kontinuität der Erziehung und die Bindungen des Kindes zu berücksichtigen.

Auf die Zustimmung der Mutter kann aber aus einem anderen Grund nicht verzichtet werden. Die unterschiedlichen Voraussetzungen der §§ 1671, 1672 BGB sind nämlich nur Pendant der primären Zuweisung der elterlichen Sorge an die nichteheliche Mutter.[174] Die Übertragung der elterlichen Sorge muss ebenso wie die Erteilung der gemeinsamen Sorge nach § 1626 a BGB an die Zustimmung der Mutter gekoppelt bleiben. Andernfalls könnte der Vater bei Getrenntleben das Sorgerecht unabhängig vom Willen der Mutter erhalten. Für nichteheliche Lebensgemeinschaften bedeutete dies eine Schwächung der Stabilität der

---

171 *Schumann*, Die nichteheliche Familie, S. 330 ff., die von einem Zwei-Klassen-Kindschaftsrecht für eheliche und nichteheliche Kinder spricht; zu einem möglichen Verstoß gegen Art. 8, 14 EMRK s. *Brötel*, DAVorm 1997, 537, 540 m.w.N.

172 Urteil v. 29. Jan. 2003 FamRZ 2003, 285 ff.

173 BT- Drucks. 13/4899, 59 f.

174 Vgl. BVerfG Beschluss v. 23. April 2003 FamRZ 2003, 1447 ff.

nichtehelichen Familie, weil der Gesetzgeber dadurch einen mittelbaren Anreiz für eine Trennung schaffte. Der Familienschutz des Grundgesetzes aus Art. 6 Abs.1 gebietet insofern aber auch den Schutz der nichtehelichen Familie. Wer in diesem Bereich einen Gleichlauf befürwortet, muss demnach konsequenterweise ebenso bereit sein, auf die Sonderregelung des § 1626 a BGB zu verzichten und dem nichtehelichen Vater die gemeinsame elterliche Sorge zuweisen bzw. eine Regelung schaffen, nach welcher dieser die Erteilung der gemeinsamen Sorge unabhängig von dem Willen der Mutter erreichen kann (z.B. im Wege einer gerichtlichen Ersetzung der Zustimmung[175]).[176]

Die Ausübung der elterlichen Sorge erfolgt nach §§ 1687, 1687 a BGB. Danach hat bei gemeinsamer Sorge der Partner, bei dem sich das Kind gewöhnlich aufhält, die Befugnis zur alleinigen Entscheidung in Angelegenheiten des täglichen Lebens. Solange sich das Kind aber bei dem anderen Elternteil aufhält, ist dieser - unabhängig vom Sorgerecht - zu Entscheidungen in Angelegenheiten der tatsächlichen Betreuung berufen. Nur bei Gefahr im Verzug gilt jeder Elternteil dazu befugt, die zum Kindeswohl erforderlichen Rechtshandlungen vorzunehmen (§§ 1687 Abs.1 S.5, 1629 Abs.1 S.4 BGB). Die Regelung ist Ausfluss des Umstandes, dass die gemeinsame Sorge einen Konsens zwischen den Eltern erfordert, welchen sie für ihre Partnerschaft nicht mehr aufzubringen vermögen. Der Gesetzgeber hat deshalb versucht, die Problematik der mangelnden Konsensfähigkeit der Eltern zu entspannen, indem er das Quantum des erforderlichen Einvernehmens verringert hat.

II. Das Umgangsrecht nach Trennung

§ 1684 BGB berechtigt und verpflichtet jeden Elternteil zum Umgang mit dem Kind; anders als beim Sorgerecht unterscheidet das Gesetz damit nicht mehr zwischen ehelichen und nichtehelichen Kindern. Dahinter steht der Gedanke, dass der Umgang mit einem sorgewilligen Vater grundsätzlich dem Kindeswohl nützt. Entsprechend kommt eine Einschränkung des Umgangsrechts nur in Betracht, wenn dies zum Wohle des Kindes erforderlich ist (§ 1684 Abs.4 S.1 BGB). Die Regelung bringt zum Ausdruck, dass nicht das Kind Objekt des elterlichen Umgangs ist, sondern dass dieser vorrangig dem Bedürfnis des Kindes dient, Beziehungen zu beiden Elternteilen aufbauen und erhalten zu können. Damit ist mit der Kindschaftsrechtsreform im Jahre 1998 ein Systemwechsel von einem elterlichen Umgangsrecht auf ein Umgangsrecht des Kindes mit seinen Eltern vollzogen worden.

Selbst wenn sich das Kind bei dem nicht sorgeberechtigten Elternteil befindet, steht dem Sorgeberechtigten ein Umgangsrecht zu; der Gesetzgeber wollte da-

---

[175] Zur Zulässigkeit einer Ersetzung nach geltendem Recht: BGH Beschluss v. 4. April 2001 FamRZ 2001, 906.

[176] Dazu weiterführend *Coester*, FPR 2005, 60, 62 ff.

mit vermeiden, den sorgeberechtigten Elternteil vor die Alternative zu stellen, das Kind entweder herausverlangen zu müssen oder auf den Kontakt mit dem Kind zu verzichten.[177] Können sich die Eltern über Umfang und Ausübung des Umgangsrechts nicht einigen, obliegt dem Familiengericht die Entscheidung (vgl. § 1684 Abs.3 BGB, § 52 a FGG).

Gehören der Lebensgemeinschaft Kinder nur eines Partners an, stellt sich die Frage, ob auch der nichteheliche Partner ein Recht auf Umgang mit den Kindern des anderen hat. Das Kindschaftsrechtsreformgesetz aus dem Jahre 1998 beschränkte den Umgang mit Dritten noch auf Großeltern, Geschwister, Ehegatten oder frühere Ehegatten eines Elternteils sowie auf Pflegeeltern. Nachdem das Bundesverfassungsgericht die ursprüngliche Regelung als nicht mit Art. 6 Abs.1, 2 GG vereinbar erklärt hatte,[178] erweiterte der Gesetzgeber den Kreis der Umgangsberechtigten. Mit der Neuregelung wurden nicht nur die Vorgaben des Bundesverfassungsgerichts umgesetzt, sondern weitergehend der absehbaren europäischen Rechtsentwicklung im Bereich des Umgangsrechts von Dritten vorgegriffen.[179]

Der mit Wirkung vom 30.4.2004 geänderte § 1685 Abs.2 BGB sieht ein Umgangsrecht nun auch für Bezugspersonen vor, wenn diese für das Kind tatsächliche Verantwortung tragen oder getragen haben. Der Verlust einer solchen Bezugsperson könne für das Kind ebenso belastend sein wie ein Kontaktabbruch zu der in Absatz 1 genannten Gruppe.[180] Nach einem längeren Zusammenleben in häuslicher Gemeinschaft besteht demnach eine Vermutung für eine sozial-familiäre Beziehung. Die Vermutung wird nicht dadurch entkräftet, dass die sozial-familiäre Verbindung aktuell nicht mehr besteht; ausreichend kann sein, wenn die Umgang begehrende Person für das Kind in der Vergangenheit tatsächlich Verantwortung getragen hat.[181]

Zu Unsicherheiten gibt aber die Frage Anlass, wie lange das Zusammenleben in häuslicher Gemeinschaft angedauert haben muss, damit die Vermutungswirkung eintritt. Eine Bestimmung kann in Abhängigkeit des Alters des Kindes sowie des daraus resultierenden spezifisch kindlichen Zeitempfindens erfolgen. Als Richtwert erscheint der seitens der Literatur vorgeschlagene Zeitraum von sechs Monaten angemessen.[182]

---

177 BT-Drucks. 13/4899, S. 105.

178 BVerfG Beschluss v. 9. April 2003 FamRZ 2003, 816 ff.

179 Gemeint ist das zur Zeichnung aufgelegte Übereinkommen des Europarates über den Umgang mit Kindern (ETS Nr.192), vgl. BT-Drucks. 15/2492, S. 9.

180 BT-Drucks. 15/2492, S. 9.

181 BGH Beschluss v. 9. Feb. 2005 FamRZ 2005, 705.

182 AnwK-BGB/*Peschel-Gutzeit*, § 1685 Rn 14; *Luthin*, Anm. zu BGH Beschluss v. 9. Feb. 2005 FamRZ 2005, 706; vgl. auch OLG Celle Beschluss v. 26. Juli 2004 NJW 2005, 78, wonach keine sozial-familiäre Verbindung nach nur zweimonatigem Zusammenleben besteht.

Zusätzlich muss der Umgang dem Wohl des Kindes dienen. Bei längerer Zeit zurückliegenden Kontakten wird allerdings genauer zu prüfen sein, ob eine Wiederaufnahme des Umgangs geeignet ist, dem Wohl des Kindes zu dienen.[183] Dabei ist zudem die Länge der Umgangsunterbrechungen zu berücksichtigen. Je länger die häusliche Gemeinschaft bestanden hat und je kürzer die Unterbrechungen waren, desto eher wird anzunehmen sein, dass der Umgang dem Kindeswohl dienen wird. Einen für das Kind belastenden „Umgangstourismus" gilt es allerdings zu vermeiden. Bei Vorliegen dieser Voraussetzungen steht nunmehr auch dem nichtehelichen Partner nach einer Trennung vom Elternteil ein Umgangsrecht mit dessen Kindern zu.[184]

Ergänzt wird das Umgangsrecht durch den Auskunftsanspruch des § 1686 S.1 BGB. Wegen des Wertungszusammenhangs mit dem Umgangsrecht umfasst die geschuldete Auskunft nur solche Angaben, die der umgangsberechtigte Elternteil im persönlichen Umgang mit dem Kind von diesem hätte erfragen können.[185]

---

[183] *Luthin*, Anm. zu BGH Beschluss v. 9. Feb. 2005 FamRZ 2005, 706.

[184] BT-Drucks. 15/2492, S. 9; AG Rostock Beschluss v. 19. Feb. 2003 FamRZ 2005, 296; *Motzer*, FamRZ 2004, 1145, 1152; so bereits zu § 1685 Abs.2 BGB a.F. OLG Karlsruhe Beschluss v. 8. April 2002 FamRZ 2002, 1210; abl. zu § 1685 Abs.2 a.F.: OLG Oldenburg Beschluss v. 31. März 2003 NJW-RR 2003, 1092; OLG Bamberg Beschluss v. 29. Jan. 1999 NJW-RR 1999, 804; OLG Hamm Beschluss v. 19. Mai 2000 NJW 2000, 2684.

[185] BT-Drucks. 13/4899, S. 107.

§ 6 Ansprüche nach Auflösung durch Tod

Während bei einer Auflösung durch Trennung allein Ausgleichsansprüche eine Rolle spielen, treten im Falle der Beendigung der Lebensgemeinschaft durch Tod neben die schuldrechtlichen Ansprüche auch erbrechtliche Rechte und Pflichten. Letztere sind Ausdruck der engen persönlichen Verbundenheit zum Erblasser. Im Unterschied zu einer Trennung, nach der die Auseinandersetzung zwischen den Partnern im Innenverhältnis erfolgen kann, muss sie sich im Todesfall mit den Erben des verstorbenen Lebensgefährten als Dritten vollziehen. Diesen steht das Erbrecht kraft Gesetzes zu. Daher gilt es zu beachten, das gesetzliche Erbrecht Dritter nicht durch Rechtsfortbildung auszuhöhlen.

I. Letztwillige Verfügungen

Der Partner einer nichtehelichen Lebensgemeinschaft ist nicht gesetzlicher Erbe des anderen. Die Vorschriften der §§ 1371, 1931 BGB sind Pendant der von den Partnern durch die Eheschließung eingegangenen personen- und vermögensrechtlichen Bindung und daher nicht analogiefähig. Selbst wenn im Nachlass wesentliche Vermögenswerte des hinterbliebenen Partners enthalten sind, kommt eine Nachlassbeteiligung nicht in Betracht.[186]

Möchte der Erblasser seinem Partner einen Teil oder einzelne Gegenstände seines Vermögens zukommen lassen, kann er dies nur im Wege einer letztwilligen Verfügung bewirken. Als solche stehen den Lebensgefährten die Errichtung von Testamenten wie auch der Abschluss eines Erbvertrages offen. Letztwillige Verfügungen in Form eines gemeinschaftlichen Testamentes kann den Partnern einer nichtehelichen Lebensgemeinschaft hingegen nicht empfohlen werden; § 2265 BGB lässt diese Form nur für Ehegatten zu. Zwar sind gemeinschaftliche Testamente nichtehelicher Partner nicht generell unwirksam, jedoch muss eine Umdeutung (§ 140 BGB) in Einzeltestamente möglich sein. Für die Umdeutung ist wiederum Voraussetzung, dass die Form für Einzeltestamente (§ 2247 BGB) gewahrt ist.[187] Um eine Bindungswirkung sowie eine Absicherung vor heimlichem Widerruf der Einzelverfügung zu erreichen (§§ 2290, 2291 BGB), ist der Abschluss eines Erbvertrages vorzugswürdig.

Die einstmals bestehenden Grenzen der Testierfreiheit aufgrund von Sittenwidrigkeit (§ 138 Abs.1 BGB) sind überholt; insbesondere die frühere Rechtsprechung zu den sog. „Geliebten-“ oder „Mätressen-Testamenten“ ist aufgegeben worden. Allgemein kommt ein Verstoß gegen die guten Sitten nur noch in besonders schwerwiegenden Ausnahmefällen in Betracht, wenn beispielsweise ein nicht zu billigender Druck auf die Entschließungsfreiheit oder andere Rechte des Bedachten ausgeübt wird.[188] Nichteheliche Lebensgemeinschaften, die

[186] Vgl. OLG Frankfurt Beschluss v. 23. Dez. 1980 FamRZ 1981, 253.
[187] Ausführlich: MüKo/*Musielak*, § 2265 Rn 4 ff.
[188] Vgl. dazu Bamberger/Roth/*Wendtland*, § 138 Rn 75.

schon definitorisch auf Dauer angelegt sein müssen und von inneren Bindungen getragen werden müssen,[189] vermögen eine Sittenwidrigkeit der letztwilligen Verfügung nicht zu begründen. Im Gegenteil kann sich aus einer langjährigen nichtehelichen Lebensgemeinschaft sogar eine moralische Pflicht ergeben, für den Lebensunterhalt des Partners in angemessener Weise zu sorgen.[190]

II. Familienrechtliche Ansprüche gegen den Nachlass

Daneben kann der Nachlass auch mit Nachlassverbindlichkeiten (§ 1969 BGB) belastet sein. Als solche kommen insbesondere ein Anspruch auf den Voraus (§ 1932 BGB) sowie die Gewährung von Unterhalt für die Dauer von 30 Tagen (§ 1969 BGB) in Betracht. Da diese Regelungen eine Ergänzung des Ehegattenerbrechts darstellen, können sie als familienrechtlichen Ursprungs bezeichnet werden.

1. § 1932 BGB gewährt dem überlebenden Ehegatten die zum ehelichen Haushalt gehörenden Gegenstände sowie die Hochzeitsgeschenke als Voraus. Aufgrund des Ehegattenerbrechts kommt der Norm für Ehegatten kaum eine Bedeutung zu. Hingegen wäre eine entsprechende Regelung für nichteheliche Lebensgemeinschaften von großer praktischer Relevanz. Verstirbt ein Partner ohne eine letztwillige Verfügung zu Gunsten seines Lebensgefährten zu treffen, fällt der Hausrat ungeachtet des Umstandes, dass die Partner mit diesem jahrelang gemeinsam gelebt haben und der hinterbliebene Partner die Gegenstände für die Haushaltsführung benötigt, an die Erben des Verstorbenen. Dennoch soll mangels Vergleichbarkeit der erbrechtlichen Stellung der Anspruchsberechtigten, die nur dem Ehegatten als solchem zuteil werde, eine entsprechende Anwendung nicht in Betracht kommen.[191]

2. § 1969 BGB verpflichtet die Erben, den zur Familiengemeinschaft des Erblassers gehörenden Personen weiterhin Unterhalt zu gewähren sowie ihnen die Benutzung der Wohnung und der Haushaltsgegenstände in den ersten 30 Tagen nach Eintritt des Erbfalls zu gestatten. Zweck der Vorschrift ist es, den Familienangehörigen eine Überbrückungshilfe zu gewähren und ihnen zu ermöglichen, sich auf die veränderte Situation nach dem Tod des Erblassers einstellen zu können.[192] Die Umstände, dass der Anspruchsberechtigte zum Hausstand gehörte sowie die faktische Unterhaltsgewährung begründen ein besonderes Treuever-

---

[189] S. oben: 1. Teil § 1.II.

[190] BGH Urteil v. 10. Nov. 1982 NJW 1983, 674, 676; Soergel/*Hefermehl*, § 138 Rn 223.

[191] MüKo/*Wacke*, Nach § 1302 Rn 40; *Lieb*, Gutachten zum 57. DJT, A 94 f.; *Koutses*, in: Hausmann/Hohloch, Kap 7 Rn 21; a.A. *Grziwotz*, § 29 Rn 2 f.; *Schumacher*, FamRZ 1994, 857, 859; vermittelnd: *Schwenzer*, JZ 1988, 781, 787 f.; *Schreiber*, Die nichteheliche Lebensgemeinschaft, Rn 333; s. ausführlich unten 3. Teil § 3.II.2.c.

[192] OLG Düsseldorf Urteil v. 14. Dez. 1982 FamRZ 1983, 274, 275; Staudinger/*Marotzke*, § 1969 Rn 1; MüKo/*Siegmann*, § 1969 Rn 1; *Grziwotz*, § 29 Rn 4.

hältnis;[193] der Kreis der Anspruchsberechtigten ist daher weit auszulegen. Entscheidend ist demnach, dass die dem Erblasser nahestehende Person wegen ihrer persönlichen Beziehungen zu diesem und der tatsächlichen Aufnahme in die Familiengemeinschaft als ihr zugehörig gilt.[194] Des Weiteren muss der Familienangehörige vom Erblasser Unterhalt bezogen haben. Die Dauer der Unterhaltsgewährung ist hingegen nicht Tatbestandsmerkmal des § 1969 BGB.[195] Erfüllt der nichteheliche Lebensgefährte diese Voraussetzungen, kann er Familienangehöriger im Sinne der Vorschrift sein.[196]

III. Schuldrechtliche Ausgleichsansprüche im Todesfall

In engem Zusammenhang mit den vorstehend diskutierten familienrechtlichen Ansprüchen steht die Frage, ob dem hinterbliebenen Partner nicht wenigstens schuldrechtliche Ansprüche gegen die Erben zustehen. Eine kategorische Ablehnung von Ausgleichsansprüchen im Falle des Todes erscheint allenfalls hinnehmbar, wenn der hinterbliebene Partner über Vermögen verfügt oder eigene Renten- oder Unterhaltsansprüche hat. Sofern sich aber im Nachlass des Verstorbenen wesentliche wirtschaftliche Werte des überlebenden Partners befinden, besteht ein Ausgleichsbedürfnis. Die Problematik spitzt sich in den Fällen zu, in denen das Grundeigentum eines Partners bewohnt wird, zu dessen Ausbau oder Umgestaltung der andere Lebensgefährte finanziell oder durch Arbeitsleistungen erheblich beigetragen hat. Im Erbfall hat der hinterbliebene Partner weder einen Anspruch auf das Grundeigentum noch ein Bleiberecht.

Daher wird von Seiten der Literatur zu Recht erwogen, die für die Trennung entwickelten Abwicklungsgrundsätze auch bei einer Beendigung der Lebensgemeinschaft durch Tod anzuwenden.[197] Ausgehend vom Willen des Verstorbenen soll anhand der konkreten Umstände des Einzelfalls ermittelt werden, ob ein Ausgleichsanspruch zu gewähren sei.[198] Dafür lassen sich zwei Fälle unterscheiden: Verschiedene Interessenlagen bestehen in Abhängigkeit davon, ob der potenziell ausgleichsberechtigte Partner verstirbt, so dass die Ansprüche von den

---

[193] Soergel/*Lange*, Nehel LG Rn 130.
[194] OLG Düsseldorf Urteil v. 14. Dez. 1982 FamRZ 1983, 274, 275.
[195] Ebenda.
[196] So die ganz h.M.: OLG Düsseldorf Urteil v. 14. Dez. 1982 FamRZ 1983, 274, 275; MüKo/*Siegmann*, § 1969 Rn 2; Staudinger/*Marotzke*, § 1969 Rn 4 m.w.N.; Soergel/*Stein*, § 1969 Rn 2 m.w.N.; a.A. *Bosch*, FamRZ 1983, 275, 276; *Steinert*, NJW 1986, 683, 686; krit. auch Jauernig/*Stürner*, § 1969 Rn 1.
[197] Ausführlich: *Hausmann*, in: Hausmann/Hohloch, Kap 4 Rn 87; *Grziwotz*, § 29 Rn 8 f.; für eine solche Lösung auf Basis des Gesellschaftsrechts *Battes*, Nichteheliches Zusammenleben, B.III.4 Rn 32, C.I.3.6 Rn 56.
[198] So: *Battes*, Nichteheliches Zusammenleben, B.III.4 Rn 32, C.II.3.6 Rn 56; *Grziwotz*, § 29 Rn 8.

Erben geltend gemacht werden oder der ausgleichspflichtige Lebensgefährte stirbt.

1. Mit dem Tod des dinglich alleinberechtigten Partners können dem ausgleichsberechtigten Partner, in analoger Anwendung gesellschaftsrechtlicher Grundsätze, Ausgleichsansprüche gegen die Erben zustehen. Ein unerwarteter Tod steht nach richtiger Ansicht einer lebzeitigen Trennung gleich. Dagegen wird - ähnlich wie zu den Ausgleichsansprüchen zu Lebzeiten - vorgetragen, dass sich in dem Umstand, dass dem überlebenden Partner keine Ansprüche gegen den Nachlass zustehen, gerade das typische Risiko einer nichtehelichen Lebensgemeinschaft verwirkliche.[199] Diese Auffassung verkennt jedoch den Unterschied zwischen einer Beendigung der Lebensgemeinschaft durch Trennung bzw. durch Tod. Allein in der lebzeitigen Trennung realisiert sich das typische Risiko der leichteren Lösbarkeit nichtehelichen Zusammenlebens. Hingegen wirkt sich dieses Risiko bei einer Auflösung durch Tod nicht aus; vielmehr bildet der Tod - ungeachtet der Rechtsform des Zusammenlebens - das Ende jeglicher Lebensgemeinschaft.

2. Anders liegen die Interessen im Falle des Todes des potenziell ausgleichsberechtigten Partners. Hat sich dieser bereits zu Lebzeiten mit der ungleichen Verteilung der Vermögenswerte einverstanden erklärt, so liegt die Annahme nahe, dass er damit den abhängigen Partner für die Zeit nach seinem Tod finanziell absichern wollte.[200] Insoweit findet die im Rahmen der gemeinschaftlichen Wertschöpfung beabsichtigte Nutzung ihr natürliches - geplantes - Ende und kann daher ein Ausgleichsbedürfnis nicht begründen. Dem mutmaßlichen Willen des Verstorbenen würde es zuwiderlaufen, den hinterbliebenen Lebensgefährten den Ausgleichsansprüchen der Erben auszusetzen.

IV. Rentenansprüche

§ 46 SGB VI knüpft die Anspruchsberechtigung an das Vorliegen einer wirksamen Ehe, so dass in den Genuss einer aus der Versicherung des Partners abgeleiteten Hinterbliebenenrente nur ein Ehegatte gelangen kann. Eine Ausdehnung des Anwendungsbereichs auf hinterbliebene nichteheliche Partner scheidet aus, da es für einen Analogieschluss an einer planwidrigen Regelungslücke fehlt.[201] Auch eine vom Eherecht losgelöste Auslegung des Ehebegriffs wird für den Bereich des Rentenversicherungsrechts zu Recht abgelehnt.[202] Der Rentenanspruch

---

[199] OLG Frankfurt Beschluss v. 23. Okt. 1981 NJW 1982, 1885.

[200] Vgl. *Battes*, Nichteheliches Zusammenleben, C.II.3.6 Rn 55 f.; MüKo/*Wacke*, Nach § 1302 Rn 40; Soergel/*Lange*, Nehel LG Rn 120; *Hausmann*, in: Hausmann/Hohloch, Kap 4 Rn 87.

[201] BSG Urteil v. 30. März 1994 NJW 1995, 3270, 3271 zu § 41 AVG.

[202] BSG Urteil v. 30. März 1994 NJW 1995, 3270, 3271; BSG Urteil v. 14. Mai 1981 FamRZ 1981, 767, 768; BVerfG Beschluss v. 30. Nov. 1982 BVerfGE 62, 323 ff.

ist unlösbar an die Ehe als die gesetzlich institutionalisierte Rechtsform des Zusammenlebens zweier verschiedengeschlechtlicher Partner geknüpft und damit unmittelbarer Ausfluss des Fördergebots der Ehe aus Art. 6 Abs.1 GG.

V. Schadensersatz bei Tötung

§ 844 Abs.2 BGB gewährt Personen, denen der Getötete kraft Gesetzes zu Unterhalt verpflichtet war oder werden konnte, Schadensersatz, wenn ihnen infolge der Tötung das Recht auf Unterhalt entzogen wurde. Jedoch besteht keine gesetzliche Unterhaltspflicht gegenüber Partnern einer nichtehelichen Lebensgemeinschaft.[203] Gesetzlicher Unterhalt ist nur befristet aus Anlass der Geburt zu leisten (§ 1615 l BGB). Im Unterschied zu § 843 BGB entscheidet nach dem Gesetzeswortlaut des § 844 Abs.2 BGB nicht die tatsächlich erbrachte, sondern die gesetzlich geschuldete Leistung. § 844 BGB stellt aus einem weiteren Grund eine eng auszulegende Ausnahmevorschrift dar. So basiert das deutsche Deliktsrecht auf dem Grundsatz, dass nur demjenigen Schadensersatzansprüche gegen den Verletzer zustehen, in dessen geschützte Rechtsgüter letzterer eingegriffen hat.[204] Eine entsprechende Anwendung auf andere mittelbar Geschädigte ist daher *de lege lata* abzulehnen;[205] der Kreis der Schadensersatzberechtigten ist vielmehr streng nach den gesetzlichen Unterhaltspflichten zu bestimmen, so dass der nichteheliche Lebensgefährte regelmäßig keinen Schadensersatz begehren kann. Auch ein vertraglicher Unterhaltsanspruch gegen den getöteten Partner berechtigt nicht zum Schadensersatz.[206]

Hingegen steht den Kindern des Getöteten ein Schadensersatzanspruch aus § 844 Abs.2 BGB zu, da diese gegen den leiblichen Elternteil einen gesetzlichen Unterhaltsanspruch aus §§ 1615 a, 1601 BGB hatten.

---

203 S. oben 1. Teil § 3.II.

204 *Becker*, VersR 1985, 201, 204.

205 So i.E. auch die ganz h.M.: OLG Frankfurt Urteil v. 29. Juni 1983 FamRZ 1984, 790; *Grziwotz*, § 16 Rn 30; *Holzhauer*, in: Hausmann/Hohloch, Kap 6 Rn 26; *Röthel*, NZV 2001, 329, 330; Staudinger/*Röthel*, § 844 Rn 33; MüKo/*Wagner*, § 844 Rn 25; *Gernhuber/Coester-Waltjen*, Familienrecht, § 42 II 2; allgemein BGH Urteil v. 19. Juni 1952 BGHZ 7, 30.

206 BGH Urteil v. 6. Dez. 1983 NJW 1984, 977, 978; BGH Urteil v. 21. Nov. 2000 NJW 2001, 971, 973; MüKo/*Wagner*, § 844 Rn 25; Soergel/*Lange*, Nehel LG Rn 135.

2. Teil: Die Rechtslage in Spanien

§ 1 Das Regelungssystem in Spanien

Die Normierung nichtehelichen Zusammenlebens in Spanien ist durch die unterschiedlichen, nebeneinander bestehenden Gesetzgebungskompetenzen im Bereich des Zivilrechts geprägt; damit geht eine Fülle verschiedener Regelungen einher. Auch das Untätigbleiben des gesamtspanischen Gesetzgebers hat den autonomen Gemeinschaften Raum zu mannigfachen Lösungen gegeben. Die Vorbildfunktion des katalanischen Gesetzes für die übrigen Gesetzgeber der autonomen Gebietskörperschaften schafft jedoch eine gewisse Einheit in der Vielfalt. Neben diesen autonomen Gesetzen kommen zudem gesamtstaatliche Normen als ergänzendes Recht zur Anwendung.

I. Rechtsspaltung in Spanien

Die Erringung der staatlichen Einheit führte nicht auch zu einer Rechtseinheit im spanischen Zivilrecht. Im Zuge der Kodifizierung des spanischen Privatrechts Ende des 19. Jahrhunderts blieben in einigen Regionen (Aragón, Balearen, Katalonien, Navarra, Galicien und den baskischen Provinzen Vizcaya und Álava) spezifische Rechtsinstitute sowie Sonderregelungen vor allem im Bereich des Familien- und Erbrechts erhalten. Mit dem im Jahre 1946 in Zaragoza durchgeführten Zivilrechtskongress begann der Prozess der Zusammenstellung dieser Regelungen in regionalen Rechtssammlungen („*compilaciones*"). Sowohl vom Código Civil als auch von der Verfassung werden diese Rechte als Foralrechte („*derechos forales*") anerkannt.

1. Kompetenzverteilung zwischen Gesamtstaat und autonomen Regionen

Dem Wunsch nach mehr Selbstständigkeit Folge leistend, schuf der Verfassungsgeber in den Art. 143 ff. CE die Möglichkeit zur Bildung autonomer Regionen („*comunidades autónomas*").[1] Die Errichtung autonomer Gemeinschaften machte eine Verteilung der Kompetenzen zwischen diesen und dem Gesamtstaat erforderlich (Art. 148 f. CE). Originär stehen den autonomen Regionen die in Art. 148 CE aufgezählten Befugnisse zu; die Wahrnehmung der innerhalb des Rahmens des Art. 149 CE erwähnten Kompetenzen setzt hingegen grundsätzlich eine vorherige Übertragung in dem jeweiligen Autonomiestatut voraus (vgl. Art. 148 Abs.2 CE).

---

[1] Seit 1983 ist das gesamte Staatsgebiet in 17 autonome Regionen unterteilt: Andalusien, Aragón, Asturien, Balearen, Baskenland, Extremadura, Galicien, Kanarische Inseln, Kantabrien, Kastilien-La Mancha, Kastilien und León, Katalonien, La Rioja, Madrid, Murcia, Navarra, Valencia.

1. Grundlegend für die Kompetenzverteilung im Zivilrecht ist Art. 149 Abs.1 Nr.8 CE. Danach ist die ausschließliche Gesetzgebungskompetenz im Bereich des Zivilrechts dem Gesamtstaat zugewiesen, vorbehaltlich „der Wahrung, Modifizierung und Entwicklung der Zivil-, Foral- oder Sonderrechte durch die autonomen Gemeinschaften dort, wo sie vorhanden sind".[2] Als Rückausnahme bleiben dem Staat *auf jeden Fall* die in Art. 149 Abs.1 Nr.8 S.2 CE genannten Bereiche zur Regelung vorbehalten, wobei hier die Ordnung der Register,[3] die Lösung von Gesetzeskollisionen[4] sowie das bürgerlich-rechtliche Verhältnis bezüglich der Formen der Eheschließung hervorzuheben sind.[5] Mit Blick auf den letztgenannten Bereich birgt die rechtliche Anerkennung nichtehelichen Zusammenlebens die Gefahr der Schaffung eines neuen Rechtsinstituts in Form einer Ehe zweiter Klasse oder minderen Rechts. Die Gesetzgeber der autonomen Gebietskörperschaften haben ihre Regelungen jedoch auf einzelne Teilbereiche beschränkt; zudem haben die Abwicklungsnormen ihren Ursprung in der familiären Verbundenheit der Partner und knüpfen weniger an eine institutionelle Funktion wie im Falle der Ehe.[6]

Das bereits erwähnte Erfordernis einer Übertragung dieser Kompetenz wurde für die autonomen Regionen Aragón, die Balearen, Navarra sowie Valencia[7] erfüllt, indem die Autonomiestatute diesen das Recht zu Wahrung, Modifizierung und Entwicklung ihrer Zivilrechte gestatten.[8] Nicht erforderlich war eine Übertragung dagegen im Falle der nach Art. 151 CE errichteten autonomen Gemeinschaften (Baskenland, Galicien und Katalonien).[9] Den übrigen autonomen Regi-

---

[2] Art. 148 Abs.1 Nr.8 S.1 CE: El Estado tiene competencia exclusiva sobre las siguientes materias: Legislación civil, sin perjuicio de la conservación, modificación y desarrollo por las Comunidades Autónomas de los derechos civiles, forales o especiales, allí donde existan.

[3] Dazu bereits oben 2. Teil § 1.II.

[4] Dazu unten 2. Teil § 1.III.2.

[5] Art. 149 Abs.1 Nr.8 S.2 CE: En todo caso, las reglas relativas a la aplicación y eficacia de las normas jurídicas, relaciones jurídico-civiles relativas a las formas de matrimonio, ordenación de los registros e instrumentos públicos, bases de las obligaciones contractuales, normas para resolver los conflictos de leyes y determinación de las fuentes del derecho, con respeto, en este último caso, a las normas de derecho foral o especial.

[6] So auch die h.M. vgl. *de Amunátegui Rodríguez*, Uniones de hecho, VIII.2; zweifelnd: *Gavidia Sánchez*, La Ley 1999, D-251, 1970.

[7] Valencia ist ein umstrittener Sonderfall, da diese Region nicht über eine Compilación verfügt und damit kein anerkanntes Partikularrechtsgebiet ist, vgl. *Arce Janáriz*, Constitución y derechos civiles forales, I.1.2.2.A.

[8] Art. 35 Abs.1 Nr.4 Estatuto de Autonomía de Aragón; Art. 10 Nr.23 Estatuto de Autonomía de las Illes Balears; Art. 48 Abs.2 Ley Orgánica de Reintegración y Amejoramiento del Régimen Foral de Navarra; Art. 31 Nr.2 Estatuto de Autonomía de la Comunidad Valenciana.

[9] Dennoch enthalten die Autonomiestatute dieser sog. "autonomías de primer grado" entsprechende Regelungen: Art. 10 Nr.5 Estatuto de Autonomía del País Vasco; Art. 27 Nr.4 Estatuto de Autonomía de Galicia; Art. 9 Nr.2 Estatuto de Autonomía de Cataluña.

onen stehen hingegen keine Gesetzgebungskompetenzen zur Entwicklung des Zivilrechts zu.

2. Anlass zu Streit hat insbesondere die Frage gegeben, wann noch eine Entwicklung bestehender Rechte vorliegt.[10] In zwei Grundsatzurteilen aus dem Jahre 1993 hat der Tribunal Constitucional dazu Stellung genommen. Mit dem Wortlaut „dort, wo sie vorhanden sind" solle mehr auf das Foralrecht in seiner Gesamtheit Bezug genommen werden, als dass er sich auf konkrete Foralrechtsinstitutionen beziehe. Somit gebe die Verfassung den autonomen Gemeinschaften die Kompetenz für Rechtsinstitute, die nicht in strengem Zusammenhang mit dem aktuellen Inhalt der *compilaciones* oder anderen Normen ihrer Rechtsordnung stünden, um die Vitalität dieser vorkonstitutionellen Regelungen für die Zukunft sicherzustellen. Grenzen seien der Entwicklung jedoch dadurch gesetzt, dass die neuen Institute mit den bereits geregelten in Verbindung stehen müssten sowie sich die inhaltliche Aktualisierung oder Neuerung mit den eigentümlichen leitenden Prinzipien des jeweiligen Foralrechts in Einklang befinde.[11]

In Betracht kommen demnach drei Fallgruppen:[12] Zum einen kann von einer Weiterentwicklung bisheriger Rechtsinstitute gesprochen werden, wenn bereits eine vorherige teilweise Normierung der Materie bestand. Zum anderen kann eine Entwicklung des neuen Rechtsinstituts ihre Grundlage ebenso in anderen Instituten haben, die ähnliche Interessenkonflikte betreffen, selbst wenn die Affinität für einen Analogieschluss nicht ausreichend ist.[13] Drittens besteht eine hinreichende Verbindung auch dann, wenn der Anwendungsbereich eines Rechtsinstituts inhaltlich erweitert wird, indem eine neue Zielgruppe einbezogen wird.

3. Abschließend bleibt zu konkretisieren, wann eine hinreichende Verbindung zur Regelung nichtehelichen Zusammenlebens besteht. Ausgehend von der vorherigen Unterscheidung kann die Frage nach der Kompetenzgrundlage nicht einheitlich für alle autonomen Regionen beantwortet werden. Beispielsweise stützen die Gesetzgeber Kataloniens und Navarras ihre Kompetenz zum Erlass der Gesetze über die nichteheliche Lebensgemeinschaft u.a. auf das vorherige

---

[10] Zum Streitstand zwischen "Foralisten" und "Zentralisten": *Bercovitz Rodríguez-Cano, R.*, DPC 1993, 15, 54 m.w.N.

[11] TC Urteil v. 12. März 1993 RTC 88/1993 RG 3; Urteil v. 6. Mai 1993 RTC 156/1993 RG 1.

[12] Unterscheidung nach: *Gavidia Sánchez*, La Ley 1999, D-251, 1970, 1974 f.; *ders.*, AC 2001, 605, 607, der allerdings noch eine vierte Fallgruppe anerkennt; *de Amunátegui Rodríguez*, Uniones de hecho, VIII.4; im einzelnen äußerst umstritten, vgl. *Bercovitz Rodríguez-Cano, R.*, DPC 1993, 15, 53 ff.; *Delgado Echeverría*, RJC 1979, 643, 658; *Díez Picazo y de León*, in: Moreno Quesada, B. (coord.), Competencia en materia civil de las comunidades autónomas, S. 13, 20 f.

[13] Krit.: *Rodríguez Martínez*, La legislación autonómica sobre uniones de hecho, I.1.2.a, S. 29 f.

Bestehen rudimentärer Normen für „freie Verbindungen".[14] In Zweifel steht hingegen die Verfassungsmäßigkeit der Gesetze solcher autonomer Gemeinschaften, in deren Zivilgesetzgebung bisher keine Normen über nichteheliches Zusammenleben existierten. Nach überwiegender Ansicht bewegen sich die Gesetze über nichteheliche Lebensgemeinschaften dann im verfassungsrechtlichen Rahmen, wenn die Regelungen eine inhaltliche Parallele zum bestehenden Familien- oder Erbrecht, insbesondere zur Ehe, aufweisen.[15] Häufig rechtfertigt nur das Zusammenspiel der verschiedenen Fallgruppen die Verfassungsmäßigkeit.[16]

Entgegen diesen Vorgaben des Verfassungsgerichts ist in der Realität eine stetige Ausdehnung sowohl der Rechtsbereiche wie auch der Regelungstiefe der autonomen Rechte zu verzeichnen.[17] Vor allem die autonomen Gemeinschaften mit Foralrechtstradition setzen so ihr Unabhängigkeitsstreben fort. Trotz erheblichen Zweifeln an der Verfassungsmäßigkeit bleiben diese Gesetze oftmals in Kraft, da sie nicht zum Gegenstand von Normenkontrollverfahren gemacht werden.

4. Zusammenfassend kommen Gesetzgebungskompetenzen auf dem Gebiet des Zivilrechts zur Regelung der nichtehelichen Lebensgemeinschaft damit nur den autonomen Regionen mit Foralrechtstradition zu. Wahrgenommen wurden diese durch die autonomen Gesetzgeber Aragóns, des Baskenlandes, der Balearen, Kataloniens und Navarras. Die Gesetze autonomer Regionen, denen keine Kompetenz zur Weiterentwicklung bereits bestehender Rechte zugewiesen wird, müssen sich folglich auf verwaltungsrechtliche Regelungen nichtehelichen Zusammenlebens beschränken. Letzteren kommt daher nur untergeordnete Bedeutung zu, so dass sie im Folgenden außer Betracht gelassen werden.

2. Gesetzeskollisionen zwischen autonomem und gesamtstaatlichem Recht

Da die Kompetenzen der autonomen Gemeinschaften den Anwendungsbereich des Código Civil berühren, bedarf es eines interlokalen Privatrechts zur Festlegung, welchen Teilrechtsstaates Recht zur Anwendung gelangen soll. Art. 14

---

[14] Katalonien: Art. 94 Abs.1 lit. a, 97 Abs.2, 115 Abs.2, 127 Abs.2, 179 Abs.1 lit. c CF sowie vor dessen Inkrafttreten Art. 8-11, 23 des Ley 8/1993; dies negiert: *Corral Gijón*, RCDI 2000, 3325, 3370; für Navarra sind dies Ley 129, 262 Abs.1 de la Compilación de Derecho Civil Foral.

[15] Dazu: *De Amunátegui Rodríguez*, Uniones de hecho, VIII.4; *Gavidia Sánchez*, La Ley 1999, D-251, 1970, 1974 f.; *ders.*, AC 2001, 605, 607; *Hernández Ibáñez*, AC 1999, 583, 584 ff.; dagegen: *Corral Gijón*, RCDI 2000, 3325, 3367 ff.

[16] Zum aragonischen Gesetz *Gavidia Sánchez*, La Ley 1999, D-251, 1970, 1975 sowie *Oliván del Cachos*, RJCLM 2000, N° 29, 118, 138 ff.; zum navarresischen Gesetz: *Gavidia Sánchez*, AC 2001, 605, 607 ff.

[17] Aktuellstes Beispiel ist das LEY 29/2002, de 30 de diciembre, primera Ley del Código Civil de Cataluña.

CC bestimmt als Anknüpfungspunkt die bürgerlich-rechtliche Gebietszugehörigkeit („*vecindad civil*“).[18] Auch die Gesetze über nichteheliche Lebensgemeinschaften der autonomen Regionen Katalonien, Navarra und der Balearen enthalten Vorschriften über den Anwendungsbereich.[19] Darin wird zur Anwendungsvoraussetzung bestimmt, dass mindestens einer der Partner die entsprechende Gebietszugehörigkeit aufweisen muss. Hingegen verlangt das baskische Gesetz die „*vecindad administrativa*“ eines Partners (Art. 2 Abs.2 S.2), welche durch Eintragung in das Einwohnerregister erworben wird. Dadurch wird zur zwingenden Anwendungsvoraussetzung, dass mindestens ein Partner seinen Wohnsitz im Baskenland hat. Ob diese Regelungen im Einklang mit Art. 149 Abs.1 Nr.8 S.2 CE stehen, der *auf jeden Fall* die Lösung von Gesetzeskonflikten dem Gesamtstaat zur Regelung vorbehält, wird zu Recht bezweifelt.[20] Einzig das aragonische Gesetz erkennt seine mangelnde Gesetzgebungskompetenz an, indem es auf eine Regelung verzichtet hat.

Neben den Rechten der autonomen Gebietskörperschaften kommen die Vorschriften des Código Civil grundsätzlich nur ergänzend zur Anwendung (Art. 13 CC, Art. 149 Abs.3 CE).[21] Aus gesamtstaatlicher Sicht sind die Normen des Zivilgesetzbuches dann anwendbar, wenn sie den spezifischen Vorschriften sowie den allgemeinen Rechtsquellen der autonomen Gemeinschaften nicht zuwiderlaufen.[22] Nach einer foralistisch geprägten Auffassung sind Vorschriften nicht nur insoweit subsidiär, als die Materie in den *compilaciones* eine spezifische Regelung erfährt, sondern sogar ohne ausdrückliche Normierung dann, wenn sie mit den tragenden Grundregeln oder den besonderen Rechtsauffassungen der jeweiligen Teilrechtsordnung unvereinbar sind.[23] Ein Vorrang der Gesetze der

---

[18] Die Gebietszugehörigkeit kann durch Abstammung (Art. 14 Abs.2 und 3 CC) erworben oder durch zweijährigen gewöhnlichen Aufenthalt in dem Gebiet begründet werden, vorausgesetzt es wird eine entsprechende Erklärung abgegeben, die im Zivilstandsregister eingetragen wird (Art. 14 Abs.5 Nr.1 CC); ebenso genügt der zehnjährige gewöhnliche Aufenthalt, sofern keine gegenteilige Erklärung abgegeben wird (Art. 14 Abs.5 Nr.2 CC); vgl. weitergehend *Ribas Algueró*, La vecindad civil, S. 1-44, 82 ff.; *Bercovitz Rodríguez-Cano, R./Pérez de Castro*, La vecindad civil, S. 9-51.

[19] Art. 2 Abs.2 LPE; Art. 1 Abs.1 S.2 LUEP; Art. 2 Abs.3 LFIJPE.

[20] Ausführlich: *De Amunátegui Rodríguez*, Uniones de hecho, VIII.3 m.w.N.; *dies.*, RDP 2004, 527, 543; *Corral Gijón*, RCDI 2000, 3325, 3371 f.

[21] Ebenso die Autonomiestatute: Aragón Art. 41; Balearen Art. 50 Abs.1 und 3; Baskenland Art. 21; Katalonien Art. 26 Abs.1 und 2; Navarra Art. 40 Abs.3; ausführlich zu der Frage des Grades der Subsidiarität: *Capilla Roncero*, in: Moreno Quesada, B. (coord.), Competencia en materia civil de las comunidades autónomas, S. 42, 44 ff.

[22] TS Urteil v. 5. Okt. 1987 RJ 1987, 6717 RG 6; Urteil v. 27. Feb. 1985 RJ 1985, 776; Urteil v. 4. Juni 1955 RJ 1959, 1721 m.w.N.

[23] TSJ Palma de Mallorca Urteil v. 28. Mai 1992 RJ 1993, 430 RG 4; *Serrano García*, Bercovitz/Martínez-Simancas, Derechos Civiles de España VIII, S. 3439, 3448.

autonomen Gebietskörperschaften bestehe selbst dann, wenn die Lücke mittels eines Analogieschlusses zum autonomen Recht geschlossen werden könne.[24]

Ob neben den Gesetzen der autonomen Gebietskörperschaften über nichteheliche Lebensgemeinschaften noch Raum für eine ergänzende Anwendung von Vorschriften der Gesamtrechtsordnung besteht, erscheint aus mehreren Gründen fraglich. Zum einen sind die Gesetze der autonomen Gemeinschaften neueren Datums, so dass ein Bedeutungswandel aufgrund Alterung, welcher einen Spielraum für Ergänzungen sowie Analogieschlüsse eröffnete, auszuschließen ist. Zum anderen haben sich die Gesetzgeber bewusst für eine Regelung der nichtehelichen Lebensgemeinschaft in eigenständigen Gesetzen außerhalb ihrer *compilaciones* entschieden, was für den abschließenden Charakter der Normierung spricht. Diese Umstände gebieten bei einem Rückgriff auf die Normen des Gesamtstaates äußerste Zurückhaltung.[25] Zunächst ist eine Lösung auf der Basis des Zivilrechts der jeweiligen autonomen Rechtsordnung zu suchen.[26] Erst in einem zweiten Schritt kann geprüft werden, ob mittels Analogieschlüssen oder allgemeinen Prinzipien des Rechts des Gesamtstaates verbleibende Lücken geschlossen werden können. Die Problematik spitzt sich für solche Partnerschaften zu, auf welche mangels Erfüllung der Begründungsvoraussetzungen die Gesetze der autonomen Regionen keine Anwendung finden. Ein Rückgriff auf gesamtstaatliche Lösungen, wie beispielsweise das Prinzip der ungerechtfertigten Bereicherung, birgt die Gefahr, die Anwendungsvoraussetzungen zu umgehen und damit den Willen der Gesetzgeber zu unterlaufen.[27]

II. Terminologie

Als Folge der vorbeschriebenen Vielfalt finden sich unterschiedliche Begriffe zur Umschreibung nichtehelichen Zusammenlebens. Neben Bezeichnungen wie uniones de hecho (faktische Verbindungen) und parejas (estables) de hecho (faktische gefestigte Partnerschaften), die vor allem in neueren Gesetzen verwendet werden, finden sich Ausdrücke wie uniones extramatrimoniales (außereheliche Verbindungen), uniones no matrimoniales (nicheheliche Verbindungen) oder parejas no casadas (nichtverheiratete Paare). Auch in der Rechtsprechung zeichnet sich keine einheitliche Terminologie ab. Während der Tribunal Supremo vorwiegend die Begriffe uniones de hecho und uniones libres (freie Verbindun-

---

[24] TSJ Navarra Urteil v. 15. Nov. 1991 RJ 1991, 9800 RG 4.

[25] Nach Meinung *de Amunátegui Rodríguez'*, RDP 2004, 527, 563 f. ist ein Rückgriff sogar ausgeschlossen; s. ausführlich in den jeweiligen Einzelbereichen.

[26] AP Barcelona Urteil v. 16. Jan. 2004 JUR 2004\61454; dies geben auch die Autonomiestatute vor: Aragón Art. 1 Abs.2; Balearen Art. 1 Abs.2, 3; Baskenland Art. 3; Navarra Ley 5, 6; für Katalonien Art. 111.1, 111.2, 111.4, 111.5 Ley 29/2002, primera Ley del Código Civil de Cataluña.

[27] Eingehend dazu: *De Amunátegui Rodríguez*, RDP 2004, 527, 563.

gen) gebraucht,[28] bevorzugt der Tribunal Constitucional, von einem Zusammenleben „more uxorio" (convivencia more uxorio) zu sprechen.[29]

III. Die gesetzgeberische Entwicklung

Die Gesetzgeber der autonomen Gebietskörperschaften zeigen eine uneinheitliche Reaktion auf das soziale Phänomen des nichtehelichen Zusammenlebens. Vorläufer der Gesetzesinitiativen sind Gemeinderegister, die verschieden- wie gleichgeschlechtlichen Paaren die Eintragung erlauben. Seit 1998 finden sich auch gesetzliche Regelungen in den Gesetzen der autonomen Regionen. Entgegen den Ankündigungen der Regierungspartei aus dem Jahre 2004 gibt es immer noch keine einheitliche Regelung für Gesamtspanien. Aufgrund der nunmehr bestehenden Ungleichheiten zwischen den autonomen Gebieten sieht sich der Tribunal Supremo zur Aufgabe seiner restriktiven Linie gegenüber nichtehelichen Lebensgemeinschaften veranlasst, um die nationale Einheit annähernd wiederherzustellen.[30]

Bei äußerlicher Betrachtung scheint es, dass diese Entwicklung Ausfluss der Kompetenzordnung zwischen autonomen Gemeinschaften und Gesamtstaat ist. Dem Prozess der Verrechtlichung nichtehelichen Zusammenlebens liegt jedoch ein Motivbündel zugrunde. Die Gesetzesbegründungen betonen den Familienschutz sowie die zunehmende Bedeutung nichtehelicher Lebensgemeinschaften. Unter dem Einfluss der Entschließung des Europäischen Parlaments vom 8. Februar 1994 über die Gleichberechtigung Homosexueller und Lesben sollte gleichgeschlechtlichen Paaren eine rechtliche Möglichkeit zur Ausgestaltung ihres Zusammenlebens eröffnet werden; die Regelungen für heterosexuelle Lebensgemeinschaften sind in einigen autonomen Gemeinschaften nur Nebenprodukt. Vor allem aber ist der Gesetzgebungsentschluss Ursprung der fortwährenden Spannungen und des „Katz-und-Maus-Spiels" um die Gesetzgebungskompetenzen zwischen den autonomen Regionen untereinander und speziell zwischen diesen und dem Gesamtstaat. Die Interessen der Betroffenen scheinen vor diesem Hintergrund nicht der ausschlaggebende Faktor für die Entscheidung zu einer gesetzlichen Regelung gewesen zu sein.

1. Im Jahre 1994 rückte die Problematik nichtehelichen Zusammenlebens erstmals in den Mittelpunkt politischen Interesses. Seither finden sich unzählige Register für nichteheliche Lebensgemeinschaften sowohl auf der Ebene der

---

[28] TS Urteil v. 18. Mai 1992 RJ 1992, 4907; Urteil v. 21. Okt. 1992 RJ 1992, 8589.

[29] TC Urteil v. 11. Dez. 1992 RTC 222/1992; Urteil v. 8. Feb. 1993 RTC 47/1993; Urteil v. 28. Feb. 1994 RTC 66/1994; Urteil v. 13. Juli 1998 RTC 155/1998.

[30] Dazu ausführlich unten 2. Teil § 8.I.

Gemeinden[31] wie später auch auf der autonomer Gemeinschaften.[32] Die Eintragungsvoraussetzungen entsprechen weitestgehend den Anwendungsvoraussetzungen der Gesetze über die nichteheliche Lebensgemeinschaft der autonomen Gemeinschaften.[33] Territorial sind die Register in zweifacher Weise auf das Gebiet der Gemeinde bzw. autonomen Gemeinschaft beschränkt. Mindestens einer der Partner muss in das Einwohnerverzeichnis der Gemeinde eingetragen sein; zum anderen gelten die angeordneten Rechtsfolgen nur für Tatbestandvoraussetzungen, die innerhalb der Gemeinde bzw. der autonomen Region eingetreten sind. Eintragungsfähig sind Verträge, welche die vermögensrechtlichen Beziehungen der Partner regeln, wie auch solche, die den Fall der Beendigung der Lebensgemeinschaft betreffen.

Die gemeindlichen Partnerschaftsregister betonen zwar ihre rein administrative Funktion, gehen aber darüber hinaus, wenn sie eine unbeschränkte Gleichstellung mit Ehen anordnen.[34] Die Gleichstellungen beinhalten Regelungen im Rahmen der gemeindlichen Personalhoheit (z.B. bei der Gewährung von Sonderurlaub) sowie insbesondere im Bereich kommunaler Leistungsverwaltung.

Diese Registerpraxis sieht sich dem Vorwurf ausgesetzt, in Bereiche einzudringen, die verfassungsrechtlich dem Gesamtstaat zur Regelung vorbehalten sind;[35] Art. 149 Abs.1 Nr.8 CE weist nämlich dem Gesamtstaat die Ordnung der Register zu. Ob eine verfassungskonforme Auslegung möglich ist und wie sich diese gestalten soll, ist streitig.[36]

2. Unter dem Einfluss der Interessenvertretungen gleichgeschlechtlicher Paare setzte seit 1998 eine Kodifizierung der nichtehelichen Lebensgemeinschaft durch die Gesetzgeber der autonomen Gebietskörperschaften ein; mittlerweile finden sich in der Mehrzahl der autonomen Gebiete Regelungen für das Zusammenleben unverheirateter Paare.[37] Während die Regelungen insbesondere

---

[31] So z.B. in Vitoria, Granada, Algeciras, Alcobendas, Arganda, Aranjuez, Leganés, Móstoles, Parla, San Sébastian de los Reyes, Daganzo; weitere Beispiele bei *Pérez Ureña*, Normativa sobre las uniones de hecho. Cuestiones candentes, Cap. 1, 3 (mit Normtexten).

[32] S. die Aufzählung bei *Cervera Soto*, RDP 2000, 211, 213 f.

[33] Dazu unten 2. Teil § 3.I.

[34] So bspw. Vitoria Art. 5; Algeciras Art. 5; Noán Valle de Elorz Art. 11; La Coruña Norma 7; Santander Art. 8.

[35] So *Corral Gijón*, RCDI 2000, 3325, 3386; *Cervera Soto*, RDP 2000, 211, 214; *Alonso Herreros*, RGD 2001, 1835, 1843; *Camarero Suárez*, RGD 1997, 67, 74.

[36] Näher dazu: *Hernández Ibáñez*, AC 1999, 583, 589; *Alonso Herreros*, RGD 2001, 1835, 1839 f.; *Martín Casals*, ADC 1995, 1709, 1713; zu weiterer Kritik an der Registerpraxis s. *Martín Casals*, ADC 1995, 1709, 1712; *Corral Gijón*, RCDI 2000, 3325, 3387; *Alonso Herreros*, RGD 2001, 1835, 1843; *Moreno Verdejo*, RGD 1994, 12543, 12548 f.

[37] So in: Andalusien LEY 5/2002, Ley de Parejas de Hecho; Aragón LEY 6/1999, de 26 de marzo, relativa a parejas estables no casadas; Asturien LEY 4/2002, de 23 de mayo, de Parejas Estables; Balearen LEY 18/2001, de 19 de diciembre, de Parejas Estables; Baskenland LEY 2/2003, de 7 de mayo, reguladora de las parejas de hecho; Extremadura LEY 5/2003, de

eine enorme Ausweitung der Rechte gleichgeschlechtlicher Paare bewirken, schaffen sie auch für heterosexuelle Partnerschaften Rechtssicherheit. Zum anderen wurde damit dem faktischen Tatbestand des nichtehelichen Zusammenlebens erstmals eine statusrechtliche Anerkennung als familienrechtlichem Institut zuteil.

IV. Vorbildfunktion des katalanischen Gesetzes

Als erste von nunmehr fünf Kodifizierungen kommt dem katalanischen Gesetz eine Vorreiterrolle zu. Inhaltlich lehnt sich der katalanische Gesetzgeber an die für die Ehe geltenden Normen des Código de Familia an,[38] jedoch ohne den Partnern einer nichtehelichen Lebensgemeinschaft die volle Rechtsstellung von Ehegatten zuzuerkennen.

Hinsichtlich des Regelungsgehalts orientieren sich die übrigen Gesetze der autonomen Gemeinschaften an dem katalanischen Gesetz, so dass diesem insoweit eine Vorbildfunktion zukommt. Tragende Regelungen im Bereich der Vermögensabwicklung wurden teilweise wortgetreu übernommen. Einmalig ist hingegen die regelungstechnische Trennung zwischen heterosexuellen und homosexuellen Lebensgemeinschaften geblieben. Da der katalanische Gesetzgeber seine Normierung auf den dort geltenden gesetzlichen Güterstand der Gütertrennung zugeschnitten hat, können sich Unstimmigkeiten ergeben, wenn andere Gesetzgeber der autonomen Gebietskörperschaften, die in ihren *compilaciones* die Gütergemeinschaft als gesetzlichen Güterstand vorsehen, die katalanischen Regelungen unbedacht übernommen haben.

Differenzen im Regelungsumfang können ihren Grund zum einen in der unterschiedlichen Reichweite der Kompetenzen im Bereich des Zivilrechts haben; zum anderen lassen die Gesetze jüngeren Datums die Tendenz zu einer stetigen Ausweitung der Rechte erkennen. Dies gilt insbesondere für den Bereich der Ansprüche von Todes wegen. Das katalanische Gesetz ist insofern noch von einer abwartenden Zurückhaltung geprägt, die aber durch neuere Änderungen

---

20 de marzo, de Parejas de Hecho de la Comunidad Autónoma de Extremadura; Kanarische Inseln LEY 5/2003, de 6 de marzo, para la regulación de las parejas de hecho en la Comunidad Autónoma de Canarias; Kantabrien LEY 1/2005, de 16 de mayo, de Parejas de hecho de la Comunidad Autónoma de Cantabria; Katalonien LEY 10/1998, de 15 julio de uniones estables de pareja, Madrid LEY 11/2001, de 19 de diciembre, de Uniones de Hecho de la Comunidad Madrid; Navarra LEY FORAL 6/2000, de 3 de julio, para la igualdad jurídica de las parejas estables; Valencia LEY 1/2001, de 6 de abril, por la que se regulan las uniones de hecho; in La Rioja und Galicien gibt es bislang nur einen Gesetzesvorschlag.
Vgl. ausführlich zu den Gesetzesentwürfen sowie zu den Beratungen im Verlauf des Gesetzgebungsverfahrens: Für Katalonien *Garrido Melero*, La Notaría 1998, núm. 7, 35, 58 ff.; für Aragón Albaladejo/Díaz Alabart/*Merino Hernández*, Anexo IV.

[38] Ausführlich *Llebaría Samper*, La Notaría 1998, núm. 10, 57, 78 ff., der die Vorgehensweise des katalanischen Gesetzgebers als klonen bezeichnet.

nunmehr auch schrittweise aufgegeben wird. Unter Berücksichtigung dieser Besonderheiten kann zur Auslegung auf die üppigere katalanische Rechtsprechung und Literatur zurückgegriffen werden.

I. Die nichteheliche Lebensgemeinschaft als Schutzobjekt der Verfassung

Art. 39 Abs.1 CE bestimmt, dass die Staatsgewalten den sozialen, ökonomischen und juristischen Schutz der Familie sicherstellen. Dieser Schutz erstreckt sich aber nur dann auf nichteheliche Lebensgemeinschaften, wenn eine faktische Lebensgemeinschaft eine Familie im Sinne des Art. 39 Abs.1 CE darstellt.

1. Keine Familie ohne Ehe?

Zu den umstrittensten Fragen des Art. 39 Abs.1 CE gehört, ob eine Familie nur in einer ehelichen Gemeinschaft bestehen kann oder auch außereheliches Zusammenleben unter den Familienbegriff subsumiert werden kann. Art. 39 CE lautet:[39]

1. Die Staatsgewalten stellen den sozialen, ökonomischen und juristischen Schutz der Familie sicher.
2. Die Staatsgewalten stellen ebenso den vollständigen Schutz der Kinder, die ungeachtet ihrer Abstammung vor dem Gesetz gleich sind, und den der Mütter ohne Berücksichtigung ihres Personenstandes sicher...

Nach der traditionellen Auffassung[40] beruht die Familie auf der Ehe. Nur die eheliche Familie sei Familie im Sinne des Art. 39 Abs.1; andere Formen familiären Zusammenlebens seien aus dem Schutzbereich ausgenommen. Daneben unterstelle die Verfassung in Art. 32 Abs.1 CE die Ehe einem besonderen Schutz, indem sie Mann und Frau das Recht zur Eheschließung gebe.[41] Das Zusammenspiel der Art. 32 und 39 CE verbiete daher eine Ausdehnung des Familienschutzes auf nichteheliche Lebensgemeinschaften, so dass die Begriffe Ehe und Familie untrennbar miteinander verbunden seien.[42]

---

[39] 1. Los poderes públicos aseguran la protección social, económica y jurídica de la familia.
2. Los poderes públicos aseguran asimismo, la protección integral de los hijos, iguales éstos ante la ley con independencia de su filiacion, y de las madres, cualquiera que sea su estado civil...

[40] So: *Martínez López-Muñiz*, REDC 2000, Núm. 58, 11, 18 ff.; *Castán Tobeñas*, Derecho civil español, civil y foral, § CIX I.1; *Martínez-Calcerrada*, RDP 1981, 959, 971 ff.; *Garrido de Palma/Regojo Otero*, RGLJ 1986, 613, 617 f.; *García Cantero*, in: García de Enterría u.a.: El desarollo de la Constitución Española, S. 189, 207; ebenso noch: TS Urteil v. 15. Juli 1986 RJ 1986, 4041.

[41] 1. El hombre y la mujer tienen derecho a contraer matrimonio con plena igualdad jurídica...

[42] *Martínez López-Muñiz*, REDC 2000, Núm. 58, 11, 27 ff.; *Díez-Picazo/Gullón*, Sistema de Derecho Civil IV, I.2.III.

Dagegen spricht jedoch, dass sich die Begriffe Ehe und Familie nicht nur in zwei unterschiedlichen Vorschriften, sondern auch in verschiedenen Kapiteln der Verfassung befinden. Da eine Beschränkung auf die eheliche Familie nicht ausdrücklich vorgenommen wird, kann dem Wortlaut keine zwingende Schlussfolgerung entnommen werden, welche das Konzept der Verfassung auf die eheliche (legitime) Familie festlegt.[43] Im Gegenteil sind bei den Arbeiten zur Verfassungsgebung beschränkende Zusätze gestrichen worden, nach denen die Ehe dazu dienen soll, eine stabile Familienbeziehung zu gründen.[44] In ihrer Gesamtheit führen diese Umstände nicht nur zu einer bloßen Ausweitung des Schutzes, sondern bewirken zudem eine Öffnung zugunsten eines pluralistischen Konzeptes, welches anpassungsfähig an die kulturellen Entwicklungen der Zukunft ist.[45]

Ebenso erkennt der Tribunal Constitucional nunmehr in ständiger Rechtsprechung an, dass der Schutz des Art. 39 Abs.1 CE sich neben der ehelichen Familie auch auf faktische Familien erstreckt.[46] Die Verfassung gebiete umfassenden Schutz nicht nur aufgrund der Vorschrift des Art. 39 Abs.1 CE, sondern zudem weil sie den Staat als Sozialstaat konzipiere (Art. 1 Abs.1, 9 Abs.2 CE).[47]

2. Familienschutz auch für kinderlose Lebensgemeinschaften?

Unterstellt man nichteheliche Lebensgemeinschaften dem durch Art. 39 Abs.1 CE gewährten Schutz, ist weitergehend zu diskutieren, ob ebenfalls eine kinderlose nichteheliche Lebensgemeinschaft eine so verstandene Familie sein kann.

Nach einer restriktiven Ansicht kann nur dann von einer Familie gesprochen werden, wenn der Lebensgemeinschaft Kinder angehören.[48] Der Begriff der Familie sei im allgemeinen Sprachgebrauch untrennbar mit dem Vorhandensein

---

[43] Vgl. die Wortlautinterpretation bei *Lacruz Berdejo*, Elementos de Derecho Civil IV, § 4.11.

[44] Ausführlich: *Mesa Marrero*, Las uniones de hecho, II 2.5; *Roca Trías*, ADC 1990, 1055, 1057 ff.; *Rallo Lombarte*, RGD 1995, 1759, 1765 f.

[45] *Roca Trías*, ADC 1990, 1055, 1061; in diesem Sinne auch: TC Urteil v. 11. Dez. 1992 RTC 222/1992 RG 5; *de Amunátegui Rodríguez*, Uniones de hecho, II.1.

[46] Grundlegend: TC Urteil v. 11. Dez. 1992 RTC 222/1992; diesem folgend: TS Urteil v. 18. Mai 1992 RJ 1992, 4907 RG 3; Urteil v. 21. Okt. 1992 AC 156/1993 RG 5; Urteil v. 30. Dez. 1994 RJ 1994, 10391 RG 2 ; so auch die nunmehr h.M.: *Mesa Marrero*, Las uniones de hecho, II 2.2.2; *Lacruz Berdejo u.a.*, Elementos de Derecho Civil IV, § 4.11; *Rallo Lombarte*, RGD 1995, 1759 ff.; *Rodríguez*, in: Balaguer Callejón, Derecho constitucional II, Cap. XVII 6; *Roca Trias*, ADC 1990, 1055, 1061 ff.; *Gavidia Sánchez*, La unión libre, II.1; *Pérez Vallejo*, Autorregulación en la convivencia de hecho, S. 21 ff. m.w.N.

[47] TC Urteil v. 11. Dez. 1992 RTC 222/1992 RG 5.

[48] AP Guipúzcoa Urteil v. 25. Okt. 1993 ArCiv 1993, 2086 RG 3; *Martínez López-Muñiz*, REDC 2000, Núm. 58, 11, 14 ff.; *Torrero Muñoz*, RGD 1998, 10625, 10627; *Vidal Gil/Martin Moron*, RGD 1993, 6895, 6908; *Torrent*, RDN 1988, Núm. 141-142, 287, 292; *Garrido de Palma/Regojo Otero*, RGLJ 1986, 613, 618; *Rodriguez Piñeiro y B.F.*, in: Martinell/Areces Piñol, uniones de hecho, S. 49, 50; *Reina Bernáldez*, in: Martinell/Areces Piñol, uniones de hecho, S. 15, 19.

von Nachwuchs und dem Bestehen einer hierarchischen Beziehung zwischen den Mitgliedern verknüpft;[49] hingegen stehen sich die Partner einer Lebensgemeinschaft gleichberechtigt gegenüber. Aus systematischer Sicht legen die Ausgestaltung des Eheschließungsrechts (Art. 32 Abs.1 CE) als Individualgrundrecht[50] sowie die Trennung dieses Rechts von der Schutznorm des Art. 39 Abs.1 CE die Schlussfolgerung nahe, dass eine bloße Partnerschaft keine Familie ist.

Nach der Gegenauffassung setzt der Begriff der Familie nicht zwingend das Vorhandensein von Kindern voraus; eine Familie könne bereits aus zwei nicht miteinander verwandten Personen - der Lebensgemeinschaft an sich - bestehen.[51] Während diese Annahme für die eheliche Lebensgemeinschaft seit der Verfassungsgebung herrschend war, konnte erst die Rechtsprechung des Verfassungsgerichts einer entsprechenden Meinung für nichteheliche Lebensgemeinschaften zum Durchbruch verhelfen. So stellt der Tribunal Constitucional[52] in einem ersten Schritt fest, dass der Begriff der Familie auch die eheliche Beziehung eines Mannes und einer Frau ohne Nachkommen beinhalte (Rechtsgrund 4). Im folgenden Rechtsgrund schließt er dann die nichteheliche Lebensgemeinschaft in den so definierten Familienbegriff ein.

3. Umfang des Schutzes für nichteheliche Lebensgemeinschaften

Nach seinem Wortlaut und der systematischen Stellung außerhalb des Grundrechtsteils gewährt Art. 39 Abs.1 CE kein subjektives Recht, sondern statuiert eine Pflicht für die Staatsgewalten;[53] Aufgabe der öffentlichen Gewalten ist folglich das Ergreifen von Maßnahmen zur Sicherstellung dieses Schutzes.

Nach einer im Vordringen befindlichen Meinung hat der Gesetzgeber nur eine beschränkte Regelungsverpflichtung zugunsten nichtehelicher Lebensgemeinschaften, da die Frage einer Einbeziehung der nichtehelichen Lebensgemeinschaft in den Schutzbereich des Art. 39 Abs.1 CE von der des Schutzumfangs zu trennen sei. Die Verfassung garantiere keinen einheitlichen Schutz, sondern der

---

[49] So definiert das Diccionario de la Lengua die Familie als eine Gruppe unter sich verwandter Personen, die zusammen unter der Autorität einer von diesen leben; so auch: *Gómez*, Familia y matrimonio en la Constitución española de 1978, S. 253 f., 258.

[50] So die h.M.: *De Verda y Beamonte*, RDP 1998, 683, 792; *Talavera Fernández*, La unión de hecho, Cap. IV.I; a.A. *Roca Trías*, Familia y cambio social, Cap. 2.II.1.

[51] *Gavidia Sánchez*, La unión libre, II.1; *López Burniol*, RJC 1999, 641, 662; *de Verda y Beamonte*, in: Martinell/Areces Piñol, uniones de hecho, S. 477, 492; *Bermejo Pumar*, RGD 1991, 2489, 2492.

[52] Urteil v. 11. Dez. 1992 RTC 222/1992; nunmehr st. Rspr. Urteil v. 8. Feb. 1993 RTC 47/1993 RG 1; Urteil v. 17. Juni 1999 RTC 116/1999 RG 13; anders noch Urteil v. 15. Nov. 1990 RTC 184/1990, obwohl dies der TC im Urteil v. 11. Dez. 1992 RTC 222/1992 RG 5 bestreitet.

[53] TC Urteil v. 17. Juni 1999 RTC 116/1999 RG 3; *Cámara Villar*, in: Balaguer Callejón, Derecho constitucional II, Kap. XXII 3.2.7; a.A. *Martínez-Calcerrada*, RDP 1981, 959, 966 ff.

Grad des Schutzes differiere, abhängig von der Form des familiären Zusammenlebens.[54] Während die Verfassung für die Ehe einen maximalen Schutz gebiete, sei der für die nichteheliche Lebensgemeinschaft geringer.[55]

Auch in der Rechtsprechung zeigt sich die Tendenz, den Schutz für nichteheliche Lebensgemeinschaften einzuschränken. Das Verfassungsgericht betont wiederholt, dass es dem Gesetzgeber obliegt, den Schutz einfachgesetzlich zu regeln; zu dessen Ausgestaltung habe er einen weiten Ermessensspielraum. Eine Verpflichtung zur Gleichstellung kann sich aber aus Art. 14 CE ergeben, der die Gleichheit der Spanier vor dem Gesetz bestimmt. Zwar seien gesetzliche Differenzierungen durchaus zulässig; sie müssten aber erstens einem legitimen Zweck dienen, dürften nicht auf einem mit dieser Zweckbestimmung unhaltbaren Ziel beruhen sowie nicht offensichtlich unverhältnismäßig sein.[56] Zulässiges Differenzierungsziel zwischen Ehe und nichtehelicher Lebensgemeinschaft kann insbesondere die rechtliche Bindung der Ehegatten sein. Die Ehe erzeuge *opere legis* für Mann und Frau eine Vielfalt von Rechten und Pflichten, die von Rechts wegen nicht notwendigerweise zu Gunsten anderer gefestigter Lebensgemeinschaften gälten.[57] Demnach seien beide Lebensformen grundsätzlich keine vergleichbaren Tatbestände, so dass es dem Gesetzgeber unbenommen bleibe, zwischen diesen zu differenzieren.[58] Schütze eine Norm aber eine Situation bloßen Zusammenlebens, verletze ein Ausschluss nichtehelicher Partner den Gleichheitsgrundsatz. Ein solcher Fall lag nach Ansicht des Tribunal Constitucional bei der Begrenzung des Eintrittsrechts in ein Mietverhältnis nach Tod des Hauptmieters auf Ehegatten vor (Art. 58 Abs.1 LAU 1964).[59] Damit kann der Gleichheitsgrundsatz zu einer mittelbaren Regelungsverpflichtung des Gesetzgebers führen.

II. Die Schranken für eine einfachgesetzliche Regelung

Die einfachgesetzliche Regelungsfreiheit des Gesetzgebers findet ihre Schranken in Art. 32 CE sowie in der Wahlfreiheit des Personenstandes.

---

[54] *De Verda y Beamonte*, AC 2001, 59, 68; *ders.* RDP 1998, 683, 730; *de Amunátegui Rodríguez*, Uniones de hecho, II.1; a.A. *Vidal Gil/Martin Moron*, RGD 1993, 6895, 6910.

[55] *De Verda y Beamonte*, AC 2001, 59, 68; *ders.* RDP 1998, 683, 730; *Lacruz Berdejo u.a.*, Elementos de Derecho Civil IV, § 4.11.

[56] So TC Urteil v. 11. Dez. 1992 RTC 222/1992 RG 6 unter Berufung auf die eigene st. Rspr.; vgl. auch: *López Guerra u.a.*, Derecho Constitucional I, III. Lección 8 4.

[57] TC Urteil v. 15. Nov. 1990 RTC 184/1990 RG 3.

[58] Ebenda.

[59] Urteil v. 11. Dez. 1992 RTC 222/1992.

1. Diskriminierungsverbot für eheliche Lebensgemeinschaften

Mit dem Recht auf Eheschließung aus Art. 32 Abs.1 CE bringt der Verfassungsgeber zum Ausdruck, dass die Ehe ein geschütztes Rechtsinstitut ist.[60] Zusätzlich erfährt sie außerhalb des Art. 39 Abs.1 CE Schutz, weil sie aufgrund ihrer Sicherheit, der Ausgewogenheit der Rechte und Pflichten sowie der Stabilität die geeigneteste Form zur Bildung einer Lebensgemeinschaft ist.[61] Zwar findet sich für die Ehe keine klare Grenzlinie, an der die Institutsgarantie aufhört und der Familienschutz der Ehe beginnt; jedenfalls aber läuft eine bevorzugte Behandlung nichtehelicher Lebensgemeinschaften durch den Gesetzgeber Art. 32 CE zuwider.[62] Selbst eine Teilhabe an Rechten zugunsten von Ehegatten stellt eine Diskriminierung dar, sofern nicht gleichzeitig entsprechende Pflichten statuiert werden; insbesondere die schwerere Lösbarkeit des Ehebundes sowie die nachehelichen Verpflichtungen können eheliche Lebensgemeinschaften benachteiligen.[63]

2. Das Eheschließungsrecht als Freiheitsrecht

Art. 32 Abs.1 CE gibt nicht nur das Recht eine Ehe zu schließen, sondern schützt auch die Entscheidung, keine Ehe einzugehen.[64] Darüber hinaus beinhaltet die negative Eheschließungsfreiheit ein Abwehrrecht gegen den Staat, nicht wie eine verheiratete Person behandelt zu werden.[65] Eng verknüpft mit der negativen Eheschließungsfreiheit ist das Recht zur freien Entfaltung der Persönlichkeit (Art. 10 Abs.1 CE).[66] Letzteres verbietet es zum einen, nichteheliches Zusammenleben zu behindern oder zu sanktionieren. Zum anderen ist es dem Staat verwehrt, einen festgelegten Personenstand anzuordnen.[67]

---

[60] *Roca Trías*, Familia y cambio social, Cap. 2.II.2; a.A. *Talavera Fernández*, La unión de hecho, Cap. IV.II.

[61] *Gavidia Sánchez*, La unión libre, II.2, S. 54 f.

[62] TC Urteil v. 10. Nov. 1988 RTC 209/1988 RG 9; *Gavidia Sánchez*, La unión libre, II.2, S. 55 f.; *ders.*, RJN 1999-IV, 199, 225 ff.; *Pantaleón Prieto*, in: Martinell/Areces Piñol, uniones de hecho, S. 67, 74.

[63] *Gavidia Sánchez*, La unión libre, II.2, S. 55 f.; *ders.*, RJN 1999-IV, 199, 225 ff.; *Rodríguez Martínez*, La legislación autonómica sobre uniones de hecho, S. 87; *Cantero Núñez*, in: Garrido de Palma, Instituciones de derecho privado IV, S. 269, 334 ff.

[64] So: *Talavera Fernández*, La union de hecho, Cap. IV.I.1; *Martín Casals*, ADC 1995, 1709, 1714, 1800; *Ferreres Comella*, REDC 1994, Núm. 42, 163, 167 ff.; *de Verda y Beamonte*, RDP 1998, 683, 686 ff.; *Roca Trías*, Familia y cambio social, Cap. 2.VI; *de Amunátegui Rodríguez*, Uniones de hecho, II.2.

[65] *De Verda y Beamonte*, RDP 1998, 683, 697; *Rodríguez Martínez*, La legislación autonómica sobre uniones de hecho, S. 87.

[66] TC Beschluss v. 11. Feb. 1987 ATC 156/1987 RG 2; Urteil v. 15. Nov. 1990 RTC 184/1990 RG 3.

[67] TC Urteil v. 15. Nov. 1990 RTC 184/1990 RG 3; *Roca Trías*, ADC 1990, 1055, 1078.

Vor diesem Hintergrund erscheinen vor allem die Gesetze autonomer Gemeinschaften bedenklich, die unabhängig von dem Willen der Partner nach Ablauf einer gewissen Zeitspanne Rechtsfolgen an die Lebensgemeinschaft knüpfen. Insbesondere finanzielle Verpflichtungen nach Beendigung der Lebensgemeinschaft behindern deren freie Lösbarkeit und damit auch die freie Entfaltung der Persönlichkeit.[68] In diesem Zusammenhang wird seitens des spanischen Schrifttums der Ausdruck „*matrimonialización*" verwendet.[69] Verdichten sich die aufoktroyierten Rechte und Pflichten zu einer Statusbeziehung, steht sogar der Vorwurf einer „Zwangsehe" im Raum.[70]

III. Die Gestaltungsfreiheit des Gesetzgebers

Der verfassungsrechtliche Schutz nichtehelicher Lebensgemeinschaften durch Art. 39 Abs.1 CE erlaubt dem Gesetzgeber zum einen Differenzierungen zwischen den verschiedenen Formen des Zusammenlebens, gestattet ihm aber auch, die Rechtsbeziehungen zwischen Partnern einer nichtehelichen Lebensgemeinschaft einfachgesetzlich zu schützen.[71] Ebenso ist die klare Trennung zwischen den Schutzobjekten Ehe und Familie nicht rein formaler Natur. Die Abkoppelung des Begriffes der Familie von der Ehe eröffnet der Legislative einen weiten Spielraum zur Regelung nichtehelichen Zusammenlebens. Von besonderer Bedeutung ist dabei die Frage, ob es dem Gesetzgeber gestattet ist, Vorschriften in Anlehnung an die ehelichen Regelungen zu installieren.

Nach einer Auffassung bleibe es dem spanischen Gesetzgeber unbenommen, die nichteheliche Lebensgemeinschaft an die Ehe anzugleichen;[72] sogar ein umfassender Status - allerdings mit substanziell geringerem Inhalt als er der Ehe zukommt - sei zulässig.[73] Eine Grenze bildet insoweit der Respekt vor der Eheschließungsfreiheit, der eine gesetzliche Anerkennung nichtehelichen Zusammenlebens als Ehe zweiten Grades verbietet.[74] Beispielsweise wird dem Gesetzgeber aber weitgehende Gestaltungsfreiheit bei der Normierung der Sozialversicherung zuerkannt. Insbesondere könne er für den überlebenden Partner einer nichtehelichen Lebensgemeinschaft eine Hinterbliebenenrente vorsehen bzw. die für Ehegatten vorhandene Regelung ausdehnen.[75]

---

[68] *Gavidia Sánchez*, RJN 1999-IV, 199, 234 ff.; konzilianter in: AC 2001, 605, 614 ff.; *Cantero Núñez*, in: Garrido de Palma, Instituciones de derecho privado IV, S. 269, 427.

[69] *Gavidia Sánchez*, AC 2001, 605, 614 ff.; vgl. auch *de Amunátegui Rodríguez*, Uniones de hecho, II.2 m.w.N.

[70] *Camarero Suárez*, RGD 1999, 3552, 3564.

[71] *Gavidia Sánchez*, La unión libre, II.2, S. 52; *ders.*, RJN 1999-IV, 199, 221 ff.

[72] *Martín Casals*, ADC 1995, 1709, 1714; *Gavidia Sánchez*, La unión libre, II.3, S. 67.

[73] *Gavidia Sánchez*, RJN 1999-IV, 199, 228 ff.

[74] *Martín Casals*, ADC 1995, 1709, 1800.

[75] TC Urteil v. 15. Nov. 1990 RTC 184/1990 RG 3.

Eine andere Ansicht beurteilt die Zulässigkeit einer einfachgesetzlichen Erstreckung von Ehewirkungen danach, ob es sich um Vorschriften handelt, welche den Kernbereich des Eherechts bilden. Sofern Anknüpfungspunkt einer Vorschrift die Familie bzw. das Zusammenleben eines Mannes und einer Frau als Lebensgemeinschaft sei, stehe das persönliche affektive Verhältnis der Lebensgefährten im Vordergrund, so dass der Kernbereich nicht tangiert sei. Hingegen umfasse der Kernbereich Unterhaltsansprüche, die Normen über das eheliche Güterrecht sowie Versorgungsansprüche aufgrund von Trennung oder Scheidung. Da darin die zwischen Ehegatten bestehende besondere Rechts- und Pflichtengemeinschaft aufgrund der formal-rechtlichen Qualität der Beziehung zum Ausdruck komme, sei eine einfachgesetzliche Erstreckung solcher Ehewirkungen verfassungswidrig.[76]

[76] *Pantaleón Prieto*, in: Martinell/Areces Piñol, uniones de hecho, S. 67, 74; diesem folgend: *Rodríguez Martínez*, La legislación autonómica sobre uniones de hecho, S. 86 f.

§ 3 Begründung und Beendigung der nichtehelichen Lebensgemeinschaft

Entscheidend für eine Normierung nichtehelichen Zusammenlebens ist die Festlegung, unter Erfüllung welcher Bedingungen eine nichteheliche Lebensgemeinschaft begründet bzw. beendet werden kann. Mit der Definition schließen die Gesetzgeber sonstige Formen des Zusammenlebens aus dem Anwendungsbereich der Gesetze aus. Als Folge ergeben sich gesetzlich anerkannte nichteheliche Lebensgemeinschaften sowie außerhalb der Gesetze stehende „freie Lebensgemeinschaften".

I. Voraussetzungen zur Begründung der Lebensgemeinschaft

Die Gesetze der autonomen Regionen definieren die nichteheliche Lebensgemeinschaft überwiegend nach dem Vorbild der Ehe; einzig das Erfordernis der Verschiedengeschlechtlichkeit ist bewusst aufgegeben worden, um den Anwendungsbereich auf homosexuelle Lebensgemeinschaften zu erweitern. Nur das katalanische Gesetz trennt zwischen beiden Lebensformen, in dem es in dem ersten Kapitel heterosexuelle Partnerschaften und erst im zweiten Kapitel homosexuelle Lebensgemeinschaften behandelt.

1. Eheähnlichkeit des Zusammenlebens

Eine Grundentscheidung, den Anwendungsbereich der Gesetze über nichteheliche Lebensgemeinschaften betreffend, wird durch die Voraussetzung des eheähnlichen Zusammenlebens getroffen. So verlangen die Gesetze der autonomen Gebietskörperschaften überwiegend eine Beziehung mit einer eheähnlichen Affektivität bzw. dass die Partner eheähnlich zusammengelebt haben.[77] Dabei ist das Zusammenleben unter einem Dach konstituierendes Merkmal einer solchen nichtehelichen Lebensgemeinschaft.[78] Zwar fehlt eine entsprechende Voraussetzung im baskischen Gesetz, jedoch dürfte es sich insoweit um ein Versehen des Gesetzgebers handeln; folglich kann auch dort eine Eintragung nur vorgenommen werden, wenn die Partner - zumindest zukünftig - räumlich zusammenleben.[79] Um von einer eheähnlichen Affektivität sprechen zu können, bedarf es aber weiterer Voraussetzungen. Die Partner müssen ein gemeinsames Leben

---

[77] „...una relación de afectividad análoga a la conyugal...", Art. 1 LPENC; Art. 1 Abs.1 LPE; Art. 2 Abs.1 LFIJPE; „...hayan convivido maritalmente...", Art. 1 Abs.1 LUEP.

[78] *Lacruz Berdejo*, Convivencia „more uxorio": Estipulaciones y presunciones, in: Centenario del Código Civil, Tomo I, S. 1061, 1067; *de Amunátegui Rodríguez*, Uniones de hecho, III 3.1 A.

[79] Vgl. Art. 10 Abs.1 lit. g) sowie Art. 19 Abs.2 reglamento del registro de parejas de hecho de la Comunidad Autónoma del País Vasco, in: ANEXO al Decreto 124/2004, der nur in der Einzahl vom Wohnsitz des Paares spricht.

führen, was sowohl eine intime Beziehung wie auch ein wirtschaftliches Einstehen füreinander voraussetzt.[80]

Die meisten Gesetze verlangen darüber hinaus ausdrücklich eine Lebensgemeinschaft zwischen zwei Personen, so dass polygame Verbindungen keine so verstandenen nichtehelichen Lebensgemeinschaften sein können.[81] Zudem legt das Definitionsmerkmal des eheähnlichen Zusammenlebens die Folgerung einer gewissen Offenkundigkeit der Lebensgemeinschaft nahe.[82] Daher verlangt auch die Rechtsprechung, dass das Zusammenleben in einer öffentlichen und offenkundigen Weise erfolgen muss.[83]

2. Festigkeit der affektiven Beziehung

In Anlehnung an die Ehe soll das nichteheliche Zusammenleben nur dann Rechtsfolgen zeitigen, wenn die Gemeinschaft hinreichend gefestigt ist. Nur in gefestigten Partnerschaften ist das Vertrauen auf den Fortbestand der Lebensgemeinschaft schutzwürdig, so dass die Anknüpfung von Rechtsfolgen gerechtfertigt erscheint. Den Gesetzen der autonomen Gebietskörperschaften liegen jedoch verschiedene Konzeptionen zugrunde, in welchen Fällen von einer gefestigten Partnerschaft auszugehen ist; zum einen ein formales Modell, welches eine ausdrückliche Willensbekundung der Partner voraussetzt, zum anderen ein faktisches Modell, welches an das tatsächliche Zusammenleben Rechtsfolgen knüpft.

1. Eine erste Gruppe verlangt eine Eintragung der Lebenspartnerschaft in ein Partnerschaftsregister als Anwendungsvoraussetzung; die Eintragung hat damit konstitutive Wirkung und führt zu einer formalisierten Verbindung zwischen den Partnern.[84] Zusätzlich bedarf es nur eines Zusammenlebens mit eheähnlicher Affektivität. Weitgehend ungeklärt ist aber, ob die Gesetzgeber der autonomen Gebietskörperschaften zu einer solchen Regelung berechtigt sind, da Art. 149 Abs.1 Nr.8 CE die Ordnung der Register dem Gesamtstaat vorbehält.[85]

2. Überwiegend jedoch kombinieren die Gesetze der autonomen Regionen die Konzepte zur Begründung einer nichtehelichen Lebensgemeinschaft. Formal kann die Lebensgemeinschaft durch öffentliche Urkunde („*escritura pública*") begründet werden; zum anderen wird nach Ablauf einer Mindestfrist von einer beständigen Partnerschaft ausgegangen.

---

[80] *De Amunátegui Rodríguez*, Uniones de hecho, III 3.1 A; *Talavera Fernández*, La unión de hecho, Cap. II, IV 3; *Mesa Marrero*, Las uniones de hecho, I 4.3 B, C.

[81] Art. 1 Abs.1 LPE; Art. 2 Abs.1 LRPH; Art. 1 Abs.1 S.1 LUEP; Art. 2 Abs.1 LFIJPE.

[82] So ausdrücklich: Art. 1 Abs.1 LPE; Art. 2 Abs.1 LFIJPE.

[83] TS Urteil v. 17. Juni 2003 RJ 2003, 4605 RG 2; Urteil v. 18. Mai 1992 RJ 1992, 4907 RG 4; ebenso: *De Amunátegui Rodríguez*, Uniones de hecho, III 3.1 A.

[84] Art. 1 Abs.2 LPE, vgl. auch AP Les Illes Balears AC 2002 @280; Art. 3 Abs.1 LRPH; zur verfassungsrechtlichen Problematik der Register vgl. die Nachweise in Fn 8 und 9.

[85] S. oben 2. Teil § 1.II.

a) Diese Mindestfristen dienen als Indikator für die Festigung und Ernsthaftigkeit des Zusammenlebens.[86] Unterschiede ergeben sich jedoch hinsichtlich der erforderlichen Zeitspanne. Während in Navarra bereits ein einjähriges Zusammenleben als ausreichend erachtet wird,[87] verlangen die Gesetze von Aragón und Katalonien ein mindestens zweijähriges Zusammenleben.[88] Sofern ein Partner oder beide noch anderweitig verheiratet sind, wird der Zeitraum eines nichtehelichen Zusammenlebens bis zur Auflösung der Ehe in den Mindestzeitraum miteingerechnet.[89] Zusätzliches Merkmal für die Begründung der Lebensgemeinschaft durch Zeitablauf ist, dass das Zusammenleben ununterbrochen erfolgt. Nicht entgegen steht diesem Erfordernis, wenn die Partner sich aus Gründen der Erwerbstätigkeit an verschiedenen Wohnorten aufhalten (vgl. Art. 87 Abs.2 CC).[90] Jedoch darf die räumliche Trennung nur vorübergehender Art sein, so dass noch von einem effektiven Zusammenleben gesprochen werden kann. Der bloße Wille zur Dauerhaftigkeit *und* ein *„affectio maritalis"* sind nämlich für die Bildung einer nichtehelichen Lebensgemeinschaft nicht ausreichend.[91]

In einigen Gesetzen erfährt das Zeiterfordernis aber eine wichtige Einschränkung. Der Ablauf der Frist ist in Katalonien (Art. 1 Abs.2) und Navarra (Art. 2 Abs.2) dann nicht notwendig, wenn die Partner gemeinsame Kinder haben.[92] Die Gesetzgeber erkennen damit an, dass mit der Zeugung gemeinsamen Nachwuchses dem Willen zu Dauerhaftigkeit und Festigkeit der Partnerschaft hinreichend Nachdruck verliehen wurde.

b) Nach Art. 1 Abs.1 LUEP, Art. 3 Abs.1 LPENC und Art. 2 Abs.2 LFIJPE können die Partner alternativ die Anwendung der Gesetze auf ihre Partnerschaft erreichen, indem sie ihren Willen, eine nichteheliche Lebensgemeinschaft zu bilden, in einer öffentlichen Urkunde vor einem Notar kundtun.[93] In diesem Fall verzichten die Gesetze auf das Erfordernis einer Mindestfrist für das Zusammenleben.[94] Auf den ersten Blick erscheint diese Möglichkeit umständlich, da sich

---

[86] *Estrada Alonso*, Las uniones extramatrimoniales, Cap. III, II.5; *López Burniol*, RJC 1999, 641, 659; *de Amunátegui Rodríguez*, Uniones de hecho, III 3.1 A; *Mesa Marrero*, Las uniones de hecho, I 4.2.1 C; *Llebaría Samper*, La Notaría 1998, núm. 10, 57, 93; vgl. auch AP Zaragoza Urteil v. 7. März 2002 JUR 2002\118695.

[87] Art. 2 Abs.2 S.1 LFIJPE.

[88] Art. 3 Abs.1 LPENC; Art. 1 Abs.1 S.1 LUEP.

[89] Art. 1 Abs.3 LUEP; Art. 2 Abs.2 S.2 LFIJPE; krit. zu dieser Vorschrift: *Martín Casals*, DPC 1998, 143, 166 f.; *Hernández Ibáñez*, AC 1999, 583, 591.

[90] So auch: *De Amunátegui Rodríguez*, Uniones de hecho, III 3.1 A; *Martín Casals*, DPC 1998, 143, 166; a.A. *Garrido Melero*, La Notaría 1998, núm. 7, 35, 67.

[91] *Garrido Melero*, La Notaría 1998, núm. 7, 35, 67.

[92] Vorbild für diesen Ausnahmetatbestand sind die Regelungen Lateinamerikas, insbesondere Mexikos, vgl. zu letzteren *Prinz von Sachsen Gessaphe*, Das Konkubinat in den mexikanischen Zivilrechtsordnungen, S. 19 f.

[93] Zum Verfahren: *Garrido Melero*, La Notaría 1998, núm. 7, 35, 70 f.

[94] A.A. entgegen des Wortlautes: *Llebaría Samper*, La Notaría 1998, núm. 10, 57, 93.

die Rechtsfolgen mit einer Eintragung in ein Partnerschaftsregister einfacher erreichen ließen. Vor dem Hintergrund des Art. 149 Abs.1 Nr.8 CE erkennen diese Gesetzgeber der autonomen Gebietskörperschaften damit ihre mangelnde Gesetzgebungskompetenz an.

3. Mindestalter und Partnerschaftshindernisse

Hinsichtlich des vorgeschriebenen Mindestalters differieren die Gesetze. Die Mehrzahl der Gesetze der autonomen Gebietskörperschaften erlauben neben Volljährigen auch dem emanzipierten Minderjährigen („*menor emancipado*")[95], eine den Gesetzen unterstellte nichteheliche Lebensgemeinschaft einzugehen.[96] Hingegen verlangt Art. 1 Abs.1 LUEP zur Begründung einer nichtehelichen Lebensgemeinschaft die Volljährigkeit beider Partner. Da im Umkehrschluss aus Art. 46 Nr.1 CC folgt, dass emanzipierte Minderjährige sogar die Ehe schließen können, wird vereinzelt eine Ausweitung des Anwendungsbereiches entgegen dessen Wortlaut gefordert.[97] Zwar müssen ebenfalls nach Art. 1 LPENC beide Partner volljährig sein, doch wird die Problematik durch eine Besonderheit des aragonischen Familienrechts entschärft: Art. 5 Compilación de Aragón erlaubt dem minderjährigen Aragonier bereits ab einem Alter von 14 Jahren, unter Mithilfe eines Elternteils oder des Familienrates („*Junta de Parientes*")[98] allein jedwede Handlungen vorzunehmen oder Verträge abzuschließen.[99]

Die Partnerschaftshindernisse sind weitgehend den Ehehindernissen nachgebildet. Die Gesetze der autonomen Regionen anerkennen nur solche Partnerschaften als nichteheliche Lebensgemeinschaften, die ausschließlich geführt werden; keiner der Partner darf anderweitig verheiratet sein oder eine gefestigte

---

[95] Die Rechtsfigur der Emanzipation stellt einen eigenständigen Zivilstand dar, der in den Art. 314 ff. CC kodifiziert ist. Der Status der Emanzipation setzt voraus, dass der Minderjährige das sechzehnte Lebensjahr vollendet hat. Er kann durch Bewilligung des gesetzlichen Vertreters oder eines Richters, durch Eheschließung sowie stillschweigend durch faktische unabhängige Lebensführung erreicht werden. Art. 323 CC ermächtigt den emanzipierten Minderjährigen, seine Person und seine Güter so zu regieren, als wäre er volljährig; er kann rechtswirksame Willenserklärungen abgeben und damit selbst rechtsgeschäftlich tätig werden. Jedoch unterliegt er Einschränkungen im vermögensrechtlichen Bereich (z.B. kann er nicht ohne Zustimmung der Eltern oder des Vormunds ein Darlehen aufnehmen oder Immobilien, Unternehmen oder Objekte besonderen Wertes verkaufen oder belasten).

[96] Art. 2 Abs.1 S.1 LPE; Art. 2 Abs.1 S.1 LRPH; Art. 2 Abs.1 LFIJPE.

[97] *López Burniol*, RJC 1999, 641, 660; dagegen: *Garrido Melero*, La Notaría 1998, núm. 7, 35, 75; *Martín Casals*, DPC 1998, 143, 161; *Hernández Ibáñez*, AC 1999, 583, 587 f.

[98] Vgl. Art. 20-22 Compilación de Aragón.

[99] Vgl. die Kommentierung Albaladejo/Díaz Alabart/*Merino Hernández*, Art. 5 Compilación de Aragón.

Lebensgemeinschaft mit einer anderen Person führen.[100] Allein auf das Kriterium der Verschiedengeschlechtlichkeit wurde bewusst verzichtet, um den Anwendungsbereich auf homosexuelle gefestigte Partnerschaften zu erweitern.

Auch die Verwandtschaft zwischen den Lebensgefährten stellt ein Partnerschaftshindernis dar. Die Verbote erstrecken sich auf Verwandte in gerader Linie oder durch Adoption sowie Blutsverwandte in Nebenlinie. Das katalanische Gesetz verweist auf die gesamtstaatlichen Ehehindernisse, die Eheverbote u.a. für Blutsverwandte in Nebenlinie bis zum dritten Grad vorsehen (Art. 47 Nr. 1 und 2 CC). Eine ebensolche Regelung findet sich in den Gesetzen der Balearen. Hingegen erstreckt sich das Partnerschaftshindernis der Verwandtschaft in Seitenlinien in Navarra, Aragón und dem Baskenland nur auf Verwandte bis zum zweiten Grad.

4. Zusammenfassung

Eine nichteheliche Lebensgemeinschaft kann demnach zum einen dann bestehen, wenn zwei Personen freiwillig, öffentlich und offenkundig in einer mehrjährigen Beziehung mit eheähnlicher Affektivität zusammengelebt haben. Unabhängig von der Dauer des bisherigen Zusammenlebens gilt die Partnerschaft auch dann als nichteheliche Lebensgemeinschaft, wenn die Partner gemeinschaftliche Kinder haben oder ihren Willen zur Begründung der Lebensgemeinschaft förmlich erklärt haben. Sehen die Gesetze zum anderen ein rein formales Modell der nichtehelichen Lebensgemeinschaft vor, bedarf es zur Begründung einer konstitutiven Eintragung in das Partnerschaftsregister der autonomen Region. Im Umkehrschluss besteht eine „freie Lebensgemeinschaft" häufig deshalb, weil ein oder beide Partner noch anderweitig verheiratet sind, eine konstitutive Eintragung abgelehnt wurde und/oder die erforderliche Mindestfrist noch nicht verstrichen ist.

II. Nachweis der Lebensgemeinschaft

Der Inhalt des Nachweises richtet sich danach, ob eine Eintragung erfolgt ist, eine öffentliche Urkunde existiert oder die Vorschriften über die nichteheliche Lebensgemeinschaft durch Ablauf der Mindestfrist Anwendung finden.

Sofern die Partner ihren Willen zur Begründung der Lebensgemeinschaft in einer öffentlichen Urkunde erklärt haben, genügt diese als Beleg (vgl. Art. 1218 CC).[101] Ob der Eintrag in ein Partnerschaftsregister einer Gemeinde oder autonomen Region als Beweismittel genügt, steht zu bezweifeln. Im Gegensatz zum Personenstandsregister entfalten diese Register keinen öffentlichen Glauben, so

---

[100] Art. 4 lit. a, d LPENC; Art. 2 Abs.1 lit. a, d LPE; Art. 2 Abs.1 S.2 LRPH; Art. 2 Abs.1 LFIJPE; letzteres Hindernis scheint der katalanische Gesetzgeber vergessen zu haben, dazu ausführlich *Martín Casals*, DPC 1998, 143, 162 f.

[101] Im Umkehrschluss: Art. 3 Abs.2 LPENC; Art. 2 LUEP; Art. 3 LFIJPE.

dass sie allenfalls eine Beweiserleichterung bewirken können.[102] In beiden Fällen einer willentlichen Begründung der Lebensgemeinschaft lässt der Wortlaut der Gesetzestexte zwar vermuten, dass zur Begründung der Lebensgemeinschaft die bloße Willensbekundung der Partner ausreichend ist; jedoch wird in der Praxis zumindest das Nichtvorhandensein von Partnerschaftshindernissen belegt werden müssen.[103]

Ebenso entlastet die Anordnung von Mindestfristen nicht vom Nachweis der Festigung der Partnerschaft; insbesondere bereitet die Bestimmung des für die Berechnung der Fristen wichtigen Beginns der Lebensgemeinschaft Schwierigkeiten. Zum Nachweis muss daher hinsichtlich der einzelnen Definitionsmerkmale Beweis geführt werden. Die Gesetze der autonomen Gebietskörperschaften verweisen bezüglich der Beweisführung auf die Gesamtrechtsordnung, indem sie jedes „zugelassene und ausreichende Beweismittel" gestatten.[104]

III. Beendigung der Lebensgemeinschaft

Bei der Auflösung der Lebensgemeinschaft gilt es, den gegenüber Dritten begründeten Rechtsschein wieder aufzuheben. Insbesondere bei einer förmlichen Begründung der Lebensgemeinschaft bedarf es eines Aufhebungsaktes.

1. Beendigungstatbestände

Entsprechend den beiden Konzepten zur Begründung der Lebensgemeinschaft kann auch die Beendigung durch Willensakt oder durch einen faktischen Tatbestand erfolgen; einer Auflösung durch Urteil, wie bei der Ehe, bedarf es nicht.

1. Anders als eine Ehe kann die nichteheliche Lebensgemeinschaft durch Einvernehmen der Partner erlöschen.[105] Dabei kann der gemeinschaftliche Entschluss sowohl das Ende der affektiven Beziehung wie auch die Aufgabe des Zusammenlebens beinhalten.

2. Erfolgt die Beendigung hingegen durch einseitige Entscheidung, ist diese dem Lebensgefährten glaubwürdig bekannt zu geben.[106] Von Seiten der Literatur wird bemängelt, dass die Gesetze nicht präzisieren, welche Form eine Mittei-

---

[102] Vgl. *Hernández Ibáñez*, AC 1999, 583, 589; *Martín Casals*, DPC 1998, 143, 171.

[103] *Martín Casals*, DPC 1998, 143, 169; *Garrido Melero*, La Notaría 1998, núm. 7, 35, 71.

[104] Art. 2 LUEP; Art. 3 LFIJPE; Art. 3 Abs.2 LPENC, der daneben insbesondere die Offenkundigkeitsurkunde („acta de notoriedad") und die gerichtliche Urkunde („documento judicial") nennt; eine Aufzählung der zugelassenen Beweismittel enthält Art. 299 LEC, z.B. Parteienvernehmung, öffentliche Urkunden, Privaturkunden, Sachverständigengutachten, Zeugenvernehmung.

[105] Art. 6 Abs.1 lit. b LPENC; Art. 8 Abs.1 lit. a LPE; Art. 18 lit. a LRPH; Art. 12 Abs.1 lit. a LUEP; Art. 4 Abs.1 lit. c LFIJPE.

[106] Art. 6 Abs.1 lit. c, Abs.2 LPENC; Art. 8 Abs.1 lit. b LPE; Art. 18 lit. b LRPH; Art. 12 Abs.1 lit. b LUEP; Art. 4 Abs.1 lit. d LFIJPE.

lung aufweisen muss, um als glaubwürdig zu gelten. Überwiegend wird eine einseitige Beendigung nur mittels notarieller Widerrufsurkunde für möglich gehalten.[107] Dagegen spricht jedoch, dass in Katalonien ein Vorschlag der Gruppe Partido Popular, welcher die Erklärung in notarieller Form vorsah, im Gesetzgebungsverfahren nicht berücksichtigt wurde. Sofern es im Verlaufe der Abwicklung der Lebensgemeinschaft zu einem Gerichtsverfahren kommt, genügt der Rechtsprechung bereits die gerichtliche Ladung des Beklagten als hinreichende Bekanntmachung des Beendigungswillens.[108]

3. Um „faktische Bigamien" zu vermeiden, erlischt die Lebensgemeinschaft durch Eheschließung. Zwar bestimmen die meisten Gesetze eine Auflösung der Lebensgemeinschaft nur aufgrund Eheschließung eines Lebensgefährten;[109] jedoch ist die Vorschrift auch anzuwenden, wenn beide Partner miteinander die Ehe eingehen.[110] Vor dem Hintergrund, dass viele nichteheliche Lebensgemeinschaften zunächst als Ehen auf Probe geführt und anschließend in Ehen überführt werden, dürfte dies sogar der häufigere Anwendungsfall sein.

4. Zusätzlich kann die Lebensgemeinschaft in Navarra durch weitere Gründe beendet werden, sofern deren Voraussetzungen durch die Partner in öffentlicher Urkunde erklärt wurden (Art. 4 Abs.1 lit. f. LFIJPE).

5. Ähnlich wie eine Ehe nicht durch ein Getrenntleben beendet werden kann, erlischt die nichteheliche Lebensgemeinschaft nicht durch eine bloße Trennung; die Trennung ist lediglich Grund für die spätere Beendigung. Die Lebensgemeinschaft gilt erst dann als beendet, wenn die Lebensgefährten bereits ein Jahr getrennt sind.[111] Diese Voraussetzung korrespondiert zu dem Umstand, dass die meisten Gesetze der autonomen Regionen erst nach Ablauf einer Mindestfrist eine Partnerschaft als stabile Lebensgemeinschaft im Sinne der Gesetze anerkennen. Daher überrascht es, dass nach dem Gesetz der Balearen, trotz konstitutiver Eintragung in ein Partnerschaftsregister, die Lebensgemeinschaft erst nach Ablauf der entsprechenden Frist durch den faktischen Tatbestand der Trennung erlischt (Art. 8 Abs.1 lit. c LPE).

Zweifelhaft erscheint allerdings, welche Intention die Gesetzgeber der autonomen Gebietskörperschaften mit der Unterscheidung zwischen willentlichen und faktischen Trennungen verfolgen. Auswirkungen zeitigt diese Unterschei-

---

[107] *Garrido Melero*, La Notaría 1998, núm. 7, 35, 83 ff.; *Badenas Carpio*, AC 2002, 965, 974; *Martínez-Piñeiro Caramés*, La Notaría 1999, núm. 10, 51, 59; *ders.*, RJN 2000-III, 77, 88; a.A. *Merino Hernández*, in: Albaladejo/Díaz Alabart, Art. 6 Ley de parejas estables no casadas I., der nicht einmal die notarielle Form für ausreichend erachtet.

[108] AP Barcelona Urteil v. 9. März 2000 AC 2000 @797.

[109] Art. 6 Abs.1 lit. e LPENC; Art. 8 Abs.1 lit. d LPE; Art. 12 Abs.1 lit. e LUEP; Art. 4 Abs.1 lit. b LFIJPE.

[110] So auch: *Badenas Carpio*, AC 2002, 965, 974; ebenso Art. 18 lit. d LRPH.

[111] Art. 6 Abs.1 lit. d LPENC; Art. 8 Abs.1 lit. c LPE; Art. 12 Abs.1 lit. d LUEP; Art. 4 Abs.1 lit. e LFIJPE.

dung auf die Frage, in welchen Fällen eine faktische Trennung vorliegt. Verlangen die Gesetze das Fehlen eines *„animus"* oder genügt bereits eine Trennung *„corporis"*? Der Beendigungstatbestand der faktischen Trennung weist deutliche Ähnlichkeiten zu der entsprechenden Regelung im Eherecht auf. Diese Affinität legt den Schluss nahe, die Gesetzgeber der autonomen Gebietskörperschaften wollten auf Art. 87 CC Bezug nehmen, so dass zur Auslegung darauf zurückgegriffen werden kann.[112] Das Erfordernis eines *„animus separationis"* schränkt den Anwendungsbereich des Beendigungstatbestandes jedoch erheblich ein. Für einvernehmliche Trennungen wie auch einseitige Trennungen, die dem Lebensgefährten glaubwürdig bekannt gegeben wurden, sehen die Gesetze bereits anderweitige Beendigungstatbestände vor.[113] Übrig blieben nur einseitige Trennungen, die dem anderen nicht in hinreichender Weise bekannt gegeben wurden; dem Beendigungstatbestand in Folge faktischer Trennung käme damit nur eine Auffangfunktion zu. Art. 87 CC kann deshalb nur eingeschränkt zur Auslegung herangezogen werden.

Die Frage, wann eine faktische Auflösung der Lebensgemeinschaft vorliegt, sollte ausgehend von den für die Bildung einer nichtehelichen Lebensgemeinschaft konstituierenden Merkmalen beantwortet werden. Entscheidendes Merkmal für den Nachweis einer Lebensgemeinschaft ist das Zusammenleben unter einem Dach. Entsprechend liegt eine faktische Trennung vor, wenn einer der Partner die gemeinsame Wohnung verlässt.[114] Ein nur kurzzeitiges vorübergehendes Getrenntleben aus den in Art. 87 Abs.2 CC genannten Gründen führt aber nicht zu einer faktischen Trennung, wenn die Affektivitätsbeziehung und die Stabilität der Lebensgemeinschaft dadurch nicht gefährdet erscheinen.[115]

6. Die Lebensgemeinschaft erlischt zudem durch den Tod eines Partners sowie darüber hinaus, wenn ein Lebensgefährte für tot erklärt wird.[116] Zwar nennt das katalanische Gesetz die Todeserklärung nicht als Beendigungsgrund, dennoch ist diese gleichbedeutend als Beendigungstatbestand anzuerkennen.[117] Die strengen Voraussetzungen des Art. 193 CC für Todeserklärungen haben für nichteheliche Lebensgemeinschaften allerdings kaum praktische Auswirkungen,

---

[112] So denn auch: *Llebaría Samper*, La Notaría 1998, núm. 10, 57, 97; *Llaquet de Entrambasaguas*, REDCanónico 1999-I, 261, 269.

[113] S. die Nachweise in Fn 105 und 106.

[114] *Gavidia Sánchez*, AC 2001, 605, 610; *Garrido Melero*, La Notaría, 1998, núm. 10, 35, 82; diesem folgend: Albaladejo/Díaz Alabart/*Merino Hernández*, Art. 6 Ley de parejas estables no casadas I.

[115] So auch: *Badenas Carpio*, AC 2002, 965, 974; a.A. *Gavidia Sánchez*, AC 2001, 605, 610 [Fn 17], der solche Zeiten bereits auf die Trennungsfristen anrechnen will.

[116] Art. 6 Abs.1 lit. a LPENC; Art. 8 Abs.1 lit. e LPE; Art. 18 lit. c LRPH; Art. 12 Abs.1 lit. c LUEP; Art. 4 Abs.1 lit. a LFIJPE.

[117] *Garrido Melero*, La Notaría, 1998, núm. 10, 35, 82; *Martínez-Piñeiro Caramés*, La Notaría, 1999, núm. 10, 51, 59; *ders.*, RJN 2000-III, 77, 88.

da die Lebensgemeinschaft bereits nach einjährigem Getrenntleben aufgrund faktischer Trennung als beendet gilt.

2. Trennungsfolgen

Neben vermögensrechtlichen Wirkungen[118] zeitigt die Auflösung einer nichtehelichen Lebensgemeinschaft auch nicht vermögensrechtliche Folgen, welche insbesondere die formale Abwicklung der Lebensgemeinschaft betreffen.

1. Sofern die Lebensgemeinschaft in öffentlicher Urkunde erklärt wurde, sind beide Partner trotz Trennung verpflichtet, diese für unwirksam erklären zu lassen.[119] Kritik erfährt diese Regelung, da sie nur auf die öffentliche Urkunde Bezug nimmt, jedoch die anderen von den Gesetzen ebenfalls zugelassenen Nachweise über die Begründung der Lebensgemeinschaft außer Betracht lässt.[120] Im Falle einer (konstitutiven) Eintragung in ein Partnerschaftsregister müssen die Lebensgefährten auf deren Austragung hinwirken.

2. Die Auflösung der Lebensgemeinschaft beinhaltet darüber hinaus die automatische Aufhebung der Vollmachten, welche die Partner sich gegenseitig gewährt hatten;[121] davon erfasst werden General- sowie Sondervollmachten. Die Norm geht aus dem Gedanken hervor, dass die Erteilung jedweder Vollmacht auf einem Akt des Vertrauens beruht; die Auflösung der Lebensgemeinschaft hat aber regelmäßig auch den Bruch dieses Vertrauensverhältnisses zur Folge. Im Verhältnis zu Dritten gilt es dann vorrangig, die Rechtssicherheit zu gewährleisten. Zur Auslegung kann im Übrigen auf Art. 102 Abs.1 Nr.2 CC verwiesen werden, der eine ebensolche Regelung für Ehegatten anordnet.

Bemängelt wird seitens der Literatur, dass die Gesetze darüber hinaus keine Regelung enthalten, welche das Erlöschen weiterer Bewilligungen anordnet; insbesondere sei das Fehlen einer Vorschrift misslich, welche die Unwirksamkeit letztwilliger Verfügungen bei Auflösung der Lebensgemeinschaft bestimme.[122]

3. Die freie Lösbarkeit der Lebensgemeinschaft erfährt in einigen autonomen Gesetzen wichtige Einschränkungen. So belegen die Gesetze Kataloniens und Aragóns bei einem einseitigen „Abbruch" des Zusammenlebens beide Partner mit einer sechsmonatigen Sperrfrist, vor deren Ablauf keine neue gefestigte Partnerschaft mit einer anderen Person mittels öffentlicher Urkunde eingegangen werden kann.[123] Der Fristlauf beginnt mit dem Zeitpunkt, mit dem die öffentliche Urkunde für unwirksam erklärt wurde. Diese Regelungen sehen sich

[118] Dazu unten 2. Teil § 4.
[119] Art. 6 Abs.3 LPENC; Art. 8 Abs.2 LPE; Art. 12 Abs.2 LUEP; Art. 4 Abs.2 LFIJPE.
[120] *Hernández Ibáñez*, AC 1999, 583, 602.
[121] Art. 6 Abs.5 LPENC; Art. 8 Abs.3 LPE; Art. 12 Abs.3 LUEP; Art. 4 Abs.4 LFIJPE.
[122] Albaladejo/Díaz Alabart/*Merino Hernández*, Art. 6 Ley de parejas estables no casadas II.3.
[123] Art. 6 Abs.4 LPENC; Art. 17 Abs.1 LUEP.

jedoch der Kritik ausgesetzt; insbesondere sei nicht nachvollziehbar, warum sich die Sperrfrist nur auf die Begründung einer neuen Lebensgemeinschaft mittels öffentlicher Urkunde erstrecke.[124]

Ausgehend von der *ratio legis* der Vorschrift lassen sich die beschriebenen Beanstandungen abschwächen; sowohl durch die Sperrfrist als auch durch den verzögerten Fristlauf soll erreicht werden, dass der mit der öffentlichen Urkunde gesetzte Rechtsschein derweil aufgehoben ist. Ob es dazu eines solch drastischen Mittels wie einer Sperrfrist bedarf - immerhin besteht eine solche nicht einmal für Ehegatten -, ist vor allem mit Blick auf das Grundrecht der freien Entfaltung der Persönlichkeit (Art. 10 Abs.1 CE) äußerst zweifelhaft. In diesem Sinne beschränkt das Gesetz von Navarra die Eingehung einer neuen Lebensgemeinschaft nur, solange die Partner die Auflösung nicht mittels einem der Beendigungsgründe erzeugt haben (Art. 4 Abs.3). Ebenso lässt das baskische Gesetz eine neue Eintragung nicht zu, ohne dass die vorherige Lebensgemeinschaft gelöscht wurde (Art. 19 Abs.1 S.2).

---

[124] Für eine Ausweitung der Sperrfrist de lege ferenda: Albaladejo/Díaz Alabart/*Merino Hernández*, Art. 6 Ley de parejas estables no casadas II.2.

I. Grundsatz der Vermögenstrennung

Sofern keine vertragliche Vereinbarung getroffen wurde, ordnen die Gesetze der autonomen Gebietskörperschaften über nichteheliche Lebensgemeinschaften subsidiär eine Vermögenstrennung an. Mit der Bestimmung, dass jeder Partner sein Eigentum sowie die daraus gezogenen Früchte behält, ihm aber im Gegenzug die Verwaltung seiner Vermögenswerte obliegt,[125] kodifizieren die Gesetze der autonomen Gebietskörperschaften von Aragón, der Balearen und Katalonien die Gütertrennung als gesetzlichen Güterstand für die nichteheliche Lebensgemeinschaft.[126] Zwar legen die übrigen Gesetzgeber keinen gesetzlichen Güterstand fest, dennoch besteht eine deutliche Ähnlichkeit zu dem Güterstand der Gütertrennung, wie ihn Art. 1437 CC für Gesamtspanien, Art. 37 CF für Katalonien wie Art. 3 Abs.1 bzw. Art. 67 Abs.1 S.1 der Compilación der Balearen für Ehegatten vorsehen. So existiert in allen Lebensgemeinschaften gemeinschaftliches Vermögen sowie davon unabhängige Vorbehaltsgüter.[127] Darüber hinaus hat jeder Eigentum an den Wirtschaftsgütern, welche er im Verlauf der Lebensgemeinschaft angeschafft hat. Miteigentum entsteht im Umkehrschluss nur dann, wenn sich zumindest aus dem Verhalten der Partner ergibt, dass sie das Eigentum an dem Gegenstand gemeinschaftlich erwerben wollen. Besteht Miteigentum, findet eine Aufhebung der Gemeinschaft nach den allgemeinen Regeln der *„comunidad de bienes“* (Art. 400 ff. CC) statt. Hingegen kommt eine Verteilung der Güter nach Auflösung der Lebensgemeinschaft, wie im Falle der Ehe, nicht in Betracht. Sinn der Vermögenstrennung ist es nämlich, die wirtschaftliche Unabhängigkeit der Partner sicherzustellen.[128] Deren Bewahrung wiederum trägt dem Umstand der leichteren Lösbarkeit der nichtehelichen Lebensgemeinschaft Rechnung. Den autonomen Normen kommt daher nur eine klarstellende Funktion zu.[129]

II. Vermögensausgleich

Die Gesetze der autonomen Gebietskörperschaften sehen für den Fall der Aufhebung des Zusammenlebens einen doppelten Vermögensausgleich vor. Dieser wird zum einen als *„compensación económica“* (Finanzausgleich) in Form einer

---

[125] Art. 5 Abs.3 LPENC; Art. 5 Abs.4 LPE; Art. 3 Abs.2 LUEP.

[126] Albaladejo/Díaz Alabart/*Merino Hernández*, Art. 5 Ley de parejas estables no casadas IX.

[127] AP Tarragona Urteil v. 26. Feb. 2003 RJC 2003, 332, 334.

[128] *Badenas Carpio*, AC 2002, 965, 971.

[129] Zu der Frage, ob es einer solchen Klarstellung bedurfte, s. Albaladejo/Díaz Alabart/*Merino Hernández*, Art. 5 Ley de parejas estables no casadas IX.

Einmalzahlung sowie zum anderen als wiederkehrende Leistungen („*pensión periódica*") gewährt.

1. Vorrang vertraglicher Regelungen

Übereinstimmend sehen die Gesetzgeber der autonomen Gebietskörperschaften einen Vorrang vertraglicher Regelungen vor.[130] Zwar ist der Wortlaut des baskischen Gesetzes insofern irreführend, als Art. 6 LRPH bestimmt, dass bei Fehlen eines anderen ausdrücklichen Vertrages die Partner einer nichtehelichen Lebensgemeinschaft sich den dort im Folgenden vorgesehenen „*cláusulas generales*" (allgemeine Klauseln) anschließen können. Damit soll aber wohl nur klargestellt werden, dass die „*cláusulas generales*" keinen zwingenden Charakter haben.[131]

Die Vertragsfreiheit findet ihre Grenzen aber in zwingenden Normen. So ordnen die Gesetze an, die Lebensgemeinschaft dürfe weder zeitlich begrenzt noch unter einer Bedingung geschlossen werden.[132] Ebenso sind Verträge nichtig bzw. können nicht in das Register eingetragen werden, die gegen allgemeines Recht verstoßen (Art. 1255 CC).[133] Umstritten ist auch, ob nichteheliche Partner vertraglich einen ehelichen Güterrechtsstatus vereinbaren können.[134] Insbesondere jedoch geben die Gesetze der autonomen Gebietskörperschaften verschiedene Antworten auf die Frage, ob und unter welchen Voraussetzungen die im Folgenden zu behandelnden Ansprüche auf Vermögensausgleich abdingbar sind.

1. Nach den Gesetzen Kataloniens, Navarras und der Balearen haben die Vorschriften über den Vermögensausgleich grundsätzlich imperativen Charakter. Abdingbar sind sie erst ab dem Zeitpunkt, ab dem der Ausgleichsanspruch fällig wird, d.h. nach Beendigung des Zusammenlebens.[135] Die Zustimmung zu einem entsprechenden Vertrag kommt für den eigentlich anspruchsberechtigten Partner einem Verzicht gleich. Da Trennungen meist mit erheblichen Zerwürfnissen verbunden sind, wird ein solcher Verzicht in der Praxis ein Ausnahmefall bleiben.

2. Hingegen enthalten die Gesetze Aragóns und des Baskenlandes keine ausdrückliche Vorschrift, welche den zwingenden Charakter der Kompensationsnormen anordnet. Art. 5 Abs.1 LPENC gesteht den Partnern Vertragsfreiheit zu, vorausgesetzt sie verletzen nicht die Rechte und die Würde der Vertragsschlie-

---

130 Art. 5 LPENC; Art. 4, 5 LPE; Art. 5, 6 LRPH; Art. 3 LUEP; Art. 5 LFIJPE.

131 So auch: *Sánchez González*, La extinción del derecho a la pensión compensatoria, S. 213 f.; ausführlich: *De Amunátegui Rodríguez*, RDP 2004, 527, 540 [Fn 28].

132 Art. 5 Abs.2 LPENC; Art. 4 Abs.2 S.1 LPE; Art. 5 Abs.2 S.1 LRPH; Art. 4 Abs.2 LFIJPE.

133 So ausdrücklich auch: Art. 5 Abs.1 LPENC; Art. 4 Abs.2 S.2 LPE; Art. 5 Abs.2 S.2 LRPH.

134 Ausführlich: *Mesa Marrero*, Las uniones de hecho, III 1.2.1 m.w.N.; vgl. auch TS Urteil v. 18. Mai 1992 RJ 1992, 4907.

135 Art. 4 Abs.1 S.2 LPE; Art. 3 Abs.1 S.2 LUEP; Art. 5 Abs.1 S.2 LFIJPE.

ßenden und stehen nicht im Widerspruch zu zwingend anwendbaren Normen des aragonischen Rechts. Ob eine Vertragsklausel, welche Ausgleichsansprüche bereits vor ihrem Entstehen ausschließt, sich im Einklang mit den zwingend anwendbaren Normen des aragonischen Rechts befindet, wird jedoch bezweifelt.[136] Nach anderer Ansicht sind diese Rechte dispositiver Natur, da Art. 5 lediglich eine Ausprägung des aragonischen Foralgrundsatzes des *„standum est chartae"* (Grundsatz der Vertragsfreiheit) sei.[137]

2. Finanzausgleich (*„compensación económica"*)

Auch hinsichtlich des Anspruchs auf einen Finanzausgleich nimmt das katalanische Gesetz eine Vorbildfunktion ein; die übrigen autonomen Gemeinschaften haben damit ein Ausgleichsinstrument übernommen, welches ihnen bislang weithin unbekannt war.[138] Die Regelungen des katalanischen Gesetzes basieren auf dem Gedanken, eine ungerechtfertigte Bereicherung auszugleichen, welche für die Vergangenheit infolge der Vermögenstrennung entstanden sein kann;[139] darin spiegelt sich der in Katalonien für eheliche Lebensgemeinschaften bestehende gesetzliche Güterstand der Gütertrennung wider (Art. 10 Abs.2 CF). In autonomen Gemeinschaften, welche als gesetzlichen Güterstand für die Ehe eine der Gütergemeinschaft vergleichbare Regelung vorsehen,[140] erscheint ein solcher Finanzausgleich hingegen als Fremdkörper.

a) Ausgleich aufgrund Haushaltsführung und Arbeit für den anderen Partner

Da sich die Vermögenstrennung insbesondere auswirkt, wenn ein Partner auf eine auswärtige Berufsausübung verzichtet hat, um sich Haushalt und Familie zu widmen oder für den anderen Partner zu arbeiten, sehen die Gesetze der autonomen Gebietskörperschaften für solche Vermögensungleichgewichte einen Ausgleich vor.[141] Voraussetzung hierfür ist, dass der Anspruchsberechtigte ohne Entlohnung oder nur gegen unzureichendes Entgelt für den gemeinsamen Haushalt oder den anderen Partner gearbeitet hat, wodurch eine Vermögensungleichheit entstanden ist, welche eine ungerechtfertigte Bereicherung mit sich bringt.

---

[136] So: *Gavidia Sánchez*, RJN 1999-IV, 199, 242 f.

[137] *López Azcona*, Parejas de Hecho, 3.2.3.3.1.

[138] Albaladejo/Díaz Alabart/*Merino Hernández*, Art. 7 Ley de parejas estables no casadas I.

[139] *López Burniol*, RJC 1999, 641, 667; *Bachs Estany*, in: Ortuño Muñoz (dir.), Las uniones estables de pareja, S. 165, 175; a.A. *Roca Trías*, RJC 1999, 9, 29 f.; *López Azcona*, Parejas de Hecho, 3.2.3.3.2.

[140] So Aragón: "consorcio conyugal", Art. 11 Abs.2 Ley 2/2003, de 12 de febrero, de régimen económico matrimonial y viudedad; Baskenland: "comunicación foral de bienes", Art. 94 LDCF.

[141] Art. 7 Abs.1 lit. b LPENC; Art. 9 Abs.2 lit. b LPE; Art. 6 Abs.2 lit. b LRPH; Art. 13 LUEP; Art. 5 Abs.5 LFIJPE.

Eine Arbeit für den anderen Partner kann sowohl eine Mitarbeit im Familienbetrieb wie auch im Geschäft des Lebensgefährten sein.[142] Ein Vermögensungleichgewicht liegt immer dann vor, wenn einer der Partner während bestehender Lebensgemeinschaft mehr Vermögenswerte erworben hat als der andere.[143]

Schwierigkeiten bereitet aber die Feststellung, in welchen Fällen eine Bereicherung ungerechtfertigt ist, so dass sie einen Eingriff in das Vermögen des anderen Partners rechtfertigen kann. Da bisher nur wenige Urteile auf der Grundlage der Gesetze der autonomen Gebietskörperschaften ergangen sind, soll zunächst untersucht werden, ob sich zur Bestimmung der ungerechtfertigten Bereicherung die Ausgleichsregelungen für eheliche Lebensgemeinschaften mit Gütertrennung sowie das allgemeine Prinzip der ungerechtfertigten Bereicherung heranziehen lassen.

aa) Auslegungskriterien

Inhaltlich weisen die Ausgleichsnormen eine deutliche Ähnlichkeit zu den Ausgleichsansprüchen für Hausarbeit in Ehen mit Gütertrennung auf.[144] Art. 1438 S.3 CC sowie speziell Art. 41 Abs.3 CF sehen ebenfalls einen Anspruch auf Vermögensausgleich aufgrund von Hausarbeit vor. Beide Regelungen basieren auf dem Gedanken, eine ungerechtfertigte Bereicherung zu vermeiden;[145] eine solche kann insbesondere bei traditioneller Rollenverteilung auftreten, da der nichtverdienende Lebensgefährte nicht kraft Gesetzes an den Einkünften des auswärtig arbeitenden Partners beteiligt wird. Haben aber beide Partner zur Bestreitung der Lasten der Lebensgemeinschaft Beiträge geleistet, stellt es sich als eine ungerechtfertigte Ungleichheit der Vermögensmassen dar, wenn nach Auflösung der Partnerschaft einer daraus reich hervorgeht, während der andere

---

142 St. Rspr. AP Barcelona Urteil v. 19. Dez. 2000 RJC 2001, 602; Urteil v. 27. März 2001 RJC 2001, 1243, 1244 zu Art. 41 Abs.3 CF; Gete-Alonso y Calera/Ysás Solanes/*Solé Resina*, Derecho de familia vigente en Cataluña, XII 3.2.a.

143 Vgl. TS Urteil v. 12. Sept. 2005 RJ 2005, 7148 RG 3.

144 AP Barcelona Urteil v. 18. Jan. 2006 JUR 2006\112819; Urteil v. 18. Sept. 2001 JUR 2001\315768; Urteil v. 29. Sept. 2000 JUR 2001\55; *Llebaría Samper*, La Notaría 1998, núm. 10, 57, 78 ff., bezeichnet die Vorgehensweise des katalanischen Gesetzgebers als klonen und spricht vom Dolly-Effekt; *Bachs Estany*, in: Ortuño Muñoz (dir.), Las uniones estables de pareja, S. 165, 175; *López Azcona*, Parejas de Hecho, 3.2.3.3.2; *de Amunátegui Rodríguez*, Uniones de hecho, VII.4.3.2; *Saura Alberdi*, La pensión compensatoria, Cap. VI, 2; a.A. *Pérez Ureña*, Las uniones de hecho ante la pensión compensatoria, II.2.4.a; *Roca Trías*, RJC 1999, 9, 29 f.

145 Zwar enthält Art. 1438 CC keinen entsprechenden Zusatz: Der noch im Regierungsentwurf enthaltene Halbsatz „si el otro cónyuge se hubiere enriquecido durante la vigencia del régimen de separación" ist im Laufe des Gesetzgebungsverfahrens weggefallen; dennoch geht die h.M. von einer entsprechenden Einschränkung der Vorschrift aus, vgl. statt vieler *Montés Penadés*, in: Ministerio de Justicia, Comentario del Código Civil, Art. 1438 V.

arm zurückbleibt.[146] Die aufgezeigte Affinität erlaubt, dass die bereits vorhandene Literatur und Rechtsprechung zu Gütertrennungsehen zur Auslegung verwendet werden kann.[147]

Der Verweis der Gesetzgeber auf die Grundsätze der ungerechtfertigten Bereicherung lässt zudem einen Rückgriff auf die bisherige Rechtsprechung zum Vermögensausgleich aufgrund ungerechtfertigter Bereicherung zu. In einem Grundsatzurteil aus dem Jahre 1992 legte der Tribunal Supremo die Anwendungsvoraussetzungen für das Prinzip der ungerechtfertigten Bereicherung zur Abwicklung nichtehelicher Lebensgemeinschaften fest. Demnach bedarf es eines Zuwachses im Vermögen eines Partners, welcher eine wechselseitige Vermögensminderung des anderen bewirkt, das Fehlen eines Grundes, der die Vermögensmehrung rechtfertigt sowie das Nichtvorhandensein einer Rechtsnorm, welche eine Entschädigung aufgrund grundloser Bereicherung ausschließt.[148]

bb) Die Bestimmung der ungerechtfertigten Bereicherung

Der Wortlaut der Gesetze der autonomen Gebietskörperschaften ist insofern irreführend, als er den Anschein erweckt, ein Entgelt für die Haushaltsführung zu gewähren; vielmehr gilt es aber, einen Vermögenserwerb auf Kosten des anderen auszugleichen. In Anlehnung an die Rechtsprechung zur ungerechtfertigten Bereicherung bedarf es eines Vermögenszuwachses, welcher wechselseitig eine Minderung im Vermögen des anderen Partners nach sich zieht. Eine Bereicherung kann folglich nicht vorliegen, wenn die Tätigkeit des ohne Entgelt oder nur gegen unzureichende Entlohnung arbeitenden Partners nicht zur Bildung eines Vermögens auf Seiten des Bereicherten geführt hat.[149] In der Rechtsprechung wird dieses Argument häufig zur Ablehnung eines Ausgleichsanspruches verwendet, wenn dem nichtverdienenden Ehepartner bereits Miteigentum an Immobilien sowie sonstigen während der Lebensgemeinschaft erworbenen Gütern zusteht.[150]

---

[146] TSJ Cataluña Urteil v. 27. April 2000 RJ 2000, 4125 RG 5 zu Art. 41 Abs.3 CF.

[147] AP Girona Urteil v. 15. März 2004 JUR 2004\122550; AP Tarragona Urteil v. 26. Feb. 2003 RJC 2003, 332, 334; *López Burniol*, RJC 1999, 641, 667; *Sánchez González*, La extinción del derecho a la pensión compensatoria, S. 211 f.; Gete-Alonso y Calera/Ysás Solanes/*Solé Resina*, Derecho de familia vigente en Cataluña, XV 8.1; *Cervilla Garzón*, RJN 2002-IV, 127, 139 f.; hingegen wird eine analoge Anwendung des Art. 1438 CC auf nichteheliche Lebensgemeinschaften überwiegend abgelehnt, vgl. TS Urteil v. 24. Nov. 1994 RJ 1994, 8946 RG 3.

[148] Urteil v. 11. Dez. 1992 RJ 1992, 9733 RG 4.

[149] AP Barcelona Urteil v. 18. Sept. 2001 JUR 2001\315768; Urteil v. 9. Feb. 2001 RJC 2001, 1241 zu Art. 41 Abs.3 CF.

[150] AP Barcelona Urteil v. 15. Dez. 2003 RJC 2004, 347; AP Tarragona Urteil v. 11. März 2004 JUR 2004\120257 sowie bereits st. Rspr. des AP Barcelona Urteil v. 27. März 2001 RJC 2001, 1243, 1244 zu Art. 41 Abs.3 CF.

Auf der Seite des Benachteiligten ist Voraussetzung des Anspruches, dass dieser sich ausschließlich oder zumindest hauptsächlich dem Haushalt gewidmet hat oder uneigennützig für den anderen gearbeitet hat. Sofern der ausgleichbegehrende Lebensgefährte daneben einer bezahlten Tätigkeit nachgegangen ist oder nachgeht, liegt keine ungerechtfertigte Bereicherung vor.[151] Eine Auslegung im Sinne einer Kompensation für erlittene Einkommensverluste widerspräche dem Geist der Vorschrift, welche die Widmung zu Haushaltsführung und Kindererziehung anerkennen soll. Ein Vermögenserwerb des einen Partners erfolgt nämlich nur insoweit auf Kosten des anderen, als die ersterem eröffnete Erwerbsmöglichkeit den Einkommenserwerb des Benachteiligten gehemmt hat.[152] Damit ist aber nicht gemeint, dass neben den entgeltfrei geleisteten Diensten auch solche Nachteile auszugleichen sind, die dem Haushalt führenden Lebensgefährten durch den Verzicht auf eine anderweitige Erwerbsquelle entsprechend seiner beruflichen Qualifikation entstanden sind. Intention der Gesetzgeber war es nämlich nur, die nachteiligen Folgen der Vermögenstrennung zu lindern sowie eine Verarmung des nichtverdienenden Partners zu vermeiden.

Nach den Rechtsprechungsgrundsätzen für das gesamtspanische Recht zur ungerechtfertigten Bereicherung fehlt es an einem Grund, der die Vermögensmehrung rechtfertigt, weil die Rechtsordnung keine Verpflichtung zur Leistung bestimmter Gefälligkeiten für nichtehelich Zusammenlebende vorschreibt.[153]

Anders stellt sich die Situation aber in den autonomen Gemeinschaften dar, welche nichteheliche Lebensgemeinschaften statusrechtlich anerkennen. Beide Partner sind dort bereits *opere legis* verpflichtet, zum Unterhalt der Familie beizutragen; dabei ist es gleichgültig, ob der Beitrag in Form der Haushaltsführung, als Geldleistung oder durch Mitarbeit im Gewerbe oder Betrieb des Lebensgefährten erbracht wird.[154] Ein Ausgleichsanspruch kann folglich nur dann begründet sein, wenn die Ungleichheit des Vermögens Konsequenz dessen ist, dass ein Partner einen höheren Beitrag zum gemeinsamen Unterhalt geleistet hat als der andere.[155] Die Gesetzgeber wollten keinen Anspruch schaffen, der automatisch einen Vermögensausgleich nach sich zieht, wenn nach Beendigung der Lebensgemeinschaft der Haushalt führende Lebensgefährte kein oder nur ein

---

[151] AP Barcelona Urteil v. 18. Jan. 2006 JUR 2006\112819; Urteil v. 19. Feb. 2001 RJC 2001, 923, 924; AP Navarra Urteil v. 2. Dez. 2004 JUR 2004\50896.

[152] So: Albaladejo/Díaz Alabart/*Merino Hernández*, Art. 7 Ley de parejas estables no casadas II.

[153] TS Urteil v. 11. Dez. 1992 RJ 1992, 9733 RG 4.

[154] Art. 5 Abs.3 S.1 LPENC; Art. 5 Abs.1 LPE; Art. 6 Abs.1 LRPH; Art. 3 Abs.2 S.1 LUEP; Art. 5 Abs.3 LFIJPE.

[155] *López Azcona*, Parejas de Hecho, 3.2.3.3.2; Gete-Alonso y Calera/Ysás Solanes/*Solé Resina*, Derecho de familia vigente en Cataluña, XII 3.2.a; *Martinell Gispert-Saúch*, La Notaría 1999, núm. 2, 59, 78.

geringes Vermögen hat.[156] So kann es durchaus der Fall sein, dass die vom verdienenden Partner geleisteten Beiträge zum gemeinsamen Lebensunterhalt die unentgeltliche Beteiligung des anderen bereits ausgleichen.[157] Eine andere Auffassung hält es sogar für möglich, dass der Partner, der einen rein finanziellen Beitrag erbracht hat, nach Auflösung der Lebensgemeinschaft benachteiligt sein kann, sofern der andere weder finanziell noch durch Hausarbeit noch durch Mitarbeit zur Lebensgemeinschaft beigetragen hat.[158]

cc) Berechnung des Ausgleichsanspruchs

In Rechtsprechung wie Literatur zeichnen sich zwei unterschiedliche Grundtendenzen ab, wie die Ausgleichssumme zu beziffern ist. Während die Lehre überwiegend bemüht ist, objektive Kriterien für die Bestimmung des Ausgleichsanspruchs zu finden, neigt die Jurisdiktion zu einem Billigkeitsausgleich. Für die Vergangenheit war ursächlich dafür, dass in den Klageschriften oft keine objektiven Kriterien zur Bemessung des Anspruchs angegeben wurden. Da der anspruchsbegehrende Partner sich meist in der schwächeren Situation befand, sah die Rechtsprechung von einem detaillierten Nachweis über die Anspruchshöhe ab, um ihm den Anspruch nicht gänzlich verweigern zu müssen. Art. 253 LEC verpflichtet den Kläger aber nunmehr, sich über die Anspruchshöhe zu erklären. Dennoch befürworten die Untergerichte weiterhin einen Billigkeitsausgleich.

1. Für die Beantwortung der Frage, wann ein Partner einen höheren Beitrag zum gemeinschaftlichen Lebensunterhalt erbracht hat, ist von entscheidender Bedeutung, welcher Wert der Arbeit des nichtverdienenden Partners zuzumessen ist; als problematisch erweist sich insbesondere die Bewertung von Haushaltsführung und Kindererziehung:

Nach einer Meinung hat die Frau das Recht auf Teilhabe an dem Vermögen des Mannes; unter Hinweis auf die Gleichstellung der Frau sowie auf die gesellschaftliche Bedeutung der Kindererziehung durch den Haushalt führenden Elternteil möchten die Vertreter dieser Ansicht die Haushaltsführung als mit dem Verdienst des Mannes aus auswärtiger Arbeit gleichwertig beurteilt wissen. Entsprechend sei zu der Berechnung der Bereicherung das Anfangsvermögen beider Partner von deren jeweiligen Endvermögen abzuziehen; Berechnungszeitpunkte seien der Beginn und das Ende des Zusammenlebens. Während der Lebensgemeinschaft unentgeltlich erworbener Vermögenszuwachs bliebe unberücksich-

---

[156] TSJ Cataluña Urteil v. 27. April 2000 RJ 2000, 4125.

[157] So im Fall des AP Barcelona Urteil v. 5. März 2001 RJC 2001, 1241; AP Tarragona Urteil v. 11. März 2004 JUR 2004\120257; ebenso TS Urteil v. 24. Nov. 1994 RJ 1994, 8946 RG 3 zu einem Anspruch aus ungerechtfertigter Bereicherung.

[158] AP Barcelona Urteil v. 18. Mai 2004 ArCiv 2004, 1588; Urteil v. 9. Feb. 2001 RJC 2001, 1241; Urteil v. 5. März 2001 RJC 2001, 1241, 1242 letztere zu Art. 41 CF; *Martinell Gispert-Saúch*, La Notaría 1999, núm. 2, 59, 78; *Badenas Carpio*, AC 2002, 965, 977.

tigt;[159] zu nennen sind insbesondere Vermögenswerte, die von Todes wegen oder durch Schenkung erworben werden. Die Gewährung einer festen Quote oder eines Prozentsatzes am Vermögen des verdienenden Partners verfälscht jedoch das Wesen des Prinzips der Vermögenstrennung und nivelliert damit die Unterschiede zu dem gesetzlichen Güterstand der Errungenschaftsgemeinschaft (Art. 1344 ff. CC) sowie zu Zugewinngemeinschaften (Art. 1411 CC).[160]

Eine restriktivere Auffassung bemisst den Wert von Hausarbeit anhand des Gehaltes, welches eine dritte Person für die Erledigung der entsprechenden Arbeiten erhielte; eine solche Auslegung basiert auf dem Gedanken, dass der verdienende Partner insoweit Aufwendungen erspart habe.[161] Diese Ansicht verkennt jedoch den Normzweck, wonach eine Ungleichheit des Vermögens ausgeglichen werden soll, die ihren Ursprung in der ausschließlichen Widmung eines Partners zur Haushaltsführung hat.[162]

2. Demgegenüber betont die Rechtsprechung zu Recht, dass die Bemessung der Entschädigung mehr durch Billigkeitsaspekte des erkennenden Richters als durch arithmetische Berechnung bedingt ist; geboten ist vielmehr eine spezifizierte Abwägung der Umstände des Einzelfalls als die Anwendung einheitlicher Prozentsätze, da es sich um eine Vorschrift handelt, welche ihren Ursprung in einem der Grundprinzipien des Rechts hat, nämlich eine spezielle Ausformung des Grundsatzes der ungerechtfertigten Bereicherung ist.[163] Der Ausdruck „ohne Entgelt oder unzulängliches Entgelt" ist daher weniger im Sinne eines fehlenden Arbeitsentgeltes zu verstehen, sondern stellt eher auf das Fehlen jeglicher Gegenleistung ab.[164] Zu berücksichtigen sind dann bei der Bemessung des Ausgleichsanspruchs die Dauer der Lebensgemeinschaft, das Alter des ausgleichbegehrenden Partners, seine beruflichen Tätigkeiten in der Vergangenheit sowie seine beruflichen Perspektiven;[165] letztere können insbesondere wegen fehlender Berufserfahrung deutlich vermindert sein, was aber regelmäßig im Rahmen der *„pensión periódica"* kompensiert werden kann.[166] Im Ergebnis steht dem Richter nach dieser Ansicht ein weiter Ermessensspielraum zu, der sich aber aus dem Normzweck, dem Ausgleich einer ungerechtfertigten Bereicherung, rechtfertigt.

---

[159] Albaladejo/Díaz Alabart/*Merino Hernández*, Art. 7 Ley de parejas estables no casadas II.
[160] TSJ Cataluña Urteil v. 27. April 2000 RJ 2000, 4125 RG 6 zu Art. 41 Abs.3 CF.
[161] Entsprechend zu Art. 1438 CC: *Montés Penadés*, in: Ministerio de Justicia, Comentario del Código Civil, Art. 1438 IV; zu Art. 41 CF: Gete-Alonso y Calera/Ysás Solanes/*Solé Resina*, Derecho de familia vigente en Cataluña, XII 3.2.b.
[162] TSJ Cataluña Urteil v. 27. April 2000 RJ 2000, 4125 RG 6 zu Art. 41 Abs.3 CF.
[163] St. Rspr. AP Barcelona Urteil v. 27. März 2000 RJC 2000, 955; Urteil v. 12. Jan. 2001 RJC 2001, 605, 606 zu Art. 41 Abs.3 CF.
[164] AP Barcelona Urteil v. 18. Dez. 2000 RJC 2001, 603, 604 zu Art. 41 Abs.3 CF.
[165] *López Azcona*, Parejas de Hecho, 3.1.2.3.2.D.a.
[166] Dazu unten 2. Teil § 4.II.3.

b) Ausgleichsanspruch aufgrund des Erwerbs oder Erhalts von Gütern

Zusätzlich gewähren die Gesetze Aragóns und der Balearen ausdrücklich einen Anspruch für finanzielle Beiträge oder Arbeit, welche dem Erwerb, Erhalt oder der Verbesserung gemeinsamer Güter oder der Güter des anderen Partners dienen.[167] Obwohl die übrigen Gesetze der autonomen Gebietskörperschaften keinen solchen Ausgleichsanspruch vorsehen, bedeutet dies nicht, dass solche Vermögensverschiebungen keinen Ausgleich fänden. Es kommen insoweit die allgemeinen Regeln über die ungerechtfertigte Bereicherung zur Anwendung.[168] Vor diesem Hintergrund wird die Zweckmäßigkeit einer inhaltsgleichen Regelung bezweifelt.[169]

Fraglich erscheint zudem, warum ein Ausgleich auch dann gewährt werden soll, wenn Aufwendungen auf gemeinschaftliche Güter getätigt wurden. Nach dem Wortlaut besteht ein Ausgleichsanspruch immer dann, wenn Eigentumsanteil und die finanzielle Beteiligung zum Erwerb des Eigentums auseinanderfallen. Dagegen wird eingewendet, dass bei Erwerb, Erhalt oder Verbesserung von Gemeinschaftsgütern eine gerechte und ausgeglichene Verteilung dieser Güter sachgerechter sei.[170] Daher sei die Vorschrift auf den Fall zu beschränken, in dem ein Partner eine Sache zu Alleineigentum erwerbe, obwohl sich der andere finanziell an der Anschaffung beteiligt habe.[171] Eine andere Auffassung bejaht einen Ausgleichsanspruch zudem in einem zweiten Anwendungsfall. Beide Partner haben hälftiges Miteigentum, waren jedoch am Kauf mit unterschiedlichen Quoten beteiligt.[172] Die Frage, wie der Ausgleich zu erfolgen hat, ist aber ein Problem des Anspruchsinhalts; wenn sich die Partner über die Verteilung gemeinschaftlicher Güter schon nicht einigen können, kommt allemal nur eine richterliche Zuweisung oder der Verkauf des Gutes in Betracht.

Die Anspruchshöhe richtet sich nach der Höhe der Kosten für die getätigten Anschaffungs- oder Erhaltungsmaßnahmen; im Falle einer Aufwendung in Form von Arbeit nach der Wertsteigerung, welche die Sache erfahren hat bzw. dem Wert der geleisteten Arbeit.

---

[167] Art. 7 Abs.1 lit. a LPENC; Art. 9 Abs.2 lit. a LPE.

[168] *Gavidia Sánchez*, AC 2001, 605, 614 [Fn 32].

[169] *López Azcona*, Parejas de Hecho, 3.2.3.3.2; ebenso: *Cervilla Garzón*, RJN 2002-IV, 127, 137 f.

[170] So: Albaladejo/Díaz Alabart/*Merino Hernández*, Art. 7 Ley de parejas estables no casadas II; *López Azcona*, Parejas de Hecho, 3.2.3.3.2; *de Amunátegui Rodríguez*, Uniones de hecho, VII.4.3.2; ebenso: *Cervilla Garzón*, RJN 2002-IV, 127, 137 f. [Fn 27].

[171] Albaladejo/Díaz Alabart/*Merino Hernández*, Art. 7 Ley de parejas estables no casadas II.

[172] *López Azcona*, Parejas de Hecho, 3.2.3.3.2.

c) Anspruchsinhalt und Geltendmachung

Der Ausgleichsanspruch ist in der Regel auf Zahlung einer pauschalierten Geldsumme gerichtet, kann aber nach Vereinbarung oder aufgrund richterlicher Anordnung ebenfalls durch die Übertragung von Sachwerten erfüllt werden.[173] Das Begehren kann demnach sowohl auf anteilsmäßige Beteiligung an bestimmten Vermögensgegenständen, Gütern oder Immobilien des anderen wie auch auf Erhöhung des eigenen Miteigentumsanteils gerichtet sein.[174] Sinn der Vorschrift ist es, eine ausgeglichene Aufteilung der Güter zu gewährleisten.[175] Trotzdem sollte bei der Verteilung des Hausrats die familiäre Situation berücksichtigt werden; einem nunmehr allein erziehenden Partner sind die für die Haushaltsführung notwendigen Gegenstände zuzusprechen.

Zwar enthalten das aragonische und das baskische Gesetz keine Regelung über den Inhalt des Ausgleichsanspruchs, doch kann der benachteiligte Partner ebenso die Einweisung in das Eigentum bestimmter Güter verlangen.[176] Zum einen lässt der Wortlaut der Gesetze, der allein den Oberbegriff der *„compensación"* verwendet, einen Ausgleich sowohl durch eine Geldleistung als auch durch die Zuweisung konkreter Güter zu. Zum anderen folgen beide Gesetze dem katalanischen Vorbild, indem sie den Grundsatz der Vermögenstrennung wie auch den doppelten Vermögensausgleich übernommen haben.

Eine weitere Besonderheit enthält das aragonische Gesetz. So bestimmt Art. 7 Abs.3 a.E. LPENC, dass die Höhe des Finanzausgleichs ausgeglichen mit der Dauer des Zusammenlebens abzuwägen ist. Die Vorschrift erscheint systemfremd, da mit der *„compensación económica"* eine ungerechtfertigte Bereicherung abgegolten werden soll, die im Vermögen des auswärtig arbeitenden Partners infolge der Lebensgemeinschaft entstanden ist. Die Schlechterstellung des anderen Partners kann sich zwar durch die Dauer des Zusammenlebens verstärken, ist jedoch nicht ursächlich für die Höhe der Benachteiligung. *Merino Hernández*[177] bezeichnet die Ausdehnung der Vorschrift auf die *„compensación económica"* daher als Fehler des Gesetzgebers. Ihm ist zuzustimmen, die Norm teleologisch zu reduzieren und nur auf die *„pensión periódica"* anzuwenden.

---

[173] Art. 10 Abs.4 S.2 LPE; Art. 16 Abs.3 S.2 LUEP; Art. 6 Abs.3 S.2 LFIJPE.

[174] AP Barcelona Urteil v. 2. März 2001 RJC 2001, 923; *Bachs Estany*, in: Ortuño Muñoz (dir.), Las uniones estables de pareja, S. 165, 177; a.A. *Martinell Gispert-Saúch*, La Notaría 1999, núm. 2, 59, 79.

[175] So auch: Albaladejo/Díaz Alabart/*Merino Hernández*, Art. 7 Ley de parejas estables no casadas II; *de Amunátegui Rodríguez*, Uniones de hecho, VII.4.3.2.

[176] So für das aragonische Gesetz: Albaladejo/Díaz Alabart/*Merino Hernández*, Art. 7 Ley de parejas estables no casadas II; demgegenüber will *Saura Alberdi*, La pensión compensatoria, Cap. VI, 2.B auf die allgemeine Norm des Art. 1438 CC zurückgreifen.

[177] in: Albaladejo/Díaz Alabart, Art. 7 Ley de parejas estables no casadas II.

Der Ausgleichsanspruch muss innerhalb eines Jahres nach Beendigung des Zusammenlebens geltend gemacht werden.[178] Dabei handelt es sich um eine Ausschlussfrist, nicht um eine Verjährungsfrist.[179] Die Verbindlichkeit muss innerhalb einer Frist von drei Jahren erfüllt werden und ist ab Fälligkeit zu verzinsen.[180] Mangels Bestimmung eines Fristbeginns kommen als auslösendes Ereignis die Auflösung des Zusammenlebens sowie die Feststellung des Anspruchs durch den Richter in Betracht. Für erstere Alternative spricht, dass diese im Einklang mit dem die Verjährungsfrist auslösenden Ereignis steht.[181]

Für Katalonien wird zusätzlich erwogen, dass die Justiz die Stellung einer Sicherheitsleistung beschließen kann, wie sie Art. 41 Abs.2 CF zulässt. Die Nichterwähnung einer Sicherheitsleistung sei ein bloßes Redaktionsversehen. Art. 16 Abs.3 LUEP lehne sich eng an den Wortlaut des Artikel 41 CF an. Der Umstand, dass die Stellung einer Sicherheitsleistung erst im Laufe der parlamentarischen Arbeiten in den Código de Familia aufgenommen wurde, rechtfertige die Annahme, dass eine entsprechende Änderung in dem Entwurf des Gesetzes über nichteheliche Lebensgemeinschaften vergessen wurde.[182]

Als problematisch erweist sich zudem die Beweiserbringung. Dem Ausgleich begehrenden Partner obliegt es nämlich nachzuweisen, dass infolge des Zusammenlebens ein Ungleichgewicht zwischen den Vermögen der Lebensgefährten entstanden ist. In der Praxis ist es aber nicht ungewöhnlich, dass dieser weder über Anfangsvermögen noch über die im Laufe der Lebensgemeinschaft eingetretenen Änderungen im Vermögen des anderen Beweis erbringen kann. Seitens der Literatur wird daher eine Beweiserleichterung vorgeschlagen; demnach soll derjenige die für den Beweis erforderlichen Informationen zur Verfügung stellen, der über die besseren Beweismöglichkeiten verfügt („*principio de disponibilidad probatoria*"). Im konkreten Falle hat dann der verdienende Partner seine Vermögenslage offen zu legen, wobei die Beweiserhebung sich aber auf die aktuelle Einkommenssituation beider Teile beschränken soll.[183]

d) Zusammenfassung

Zusammenfassend ist festzustellen, dass ein Ausgleichsanspruch nur dann in Betracht kommt, wenn eine mehrjährige Tätigkeit in Haushalt oder Geschäft des anderen erfolgte, die zu einem im Zeitpunkt der Trennung noch bestehenden Vermögensungleichgewicht geführt hat. Zusätzlich berücksichtigt die Rechtsprechung bei der Anspruchshöhe, welche Fortkommensnachteile der langjährig

[178] Art. 7 Abs.3 LPENC; Art. 10 Abs.1 LPE; Art. 16 Abs.2 LUEP; Art. 6 Abs.1 LFIJPE.
[179] AP Barcelona Urteil v. 17. Nov. 2005 JUR 2005\58033.
[180] Art. 10 Abs.4 S.1 LPE; Art. 16 Abs.3 S.1 LUEP; Art. 6 Abs.3 S.1 LFIJPE.
[181] So i.E. auch: *Badenas Carpio*, AC 2002, 965, 977.
[182] *Garrido Melero*, Derecho de familia, Cap. VII, III.B.b.
[183] *Bachs Estany*, in: Ortuño Muñoz (dir.), Las uniones estables de pareja, S. 165, 176 f.

Haushalt führende Partner zukünftig haben wird. Beide Partner haben in der Vergangenheit die Lasten des Zusammenlebens getragen, so dass sich die Gewinne als auf einem gemeinschaftlichen Erwerb beruhend darstellen. Die Nachteile der Gütertrennung sollen nicht einseitig dem wirtschaftlich schwächeren und damit schutzbedürftigeren Partner aufgebürdet werden. Wie sich aus den im Vordergrund stehenden Billigkeitsaspekten ergibt, soll durch die Regelung keine Vergütung gewährt werden, doch wird eine Anerkennung der Leistungen des Haushalt führenden Lebensgefährten angestrebt.

Jedoch zeichnet sich an den wenigen bisher zu den Gesetzen der autonomen Gebietskörperschaften ergangenen Urteilen bereits ab, dass die Rechtsprechung ihre restriktive Linie bei der Zuerkennung von Ausgleichsansprüchen auch für nichteheliche Lebensgemeinschaften fortsetzen wird. Aus der vorhandenen Rechtsprechung zu Gütertrennungsehen lassen sich zwei Fallgruppen ablesen, in denen die Zuwendungen regelmäßig ausgeglichen und damit nicht ausgleichsfähig sein werden. Zum einen gleichen die Unterhaltsbeiträge des erwerbstätigen Partners die Dienstleistungen im Haushalt des anderen grundsätzlich aus. Darüber hinaus liegt eine ungerechtfertigte Bereicherung in der Regel dann nicht vor, wenn der Haushalt führende oder gegen unzureichendes Entgelt im Betrieb oder Unternehmen des anderen mitarbeitende Partner Miteigentümer an Immobilien sowie sonstigen während der Lebensgemeinschaft erworbenen Gütern ist.

Weitgehend ungeklärt ist die Rechtslage hingegen noch für den durch die Gesetze über nichteheliche Lebensgemeinschaften neu geschaffenen Ausgleichsanspruch bei Erwerb oder Erhalt von Gütern. Während in den Fällen des Erwerbs ein Ausgleich regelmäßig bereits durch eine der finanziellen Leistung entsprechende Beteiligung am Eigentum erfolgt sein dürfte, wird bei dem Erhalt von Gütern wohl von einer ausgleichspflichtigen ungerechtfertigten Bereicherung auszugehen sein. Auch hier stehen Billigkeitsaspekte wiederum im Vordergrund, insbesondere bei der Forderung nach einer gerechten Verteilung der Sachgüter.

3. Anspruch auf wiederkehrende Leistung („*pensión periódica*")

Neben dem vorbeschriebenen Anspruch auf eine einmalige Ausgleichszahlung aufgrund eines Vermögensungleichgewichts sehen die Gesetze der autonomen Gebietskörperschaften einen weiteren Ausgleichsanspruch vor. Während ersterer eine in der Zeit der Lebensgemeinschaft eingetretene ungerechtfertigte Bereicherung kompensieren soll, ist die „*pensión periódica*" zukunftsgerichtet. Jeder Partner kann von dem anderen die Zahlung einer „*pensión periódica*" verlangen, sofern er diese benötigt, um seinen Lebensunterhalt in angemessener Weise bestreiten zu können. Der Anspruch ist aber meist auf zwei Fälle beschränkt: wenn das Zusammenleben die Fähigkeit des Anspruchstellers zur Erzielung von Einkommen vermindert hat,[184] oder wenn die Erziehung gemeinsamer Kinder das Ausüben einer beruflichen Tätigkeit verhindert oder diese ernsthaft erschwert.[185] Um Leistungsinhalt sowie -umfang bestimmen zu können, muss zunächst die Rechtsnatur dieses Anspruchs näher betrachtet werden.

a) Die Rechtsnatur der *„pensión periódica"*

Da der spanischen Rechtsordnung ein solcher Anspruch bislang fremd war, ist der Charakter dieser Leistungsverpflichtung umstritten. Der Código Civil unterscheidet für die Ehe zwischen Unterhaltsansprüchen (*„pensión alimenticia"*, Art. 142 ff. CC) und einer *„pensión compensatoria"* (Art. 97 CC). Während der gesetzliche Unterhalt alles, was für Verpflegung, Wohnung, Kleidung und Gesundheitsfürsorge unentbehrlich ist, umfasst, löst Art. 97 CC diesen zugunsten eines Ausgleichs für ein durch die Lebensgemeinschaft verursachtes Vermögensungleichgewicht ab. Die *„pensión compensatoria"* ist unabhängig von der Bedürftigkeit des Leistungsempfängers; es kann also auch ein Ehegatte, der sich aus eigenen Mitteln unterhalten kann, einen Anspruch gegen den anderen haben. Als Ausdruck der nachehelichen Solidarität soll dem durch Trennung oder Scheidung wirtschaftlich schlechter gestellten Ehegatten die Aufrechterhaltung seines Lebensstandards ermöglicht werden.[186] Die *„pensión compensatoria"* stellt deshalb gegenüber dem Unterhaltsanspruch regelmäßig ein „Mehr" dar.

Ausgehend von dieser Aufteilung, zeichnen sich in der Literatur drei Grundtendenzen ab: Während eine erste Gruppe von Autoren der Vorschrift eine gesetzliche Verpflichtung zur Unterhaltsleistung entnimmt,[187] betont die Gegenansicht[188] den kompensatorischen Charakter der *„pensión periódica"*. Eine vermittelnde Auffassung sieht in dem Anspruch eine Mischung aus Versorgungs- und Unterhaltsleistung.[189] Auch in der Rechtsprechung findet sich keine einheitliche Linie. Das AP Girona hält Art. 14 LUEP und Art. 84 CF für sub-

[184] Art. 9 Abs. 1 lit. a LPE; Art. 6 Abs.2 lit. a (1) LRPH; Art. 14 lit. a LUEP; Art. 5 Abs.4 lit. a LFIJPE.

[185] Art. 7 Abs.2 LPENC; Art. 9 Abs. 1 lit. b LPE; Art. 6 Abs.2 lit. a (2) LRPH; Art. 14 lit. b LUEP; Art. 5 Abs.4 lit. b LFIJPE.

[186] Vgl. AP Córdoba Urteil v. 26. Juni 2000 ArCiv 2000, 1280.

[187] Albaladejo/Díaz Alabart/*Merino Hernández*, Art. 7 Ley de parejas estables no casadas III; *Badenas Carpio*, AC 2002, 965, 976; *Pérez Ureña*, Las uniones de hecho ante la pensión compensatoria, II.2.4.a; *Martínez-Piñeiro Caramés*, La Notaría 1999, núm. 10, 51, 60; *ders.*, RJN 2000-III, 77, 89; *Sánchez González*, La extinción del derecho a la pensión compensatoria, S. 212 f.; vgl. auch AP Barcelona Urteil v. 14. Feb. 2003 JUR 2003\198515.

[188] *López Burniol*, RJC 1999, 641, 668; *Gavidia Sánchez*, RJN 1999-IV, 199, 236; *Martín Casals*, DPC 1998, 143, 182; Gete-Alonso y Calera/Ysás Solanes/*Solé Resina*, Derecho de familia vigente en Cataluña, XV 8.2.

[189] *López Azcona*, Parejas de Hecho, 3.2.3.3.3; *Cervilla Garzón*, RJN 2002-IV, 127, 140 ff.; *Martinell Gispert-Saúch*, La Notaría 1999, núm. 2, 59, 76.

stanziell verschieden.[190] Dagegen bezeichnet das AP Zaragoza den entsprechenden Anspruch aus Art. 7 Abs.2 LPENC als *"pensión compensatoria"*.[191] Wiederum anders beurteilt das AP Barcelona den Regelungsinhalt, wonach die Norm sowohl unterhaltsrechtliche Bestandteile enthalte, aber zudem Entschädigungscharakter habe.[192] Einzig zeichnet sich an diesen Urteilen bereits ab, dass die Untergerichte ihre restriktive Linie bei der Zuerkennung von Ausgleichsansprüchen wohl fortsetzen werden.

Wegen der bereits erwähnten Vorbildfunktion des katalanischen Gesetzes für die anderen Gesetzgeber der autonomen Gebietskörperschaften soll die Untersuchung ausgehend von der dortigen Regelung erfolgen. Im Gegensatz zum Código Civil sieht der katalanische Código de Familia in Art. 84 CF allein eine *"pensión compensatoria"* vor. Während die eheliche Vorschrift den Anspruch als *"pensión compensatoria"* bezeichnet, spricht das Gesetz über nichteheliche Lebensgemeinschaften von einer *„pensión alimenticia periódica"*.[193] Daher erscheint es äußerst fraglich, ob der katalanische Gesetzgeber auch in diesem Fall das Regelungskonzept der Ehe übertragen hat.[194] Anzeichen für den Unterhaltscharakter sind das Erfordernis eines konkreten Unterhaltsbedarfs sowie der Verweis auf die allgemeinen Erlöschensgründe des Unterhaltsrechts (Art. 16 Abs.4 LUEP).

Für den kompensatorischen Charakter spricht hingegen, dass die monatlichen Raten dem benachteiligten Partner die Wiedereingliederung in den Arbeitsmarkt ermöglichen bzw. erleichtern und damit ähnlich wie die *"pensión compensatoria"* ein durch Trennung oder Scheidung entstandenes Vermögensungleichgewicht ausgleichen sollen.[195] Indessen dient der Unterhaltsanspruch der Art. 142 ff. CC nur der Existenzsicherung mit der Folge, dass auf diese nicht verzichtet werden kann; hingegen ist die *"pensión compensatoria"* kein zwingendes Recht. Für die Auslegung als Kompensationsnormen spricht daher, dass auch die Vorschriften der Gesetze der autonomen Gebietskörperschaften die Abdingbarkeit der *„pensión periódica"* erlauben. Zudem ordnen einige Gesetze der autonomen Gebietskörperschaften zusätzliche Unterhaltsansprüche an.[196]

Ursächlich für den Streit um die Rechtsnatur ist, dass der katalanische Gesetzgeber - und diesem folgend die anderen autonomen Gesetzgeber - unbedacht einen Anspruch aus einem Rechtskreis übernommen hat, der nicht wie der ro-

---

[190] Urteil v. 29. Nov. 2001 JUR 2002\32805.

[191] Urteil v. 12. Nov. 2001 JUR 2002\20255 sowie Urteil v. 7. März 2002 JUR 2002\118695.

[192] Urteil v. 29. Sept. 2000 JUR 2001\55.

[193] Ebenso: Art. 6 Abs.4 LFIJPE "pensión alimenticia periódica".

[194] So wohl auch: *Llebaría Samper*, La Notaría 1998, núm. 10, 57, 78 ff.

[195] *Martín Casals*, DPC 1998, 143, 183 f.; Gete-Alonso y Calera/Ysás Solanes/*Solé Resina*, Derecho de familia vigente en Cataluña, XV 8.2; *de Amunátegui Rodríguez*, Uniones de hecho, VII.4.3.2.

[196] Art. 13 LPENC; Art. 6 LPE; Art. 8 LUEP.

manische zwischen Unterhaltsansprüchen und weitergehenden kompensatorischen Ansprüchen unterscheidet.[197] Als mögliches Vorbild der katalanischen Regelung gilt der australische De Facto Relationship.[198] Dieser sieht in s. 27 einen Unterhaltsanspruch in den Fällen der Kindesbetreuung („*child-care maintenance*") wie auch in Form eines „*rehabilitative maintenance*" vor, um dem bedürftigen Partner eine Wiedereingliederung in den Arbeitsmarkt zu ermöglichen.[199] Übertragen auf die spanische Zweiteilung bedeutet dies, dass der Anspruch zwar ebenfalls Elemente eines Unterhaltsanspruchs enthält, jedoch der kompensatorische Charakter deutlich im Vordergrund steht. Die „*pensión periódica*" zielt maßgeblich auf die Beseitigung eines Vermögensungleichgewichts, welches die Auflösung der Lebensgemeinschaft mit sich bringen kann, und überschreitet damit deutlich die Funktion eines Unterhaltsanspruchs.

b) Verminderung der Fähigkeit, Einkommen zu erzielen

Der Anspruch ist begründet, wenn sich durch in der Lebensgemeinschaft begründete Umstände die Fähigkeit eines Partners, Einkommen zu erzielen, vermindert hat. Die Gesetzestexte Kataloniens, Navarras, der Balearen und des Baskenlandes unterscheiden sich zwar im Wortlaut, nicht aber im Regelungsumfang.[200] Allein das aragonische Gesetz sieht für berufliche Fortkommensnachteile keinen Vermögensausgleich vor, weshalb dem aragonischen Gesetzgeber „Knauserei" vorgeworfen wird.[201]

Jeder Partner kann von dem anderen die Gewährung einer regelmäßigen Unterhaltsrente verlangen, wenn folgende Voraussetzungen vorliegen: Er muss die Leistungen benötigen, um seinen Lebensunterhalt in adäquater Weise bestreiten zu können. Kann dieser sich hingegen aus seinen Einkünften oder seinem Vermögen selbst unterhalten, liegen die Anspruchsvoraussetzungen nicht vor.[202]

Des Weiteren muss ein in dem Zusammenleben begründeter Umstand die Fähigkeit des Anspruchstellers zur Erzielung von Einkommen vermindert haben; anders ausgedrückt wird die Verminderung zur Einkommenserzielung als Opportunitätskosten verstanden. Kein in dem Zusammenleben begründeter Umstand liegt deshalb vor, wenn dem Ausgleich begehrenden Partner beispielsweise infolge von Krankheit eine Berufsausübung unmöglich ist.[203] Anspruchs-

[197] Ähnlich auch: *Bachs Estany*, in: Ortuño Muñoz (dir.), Las uniones estables de pareja, S. 165, 178 ff.
[198] Vgl. *Martín Casals*, DPC 1998, 143, 182.
[199] Ausführlich zum australischen Recht: *Stintzing*, Nichteheliche Lebensgemeinschaft, H.II.
[200] Art. 9 Abs.1 lit. a LPE; Art. 6 Abs.2 lit. a (1) LRPH; Art. 14 lit. a LUEP; Art. 5 Abs. 4 lit. a LFIJPE.
[201] Albaladejo/Díaz Alabart/*Merino Hernández*, Art. 7 Ley de parejas estables no casadas III.
[202] AP Barcelona Urteil v. 23. Sept. 2002 JUR 2003\22930; Urteil v. 29. Sept. 2000 JUR 2001\55.
[203] AP Barcelona Urteil v. 25. Nov. 2002 JUR 2003\61811.

mindernd wirkt sich ebenso aus, wenn der Anspruchsteller bereits vor Begründung der Lebensgemeinschaft längere Zeit aus dem Arbeitsmarkt ausgeschieden war.[204] Fortkommensnachteile, die einen Wiedereinstieg in den Beruf erschweren, können insbesondere durch zwischenzeitliche Veränderungen in der Arbeitswelt entstanden sein; paradigmatisch ist der Fall, dass der Haushalt führende Partner die Anforderungen des Arbeitsmarktes aufgrund fehlender beruflicher Weiterbildung (z.B. hinsichtlich des Einsatzes neuer Technologien, Computerprogramme oder Sprachkenntnisse) nicht mehr erfüllt. Zudem wird es mit steigendem Lebensalter immer schwieriger, wieder in den Arbeitsmarkt eingegliedert zu werden.

c) Unmöglichkeit der Berufsausübung aufgrund Kindererziehung

Übereinstimmend sehen alle Gesetze der autonomen Gebietskörperschaften über nichteheliche Lebensgemeinschaften einen Anspruch auf Vermögensausgleich vor, wenn die Sorge für die gemeinsamen Kinder das Ausüben einer beruflichen Tätigkeit verhindert oder diese ernsthaft erschwert.[205] Eine Erschwernis der Berufsausübung kann zudem vorliegen, wenn die Kindererziehung dem Haushalt führenden Partner nur die Ausübung einer Halbtagsstelle erlaubt oder er einer Teilzeitbeschäftigung nachgehen muss.[206]

Der Wortlaut der Norm lässt im Unklaren, ob diese Regelung vorrangig im Kindeswohl begründet ist oder an die Situation des Haushalt führenden Partners geknüpft ist. Stellt man auf die Unterhaltsfunktion ab, soll damit vermieden werden, dass der Kinder erziehende Elternteil sich zur Bestreitung seines Lebensunterhaltes zu einer beruflichen Tätigkeit gezwungen sieht, welche die Ausübung der Personensorge beeinträchtigen könnte.[207] Bei Betonung des kompensatorischen Charakters ist die zukünftige Widmung zur Kindererziehung auszugleichen.[208]

d) Anspruchsinhalt und Geltendmachung

Die Ansprüche müssen innerhalb eines Jahres nach Beendigung des Zusammenlebens geltend gemacht werden;[209] einer vorherigen (förmlichen) Auflösung der Lebensgemeinschaft bedarf es hingegen nicht.[210]

[204] AP Barcelona Urteil v. 14. Feb. 2003 JUR 2003\198515.
[205] Art. 7 Abs.2 LPENC; Art. 9 Abs.1 lit. b LPE; Art. 6 Abs.2 lit. a (2) LRPH; Art. 14 lit. b LUEP; Art. 5 Abs. 4 lit. b LFIJPE.
[206] AP Barcelona Urteil v. 2. Feb. 2006 JUR 2006\112299.
[207] *Cervilla Garzón*, RJN 2002-IV, 127, 142.
[208] *López Azcona*, Parejas de Hecho, 3.2.3.3.3.
[209] Art. 7 Abs.3 LPENC; Art. 10 Abs.1 LPE; Art. 16 Abs.2 LUEP; Art. 6 Abs.1 LFIJPE.
[210] Albaladejo/Díaz Alabart/*Arregui Gil*, Adendum IV.3.

1. Der Anspruch auf Zahlung der Unterhaltsrente zum Ausgleich beruflicher Nachteile ist auf eine maximale Dauer von drei Jahren befristet, gerechnet ab dem Zeitpunkt der Zahlung der ersten Rate. Aus folgenden Gründen kann er sich aber vermindern oder sogar vorzeitig entfallen:[211]

- Sofern sich die zu kompensierende Benachteiligung verringert oder verschwindet, führt dies zu einer Verringerung oder zu einem Fortfall der Leistungsverpflichtung.[212] Auf den ersten Blick erscheint dieser Ausschlusstatbestand sonderbar, da er nicht an die Bedürftigkeit des Berechtigten geknüpft ist. Die Ursache hierfür ist in dem kompensatorischen Charakter der Vorschrift zu suchen.
- Daneben sind die allgemeinen Erlöschensgründe des Unterhaltsrechts anwendbar (vgl. Art. 152 CC sowie Art. 271 CF). Als solche kommen neben dem Fortfall der Bedürftigkeit des Unterhaltsempfängers auch die fehlende Leistungsfähigkeit des Unterhaltsverpflichteten in Betracht. Insbesondere entfällt der Anspruch im Falle des Art. 152 Nr.5 CC, solange der Anspruchsberechtigte keine Arbeit ergreift.
- Ferner entfällt der Anspruch zur Gänze, wenn der Anspruchsberechtigte die Ehe schließt oder eine neue gefestigte Lebensgemeinschaft eingeht; ebenso vermag das bloße Zusammenleben in einer eheähnlichen Weise einen Anspruchsausschluss zu begründen.

2. Im Falle der Kindererziehung fällt der Anspruch fort, wenn die Kinder den Status der Emanzipation eingehen, spätestens jedoch mit Erreichen der Volljährigkeit.[213] Während der Unterhaltsanspruch in Aragón bei Eintritt dieser Gründe automatisch erlischt, bleibt er nach den Gesetzen Kataloniens, Navarras und der Balearen ausnahmsweise bestehen, wenn die Voraussetzungen der Geschäftsunfähigkeit vorliegen. Ebenso entfällt die Zahlungsverpflichtung, wenn die Sorge aus irgendeinem anderen Grund endet.

Tritt der letztgenannte Erlöschensgrund vor Ablauf der Dreijahresfrist ein, kann der Anspruch fortbestehen, soweit noch die Voraussetzungen des anderen Anwendungsfalles vorliegen. Die Anspruchshöhe ist dann aber neu festzusetzen.

Wie bereits angedeutet, ist für die Bestimmung von Leistungsumfang und -höhe von entscheidender Bedeutung, welche Rechtsnatur der *„pensión periódica“* zukommt. Mit der hier vertretenen Auslegung als kompensatorischem Anspruch sind auch Bedürfnisse, welche über die Sicherung des Existenzminimums hinausgehen, zu befriedigen. Demnach sind dem bedürftigen Partner die Mindereinnahmen auszugleichen, die ihm infolge des Zusammenlebens bzw. der

---

[211] Art. 7 Abs.2 S.2 LPENC; Art. 10 Abs.2 S.1 LPE; Art. 16 Abs.4 1.HS LUEP; Art. 6 Abs.2 1.HS LFIJPE.

[212] So ausdrücklich: Art. 16 Abs.5 LUEP; Art. 6 Abs.4 LFIJPE; allgemeiner: Art. 10 Abs.3 LPE.

[213] Art. 7 Abs.2 S.2 LPENC; Art. 10 Abs.2 S.2 LPE; Art. 16 Abs.4 2.HS LUEP; Art. 6 Abs.2 2.HS LFIJPE.

Kinderbetreuung ab dem Zeitpunkt des Bruchs der Lebensgemeinschaft entstanden sind. Welche Höhe der Leistung im konkreten Fall adäquat ist, ist anhand der persönlichen Umstände wie Alter, Gesundheitszustand sowie individuellen Fähigkeiten zu bestimmen; insbesondere richtet sich die Anspruchshöhe nach dem familiären Bedarf, welcher anhand der bisherigen Gebräuche sowie der sozialen Stellung der Familie zu ermitteln ist.[214] Zu berücksichtigen sind darüber hinaus der bereits gewährte Unterhalt für die gemeinsamen Kinder, Zahlungen für deren schulische Bildung sowie Aufwendungen für Eigentümergemeinschaft und Nebenkosten der Wohnung. Anspruchsmindernd wirkt sich ebenfalls die Nutzung der (ehemals) gemeinsamen Wohnung durch den benachteiligten Partner aus.[215]

Auch für diesen Anspruch bestimmt Art. 7 Abs.3 LPENC wiederum, dass der Richter die Summe ausgeglichen nach der Dauer des Zusammenlebens abzuwägen hat.[216] Für die *„pensión periódica"* erscheint eine solche Gewichtung angemessen, zumal ein nur kurzzeitiges Zusammenleben und ein dadurch vorübergehendes Nichtausüben des Berufes eine Wiedereingliederung in den Arbeitsmarkt nicht erheblich erschweren wird.

e) Zusammenfassung

Im Gegensatz zur *„compensación económica"* ist dieser Anspruch zukunftsgerichtet und damit Ausdruck einer nachpartnerschaftlichen Solidarität. Die Schwierigkeiten bei der Auslegung resultieren überwiegend daraus, dass dieser Anspruch unbedacht aus dem australischen Recht übernommen wurde und sich in das spanische System, welches zwischen Unterhaltsansprüchen und kompensatorischen Ansprüchen strikt unterscheidet, nicht recht einzufügen vermag. Ein Anspruch kommt in zwei Fällen gemeinschaftsbedingter Bedürftigkeit in Betracht. Durch in der Lebensgemeinschaft liegende Umstände muss sich die Fähigkeit, eines Partners Einkommen zu erzielen, vermindert haben. Dem benachteiligten Partner soll eine zeitlich begrenzte Wiedereingliederungshilfe gewährt werden.

Die zweite Anspruchsalternative erfasst Fälle, in denen einem Partner die Berufsausübung infolge der Kindererziehung unmöglich ist. Diese geht über die Wiedereingliederungshilfe hinaus. So gilt für den Anspruch kein fester Zeitrahmen, sondern er ist an den Umfang des Betreuungsbedarfs für die gemeinschaftlichen Kinder geknüpft. Dabei steht weniger der kompensatorische Charakter im Vordergrund, sondern Zielrichtung des Anspruchs ist die Aufrechterhaltung ei-

---

[214] *Bachs Estany*, in: Ortuño Muñoz (dir.), Las uniones estables de pareja, S. 165, 181; a.A. *Gavidia Sánchez*, AC 2001, 605, 616.
[215] AP Zaragoza Urteil v. 12. Nov. 2001 JUR 2002\20255.
[216] S. dazu oben 2. Teil § 4.II.2.c.

nes familiären Zusammenlebens sowie die Sicherstellung der Obhut durch einen Elternteil über die Trennung hinaus.

4. Verhältnis der Ausgleichsansprüche zueinander

Da es in der Vergangenheit zu Zweifeln darüber kam, in welchem Verhältnis die korrespondierenden doppelten Ausgleichsansprüche für Ehegatten zueinander stehen,[217] treffen einige der Gesetze über nichteheliche Lebensgemeinschaften nunmehr eine ausdrückliche Regelung.[218] Beide Ansprüche sind demnach kompatibel, müssen jedoch gleichzeitig geltend gemacht werden, damit eine angemessene Abwägung vorgenommen werden kann.

Die übrigen Gesetze der autonomen Gebietskörperschaften enthalten keine ausdrückliche Regelung; da sie aber mit dem katalanischen Konzept eines doppelten Vermögensausgleichs eine ihren Rechtsordnungen bislang fremde Konzeption übernommen haben, liegt eine entsprechende Anwendung des Art. 16 Abs.1 LUEP nahe.

5. Analoge Anwendung der gesamtstaatlichen Regelung?

Als Reaktion auf die Gesetze der autonomen Gemeinschaften bejaht der Tribunal Supremo seit dem Jahre 2001 nunmehr einen Analogieschluss zu dem Versorgungsanspruch des Art. 97 CC für nichteheliche Lebensgemeinschaften.[219] Fraglich ist aber, ob neben den speziellen Regelungen der Gesetze der autonomen Gebietskörperschaften über nichteheliche Lebensgemeinschaften noch Raum für eine (analoge) Anwendung gesamtstaatlicher Regelungen verbleibt (vgl. Art. 13 Abs.2 CC).[220] Für den abschließenden Charakter der Gesetze der autonomen Gebietskörperschaften spricht hier, dass diese bereits zwei eigenständige Anspruchsgrundlagen für einen Vermögensausgleich vorsehen. Die Geltungskraft des Código Civil ist nämlich beschränkt, wenn das entsprechende Rechtsproblem bereits in den Gesetzen der autonomen Gebietskörperschaften eine eigenständige Regelung erfährt.[221]

Im Falle von Leistungen mit kompensatorischem Charakter beruhen die Regelungen auf dem gleichen Rechtsgrund; die Vorschriften der Gesetze der autonomen Gebietskörperschaften haben dann gegenüber Art. 97 CC Vorrang.[222]

---

[217] Vgl. TSJ Cataluña Urteil v. 27. April 2000 RJ 2000, 4125 zu dem Verhältnis Art. 97 CC und dem ehemaligen Art. 23 Compilación de Cataluña (nunmehr Art. 41 CF).

[218] Art. 10 Abs.5 LPE; Art. 16 Abs.1 LUEP; ähnlich: Art. 7 Abs.3 LPENC.

[219] Dazu ausführlich unten 2. Teil § 8.I.3.

[220] S. dazu bereits oben 2. Teil § 1.III.2.

[221] TSJ Navarra Urteil v. 15. Nov. 1991 RJ 1991, 9800.

[222] AP Barcelona Urteil v. 16. Jan. 2004 JUR 2004\61454 RG 3; *de Amunátegui Rodríguez*, RDP 2004, 527, 564.

Dagegen hat das AP Zaragoza[223] einen Analogieschluss in einem Fall für zulässig erachtet, in dem die Anwendungsvoraussetzungen des Gesetzes über nichteheliche Lebensgemeinschaften aufgrund einer noch bestehenden Ehe eines Partners nicht erfüllt waren. Eine solche Ausweitung erscheint bedenklich, da damit die Anwendungsvoraussetzungen der Gesetze der autonomen Gebietskörperschaften unterlaufen werden. Zwar erhalten Partner einer nichtehelichen Lebensgemeinschaft nach den bereits erwähnten Urteilen des Tribunal Supremo nunmehr auch in Gebieten ohne Foralrechtstradition einen Vermögensausgleich. Sobald aber die Gesetzgeber der autonomen Gebietskörperschaften im Rahmen ihrer Kompetenzen engere Voraussetzungen für die Bewilligung von Ausgleichsansprüchen verlangen,[224] dürfen diese nicht durch die Anwendung gesamtstaatlicher Regelungen umgangen werden. Die dem gesamtstaatlichen Recht zukommende ergänzende Funktion ist damit überschritten.

III. Unterhaltsansprüche in Aragón, Katalonien und auf den Balearen

Anders als im deutschen Recht hat der als Unterhaltsrecht bezeichnete Anspruch eine andere Tragweite. Ein Ehegattenunterhalt wird nur in seltenen Fällen im Rahmen einer vorläufigen Maßnahme nach Trennung angeordnet (Art. 771 Abs.1 LEC, 103 CC); er ist durch das Bestehen der Ehe bedingt. Meist wird eine „*pension compensatoria*“ festgesetzt.[225] Nach dem gesamtspanischen Recht ist der nichteheliche Lebensgefährte nicht verpflichtet, seinem Partner Unterhalt zu leisten (vgl. Art. 143 CC). Erstmalig verpflichten die Gesetze der autonomen Regionen Aragón, der Balearen und Katalonien die nichtehelichen Partner zur gegenseitigen Leistung von Unterhalt.[226] Implizit nehmen die Gesetzgeber der autonomen Gebietskörperschaften damit eine Gleichstellung zur ehelichen Lebensgemeinschaft vor.

Zweifelhaft erscheint, wann die Unterhaltsverpflichtung endet. Erlischt sie bereits mit dem Ende des tatsächlichen Zusammenlebens oder bedarf es der formellen Auflösung? Unterschiede zwischen beiden Zeitpunkten ergeben sich insbesondere bei bloß faktischen Trennungen, die erst nach Ablauf eines Jahres zur Beendigung der Lebensgemeinschaft führen.[227]

Trotz der Normierung in eigenständigen Artikeln ist nach einer Auffassung die Verpflichtung im Zusammenhang mit den Vorschriften über die Gemein-

---

[223] Urteil v. 23. Dez. 2002 AC 2003 @280; Urteil v. 21. April 2004 JUR 2004\141453; vgl. auch AP Zaragoza Urteil v. 2. Mai 2002 JUR 2002\197711; Urteil v. 2. Feb. 2004 JUR 2004\91353; AP Girona Urteil v. 29. Nov. 2001 JUR 2002\32805.

[224] So verlangen diese bspw. als Anwendungsvoraussetzung der Gesetze die Ehefähigkeit; anders wohl die nach h.M. gültige Definition für den Gesamtstaat, vgl. *Gallego Domínguez*, Las parejas no casadas y sus efectos patrimoniales, 1. Teil, Cap. 2, II.2.C.2.

[225] Siehe dazu oben 2. Teil § 4.II.3.a.

[226] Art. 13 LPENC; Art. 6 LPE; Art. 8 LUEP.

[227] Vgl. zu der Beendigung der Lebensgemeinschaft oben 2. Teil § 3.III.

schaftsausgaben („*gastos comunes*")[228] für den Lebensunterhalt zu sehen.[229] Die gemeinschaftlichen Verbindlichkeiten umfassen Ausgaben für den gemeinsamen Lebensunterhalt, worin eingeschlossen Unterhaltsrechte sind. Aus der Natur als Gemeinschaftsausgaben ergebe sich, dass diese nur während des Bestehens der Lebensgemeinschaft als solche existierten. Folge der Verknüpfung beider Leistungsverpflichtungen sei dann, dass auch die Verpflichtung zur Unterhaltsleistung nur für die Zeit des Zusammenlebens bestünde.[230]

Konsequenter erscheint es jedoch, die von den Gesetzgebern der autonomen Gebietskörperschaften angestrebte Gleichstellung mit der Ehe durchzuhalten. Im Falle der ehelichen Lebensgemeinschaft endet die Unterhaltsverpflichtung mit dem förmlichen Akt der Scheidung. Übertragen auf die nichteheliche Lebensgemeinschaft ist demnach auf den Zeitpunkt der förmlichen Beendigung der Lebensgemeinschaft abzustellen.[231]

---

[228] Art. 5 Abs.3 LPENC; Art. 5 Abs.2 lit. a LPE; Art. 4 Abs.1 lit. a LUEP.
[229] *De Amunátegui Rodríguez*, Uniones de hecho, VII.3.
[230] So wohl auch: AP Barcelona Urteil v. 25. Nov. 2002 JUR 2003\61811.
[231] Vgl. zu den Beendigungstatbeständen 2. Teil § 3.III.1.

§ 5 Die Rechte an der gemeinsamen Wohnung

Bedingt durch die hohe Quote an Wohneigentum, ist die Wohnung im spanischen Rechtskreis mehr als nur eine Unterkunft, sondern wird als Familienheim („*vivienda familiar*") betrachtet. Dieses wird definiert als der eheliche Haushalt oder Sitz der Familie, in dem sich das Intimleben des Ehepaares oder der Familie entwickelt hat.[232] Daher kommt der Frage, wer nach Auflösung der Lebensgemeinschaft in der gemeinsamen Familienwohnung bleiben darf, große Bedeutung zu. Dabei gilt es, den Konflikt kollidierender Eigentums- und Nutzungsrechte zwischen den Lebensgefährten wie aber auch zwischen diesen und dem Vermieter zu lösen.

I. Gesetzgebung der autonomen Gemeinschaften

Die Gesetze der autonomen Regionen enthalten keine Regelungen, wie mit der Wohnung im Falle der Trennung zu verfahren ist. Art. 11 LUEP, der Verpflichtungs- und Verfügungsbeschränkungen hinsichtlich der Wohnung sowie der Haushaltsgegenstände enthält, ist nach Auflösung der Lebensgemeinschaft nicht mehr anwendbar. Eine solche Auslegung legt zum einen der Wortlaut nahe, der von dem zusammenlebenden Eigentümer („*conviviente titular*") spricht; zum anderen befindet sich die Vorschrift systematisch vor den in Art. 12 LUEP normierten Beendigungsgründen, während sich alle weiteren Auflösungsfolgen unmittelbar daran anschließen.

Erfolgt die Auflösung der Lebensgemeinschaft durch den Tod eines Partners, gewähren die meisten Gesetze der autonomen Gebietskörperschaften ausdrücklich ein zeitlich beschränktes Wohnrecht bzw. in den übrigen Fällen ist ein solches bereits im Nießbrauch inbegriffen. Einschlägig ist diese Regelung aber nur, wenn die Wohnung im Eigentum des Verstorbenen stand. War der Verstorbene hingegen alleiniger Vertragspartner des Mietverhältnisses, so hat der Hinterbliebene nach den Gesetzen Aragóns, der Balearen, des Baskenlandes sowie Kataloniens das Recht, in dieses einzutreten.[233]

II. Ergänzende Rechte der Gesamtrechtsordnung

Die Zuerkennung von Rechten an der gemeinsamen Wohnung ist einer der ersten Bereiche, in denen das nichteheliche Zusammenleben gesetzliche Berücksichtigung fand. Entsprechend gering beurteilten die Gesetzgeber der autonomen Gebietskörperschaften den Handlungsbedarf, so dass die gesamtstaatlichen Normen weiterhin in den autonomen Regionen Anwendung finden. Den jüngsten Urteilen katalanischer Gerichte, Analogieschlüsse zu den Normen des Ehe-

---

[232] Vgl. Lacruz Berdejo/*Lete del Río*, Art. 96 CC II.1.

[233] Ausführlich dazu unten 2. Teil § 7.I.

rechts des Art. 83 Abs.2 lit. a CF zu vollziehen,[234] ist mit Blick auf Art. 13 Abs.2 CC entgegenzutreten.

1. Wohnungszuweisung nach Auflösung der Lebensgemeinschaft

Aufgrund der zuvor beschriebenen Bedeutung der Wohnung als Familienheim wird das Recht auf Verbleib in der Wohnung höher eingestuft als das Eigentumsrecht an dieser. Damit soll der Schutz derjenigen Familienmitglieder sichergestellt werden, die diesen am meisten benötigen. In diesem Sinne legt Art. 96 CC (Art. 83 Abs.2 CF) fest, unter welchen Voraussetzungen die Wohnung nach einer Trennung oder Scheidung einem Ehegatten zugewiesen werden kann. Im Folgenden gilt es zu diskutieren, ob die Norm entsprechend auf nichteheliche Lebensgemeinschaften angewendet werden kann. Die Zulässigkeit eines Analogieschlusses wird jedoch nicht einheitlich für alle Fälle des Art. 96 CC beantwortet. Differenziert wird zwischen der Analogiefähigkeit des Art. 96 Abs.1 und 2 CC für Lebensgemeinschaften mit gemeinsamen Kindern sowie der Anwendbarkeit des Art. 96 Abs.3 CC auf kinderlose Partnerschaften.

1. Art. 39 Abs.2 CE bestimmt, dass Kinder nicht wegen ihrer Abstammung benachteiligt werden dürfen, sondern die Staatsgewalten ebenso ihren vollständigen Schutz sicherzustellen haben. Daher gebietet bereits die Verfassung die analoge Anwendung der Art. 96 Abs.1 und 2 CC auf nichteheliche Lebensgemeinschaften.[235] Gemäß Art. 96 Abs.1 CC ist demnach die Wohnung dem Lebensgefährten zuzuweisen, der die gemeinsamen Kinder betreut. Haben die Partner mehrere Kinder und verbleiben diese nicht nur bei einem Elternteil, ist der Richter zur Entscheidung berufen (Art. 96 Abs.2 CC).

2. Besonders umstritten ist, ob ein Analogieschluss auch gerechtfertigt ist, wenn die Lebensgemeinschaft kinderlos geblieben ist. Gemäß Art. 96 Abs.3 CC entscheidet der Richter dann nach schutzwürdigen Interessen. In der Rechtsanwendung führt dies überwiegend zu einer Zuweisung der Wohnung an die Ehefrau.[236]

---

[234] So aber: AP Barcelona Urteil v. 2. Feb. 2006 JUR 2006\112299; AP Tarragona Urteil v. 20. Okt. 2005 JUR 2006\81160.

[235] So die ganz h.M.: AP Sevilla Urteil v. 23. Sept. 1994 ArCiv 1994, 1553; AP Córdoba Urteil v. 29. April 1998 ArCiv 1998, 786; AP Burgos Urteil v. 25. Juni 1999 ArCiv 1999, 1571; *Mesa Marrero*, Las uniones de hecho, IV 3.2.2.2 m.w.N.; *Reina/Martinell*, Las uniones matrimoniales de hecho, VI.3.E; *Gavidia Sánchez*, RJN 1999-IV, 199, 203, 330; *Llebaría Samper*, Hacia la familia no matrimonial, 11.1.3; anders noch: TS Urteil v. 30. Dez. 1994 RJ 1994, 10391.

[236] TS Urteil v. 16. Dez. 1996 RJ 1996, 9020; TS Urteil v. 10. März 1998 RJ 1998, 1272; AP Córdoba Urteil v. 29. April 1998 ArCiv 1998, 786.

Nach herrschender Ansicht fehlt es an den Voraussetzungen für einen Analogieschluss.[237] Es bestehe weder eine Regelungslücke noch liege die in Art. 4 Abs.1 CC verlangte Vergleichbarkeit von Ehe und nichtehelicher Lebensgemeinschaft vor. Im Gegensatz zur Ehe bilde die nichteheliche Lebensgemeinschaft keinen *„status iuris"*.[238] Während *ratio* der beiden ersten Absätze der Schutz der gemeinsamen Kinder sei, knüpfe insbesondere der dritte Absatz an die Statusbeziehung der Ehe; im Vordergrund stünden individuelle Interessen des anspruchsbegehrenden Ehegatten.[239] Entsprechend könne ein bloßes Zusammenleben keine Berechtigung zum Verbleib in der Wohnung geben.[240] Nach anderer Auffassung ist nicht der *„status iuris"* an sich der entscheidende Unterschied zwischen Ehe und nichtehelicher Lebensgemeinschaft, sondern die sich daraus ergebende freie Lösbarkeit letzterer;[241] folglich seien Vorschriften, die diese behinderten, nicht analogiefähig. Eine Restriktion des Eigentumsrechts bewirke die Gefahr, die freie Lösbarkeit zu hemmen.[242]

Mit einem Urteil aus dem Jahre 1996 leitete der Tribunal Supremo eine Wende in seiner Rechtsprechung ein, indem er erstmals Art. 96 CC analog auf eine nichteheliche Lebensgemeinschaft anwendete.[243] Die Familienwohnung sei eine Zufluchtsstätte, an der sich der Mensch niederlassen und entwickeln könne; ein Ort, der zur Erfüllung der notwendigsten Belange (Erholung, Unterhalt, Kleidung etc.) diene sowie den Schutz der Privatsphäre gewährleiste. Im Falle von Kindern sei die Familienwohnung eine unabdingbare Hilfe für deren Schutz und Erziehung. Damit gehe die Vorschrift in ihren Schutzwirkungen weit über die Paarbeziehung hinaus, so dass Art. 96 Abs.3 CC in Einklang mit Art. 4 Abs.1 CC auch auf die Partner einer nichtehelichen Lebensgemeinschaft angewendet werden könne.[244] Im Folgenden entwickelte der oberste Gerichtshof dann sogar einen allgemeinen Rechtsgrundsatz des „Schutzes des durch das Zusammenleben beeinträchtigten Partners". Dieser basiere auf den Art. 10 CE (Recht auf freie Entfaltung der Persönlichkeit), Art. 14 CE (Gleichheitsgrundsatz), Art. 39 CE (Schutz der Familie), den Normen des Privatrechts, wie insbesondere Art. 96

---

[237] TS Urteil v. 30. Dez. 1994 RJ 1994, 10391; AP Navarra Urteil v. 15. Sept. 1994 ArCiv 1994, 1430; *Llebaría Samper*, Hacia la familia no matrimonial, 11.1.3; *ders.*, La Ley 1997, D-238, 1624, 1630; *Gallego Domínguez*, Las parejas no casadas y sus efectos patrimoniales, 3. Teil, Cap. 5, V.3.B.b; *Gavidia Sánchez*, RJN 1999-IV, 199, 330 ff. m.w.N.

[238] TS Urteil v. 30. Dez. 1994 RJ 1994, 10391.

[239] *Llebaría Samper*, La Ley 1997, D-238, 1624, 1630.

[240] AP Madrid Urteil v. 22. März 1995 ArCiv 1995, 885 RG 7.

[241] Dazu schon oben 2. Teil § 2.II.

[242] *Gavidia Sánchez*, RJN 1999-IV, 199, 330 ff.

[243] Urteil v. 16. Dez. 1996 RJ 1996, 9020.

[244] TS Urteil v. 16. Dez. 1996 RJ 1996, 9020 RG 7.

CC, oder den Vorschriften des Mietgesetzes sowie der ständigen Rechtsprechung.[245]

Sofern eine Wohnungszuweisung unmöglich ist (z.B. aufgrund Verkaufes der Wohnung), verwandelt sich der Erfüllungsanspruch „in natura“ in einen geldwerten Entschädigungsanspruch.[246] Ein schutzwürdiges Interesse der Klägerin oder des Klägers an einer Wohnungszuweisung kann beispielsweise vorliegen, wenn dieser eigene - nicht gemeinsame - Kinder zu betreuen hat[247] oder an einer schweren Krankheit leidet.[248]

2. Anspruch auf Fortsetzung des Mietverhältnisses

Erstmals wurden in den Art. 12 und 15 des Ley de Arrendamientos Urbanos aus dem Jahre 1994 nichteheliche Lebensgemeinschaften in den Anwendungsbereich einbezogen. Problematisch ist insbesondere, wenn nur einer der Lebensgefährten aus dem Mietvertrag berechtigt ist. Daher regelt Art. 12 LAU die Voraussetzungen, unter denen das Mietverhältnis mit einem Partner fortgesetzt werden kann, der nicht Vertragspartei ist. Gemäß Art. 12 Abs.4 LAU finden die Vorschriften auf den nichtehelichen Lebensgefährten Anwendung, sofern dieser mit dem Mieter zumindest in den letzten zwei Jahren eheähnlich zusammengelebt haben. Von der Mindestfrist abgesehen wird im Falle gemeinsamen Nachwuchses. Damit legt das Mietgesetz ähnliche Voraussetzungen fest, wie sie später auch von den Gesetzgebern der autonomen Gebietskörperschaften übernommen worden sind. Folgende Fälle sind im Rahmen des Art. 12 LAU zu unterscheiden:

- Der Mieter erklärt gegenüber dem Vermieter, das Mietverhältnis nicht fortsetzen zu wollen oder verzichtet darauf. In diesen Fällen ist der Vermieter verpflichtet, den anderen Partner über den Verzicht oder die Nichtverlängerung des Mietverhältnisses in Kenntnis zu setzen. Das Mietverhältnis erlischt, wenn dieser nicht innerhalb von 15 Tagen erklärt, das Mietverhältnis fortsetzen zu wollen.
- Verlässt der Mieter die Wohnung hingegen, ohne eine Erklärung abzugeben, hat der andere Partner einen Monat Zeit, dem Vermieter schriftlich mitzuteilen, ob er in der Wohnung bleiben möchte. Erklärt der bisher nichtberechtigte Partner, das Mietverhältnis fortführen zu wollen, so unterliegt er den Bestimmungen des Altvertrages (Surrogation).

Aus den genannten Voraussetzungen ergibt sich, dass Art. 12 LAU nur zur Anwendung berufen ist, wenn der aus dem Mietvertrag berechtigte Partner an

[245] TS Urteil v. 10. März 1998 RJ 1998, 1272; ebenso Urteil v. 27. März 2001 RJ 2001, 4770 RG 7.
[246] TS Urteil v. 27. März 2001 RJ 2001, 4770 RG 8.
[247] So im Falle: TS Urteil v. 16. Dez. 1996 RJ 1996, 9020.
[248] So im Falle: TS Urteil v. 10. März 1998 RJ 1998, 1272.

der Fortsetzung des Mietverhältnisses kein Interesse hat; folglich löst die Norm nur den Konflikt zu dem kollidierenden Eigentumsrecht des Vermieters. Art. 15 LAU regelt indessen den Fall, wenn zwischen den Ehegatten streitig ist, wer in der gemeinschaftlichen Wohnung verbleiben darf. So kann im Falle von Nichtigkeit, Trennung oder Scheidung der Ehe der Ehegatte die Wohnung weiternutzen, der nicht Vertragspartei des Mietverhältnisses ist, wenn sie ihm in Übereinstimmung mit dem in den Art. 90 und 96 CC Verfügten zugewiesen werden könnte. Damit hat der Gesetzgeber eine dem Art. 96 CC entsprechende Vorschrift für Mietverhältnisse geschaffen. Art. 15 LAU enthält jedoch keine dem Art. 12 Abs.4 LAU entsprechende Vorschrift, welche den Anwendungsbereich auf nichteheliche Partner ausdehnt; daher ist ein Analogieschluss nicht zulässig.[249]

Im Verhältnis zu Dritten - hier dem Vermieter - wird das Eigentumsrecht damit höher bewertet als im Verhältnis der Partner untereinander, in dem nach überwiegender Auffassung Art. 96 CC analog zur Anwendung berufen ist. Daher erscheint es wenig stimmig, nur den Fall zu normieren, in dem die weitere Nutzung der Wohnung zwischen den Lebensgefährten unstreitig ist. Für den Vermieter macht es keinen Unterschied, ob die Partner im Streit auseinandergehen oder nicht. Sinnvoller erscheint es, eine Unterscheidung danach zu treffen, ob eine gemeinsame Berechtigung an der Wohnung besteht oder nur ein Partner Vertragspartei des Mietverhältnisses ist. Ist nur einer der Partner Mieter, bedeutet es einen schwerwiegenden Eingriff in die Vertragsfreiheit des Vermieters, ihm einen u.U. völlig unbekannten Vertragspartner im Wege einer gesetzlichen Verpflichtung aufzudrängen, der häufig weniger solvent ist. Sind hingegen beide Partner Parteien des Mietvertrages, erscheinen die Interessen des Vermieters weniger schützenswert, da dieser beide Partner als Vertragsparteien akzeptiert hatte.

3. Räumungsverlangen

Weigert sich der nichtberechtigte Partner nach Auflösung der Lebensgemeinschaft, die Familienwohnung zu verlassen, stellt sich die Frage, ob dieser durch den mietenden Partner im Wege eines Räumungsverfahrens aus der Wohnung verwiesen werden kann. Nach einer Auffassung führt der vom Tribunal Supremo entwickelte Grundsatz des „Schutzes des durch das Zusammenleben beeinträchtigten Partners“ zur Unbegründetheit des Räumungsverlangens.[250] Ebenso bestehe eine Parallele zum Eintrittsrecht im Falle des Todes eines Partners, so dass ein Räumungsverlangen auch bei einer lebzeitigen Trennung nicht durch-

[249] Lasarte Alvarez/*Ossorio Serrano*, Art. 15 LAU III.5; Bercovitz Rodríguez-Cano, R./*Carrasco Perera*, Art. 15 LAU III; *Mesa Marrero*, Las uniones de hecho, IV 3.2.3; *Gavidia Sánchez*, RJN 1999-IV, 199, 333.

[250] AP Vizcaya Urteil v. 11. Dez. 1998 ArCiv 1998, 2598.

setzbar sei.[251] Diese Meinung führt im Ergebnis dazu, dass dem nichtberechtigten Partner ein Recht zum Besitz an der Mietwohnung des anderen Partners zukommt. Eine solche extensive Auslegung steht aber in Widerspruch zu der Regelung des Art. 15 LAU, dessen Anwendungsbereich vom Gesetzgeber bewusst nicht auf nichteheliche Lebensgemeinschaften erstreckt worden ist. Daher besteht nach der zutreffenden Gegenansicht nach der Auflösung der Lebensgemeinschaft keine Berechtigung zum Verbleib in der Wohnung.[252] Erwägenswert erscheint allerdings die Gewährung einer Übergangsfrist zur Wohnungssuche als Ausfluss des vormals bestehenden Vertrauensverhältnisses.

Begehrt der Vermieter die Räumung, ist sein Räumungsverlangen bei ordnungsgemäßer Ausübung des Eintrittsrechts aus Art. 12 LAU unbegründet.

4. Eintrittsrecht in das Mietverhältnis

Gemäß Art. 58 LAU 1964 konnten neben dem hinterbliebenen Ehegatten nur Verwandte in die Rechte aus dem Mietverhältnis eintreten („*subrogation mortis causa*"). Aufgrund der Nichterwähnung des nichtehelichen Partners erklärte der Tribunal Constitucional die Vorschrift wegen Verstoßes gegen Art. 39 Abs.1 CE sowie Art. 14 CE für verfassungswidrig und erlegte dem Gesetzgeber Änderungen auf.[253] Entsprechend sieht der neue Art. 16 Abs.1 lit. b LAU ein Eintrittsrecht für den hinterbliebenen Lebensgefährten vor. Dafür wird verlangt, dass der Anspruchsteller mit dem verstorbenen Mieter dauerhaft - mindestens zwei Jahre - in eheähnlicher Affektivitätsbeziehung gelebt hat oder gemeinsame Kinder mit diesem haben muss. Die Partner müssen effektiv sowie kontinuierlich zusammengelebt haben. Die Erfüllung dieser Voraussetzung ist fraglich, wenn eine (vorübergehende) räumliche Trennung aus berufsbedingten Gründen erfolgt (vgl. Art. 87 CC). Ob hier der bloße „*animus*" zur Fortsetzung der Lebensgemeinschaft ausreichend ist oder es darüber hinaus auch eines tatsächlichen Zusammenlebens bedarf, wird unterschiedlich beantwortet.[254]

Als problematisch erweist sich wiederum der Nachweis der Anwendungsvoraussetzungen. Im Zweifel ist die Vorschrift eher großzügig anzuwenden, zumal ihr Sinn nicht der Schutz einer hypothetischen Testierfreiheit ist, sondern sich an dem natürlichen Bedürfnis nach einer Wohnung ausrichten soll.

---

[251] AP Madrid Urteil v. 15. Juni 1993 ArCiv 1993, 1135.

[252] So die in Fn 249 zuletzt Genannten.

[253] TC Urteil v. 11. Dez. 1992 RTC 222/1992; ebenso: Urteil v. 18. Jan. 1993 RTC 6/1993; Urteil v. 8. Feb. 1993 RTC 47/1993.

[254] Gegen eine entsprechende Anwendung des Art. 87 CC: Bercovitz Rodríguez-Cano R./*Carrasco Perera*, Art. 16 LAU V.1; a.A. Lasarte Àlvarez/*González Porras*, Art. 16 LAU VII.

§ 6 Die Rechtswirkungen in Bezug auf die Kinder

I. Autonome Gesetzgebung

Während im gesamtstaatlichen Recht nur ausdrücklich geregelt ist, welche Folgen die Beendigung einer Ehe für die gemeinsamen Kinder hat, schuf der katalanische Gesetzgeber erstmals eine Regelung, welche an den Tatbestand des nichtehelichen Zusammenlebens anknüpft. Die übrigen Gesetze der autonomen Gebietskörperschaften - mit Ausnahme des Baskenlandes - folgen dem katalanischen Vorbild sowohl bezüglich des Inhalts wie auch im Regelungsumfang.

Vorrangig können die Partner vereinbaren, was ihnen im Falle einer Trennung bezüglich der Sorge für die gemeinsamen Kinder als zweckmäßig erscheint.[255] Die Abmachungen können sich auf die Personensorge sowie Umgangsregelungen und Aufenthaltsrecht erstrecken. Der Richter kann das Vereinbarte jedoch in angemessener Weise mäßigen, wenn es nach seinem Urteil (grob) schädigend für einen der Partner oder für den gemeinsamen Nachwuchs ist. Zwar sieht das katalanische Gesetz eine solche Interventionsmöglichkeit nicht ausdrücklich vor, was aber nicht bedeutet, dass solche Verträge keiner gerichtlichen Kontrolle unterlägen.[256] Im Unterschied zu Art. 90 Abs.2 S.1 CC ist damit nach den Gesetzen der autonomen Gebietskörperschaften ein Gerichtsverfahren nicht zwingend erforderlich. Zur Auslegung des unbestimmten Rechtsbegriffes einer grob schädigenden Vereinbarung kann auf die zu Art. 90 Abs.2 S.1 CC ergangene Rechtsprechung zurückgegriffen werden.

Mangels vertraglicher Regelung kann der Richter Verfügungen treffen, die er zugunsten der Kinder für richtig hält. Im Einklang mit den Vorgaben des Art. 12 UN-Kinderrechtskonvention, wonach die Kinder altersangemessen in die Entscheidung mit einzubeziehen sind, sind diese anzuhören, sofern sie über ausreichendes Urteilsvermögen verfügen oder älter als zwölf Jahre sind. Mit dieser Regelung folgen die Gesetzgeber der autonomen Gebietskörperschaften dem gesamtstaatlichen Recht des Art. 92 Abs.2 CC a.F. (vgl. nunmehr Art. 92 Abs.6 CC).[257]

II. Die nichteheliche Elternschaft in der Gesamtrechtsordnung

Da die beschriebenen Regelungen der autonomen Gebietskörperschaften nur Teilbereiche des Kindschaftsrechts erfassen, erscheint problematisch, ob und wie die bestehenden Lücken auszufüllen sind. Der Código Civil enthält an zwei Stellen Regelungen für Kinder, deren Eltern nicht zusammenleben (Art. 90 ff.

---

[255] Art. 8 Abs.1 S.1 LPENC; Art. 11 Abs.1 S.1 LPE; Art. 15 S.1 LUEP; Art. 10 Abs.1 S.1 LFIJPE.

[256] AP Barcelona Urteil v. 8. April 1999 ArCiv 1999, 885 RG 3.

[257] Ebenso: Art. 82 Abs.2 CF.

CC bzw. Art. 154 ff. CC). Zwar sind die Art. 90 ff. CC auf die Trennungsfolgen von ehelichen Lebensgemeinschaften zugeschnitten, doch gebietet es das Recht auf Gleichbehandlung (‚Art. 39 Abs.2 CE) diese Normen entsprechend auf nichteheliche Kinder anzuwenden.[258] Allerdings ist bis heute weitestgehend ungeklärt, in welchem Verhältnis beide Normkomplexe zueinander stehen.[259] Erstmals im Jahre 2000 schuf der Gesetzgeber mit Art. 770 Nr.6 LEC eine Norm, die ihrem Wortlaut nach nichteheliche Kinder einschließt und für diese die gleichen prozessrechtlichen Maßnahmen anordnet wie im Falle von Nichtigkeit, Trennung oder Scheidung der Ehe.

1. Die Anwendung gesamtstaatlicher Normen als ergänzendes Recht

Neben den Gesetzen der autonomen Gebietskörperschaften kommt der Código Civil grundsätzlich nur ergänzend zur Anwendung (Art. 13 Abs.2 CC). Erfährt die entsprechende Rechtsmaterie in einer autonomen Rechtsordnung eine spezielle Regelung, bleibt erst recht kein Raum für einen Analogieschluss zu gesamtstaatlichen Zivilrechtsnormen.[260] Jedoch regeln die Gesetze der autonomen Gebietskörperschaften die Stellung der nichtehelichen Eltern nur unvollständig. Vornehmlich beziehen sie sich auf den Vorrang und die Kontrolle vertraglicher Regelungen sowie auf verfahrensrechtliche Aspekte, so dass nur die entsprechenden gesamtstaatlichen Normen verdrängt werden; dies betrifft insbesondere Art. 90 Abs.2 S.1 CC.

Auch seitens der foralistisch geprägten Literatur wird betont, dass ein solch sensibler Bereich nicht ungeregelt bleiben dürfe. Der Schutz des Kindeswohls lasse nicht zu, dass die Materie durch die Regelungen der autonomen Gebietskörperschaften nachteilig gegenüber den gesamtstaatlichen Normen verschlossen werde.[261] Daher sind die gesamtstaatlichen Normen über die Folgen von Nichtigkeit, Trennung oder Scheidung der Ehe (Art. 90 ff. CC) sowie über die Eltern-Kind-Beziehungen (Art. 154 ff. CC) anzuwenden.

2. Die elterliche Sorge

Während das Kindschaftsrecht seit Bestehen des Código Civil patriarchalisch geprägt war, steht nach mehreren Reformen nunmehr das Kindeswohl im Mit-

---

[258] So die st. Rspr.: AP Sevilla Urteil v. 23. Sept. 1994 ArCiv 1994, 1553 RG 3; AP Baleares Urteil v. 25. Nov. 1996 ArCiv 1996, 2197 RG 3; AP Gipúzcoa Urteil v. 25. Okt. 1993 ArCiv 1993, 2086 RG 3; so auch die Literatur: *De Amunátegui Rodríguez*, Uniones de hecho, VII.2.2.2; Albaladejo/Díaz Alabart/*Merino Hernández*, Art. 8 Ley de parejas estables no casadas I; *López Azcona*, Parejas de Hecho, 3.1.3.1 m.w.N.

[259] Vgl. *García Pastor*, La situación jurídica de los hijos cuyos padres no conviven: Aspectos personales, cap. I.1.

[260] S. dazu auch oben 2. Teil § 1.III.2.

[261] Albaladejo/Díaz Alabart/*Merino Hernández*, Art. 8 Ley de parejas estables no casadas II.

telpunkt. Entsprechend knüpft das spanische Recht die Zuweisung der elterlichen Sorge nicht an geschlechtsspezifische Kriterien. Die nicht emanzipierten Kinder unterstehen der Gewalt von Vater und Mutter (Art. 154 CC). Allein derjenige Elternteil ist von der Sorge ausgeschlossen, dessen Elternschaft gegen seinen Widerspruch festgestellt wurde (Art. 111 Abs.1 Nr.2 CC).

Die Trennung der Eltern hat keine Auswirkungen auf das Innehaben der elterlichen Sorge. Trotz der Trennung bleiben die Eltern weiterhin zur Wahrnehmung der Sorge verpflichtet (Art. 92 Abs.1 CC analog). Der romanischen Rechtstradition folgend, ist von der Sorgeberechtigung die Ausübung der elterlichen Sorge („*ejercicio de la patria potestad*") sowie die Personensorge („*guarda y custodia*") zu unterscheiden. Die Ausübung der elterlichen Sorge beinhaltet generelle Entscheidungen über das Lebens des Kindes (insbesondere das Aufenthaltsbestimmungsrecht), demgegenüber betrifft die Personensorge Angelegenheiten des täglichen Lebens.[262] Die Terminologie wird aber im einzelnen uneinheitlich verwendet und häufig nicht genau voneinander abgegrenzt.

Nach der Reform des Art. 92 CC im Jahre 2005 können die Eltern nunmehr die Personensorge gemeinsam wahrnehmen. Ein gemeinschaftliches Treffen von Entscheidungen des täglichen Lebens ist praktisch aber allenfalls in besonders gelagerten Fällen vorstellbar (z.B. bei Getrenntleben in der gemeinsamen Wohnung). Nicht in die Reform einbezogen wurden die entsprechenden Artikel über die Eltern-Kind-Beziehungen. Dort heißt es weiterhin, dass die elterliche Sorge im Falle des Getrenntlebens der Eltern durch den Elternteil ausgeübt wird, bei dem das Kind lebt (Art. 156 Abs.5 CC).[263]

Demnach obliegt es primär der elterlichen Verantwortung, nach einer Trennung über die Wahrnehmung der elterlichen Sorge zu bestimmen; sie besitzen weitgehende Dispositionsfreiheit, haben aber im Gegenzug die Pflicht zu einer Verständigung. Insoweit sehen Art. 81, 90 CC für eine einvernehmliche Scheidung eine Vereinbarung der Ehegatten über die Scheidungsfolgen („*convenio regulador*") vor, wozu auch Bestimmungen bezüglich der Ausübung der elterlichen Sorge gehören. Die Eingriffbefugnisse des Staates wurden damit zugunsten des elterlichen Konsens zurückgedrängt. Erzielen die Eltern keinen Konsens, ist der Richter unter Beachtung des Kindeswohls zur Entscheidung berufen (Art. 159 CC).

Weist der Richter die Personensorge einem Elternteil zu, ist dieser insbesondere verpflichtet, die Kinder in seiner Obhut zu halten. Hingegen bedeutet die Zuweisung der Personensorge nicht den Ausschluss des anderen Elternteils von der elterlichen Sorge. Beiden Eltern obliegen weiterhin die in Art. 154 Abs.2 CC statuierten Pflichten. Insbesondere Entscheidungen, welche keine Angelegenhei-

---

[262] Vgl. *García Pastor*, La situación jurídica de los hijos cuyos padres no conviven: Aspectos personales, cap. IV.3.

[263] Im einzelnen streitig: S. *Montera Aroca*, Guarda y costodia de los hijos, II.1.

ten des täglichen Lebens berühren, sind weiterhin gemeinsam zu treffen; solche können vor allem Fragen der Ausbildung oder der Gesundheit betreffen.

3. Besuchsrecht

Art. 160 Abs.1 CC berechtigt Mutter und Vater unabhängig von der Ausübung der elterlichen Sorge zum Umgang mit den Kindern. Für den Fall der Trennung konkretisiert Art. 94 CC (analog), dass der nichtbetreuende Elternteil das Recht hat, seine Kinder zu besuchen, sich mit ihnen auszutauschen sowie sie in seiner Gesellschaft zu haben. Zeit, Art und Weise sowie Ort des Besuchsrechts werden durch den Richter bestimmt. Anders als es der Wortlaut vermuten lässt, handelt es sich nicht um ein Elternrecht, sondern um eine Rechtspflicht in der Eltern-Kind-Beziehung, welche dem Kindeswohl dient.[264] Durch den Umgang mit beiden Elternteilen sollen die affektiven und edukativen Bedürfnisse des Kindes erfüllt werden, um eine normale Persönlichkeitsentwicklung zu gewährleisten.[265] Zeitlich ist das Besuchsrecht so zu bemessen, dass dem nichtbetreuenden Elternteil ein - wenn auch zeitlich beschränktes - Zusammenleben im Sinne der Gewährung von Obdach und Unterkunft möglich ist.[266]

Das Umgangsrecht kann nur bei schweren Pflichtverletzungen versagt werden. Selbst ein Entzug der elterlichen Sorge führt nicht automatisch zu einer Aussetzung des Besuchs- und Umgangsrechts.

Art. 94 Abs.2 CC sieht darüber hinaus ein Umgangs- und Besuchsrecht für die Großeltern vor. Dieses Umgangsrecht kann nicht ohne rechtfertigenden Grund unterbunden werden (Art. 160 Abs.2 CC). Gleichzeitig erweitert Art. 160 Abs.2 CC den Kreis der Umgangsberechtigten auf andere Verwandte und Angehörige; die Persönlichkeitsbildung werde durch die verschiedenen Denkansätze und Meinungen sonstiger Verwandter geprägt.[267] Ob einem Angehörigen der nichteheliche Lebensgefährte gleichsteht, der nicht Elternteil des Kindes ist, steht zu bezweifeln.

[264] So: AP Guadalajara Urteil v. 16. Jan. 1995 ArCiv 1995, 198 RG 3; AP Baleares Urteil v. 25. Nov. 1996 ArCiv 1996, 2197; a.A. geht von einem Naturrecht aus: AP La Rioja Urteil v. 3. April 1992 ArCiv 1992, 623 RG 2; AP Jaén Urteil v. 8. Mai 1997 ArCiv 1997, 1063 RG 2.

[265] AP Tarragona Urteil v. 25. Mai 1992 ArCiv 1992, 833 RG 1.

[266] AP Jaén Urteil v. 2. Juli 1994 ArCiv 1994, 1230.

[267] TS Urteil v. 11. Juni 1996 RJ 1996, 4756 RG 3.

I. Ansprüche von Todes wegen

Während die Gesetze der autonomen Gebietskörperschaften bei der vermögensrechtlichen Abwicklung nach einer Trennung viele Gemeinsamkeiten aufweisen, beschreiten die Gesetzgeber der autonomen Gebietskörperschaften bei den Wirkungen einer Auflösung durch Tod unterschiedliche Wege. Grund hierfür ist zum einen, dass in den meisten autonomen Gemeinschaften bereits Regelungen über familienrechtliche Ansprüche sowie gesetzliche Erbrechte für Eheleute existierten, in deren Fortsetzung nunmehr die Regelungen für nichteheliche Lebensgemeinschaften zu sehen sind. Zum anderen steht den autonomen Regionen traditionell ein unterschiedlicher Kompetenzinhalt im Erbrecht zu.

1. Katalonien

Der katalanische Gesetzgeber betrat mit dem Gesetz über nichteheliche Lebensgemeinschaften Neuland; entsprechend zurückhaltend normiert er die Zuerkennung erbrechtlicher Ansprüche. Weder der Código de Sucesiones noch das Gesetz über nichteheliche Lebensgemeinschaften sehen ein gesetzliches Erb- oder Nießbrauchrecht für den hinterbliebenen Partner einer heterosexuellen Lebensgemeinschaft vor.[268] Bei den in Art. 18 LUEP normierten Rechten handelt es sich um familienrechtliche Ansprüche gegen den Nachlass. Inhaltlich werden bereits vorhandene Institute des ehelichen Güterrechts auf nichteheliche Lebensgemeinschaften erstreckt.[269]

1. Art. 18 Abs.1 S.1 LUEP ordnet die Voraussonderung von Hausrat und Wohnungseinrichtung an (*„derecho de predetracción“*). Demnach hat der Hinterbliebene *ipso iure* das Eigentum an Kleidung, an beweglichen Sachen und an dem Hausrat, welche die Einrichtung der gemeinsamen Wohnung bilden. Ausgenommen sind Schmuck und Kunstobjekte sowie Güter, die unter Berücksichtigung des Lebensstandards der Partnerschaft einen außergewöhnlichen Wert haben, insbesondere Familienerbstücke sowie Mobiliar, das im Allein- oder anteilsmäßigen Eigentum des Verstorbenen stand. Sofern der hinterbliebene nichteheliche Lebensgefährte testamentarisch als Erbe oder Vermächtnisnehmer eingesetzt wurde, werden die vom Voraus erfassten Güter nicht auf sein Nachlassguthaben angerechnet. Voraussetzung ist ferner das Zusammenleben der Partner zum Zeitpunkt des Versterbens. Nicht ausreichend ist, dass die (formale) Lebensgemeinschaft zwar noch besteht, aber bereits eine faktische Trennung erfolgte; vielmehr müssen die Partner tatsächlich noch zusammengelebt

---

[268] Anders für gleichgeschlechtliche Lebensgemeinschaften, s. Art. 34 LUEP.

[269] So auch: *Martín Casals*, DPC 1998, 143, 184 m.w.N.

haben.[270] Nachdem eine Haushaltstrennung erfolgt ist, kann nämlich der Zweck des Voraus, dem Hinterbliebenen die Gegenstände des täglichen Lebens zu belassen, nicht mehr erreicht werden.

Da die Regelung mit der des Art. 35 CF bzw. Art. 1321 CC weitgehend übereinstimmt, kann auf vorhandene Rechtsprechung und Literatur zurückgegriffen werden.[271] Die geringfügigen Unterschiede im kastilischen Wortlaut des Ley de uniones estables de pareja und des Código de Familia ergeben sich durch die Übersetzung aus dem Katalanischen.[272] Einziger substanzieller Unterschied zwischen dem Gesetz über nichteheliche Lebensgemeinschaften und dem Código de Familia ist die Einschränkung, dass Familienerbstücke nur dann nicht an den hinterbliebenen Ehepartner fallen, wenn der vorverstorbene Ehegatte diese bereits testamentarisch anderen Personen zugewiesen hat (Art. 35 Abs.2 a.E. CF). Diese Beschränkung wurde im Laufe des Gesetzgebungsverfahrens allein in den Código de Familia aufgenommen. *Garrido Melero* bewertet das Fehlen daher als ein „Vergessen" des Gesetzgebers und rechtfertigt damit eine entsprechende Einschränkung für nichteheliche Lebensgemeinschaften.[273]

2. Neben einem Wohnrecht für den hinterbliebenen Partner sieht Art. 18 Abs.2 LUEP für diesen einen Anspruch vor, zu Lasten des Vermögens des Vorverstorbenen unterhalten zu werden. Diese Rechte des sog. Trauerjahres (*„any de plor"*) stammen aus einer alten katalanischen Institution, welche der Gesetzgeber in das Gesetz über nichteheliche Lebensgemeinschaften übernommen hat. Die Regelung entspricht weitestgehend Art. 36 CF, so dass die dazu vorhandene Literatur und Rechtsprechung in die Auslegung einbezogen werden kann.[274] Die Abweichungen im Wortlaut haben ihren Ursprung auch hier in der Übersetzung aus dem Katalanischen.[275]

a) Art. 18 Abs.2 S.1 LUEP gibt dem überlebenden Partner nicht nur einen Anspruch, die gemeinsame Wohnung zu bewohnen, sondern räumt diesem sogar die direkte Inbesitznahme ein; einer vorherigen Geltendmachung des Anspruchs bedarf es nicht. Sinn der Vorschrift ist es nämlich, dem überlebenden Partner für die Zeit der Trauer die Fortführung seines Lebens in der gewohnten Umgebung zu gestatten.[276] Anhand der Eigentumsverhältnisse sind drei Fälle zu unterschei-

---

[270] Gete-Alonso y Calera/Ysás Solanes/*Solé Resina*, Derecho de familia vigente en Cataluña, XV 9.1.

[271] So auch: *Garrido Melero*, La Notaría 1998, núm. 7, 35, 102, 103; *ders.*, Derecho de familia, Cap. II, II.C.

[272] Ausführlich dazu: *Martínez-Piñeiro Caramés*, La Notaría 1999, núm. 10, 51, 62.

[273] La Notaría 1998, núm. 7, 35, 103.

[274] So auch: *Garrido Melero*, La Notaría 1998, núm. 7, 35, 104; *Martínez-Piñeiro Caramés*, La Notaría 1999, núm. 10, 51, 62; *Bachs Estany*, in: Ortuño Muñoz (dir.), Las uniones estables de pareja, S. 165, 191; *Hernández Ibañez*, AC 1999, 583, 606.

[275] *Martínez-Piñeiro Caramés*, La Notaría 1999, núm. 10, 51, 62.

[276] Vgl. auch: AP Barcelona Urteil v. 20. Okt. 2003 JUR 2003\261255.

den: War der verstorbene Lebensgefährte alleinberechtigt aus dem Mietvertrag, hat der überlebende Partner in Einklang mit Art. 16 Abs.1 lit. a LAU ein vorzugsweises Eintrittsrecht in das Mietverhältnis. Stand die Wohnung im Eigentum des Verstorbenen, geht diese auf die Erben über, allerdings mit der Belastung eines Wohnrechts zugunsten des überlebenden Partners. Kein Anwendungsbereich für die Norm bleibt, wenn der Hinterbliebene Eigentümer der Wohnung ist oder aber ein Recht daran hat (z.B. ein dingliches Wohnrecht, Nießbrauch).

b) Zudem räumt das Gesetz dem Hinterbliebenen das Recht ein, aus dem Nachlass unterhalten zu werden. Im Gegensatz zu dem vorbeschriebenen Wohnrecht ist dieses Recht als Forderungsrecht ausgestaltet, welches notfalls gerichtlich geltend gemacht werden muss.[277] Die Zahlungsverpflichtung sowie die Summe der Zuwendung ist nicht an die Bedürftigkeit des überlebenden Partners gekoppelt, sondern bemisst sich anhand eines doppelten Kriteriums. Qualitativ ist sie abhängig von dem Lebensstandard der Lebensgemeinschaft und quantitativ von der Bedeutung des Vermögens (Art. 18 Abs.2 S.1 LUEP). Daher statuiert die Vorschrift keine Verpflichtung zur Zahlung von Unterhalt. Vielmehr soll der Gefahr entgegengewirkt werden, dass der Hinterbliebene durch den Tod seines Lebensgefährtens mittellos wird; die Geldleistungen sollen ersterem dann erleichtern, sich in der neuen Situation zurechtzufinden sowie ihn für die Trauerzeit finanziell absichern. Entsprechend ist der Anspruch auf ein Jahr befristet.

Der Anspruchsberechtigte verliert diese Rechte indes vorzeitig, wenn er die Ehe schließt oder mit einer anderen Person eheähnlich zusammenlebt; gleiches gilt, wenn er seine Pflichten gegenüber den gemeinsamen Kindern schwer vernachlässigt (Art. 18 Abs.2 S.4 LUEP). Auch ist kein Platz für solche Ansprüche, wenn dem hinterbliebenen Partner bereits durch Testament für einen längeren Zeitraum als ein Jahr ein Nießbrauch an der Sachgesamtheit eingeräumt wurde (Art. 18 Abs.2 S.3 LUEP). Vor dem Hintergrund eines fehlenden gesetzlichen Erbrechts wird diese Regelung jedoch für bedenklich gehalten.[278]

3. War der Verstorbene Vertragspartner des Mietverhältnisses, so hat der Hinterbliebene das Recht, in dieses einzutreten (Art. 18 Abs.3 LUEP). Die Fristen zur Geltendmachung des Eintrittsrechts sind dem gesamtspanischen Mietgesetz (Ley de arrendamientos urbanos) zu entnehmen. Da dieses in Art. 16 ebenfalls ein Eintrittsrecht in das Mietverhältnis für nichteheliche Lebensgefährten vorsieht,[279] ist die Regelung überflüssig.[280]

---

[277] Gete-Alonso y Calera/Ysás Solanes/*Solé Resina*, Derecho de familia vigente en Cataluña, XV 9.1.

[278] *Hernández Ibañez*, AC 1999, 583, 606.

[279] Siehe dazu ausführlich 2. Teil § 5.II.4.

[280] So auch: *Bachs Estany*, in: Ortuño Muñoz (dir.), Las uniones estables de pareja, S. 165, 191; *Martín Casals*, DPC 1998, 143, 184.

4. Bei Abschluss eines Kaufvertrags zu gleichen Teilen können Ehegatten, die im gesetzlichen Güterstand der Gütertrennung leben, vereinbaren, dass im Todesfalle dem Überlebenden Alleineigentum an der Kaufsache zukommt („*pacto de sobrevivencia*", Art. 44 CF).[281] Zwar handelt es sich um ein Institut des ehelichen Güterrechts, nach Argumentation des TSJ Cataluña ist der Vertrag aber als familienrechtlich zu qualifizieren. Da nichteheliche Lebensgemeinschaften Familien sind, sollen die Art. 44 ff. CF nunmehr auch auf jene Anwendung finden.[282]

2. Aragón

Wiederum wird bei den Rechten im Falle des Todes eines Lebensgefährten die Vorbildfunktion des katalanischen Gesetzes deutlich. So folgt das aragonische Gesetz dem katalanischen, indem es zum einen Ansprüche auf den Hausrat und zum anderen ein befristetes Recht auf Weiternutzung der Wohnung vorsieht.[283]

1. Das Recht auf Voraussonderung besteht an der Wohnungseinrichtung, Werkzeugen und Arbeitsgeräten, welche den Hausrat der Wohnung bilden. Kein Anspruch besteht hingegen auf Schmuck und Kunstobjekte von außergewöhnlichem Wert sowie auf Familienerbstücke.

Auf Seiten der Literatur stößt die Erwähnung von Werkzeugen und Arbeitsgeräten in der Aufzählung der Hausratsgegenstände auf Unverständnis.[284] Verwirrend sei insbesondere die deutliche Ähnlichkeit des Wortlauts zu Art. 57 Compilación de Aragón; im Gegensatz zu Art. 9 Abs.1 LPENC findet sich dort aber keine Beschränkung auf den Hausrat. Deshalb führt eine Auslegung im Einklang mit dem Kontext sowie dem Sinn der Norm hier dazu, dass nur solche Werkzeuge und Geräte gemeint sein können, die im engeren Sinne zu Reparaturen bzw. zur Erhaltung der Hausratsgegenstände verwendet werden können. Nicht erfasst werden hingegen spezifische Arbeitsmittel, deren der Verstorbene zur Ausübung seines Berufes bedurfte.

Zweifel wirft auch der Einschub auf, nach welchem die Rechte dem Hinterbliebenen zustehen, unabhängig vom Inhalt der Gründungsurkunde, des Testaments oder der Erbverträge. Zwar legt der Wortlaut der Vorschrift den Schluss nahe, der Gesetzgeber wolle damit - freilich implizit - den Norminhalt zu zwingendem Recht erklären; doch gebietet eine im Einklang mit dem zivilrechtlichen Grundsatz der Vertragsfreiheit stehende Interpretation eine andere Auslegung.

---

281 Zu der umstrittenen Rechtsnatur: Albaladejo/Díaz Alabart/*O'Callaghan Muñoz*, Art. 61 Compilación de Cataluña II.

282 TSJ Cataluña Beschluss v. 3. Dez. 2003 La Notaría 2003, núm. 11-12, vol. II, 139; Urteil v. 13. Feb. 2003 RJ 2003, 4576 = La Notaría 2005, núm. 13, 69 m. abl. Anm. Gomá Lanzón.

283 Krit. Albaladejo/Díaz Alabart/*Merino Hernández*, Art. 9 Ley de parejas estables no casadas I, der von einer schlechten Imitation spricht.

284 Albaladejo/Díaz Alabart/*Merino Hernández*, Art. 9 Ley de parejas estables no casadas II; diesem folgend: *de Amunátegui Rodríguez*, Uniones de hecho, VII.5.1.2.

Der Hausrat soll dem Hinterbliebenen zusätzlich zu den bereits durch Zusammenlebensvertrag, Testament oder Erbvertrag gewährten Zuwendungen zuteil werden.[285] Das Recht auf Voraussonderung des Hausrats ist demnach unabhängig davon, was dem hinterbliebenen Partner durch andere Urkunden zugewiesen wird.[286]

2. Art. 9 Abs.2 LPENC räumt dem Überlebenden das Recht ein, die gewohnte Wohnung für den Zeitraum eines Jahres kostenlos weiterzunutzen. Ebenso wie im katalanischen Recht greift die Regelung ins Leere, wenn die Wohnung im Eigentum des hinterbliebenen Partners steht oder dieser bereits ein Recht an ihr hat.

Problematisch ist zudem, dass das Wohnrecht als kostenloses Nutzungsrecht ausgestaltet ist. Damit steht die Norm nämlich in Widerspruch zu Art. 16 LAU, der zwar ein Eintrittsrecht in das Mietverhältnis vorsieht, dem Hinterbliebenen aber die Zahlung des vereinbarten Mietzinses auferlegt. Insoweit hat der aragonische Gesetzgeber wohl keine Gesetzgebungskompetenz, eine abweichende Regelung zu treffen.[287] Daher ist eine teleologische Reduktion um den Fall vorzunehmen, dass es sich um eine Mietwohnung handelt und der Verstorbene alleiniger Vertragspartner des Mietverhältnisses war; es bleibt bei den allgemeinen Regelungen des Art. 16 LAU.[288] Einschlägig ist Art. 9 Abs.2 LPENC demnach nur dann, wenn der Verstorbene Eigentümer der Wohnung war und diese nun kraft Erbrechts an eine dritte Person gefallen ist.[289]

Für das Wohnrecht stellt das Gesetz dessen Unabhängigkeit von weiteren Rechten eindeutig klar; es handelt sich also um ein „Mehr" gegenüber dem bereits vertraglich oder testamentarisch Festgelegten.

Im Gegensatz zum katalanischen „Trauerjahr" gewährt das aragonische Gesetz jedoch keinen Anspruch, aus dem Nachlass unterhalten zu werden. Der Grund liegt darin, dass es im aragonischen Recht keine dem Trauerjahr entsprechende Rechtstradition gibt.[290]

3. Zwar enthält auch das aragonische Gesetz kein gesetzliches Erbrecht für die Partner einer nichtehelichen Lebensgemeinschaft. Weitergehend erklärt es jedoch in den Art. 15 und 16 LPENC die allgemeinen erbrechtlichen Vorschriften des aragonischen Rechts für anwendbar, so dass von nichtehelichen Lebens-

---

285 *Hernández Ibáñez*, in: Homenaje al profesor Bernardo Moreno Quesada, vol. II, S. 789, 804; ausführlich zum Ganzen: Albaladejo/Díaz Alabart/*Merino Hernández*, Art. 9 Ley de parejas estables no casadas II.

286 So auch: *De Amunátegui Rodríguez*, Uniones de hecho, VII.5.1.2.

287 Vgl. Albaladejo/Díaz Alabart/*Merino Hernández*, Art. 9 Ley de parejas estables no casadas III.

288 Dazu oben 2. Teil § 5.II.4.

289 Albaladejo/Díaz Alabart/*Merino Hernández*, Art. 9 Ley de parejas estables no casadas III.

290 *Hernández Ibáñez*, in: Homenaje al profesor Bernardo Moreno Quesada, vol. II, S. 789, 804.

gefährten Erbverträge geschlossen werden können wie auch gemeinschaftlich testiert werden kann.[291] Zudem erlaubt Art. 17 LPENC dem Hinterbliebenen nach den allgemeinen erbrechtlichen Vorschriften Aragóns, über den Nachlass treuhänderisch zu verfügen.

3. Balearen

Zusätzlich zu familienrechtlichen Ansprüchen ordnet das Gesetz der Balearen in Art. 13 LPE für den Bereich des gesetzlichen Erbrechts sowie für die testamentarische Erbfolge eine pauschale Gleichstellung mit dem verwitweten Ehegatten an.

1. Bei den Vorschriften, welche die Wirkungen bei Auflösung durch Tod oder Todeserklärung bestimmen, wird die Vorbildfunktion des katalanischen Gesetzes besonders deutlich; die katalanischen Regelungen wurden zum Teil wörtlich übernommen.

a) Nach Art. 12 lit. a LPE hat der hinterbliebene Partner ein Recht an Kleidung, an der Wohnungseinrichtung sowie an solchen Sachen, welche den Hausrat der gemeinsamen Wohnung ausmachen. Der Wert dieses Hausrats ist nicht auf das Nachlassguthaben anzurechnen. Ausgenommen sind ebenfalls Kunst- und historische Objekte, Familienerbstücke sowie solche Güter, die unter Berücksichtigung des Lebensstandards der Partnerschaft einen außergewöhnlichen Wert haben.

b) War der Erblasser Mieter der Wohnung, hat sein nichtehelicher Partner das Recht, in den durch das gesamtspanische Mietgesetz festgelegten Fristen in das Mietverhältnis einzutreten (Art. 12 lit. b LPE).

2. Durch die Gleichstellung in Art. 13 LPE hat der hinterbliebene Partner einer nichtehelichen Lebensgemeinschaft sowohl für die gesetzliche als auch für die gewillkürte Erbfolge die gleichen Rechte, wie sie die Compilación de Derecho Civil de Baleares dem verwitweten Ehegatten gewährt. Dabei gilt es zu beachten, dass das Erbrecht der Balearen nicht einheitlich ist, sondern von Insel zu Insel variiert. Während die Vermögensnachfolge auf den Inseln Mallorca und Menorca auf dem römischen Recht basiert (1. Buch 2. Titel Compilación Balearen), stellt das Erbrecht der Inseln Ibiza und Formentera eine Mischung aus mallorquinischem, katalanischem und gesamtspanischem Erbrecht dar (3. Buch 2. Titel Compilación Balearen).[292]

Wichtigste Folge der Anordnung des Art. 13 LPE ist, dass der nichteheliche Partner wie ein überlebender Ehegatte pflichtteilsberechtigt ist (Art. 41 Nr.3

---

[291] Letztere Regelung ist im Hinblick auf Art. 102 Abs.1 Ley 1/1999 de sucesiones por causa de muerte überflüssig, da dieser das gemeinschaftliche Testament allen Aragoniern unabhängig von Ehe oder Verwandtschaft eröffnet.

[292] Vgl. ausführlich dazu: *Masot Miquel*, in: Bercovitz/Martínez-Simancas, Derechos Civiles de España VI, S. 4889 ff.

Compilación Balearen). Zwar verweist die Compilación für die gesetzliche Erbfolge auf die Vorschriften des Código Civil (vgl. Art. 53 bzw. 84). Wichtigste Ausnahme ist aber das in Art. 45 bzw. Art. 84 Abs.2 beschriebene Pflichtteilsrecht des überlebenden Ehegatten. Demgemäß kommt dem hinterbliebenen nichtehelichen Partner ein Nießbrauch am Nachlassguthaben zu. Zusammen mit Nachkommen beträgt dieser die Hälfte, neben den Eltern zwei Drittel sowie neben übrigen Verwandten erstreckt er sich auf das gesamte Nachlassguthaben. Ausgeschlossen ist das Noterbrecht im Falle einer faktischen Trennung wie auch bei förmlicher Beendigung der Lebensgemeinschaft, es sei denn, beide Sachverhalte sind durch Verschulden des Verstorbenen eingetreten. Darüber hinaus sind nach herrschender Meinung ebenfalls die in den Art. 6, 7 sowie 17 Compilación Balearen erwähnten Grundprinzipien bei dem Verweis zu berücksichtigen, so dass der Anwendungsbereich des Código Civil kleiner ist, als er auf den ersten Blick zu sein scheint.[293] Demnach steht dem hinterbliebenen Partner sowohl für die gewillkürte als auch für die gesetzliche Erbfolge ein Nießbrauch am Nachlass zu.

4. Navarra

Im Gegensatz zu den bisher erläuterten Gesetzen der autonomen Gebietskörperschaften sieht Navarra ein gesetzliches Erbrecht des hinterbliebenen nichtehelichen Partners vor. Auch verwendet der navarresische Gesetzgeber eine andere Regelungstechnik, indem er durch das Gesetz über die nichteheliche Lebensgemeinschaft seine Foralrechtssammlung novellierte (Art. 11 LFIJPE).

1. Gemäß Art. 11 Abs.1 LFIJPE wurde in Ley 253 Compilación del Derecho Civil Foral de Navarra o Fuero Nuevo ein zweiter Absatz eingefügt, der eine Gleichstellung mit dem verwitweten Ehegatten anordnet. Durch die Einbeziehung des überlebenden Partners einer nichtehelichen Lebensgemeinschaft hat dieser Nießbrauch an allen Gütern und Rechten, welche der verstorbene Partner zum Zeitpunkt des Todes innehatte.

Die pauschale Ausweitung der auf Ehegatten zugeschnittenen Vorschriften auf nichteheliche Lebensgemeinschaften führt jedoch zu Ungereimtheiten und damit verbundenen Rechtsunsicherheiten.[294] Die vom navarresischen Gesetzgeber gewählte Regelungstechnik spricht dafür, dass sich die Gleichstellung grundsätzlich auf alle nachfolgenden Normen erstreckt.[295] Wie die Normen im einzelnen bezüglich nichtehelicher Lebensgemeinschaften auszulegen sind, ist

[293] Im einzelnen: Albaladejo/Díaz Alabart/*Mir de la Fuente*, Art. 53 Compilación del Derecho civil de Baleares, II.2 m.w.N.

[294] Albaladejo/Díaz Alabart/*Arregui Gil*, Adendum VII bezeichnet die angeordnete pauschale Gleichstellung deshalb als Störung des navarresischen Zivilrechts sowie als antiforal.

[295] So auch: *De Amunátegui Rodríguez*, Uniones de hecho, VII.5.2.2; zweifelnd: Albaladejo/Díaz Alabart/*Arregui Gil*, Adendum VII.1.

anhand des Zwecks der jeweiligen Vorschrift zu entscheiden. Beispielsweise bestimmt Ley 256 Compilación Navarra den Ausschluss einiger Güter aus dem Nießbrauch im Falle einer zweiten Ehe. Für nichteheliche Partner stellt sich dann die Frage, ob die Vorschrift ebenso bei einer zweiten nichtehelichen Lebensgemeinschaft gilt. Da die Vorschrift dem Schutz der Kinder der vorhergehenden Partnerschaft dient, stellt sich die Problematik ebenso im Falle einer neuerlichen nichtehelichen Lebensgemeinschaft.

Ausgenommen aus dem Nießbrauch sind weiterhin die in Ley 255 Abs.2 Compilación Navarra aufgezählten Güter, wie beispielsweise der Nacherbschaft unterworfenes Vermögen oder unentgeltlich erlangte Sachen. Ausgeschlossen ist das Nießbrauchsrecht in den Fällen des Ley 254 Compilación Navarra. Übertragen auf nichteheliche Partnerschaften ist die Vorschrift so zu lesen, dass das Nießbrauchsrecht sowohl bei einer faktischen Trennung als auch nach einer Beendigung der Lebensgemeinschaft ausgeschlossen ist. Zur Auslegung der dort verwendeten Generalklauseln kann auf die bisherige Rechtsprechung und Lehre sowie auf die zu Art. 82 Nr.1 CC ergangene Jurisdiktion zurückgegriffen werden.

Das Nutzungsrecht besteht grundsätzlich lebenslänglich; ausnahmsweise endet es früher, wenn der Nießbrauchsberechtigte ausdrücklich in öffentlicher Urkunde darauf verzichtet (Ley 261 Nr.2 Compilación Navarra) oder eine Ehe eingeht, es sei denn, der Vorverstorbene hatte etwas Gegenteiliges erklärt (Ley 261 Nr.3 Compilación Navarra). Dem Fall einer neuerlichen Eheschließung steht wiederum die Eingehung einer nichtehelichen Lebensgemeinschaft gleich.

2. Durch Art. 11 Abs.2 LFIJPE wird der nichteheliche Partner an die fünfte Stelle - und damit auf dieselbe Stufe wie der hinterbliebene Ehegatte - der gesetzlichen Erbfolge für *„bienes no troncales"* gestellt (Ley 304 Nr.5 Compilación Navarra). Ausgenommen sind Lebensgefährten, welche aus den in Ley 254 Compilación Navarra genannten Gründen auch vom Nießbrauch ausgeschlossen sind.

Zwar findet sich keine Legaldefinition der *„bienes no troncales"*; jedoch definiert der Gesetzgeber in Ley 306 Compilación Navarra den Begriff der *„bienes troncales"*. Dies sind Immobilien, die der Erblasser von Verwandten bis zur vierten Ordnung unentgeltlich bekommen oder durch Tausch mit anderen *„bienes troncales"* erhalten hat (Surrogation). Zur Rechtsnachfolge berufen sind dann neben Geschwistern Verwandte in aufsteigender Linie wie auch in Seitenlinie (Ley 307 Compilación Navarra). Die Sukzession in *„bienes troncales"* findet statt, wenn der Erblasser über diese Güter keine Verfügung getroffen hat, und ohne Nachkommen zu hinterlassen, verstirbt (Ley 305 Compilación Navarra). In den übrigen Fällen gestaltet sich die Rechtsnachfolge von Todes wegen nach den Vorschriften über *„bienes no troncales"*. Damit soll sichergestellt werden, dass Immobilien, die einen hohen Familienbezug aufweisen, in der Familie verbleiben.[296]

3. Ley 341 Compilación Navarra erklärt den Partner einer nichtehelichen Lebensgemeinschaft unfähig, an der Erbauseinandersetzung als Testamentsvollstrecker beteiligt zu sein. Insoweit handelt es sich nur um eine folgerichtige Einschränkung, die aufgrund der (teilweisen) Einbeziehung in die gesetzlichen Erbrechte für Ehegatten notwendig geworden ist.

5. Baskenland

Ähnlich wie die bereits zuvor erläuterten Gesetze der autonomen Gebietskörperschaften unterscheidet das baskische Gesetz zwischen familienrechtlichen Ansprüchen und Rechtsnachfolge von Todes wegen.

1. Als Teil der allgemeinen Klauseln des Art. 6 LRPH legt Nr.2 lit. c die Rechte des überlebenden Partners im Falle der Auflösung der Lebensgemeinschaft durch Tod oder Todeserklärung fest. Demnach fällt dem hinterbliebenen Partner das Eigentum am Hausrat zu. Als solche kommen neben Haushaltsgegenständen auch Mobiliar sowie zum Haushalt gehörende Kleinwerkzeuge in Betracht. Zusätzlich hat der Partner ein einjähriges Nutzungsrecht an der Familienwohnung. Ebenso gelangt die Regelung im baskischen Recht nur dann zur Anwendung, wenn der Verstorbene Eigentümer der Wohnung war. Im Falle einer Mietwohnung ergibt sich ein weitergehendes Eintrittsrecht in das Mietverhältnis bereits aus Art. 16 LAU. Voraussetzung für beide Ansprüche ist, dass die Partner bis zum Zeitpunkt des Todes zusammengelebt haben. Weitere Einschränkung ist, dass die Pflichtteilsansprüche der Pflichtteilsberechtigten durch die vorbezeichneten Rechte nicht beeinträchtigt werden dürfen.

2. Art. 9 S.1 LRPH gibt den Partnern einer nichtehelichen Lebensgemeinschaft die gleichen Rechte, wie sie Ehepaaren nach dem Zivilrecht des Baskenlandes zustehen. Ähnlich wie im Recht der Balearen gibt es im Baskenland kein einheitliches Zivilrecht; Foralrechte bestehen nur in den historischen Gebieten Vizkaya, Álava und Gipuzkoa.

a) Daher bedurfte es in Art. 9 S.2 LRPH der Feststellung, dass die folgenden Rechte je nach foralem Zivilrecht in jedem Fall anwendbar sind. Damit statuiert der baskische Gesetzgeber eine Mindestregelung, die einheitlich für das gesamte Gebiet der autonomen Region Geltung hat.

- Die Partner einer nichtehelichen Lebensgemeinschaft haben das Recht, im Falle des Todes dem anderen einen Nießbrauch an der Gesamtheit aller gemeinschaftlichen Güter zu gewähren.

- Zweitens sieht das baskische Recht die Möglichkeit einer gemeinschaftlichen Verfügung von Todes wegen vor. Entgegen dem gesamtspanischen Verbot

[296] Albaladejo/Díaz Alabart/*Barber Carcamo*, Ley 305 de la Compilación o Fuero Nuevo de Navarra II.1.

(Art. 669 CC) können die nichtehelichen Partner ein gemeinschaftliches Testament errichten, welches sie in der Folgezeit sowohl widerrufen wie auch ändern können.

- Zudem gibt Art. 9 LRPH das Recht, sich wechselseitig als Treuhänder („*comisario*")[297] in Testament oder Erbvertrag zu benennen.

b) Darüber hinaus finden weitere erbrechtliche Institute in den historischen Foralgebieten Anwendung. Beispielsweise enthält das Foralrecht Vizkayas sowohl Regelungen für die gewillkürte als auch für die gesetzliche Erbfolge. Hervorzuheben ist für die testamentarische Erbfolge das Recht auf Nießbrauch (Art. 58 LDCF), welches die Testierfreiheit des Erblassers einschränkt. Neben Nachkommen des Verstorbenen wie auch Verwandten in aufsteigender Linie hat der hinterbliebene Partner einen Nießbrauch an der Hälfte aller Vermögensgüter; hinterlässt der Erblasser weder Nachkommen noch Vorfahren, erstreckt sich der Nießbrauch sogar auf zwei Drittel. Der Nießbrauch erlischt durch den Tod des Hinterbliebenen, durch die in Art. 513 CC aufgezählten sowie die in Art. 58 Abs.5 LDCF besonders geregelten Gründe. Bezüglich des Erlöschens aufgrund einer nichtehelichen Lebensgemeinschaft ist fraglich, ob damit nur eingetragene Partnerschaften im Sinne des Ley reguladora de parejas de hecho gemeint sind oder jegliches (nicht formalisiertes) nichteheliches Zusammenleben das Nießbrauchsrecht entfallen lässt. Letztere Auslegung erscheint hinsichtlich des späteren Inkrafttretens des Gesetzes über nichteheliche Lebensgemeinschaften zutreffender und steht darüber hinaus mit den weiteren Gründen (z.B. der Zeugung eines nichtehelichen Kindes) in Einklang.

Greift die gesetzliche Erbfolge, beerbt der hinterbliebene Partner bei Fehlen von Nachkommen und Aszendenten den Erblasser in alle Güter, die nicht „*troncal*"[298] sind (Art. 69 LDCF). Dieses Erbrecht tritt neben den vorbeschriebenen Nießbrauch wie weitere Rechte des gesetzlichen Güterstandes der Gütergemeinschaft (Art. 104 ff. LDCF).[299]

6. Vergleichende Zusammenfassung

Wie bereits vorstehend angedeutet, lassen sich die Gesetze der autonomen Gebietskörperschaften anhand der Regelungsreichweite in drei Gruppen einteilen: Eine erste gesteht dem überlebenden nichtehelichen Partner allein Ansprüche von Todes wegen zu (Katalonien und Aragón). Die Gesetze Navarras, der Balearen und des Baskenlandes bewilligen dem Hinterbliebenen einen Nießbrauch am Nachlass. Dieser ist ausgestaltet als Pflichtteilsrecht, welches die Testierfrei-

---

[297] Vgl. die Art. 164 ff. LDCF.

[298] Zu beachten gilt es, dass das Konzept der „troncalidad" im baskischen Recht restriktiver ist als im vorbeschriebenen navarresischen Recht, vgl. Art. 17 ff. LDCF.

[299] Ausführlich: Albaladejo/Díaz Alabart/*Celaya Ibarra*, Art. 69 Ley del Derecho Civil Foral del País Vasco.

heit des Erblassers einschränkt. Eine dritte Gruppe räumt dem nichtehelichen Lebensgefährten mit der Aufnahme in die gesetzliche Erbfolge ein gesetzliches Erbrecht ein. So bestimmen das baskische und das navarresische Gesetz den Partner einer nichtehelichen Lebensgemeinschaft zum gesetzlichen Erben. Im Falle der Balearen und des Baskenlandes werden die beschriebenen Rechte kumulativ zu den familienrechtlichen Ansprüchen von Todes wegen gewährt.

Darüber hinaus steht es jedem Partner frei, testamentarische Verfügungen zugunsten des anderen zu treffen.[300] Die Nichtigkeit von Verfügungen aufgrund von Sittenwidrigkeit ist nur in Ausnahmefällen denkbar; insbesondere, wenn die testamentarische Verfügung als Bedingung für die sexuelle Hingabe gemacht wurde, kann ein Verstoß gegen Art. 792 CC vorliegen.

II. Rentenansprüche

Im gesamtspanischen Recht ist grundsätzlich die Ehe Voraussetzung für die Gewährung von Rentenansprüchen;[301] der nichteheliche Lebensgefährte gehört nicht zum Kreis der Bezugsberechtigten (vgl. Art. 174 LGSS bzw. Art. 38 Ley de Clases Pasivas del Estado). Einen breiten Raum in der öffentlichen Diskussion nimmt die Frage einer Hinterbliebenenrente für den überlebenden nichtehelichen Partner ein, seit der Tribunal Constitucional Urteile der Vorinstanzen bestätigte, welche den Klägerinnen jegliche Ansprüche verweigert hatten.[302] Den Urteilen lagen Sachverhalte zugrunde, in denen die Partner mehr als 40 bzw. 50 Jahre nichtehelich zusammengelebt hatten.

Art. 149 Abs.1 Nr.17 CE weist dem Gesamtstaat die ausschließliche Zuständigkeit für die grundlegende Gesetzgebung und die wirtschaftliche Ordnung der Sozialversicherung zu, unbeschadet der Ausführung ihrer Leistungen durch die autonomen Gemeinschaften.[303] Danach können letztere zwar Verfahrensvorschriften für die Gewährung der Sozialleistungen erlassen, nicht aber eigenständige Anspruchsgrundlagen schaffen. Vor diesem Hintergrund sind die autonomen Regelungen einer kritischen Prüfung zu unterziehen.

---

[300] So gebilligt vom TS Urteil v. 13. Juni 1986 RJ 1986, 3549; anders noch: Urteil v. 15. Nov. 1968 RJ 1968, 5816.

[301] Eine Ausnahme besteht im Rahmen des Scheidungsgesetzes Ley 30/1981 Zusatzbestimmung Nr.10 Regel Nr.2 für hinterbliebene Partner, denen es wegen des Scheidungsverbotes nicht möglich war, in einer zweiten Ehe Rentenansprüche zu erwerben. Voraussetzung ist u.a., dass die Partner wie Ehegatten zusammengelebt haben.

[302] TC Urteil v. 15. Nov. 1990 RTC 184/1990; Urteil v. 28. Feb. 1994 RTC 66/1994.

[303] Einfachgesetzlich konkretisiert durch die Autonomiestatute: Aragón Art. 39 Abs.1 Nr.13; Balearen Art. 12 Nr.8; Baskenland Art. 18 Abs.2; Katalonien Art. 17 Abs.2; Navarra Art. 54 Abs.1.

1. Katalonien, Balearen und Baskenland

Einzig der katalanische Gesetzgeber hat unter Hinweis auf seine mangelnde Gesetzgebungskompetenz auf eine spezielle Vorschrift verzichtet. In der Präambel erklärt er, dass Fragen der Sozialversicherung von der Regelung auszunehmen seien.[304]

Zwar erklärt das Gesetz der Balearen in der ersten Zusatzbestimmung die Gleichstellung nichtehelicher Partner mit Ehegatten für die Angestellten und Beamten der öffentlichen Verwaltung. Jedoch wird diese Bestimmung in der Begründung der Gesetzesmotive insoweit eingeschränkt, als die Anordnungen den Kompetenzrahmen der autonomen Region einhalten müssen; aus diesem Grund verbiete sich eine Behandlung des Bereiches der sozialen Sicherheit.[305] Ein Rentenanspruch des nichtehelichen Partners besteht deshalb nicht.

Gemäß Art. 17 LRPH hat die Verwaltung der autonomen Region des Baskenlandes im Bereich ihrer Kompetenzen im Sozialrecht über die völlige Gleichstellung zwischen nichtehelichen wie ehelichen Lebensgemeinschaften bei der Anwendung der Normen über die soziale Sicherheit zu wachen. Mit dieser auf den ersten Blick merkwürdig erscheinenden Formulierung erkennt der baskische Gesetzgeber seine mangelnde Gesetzgebungskompetenz an.[306] Auch nach baskischem Recht besteht daher kein Anspruch auf eine Hinterbliebenenrente.

2. Aragón

Prinzipiell weitergehend im Regelungsumfang ist das aragonische Gesetz. Demnach sind die Rechte und Pflichten, die Ehegatten durch das öffentliche Recht Aragóns gewährt werden, ebenso auf nichteheliche Partner anzuwenden (Art. 18 LPENC). Allerdings ist für die Beamten der autonomen Verwaltung bisher keine eigenständige Regelung der Ruhegehälter vorgesehen. Sofern der aragonische Gesetzgeber sich aber zu einer Normierung entschlösse, würde sich daraus automatisch ein Anspruch auf Hinterbliebenenrente des nichtehelichen Partners ergeben.

3. Navarra

Tatsächlich gewährt wird eine Witwenrente für den hinterbliebenen Partner einer nichtehelichen Lebensgemeinschaft bislang nur in Navarra. Durch Art. 13 Abs.3 LFIJPE wurde Art. 75 des Statuts für das Personal in der öffentlichen Verwaltung modifiziert. Demnach sind neben Ehegatten nun auch die nichtehelichen Lebensgefährten von Beamten und Rentnern Begünstigte der Witwenren-

---

304 Preámbulo, 13. Absatz.

305 Exposición de motivos I, 8.Absatz.

306 So auch ausdrücklich: Exposición de motivos II, 5.Absatz "...dentro del limitado ámbito de las actuales competencias de la Comunidad Autónoma del País Vasco".

te. Die Verfassungsmäßigkeit der Norm steht jedoch aus den bereits genannten Gründen zu bezweifeln.

III. Schadensersatz nach Tötung im gesamtstaatlichen Recht

Da der Código Civil keine eigenständige Norm für Schadensersatzansprüche wegen Tötung bereithält, ist in diesen Fällen die Generalklausel des Art. 1902 CC anzuwenden. Danach ist derjenige, der durch Handeln oder Unterlassen einem anderen vorsätzlich oder fahrlässig einen Schaden zufügt, verpflichtet, den verursachten Schaden auszugleichen.

In Fällen der Tötung kann der Schaden insbesondere darin bestehen, dass der Geschädigte wirtschaftlich vom Opfer abhängig war, weil er von diesem unterhalten wurde. Ein immaterieller Schaden kann aber auch in dem Verlust eines geliebten Menschen bestehen. Zusätzliche Voraussetzung für die Geltendmachung ist jedoch, dass der Geschädigte mit dem Opfer durch eine enge persönliche Beziehung verbunden war;[307] eine solche kann nach herrschender Meinung ebenfalls zwischen den Partnern einer nichtehelichen Lebensgemeinschaft bestehen.[308] Bei einem dauernden Getrenntleben vom Ehepartner kann der nichteheliche Lebensgefährte sogar allein berechtigt sein; zumindest aber steht er gleichrangig neben dem Ehepartner.[309] Dieser Rechtsprechung und Lehre Rechnung tragend wurde der nichteheliche Partner in neueren Spezialgesetzen dem Ehegatten gleichgestellt.[310]

---

307 TS Urteil v. 14. Dez. 1996 RJ 1996, 8970.

308 TS Urteil v. 19. Mai 1969; AP Àvila Urteil v. 4. Nov. 1993 La Ley 1994-2, 247 ff.; *Estrada Alonso*, Las uniones extramatrimoniales, Cap. IX, V; *Gallego Domínguez*, Las parejas no casadas y sus efectos patrimoniales, 4. Teil, Cap. 4, III.3.D; *Mesa Marrero*, Las uniones de hecho, V 3.2.1 m.w.N.

309 Vgl. TS Urteil v. 19. Mai 1969.

310 Ley 30/1995 im System der Schadensbemessung bei Verkehrsunfällen (Tabelle I) sowie Ley 35/1995 über die Hilfe für Opfer von Gewaltdelikten und Sexualverbrechen.

§ 8 Ausstrahlungswirkung auf das gesamtspanische Recht

Über die bereits beschriebenen Rechtswirkungen hinaus haben die autonomen Gesetzgebungsaktivitäten enorme Ausstrahlungswirkung auf das gesamtspanische Recht. Die Verabschiedung der Gesetze der autonomen Gebietskörperschaften hat auch für die Frage einer rechtlichen Anerkennung nichtehelicher Lebensgemeinschaften im gesamtspanischen Rechtsraum eine Wende eingeleitet.

I. Auswirkungen auf die Rechtsprechung

Insbesondere die Rechtsprechung des Tribunal Supremo zeigt sich von den Gesetzgebungsaktivitäten der Gesetzgeber der autonomen Gebietskörperschaften beeinflusst. Während bisher Analogien zum Eherecht strikt abgelehnt wurden und Lösungen für die vermögensrechtlichen Probleme nichtehelichen Zusammenlebens auf der Basis des Schuldrechts gesucht wurden,[311] lässt er nun großzügig Analogieschlüsse zu den Vorschriften über die Auflösung der Ehe (Art. 90 ff. CC) zu; zudem beruft er sich auf den „Grundsatz des Schutzes des bedürftigen Partners".

1. Schaffung gleicher Lebensverhältnisse im gesamten Staatsgebiet

Diese Entwicklung ist nur vor dem Hintergrund des drohenden Verlustes gleichwertiger Lebensverhältnisse im Staatsgebiet verständlich. So sieht sich der Tribunal Supremo dazu berufen, für die Schaffung gleicher Lebensbedingungen im Gesamtstaat Sorge zu tragen. Damit findet der Rechtsprechungswandel seinen Ursprung in dem Gedanken, eine Ungleichbehandlung für die Partner solcher Lebensgemeinschaften aufzuheben, auf welche die Gesetze der autonomen Gebietskörperschaften mangels Gebietszugehörigkeit keine Anwendung finden. Andernfalls würde ein Zwei-Klassen-System geschaffen, welches eine Anomie erzeugte, die dem Gleichheitsgrundsatz des Art. 14 CE zuwiderliefe.[312]

Mit dieser Auslegung des Gleichheitsgrundsatzes setzt sich der Tribunal Supremo in Widerspruch zu der Rechtsprechung des Tribunal Constitucional, nach der Gleichheit nicht mit Einheitlichkeit gleichgesetzt werden darf. So sei das Gleichheitsprinzip nicht im Sinne einer strengen und monolithischen Gleichförmigkeit zu verstehen, die voraussetze, dass bei gleichen Umständen in jedem Teil des Landes die gleichen Rechte und Pflichten bestehen.[313] Die Verschiedenheit der gesetzlichen Regelungen ist vielmehr notwendige Konsequenz des spanischen Autonomiestaates und damit Ausdruck seiner föderativen Kompo-

[311] Vgl. *Gallego Domínguez*, Las parejas no casadas y sus efectos patrimoniales, 3. Teil, Cap. 1-4.
[312] TS Urteil v. 5. Juli 2001 RJ 2001, 4993 RG 4.
[313] TC Urteil v. 16. Nov. 1981 RTC 37/1981.

nenten. Insbesondere für den Bereich des Zivilrechts sind die Unterschiede Folge der Pluralität eines territorialen Zivilrechts, welches von der Verfassung nicht nur anerkannt wurde, sondern dessen Weiterentwicklung ausdrücklich gestattet ist (Art. 149 Abs.1 Nr.8 CE). Zwar lässt sich bemängeln, dass mit den Gesetzen der autonomen Gebietskörperschaften über nichteheliche Lebensgemeinschaften die gesamtstaatliche Einheit im Zivilrecht weiter verloren geht, doch ist es nicht Aufgabe eines obersten Zivilgerichtshofes, einer solchen Entwicklung entgegenzuwirken.

2. Der Grundsatz des Schutzes des benachteiligten Partners

Den Beginn der neueren Entwicklung leitete die Frage ein, ob dem nichtehelichen Partner nach Auflösung der Lebensgemeinschaft die Familienwohnung zugewiesen werden kann. Unter Aufgabe der bisherigen Rechtsprechung gewährte der Tribunal Supremo in analoger Anwendung des Art. 96 CC ein (zeitlich begrenztes) Nutzungsrecht an der Familienwohnung.[314] Vor dem Hintergrund der Gesetze der autonomen Gebietskörperschaften entwickelte der oberste Gerichtshof in den Folgeentscheidungen sogar einen allgemeinen Rechtsgrundsatz des „Schutzes des durch das Zusammenleben beeinträchtigten Partners“. Hierzu bedient er sich eines Konglomerats sowohl einfachgesetzlicher wie auch verfassungsrechtlicher Vorschriften. Der Grundsatz fuße auf den Art. 10 CE (Recht auf freie Entfaltung der Persönlichkeit), Art. 14 CE (Gleichheitsgrundsatz), Art. 39 CE (Schutz der Familie), den Normen des Privatrechts, wie insbesondere Art. 96 CC, oder den Vorschriften des Mietgesetzes sowie der ständigen Rechtsprechung.[315] Im Gegensatz zu der für Ehegatten geltenden Parallelnorm des Art. 96 CC findet damit für nichteheliche Lebensgemeinschaften nur eine bloße Billigkeitsprüfung statt, die sich inhaltlich aber weitgehend an den Voraussetzungen des Art. 96 CC orientiert. Es scheint, als habe sich der Tribunal Supremo zunächst nur den erhöhten Begründungsaufwand für die Zulässigkeit eines Analogieschlusses ersparen wollen.

Wurde dieser Grundsatz ursprünglich nur für den Bereich der Wohnungszuweisung benutzt, wird er nunmehr auch für andere Bereiche mit zur Begründung herangezogen. Der Tribunal Supremo stellt damit die neuere Entwicklung in einen Gesamtzusammenhang. Er befürwortet einen übergeordneten Schutz für den Partner, der sich nach dem Ende der Lebensgemeinschaft in einer finanziell prekären Situation befindet. Dahinter verbirgt sich der Gedanke, das bestehende juristische Vakuum dürfe dem wirtschaftlich abhängigen Partner nicht zum Nachteil gereichen. Insbesondere in Lebensgemeinschaften mit Kindern soll diesen nach der Trennung ein möglichst normales Familienleben gewährleistet

[314] Dazu bereits oben 2. Teil § 5.II.1.
[315] TS Urteil v. 10. März 1998 RJ 1998, 1272; ebenso Urteil v. 27. März 2001 RJ 2001, 4770 RG 7.

werden, wozu ebenfalls gehört, dass der erziehende Elternteil über die notwendigen Finanz- und Sachmittel verfügt.

3. Vermögensrecht

Für den Bereich des Vermögensrechts sind bereits eine Reihe sich ergänzender Urteile ergangen.

1. Während sich die älteren Urteile durch eine reservierte Zubilligung von Ausgleichsansprüchen auszeichnen, wurde diese Zurückhaltung in der jüngeren höchstrichterlichen Rechtsprechung teilweise aufgegeben. Der Vermögensausgleich nach Auflösung der Lebensgemeinschaft ist vor allem von der Uneinigkeit hinsichtlich des Rechtsgrundes geprägt.[316]

a) Deutlich im Vordergrund der älteren Rechtsprechung stand der Entschädigungscharakter („*indemnización*") für den Partner, der sich unter Vernachlässigung der eigenen beruflichen sowie persönlichen Perspektiven der Familie widmet. Der im Jahre 2001 eingeleitete Rechtsprechungswandel ist von gewisser Unsicherheit gekennzeichnet. Die Entscheidung des Tribunal Supremo vom 27. März 2001 kann insofern als Hybride bezeichnet werden. Dort wird eine Ausgleichsentschädigung („*indemnización compensatoria*") in Form einer einmaligen Geldleistung gewährt.[317] In dem Folgeurteil[318] spricht der Tribunal Supremo in offensichtlicher Anlehnung an die „*compensación económica*" der Gesetze der autonomen Gebietskörperschaften über nichteheliche Lebensgemeinschaften nur noch von einer „*compensación*". In dem neuesten Urteil vom 12. September 2005[319] vollzieht er eine scheinbare Kehrtwende, indem er wieder den Entschädigungscharakter betont und das Prinzip der ungerechtfertigten Bereicherung als den geeignetesten Weg zur Lösung der Abwicklungsproblematik darstellt. Eine endgültige Entscheidung über den Rechtsgrund lässt er jedoch bewusst offen.

Zwar wehrt sich der Tribunal Supremo gegen die Schaffung eines Ersatzgüterstandes, indem er betont, dass es sich bei einer nichtehelichen Lebensgemeinschaft weder um eine (Bruchteils-) Gemeinschaft noch um eine Errungenschaftsgemeinschaft handele.[320] In der Rechtsfolge drücke sich dies darin aus, dass der Partnerin nicht wie im Falle einer Rechtsgemeinschaft die Hälfte des erworbenen Vermögens zustehe, sondern nur ein pauschalierter Ausgleich in Höhe eines Drittels des Wertes der während der Lebensgemeinschaft erwirt-

[316] Beispielhaft seien die Anwendung von Gemeinschaftsrecht (Art. 392 ff. CC), der ungerechtfertigten Bereicherung, einer „*sociedad particular de hecho*" genannt; vgl. die ausführliche Rechtsprechungsübersicht bei *Mesa Marrero*, Las uniones de hecho, IV 2.

[317] TS Urteil v. 27. März 2001 RJ 2001, 4770.

[318] TS Urteil v. 17. Jan. 2003 RJ 2003, 4.

[319] RJ 2005, 7148.

[320] So auch: TS Urteil v. 5. Feb. 2004 RJ 2004, 213.

schafteten Güter. Bei der Frage, ob eine ausgleichsfähige ungerechtfertigte Bereicherung bestehe, seien zudem die Umstände der gelebten Partnerschaft zu berücksichtigen. Ein Ausgleich komme immer dann nicht in Betracht, wenn während der Beziehung auf Gütertrennung geachtet werde und wenn kein gemeinschaftliches Vermögen bestehe. Insbesondere könne dies der Fall sein, sofern beide Partner einer eigenen Erwerbstätigkeit nachgingen und keiner die Arbeitskraft und die Erwartungen des anderen ausnutzte.[321] Ein Ausgleichsanspruch kann auch dann bestehen, wenn der ausgleichsbegehrende Partner an einer Krankheit leidet oder eine Behinderung besteht. Damit wird deutlich, dass es vor allem Billigkeitsaspekte sind, die den Tribunal Supremo in seiner Entscheidungsfindung leiten.[322]

b) In weiteren Urteilen vollzieht der oberste Gerichtshof den Schritt zu einem doppelten Vermögensausgleich nach dem Vorbild der Gesetze der autonomen Gebietskörperschaften, indem er die *„pensión compensatoria"* des Art. 97 CC für entsprechend anwendbar erklärt.[323] Mit diesen Entscheidungen wurde aber nicht nur über die Anwendbarkeit einer einzigen Norm geurteilt, sondern darüber hinaus die Möglichkeit zu Analogieschlüssen eröffnet. Voraussetzung für die analoge Anwendung von Normen ist neben dem Bestehen einer Gesetzeslücke, dass zwischen den Tatbeständen eine Ähnlichkeit besteht, so dass bei wertender Beurteilung eine Gleichheit des Gesetzeswerkes vorliegt (*„identidad de razón"*, Art. 4 Abs.1 CC). Nach der älteren Rechtsprechung verhinderte aber bereits der Respekt vor dem freien Willen der Lebenspartner die Annahme einer Gesetzeslücke;[324] erst recht bestehe zwischen Ehe und nichtehelichem Zusammenleben keine Ähnlichkeit, welche die Erstreckung von Ehewirkungen rechtfertigen könne.[325] Die nichteheliche Lebensgemeinschaft sei kein von der Verfassung garantiertes Institut, deren gesetzliche Regelung dem Gesetzgeber kraft Verfassungsmandats obliege (Art. 32 Abs.2 CE);[326] beide Lebensformen seien daher keine „gleichwertigen Realitäten".[327]

Nunmehr urteilt der Tribunal Supremo, eine nichteheliche Lebensgemeinschaft von langer Dauer weise bei einer Trennung eine hinreichende Ähnlichkeit zu der Ehe auf, wenn die Lebensgemeinschaft zu einem finanziellen Ungleich-

---

[321] TS Urteil v. 5. Feb. 2004 RJ 2004, 213; Urteil v. 12. Sept. 2005 RJ 2005, 7148.

[322] Vgl.TS Urteil v. 12. Sept. 2005 RJ 2005, 7148.

[323] TS Urteil v. 5. Juli 2001 RJ 2001, 4993; Urteil v. 16. Juli 2002 RJ 2002, 6246.

[324] So noch: TS Urteil v. 30. Dez. 1994 RJ 1994, 10391.

[325] TS Urteil v. 18. Mai 1992 RJ 1992, 4907; Urteil v. 22. Juli 1993 RJ 1993, 6274; Urteil v. 4. März 1997 RJ 1997, 1640; *Gavidia Sánchez*, La unión libre, II.2, S. 57; vermittelnd: *Sánchez Martínez*, REDC 2000, Núm. 58, 45, 61; *Llebaría Samper*, La Ley 1997, D-238, 1624, 1629 f.

[326] TC Urteil v. 15. Nov. 1990 RTC 184/1990 RG 3; a.A. *Talavera Fernández*, La unión de hecho, Cap. IV.II.4.

[327] TC Urteil v. 15. Nov. 1990 RTC 184/1990 RG 3; a.A. *Reina/Martinell*, Las uniones matrimoniales de hecho, IV.6.

gewicht zwischen den Partnern geführt habe.[328] Auch wenn der oberste Gerichtshof weiterhin die analoge Anwendung des ehelichen Güterrechts ausdrücklich ablehnt,[329] scheint damit der Weg für eine Weiterbildung des Rechts der nichtehelichen Lebensgemeinschaft durch Richterrecht geebnet.

2. In einem zweiten Komplex steht die Frage im Mittelpunkt, ob nichteheliches Zusammenleben einen Eingriff in die formale Eigentümerposition eines Lebensgefährten rechtfertigen kann. Diese Problematik ist bereits in der älteren Rechtsprechung immer wieder Gegenstand von Verfahren geworden.[330] Unabhängig von der formalen Eigentümerposition kann dem benachteiligten Partner ein Anspruch auf Einräumung von Miteigentum zustehen. Voraussetzung ist jedoch, dass der Anspruch begehrende Partner - sei es durch finanzielle Beiträge oder sonstige Mitarbeit - zu dem Erwerb beigetragen hat.

Einer neueren Entscheidung[331] lag der umgekehrte Fall zugrunde. Die nichtehelichen Partner hatten eine Wohnung zu hälftigem Miteigentum erworben, jedoch wurden die finanziellen Leistungen allein von einem Lebensgefährten erbracht. Nach Auflösung der Lebensgemeinschaft verlangte dieser die Zuweisung des Alleineigentums, was unter Verweis auf die formale Eigentümerposition abgelehnt wurde. Neu sind die weiteren Ausführungen, in denen der oberste Gerichtshof eine Parallele zu den Güterständen der Ehe zieht. Leiste einer der Partner seinen Beitrag in Geld und erbringe der andere diesen durch Mitarbeit, sei es absurd, wenn der Alleinverdiener nach einer Trennung einen Anspruch auf das Alleineigentum an allen während der Gemeinschaft erworbenen Gütern habe. Dem liegt das Konzept zugrunde, dass während des Zusammenlebens entstandener Vermögenszuwachs regelmäßig als Verdienst beider Partner zu betrachten ist. Ausreichend ist damit nunmehr auch ein Beitrag in Form der Haushaltsführung.

4. Ausgleichsansprüche nach Tod eines Lebensgefährten

Erstmals wurde in einem Urteil aus dem Jahre 2003 einem Ausgleichsverlangen nach dem Tod eines Partners stattgegeben. Im Gegensatz zu den Regelungen der Gesetze der autonomen Gebietskörperschaften stehen dem nichtehelichen Partner nach gesamtspanischem Recht keine Rechte am Nachlass des verstorbenen Lebensgefährten zu. Zur Vermeidung einer Ungleichbehandlung nichtehelicher Lebensgemeinschaften in Gebieten ohne autonome Regelung kann nach neuerer Rechtsprechung eine Nachlassbeteiligung des nichtehelichen Lebensgefährten in

[328] TS Urteil v. 5. Juli 2001 RJ 2001, 4993 RG 4.
[329] S. z.B. TS Urteil v. 17. Jan. 2003 RJ 2003, 4 RG 2.
[330] Vgl. die ausführliche Rechtsprechungsübersicht bei *Mesa Marrero*, Las uniones de hecho, IV 2.
[331] TS Urteil v. 14. Mai 2004 RJ 2004, 3477.

Betracht kommen. So gewährte der Tribunal Supremo[332] der hinterbliebenen Partnerin einer 53 Jahre bestehenden nichtehelichen Lebensgemeinschaft eine Entschädigung in Höhe eines Viertels des Eigentums des Verstorbenen. Ähnlich den Regelungen in den Gesetzen der autonomen Gebietskörperschaften wurde der hinterbliebenen Partnerin zudem ein Geldbetrag, ein Recht an Kleidung, Möbeln sowie an beweglichen Sachen, welche den Hausrat der gemeinsamen Wohnung bilden, zugesprochen. Ausgenommen blieben jedoch Kunst- sowie historische Gegenstände und Güter des Familienbesitzes, die aus einem vorherigen Nachlass seitens der Familie des Verstorbenen stammten. Darüber hinaus erhielt die überlebende Lebensgefährtin ein lebenslängliches Nutzungsrecht an der Familienwohnung. In der Folgeentscheidung[333] wurde der Lebensgefährtin sogar ein Drittel der Güter des Verstorbenen zugesprochen.

Diese Rechtsprechung ist in vielfältiger Weise widersprüchlich. Trotz der Beteuerung, sich in der Reichweite an den Gesetzen der autonomen Gebietskörperschaften orientieren zu wollen,[334] gehen diese Urteile weit über den Regelungsgehalt der Gesetze der autonomen Gebietskörperschaften hinaus. Die ausdrückliche Erwähnung, dass es sich weder um ein Erbrecht handelt noch eine Bereicherung ausgeglichen werden soll, erscheint rhetorischer Art. Jedoch kann diesen Entscheidungen aufgrund der Sachverhalte weder die Festschreibung eines Erbrechts sowie erst recht nicht die Festsetzung einer bestimmten Erbquote entnommen werden.

5. Ergebnis

Auch wenn diesen Urteilen in Anbetracht der speziellen Sachverhalte keine verallgemeinernde Wirkung zukommen kann, hat damit doch im gesamtspanischen Recht der Gedanke Einzug gehalten, dass nichteheliche Lebensgemeinschaften nicht nur eine soziale Realität darstellen, sondern als familiäre Beziehung anzuerkennen sind. Zwar betont der Tribunal Supremo stets, dass es sich dabei nicht um eine Gleichsetzung mit den eherechtlichen Loyalitäts- und Solidaritätspflichten handelt; vielmehr solle nur der wirtschaftlich und emotional gebundene Partner geschützt werden. In Anlehnung an die Vorschriften für die Gütertrennungsehe gelte es, faktische Bestrafungen für Haushaltsführung und Kindererziehung zu vermeiden. Zusammenfassend sind es folgende Kriterien, die einen Ausgleichsanspruch begünstigen bzw. hemmen:

1. Zentrale Voraussetzung für die Begründetheit eines Ausgleichsverlangens ist eine Lebensgemeinschaft von besonderer Dauer. Den Entscheidungen lagen Sachverhalte zugrunde, in denen es sich um Lebensgemeinschaften mit einer Dauer von über 15 Jahren handelte. Bezüglich des Umfangs des Ausgleichs gilt:

---

[332] Urteil v. 17. Juni 2003 RJ 2003, 4605; anders noch: Urteil v. 4. März 1997 RJ 1997, 1640.
[333] TS Urteil v. 23. Nov. 2004 RJ 2004, 7385.
[334] TS Urteil v. 17. Jan. 2003 RJ 2003, 4 RG 3; Urteil v. 5. Feb. 2004 RJ 2004, 213 RG 2.

Je länger die Gemeinschaft bestand, desto weitreichender können die Rechtsfolgen sein.

2. Die Rechtsprechung sieht sich immer dann zu einem Vermögensausgleich geneigt, wenn sich die Lebensgemeinschaft wie eine Durchschnittsehe darstellt. Insbesondere im Falle einer klassischen Rollenverteilung mit gemeinschaftlichen Kindern, um welche sich die Frau unter Aufgabe eigener beruflicher Perspektiven gekümmert hat, können Ausgleichsansprüche gerechtfertigt sein. Dies ergibt sich in Anlehnung an den Gedanken der Gleichberechtigung, wie er in Art. 1438 CC zum Ausdruck kommt. Jedoch führt das Fehlen des formalen Bandes dazu, dass nicht ein hälftiger Ausgleich besteht, sondern dieser geringer ausfällt.

3. Ein Billigkeitsausgleich kommt zudem dann in Betracht, wenn der ausgleichsbegehrende Partner an einer Krankheit leidet oder eine Behinderung besteht.

4. Die Reichweite der Rechtsfolgen ist vor allem abhängig von dem durch die Lebensgemeinschaft entstandenen finanziellen Ungleichgewicht. Dafür ist die vermögensrechtliche Ausgestaltung der konkreten Beziehung von besonderer Bedeutung. Führten die Partner ihre Lebensgemeinschaft in strenger Vermögenstrennung, ist ein Ausgleich regelmäßig zu versagen. Als begünstigende Faktoren kommen demgegenüber ein gemeinsames Wirtschaften, der Betrieb eines Unternehmens oder Gewerbes wie auch ein gemeinschaftlicher Vermögensaufbau in Betracht.

Weitgehend ungeklärt bleibt das Verhältnis der verschiedenen Anspruchsgrundlagen. Zwar betont der Tribunal Supremo in seinem neuesten Urteil, das Prinzip der ungerechtfertigten Bereicherung sei allgemeine Basis für Ausgleichsansprüche nach Auflösung nichtehelicher Lebensgemeinschaften. Jedoch bleibt weiterhin ungeklärt, in welchem Verhältnis die weiteren Ausgleichsinstrumente dazu stehen und in welchen Fällen sie zur Anwendung gelangen können.

Kritik muss sich der Alleingang des Tribunal Supremo nicht nur aufgrund der Vielfalt möglicher Anspruchsgrundlagen und Rechtsgrundsätze, sondern auch mit Blick auf die Rechtssicherheit gefallen lassen. So handelt es sich bei den vorbeschriebenen Urteilen um Einzelfallentscheidungen, denen (noch) keine gefestigte Gesamtlinie entnommen werden kann.

II. Aktuelle Gesetzesinitiativen

Von der Ausstrahlungswirkung der Gesetze der autonomen Gebietskörperschaften über nichteheliche Lebensgemeinschaften auf die gesamtstaatliche Rechtsordnung zeigt sich ferner die Legislative beeinflusst.

1. Seit dem Jahre 1996 brachten sowohl Oppositionsparteien wie auch die damals konservative Regierungspartei Gesetzesentwürfe in das Parlament ein,

von denen jedoch keiner Gesetzeskraft erlangen konnte.[335] In neuerer Zeit sind es insbesondere die regionalen Parteien, die auf eine gesetzliche Anerkennung nichtehelichen Zusammenlebens nach dem Vorbild der Gesetze der autonomen Gebietskörperschaften drängen. Mit Datum vom 23. April 2004 wurden drei Vorschläge der Grupo Parlamentario de Izquierda Verde-Izquierda Unida-Iniciativa per Catalunya Verds[336], der Grupo Parlamentario Mixto[337] sowie der Grupo Parlamentario Catalán (Convergència i Unió) in das Abgeordnetenhaus eingebracht.[338] Die Initiativen berufen sich in der Gesetzesbegründung auf Art. 39 CE, welcher den Staat zum Schutz der Familie verpflichte, ohne dabei auf ein konkretes Konzept der Familie festgelegt zu sein. Mit den Gesetzen soll insbesondere die bestehende Diskriminierung gleichgeschlechtlicher Partnerschaften beseitigt werden. Die Gesetze verstehen sich damit als ein Beitrag zur Aufwertung bisher ungeschützter faktischer Familienbeziehungen. Trotz der Tatsache, dass mit der Verabschiedung der Gesetze ein familienrechtliches Institut der nichtehelichen Lebensgemeinschaft geschaffen würde, soll nur eine teilweise Integration in den Código Civil erfolgen. Vor dem Hintergrund des Schutzes der nichtehelichen Familie erscheint dies halbherzig; in allen Gesetzesbegründungen wird die angestrebte Gleichstellung nichtehelichen Zusammenlebens nicht nur betont, sondern als ausschlaggebender Grund einer gesetzlichen Regelung genannt.

Nach dem Vorbild der Gesetze der autonomen Gebietskörperschaften enthalten die Entwürfe Vorschriften über Begründung und Beendigung der Lebensgemeinschaft, die Gemeinschaftsausgaben, Normen über den Ausgleich für erlittene Vermögensnachteile sowie über die Sorge und das Umgangsrecht für die gemeinsamen Kinder. Diese sind - allerdings mit unterschiedlicher Reichweite - nicht nur im Aufbau, sondern auch inhaltlich den Gesetzen der autonomen Gebietskörperschaften nachgebildet. Die Gesetzesentwürfe der Grupo Parlamentario Mixto und der Grupo Parlamentario de Izquierda Verde beruhen auf einem rein faktischen Modell; demgegenüber sieht der Vorschlag der Grupo Parlamentario Catalán ein Mischmodell vor.

Inhaltlich am weitgehendsten ist der Gesetzesentwurf der Grupo Parlamentario Catalán, der nach katalanischem Muster neben einer *„compensación económica“* ebenfalls eine *„pensión periódica“* statuiert sowie eine Eintragung der Lebensgemeinschaft in das Personenstandsregister erlaubt. Die dafür erforderli-

---

[335] Ausführlich zu diesen Gesetzesentwürfen: *Camarero Suárez*, RGD 1999, 3552 ff.; *de Verda y Beamonte*, AC 2001, 59, 72 ff.

[336] Ley 122/000034 (BOCG, Congreso de los Diputados, serie B, núm. 45-1, de 24 de abril de 2004).

[337] Ley 122/000044 (BOCG, Congreso de los Diputados, serie B, núm. 55-1, de 24 de abril de 2004).

[338] Ley 122/000012 (BOCG, Congreso de los Diputados, serie B, núm. 26-1, de 24 de abril de 2004).

che Änderung des Personenstandsgesetzes würde einen eigenständigen Personenstand der nichtehelichen Lebensgemeinschaft schaffen.

Übereinstimmend ordnen alle Entwürfe ein gesetzliches Erbrecht des hinterbliebenen Partners durch dessen Aufnahme in die gesetzliche Erbfolge an Stelle eines Ehegatten an (Art. 913, 943 ff. CC). Darüber hinaus sehen alle Gesetzesvorhaben weitere Gleichstellungen mit den für Ehegatten geltenden Normen, insbesondere in den Bereichen der Witwenrente und dem Recht der Adoption, vor.

2. Auch wenn über diese Vorschläge noch nicht abschließend entschieden worden ist, scheint die neueste Entwicklung einen anderen Weg einzuschlagen. Nach der Öffnung der Ehe für gleichgeschlechtliche Paare mehren sich die Stimmen, die keine Notwendigkeit zu einer weitergehenden Regelung nichtehelichen Zusammenlebens sehen. Betont wird nunmehr seitens der beiden Volksparteien das Argument, der freie Willensentschluss, keine Ehe eingehen zu wollen, stehe einer Regelung entgegen. Zwar hatten Vorschläge der konservativen Partido Popular (PP) eine umfangreiche Verrechtlichung nichtehelichen Zusammenlebens zum Inhalt, doch waren sie als Gegeninitiativen nur darauf gerichtet, die Gleichstellung Homosexueller in den Bereichen der Eheschließung und Adoption zu vermeiden. Mit der Verabschiedung des Gesetzes über die Novellierung der Eheschließung sind sie gegenstandslos geworden. Für die regierende Partido Socialista Obrero Español (PSOE) besteht zudem ein Zusammenhang mit den Reformen der Ehescheidung. Sie versucht den Vorteil der leichteren Lösbarkeit der nichtehelichen Lebensgemeinschaft zu schmälern, indem die Vorschriften der Ehe gelockert werden und eine Blitz-Scheidung ermöglicht wird.

Vor diesem Hintergrund wird nunmehr nur noch eine Minimallösung angestrebt. Als möglicher Regelungsgehalt gilt die Option einer Eintragung in ein Register, die Schaffung eines gesetzlichen Erbrechts sowie die Frage nach der Zubilligung einer Witwenrente für den nichtehelichen Lebensgefährten. Insbesondere auf letztere fokussiert sich die derzeitige Diskussion.[339] Die Befürworter der Regierungspartei betonen, dass damit eine Anpassung an neue soziale Realitäten erfolgen soll. Voraussetzung soll sein, dass die Lebensgemeinschaft eine gewisse Stabilität aufweist, was über eine Mindestdauer des Zusammenlebens nachzuweisen ist. Im Gegensatz zu der Regelung für Ehegatten soll die Anspruchsdauer für den hinterbliebenen nichtehelichen Lebensgefährten aber zeitlich begrenzt sein. Nähere Einzelheiten wurden bislang noch nicht bekannt; insoweit bleibt die weitere Rechtsentwicklung abzuwarten.

---

[339] Vgl. disposición adicional quincuagésima cuarta des LEY 30/2005, de 29 de diciembre, de Presupuestos Generales del Estado para el año 2006.

3. Teil: Rechtspolitische und vergleichende Würdigung

§ 1 Regelungsbedürfnis

Bevor nun die Frage erörtert wird, *wie* eine rechtliche Behandlung nichtehelichen Zusammenlebens erfolgen kann, bleibt zu erläutern, *ob* überhaupt ein Regelungsbedürfnis für die Abwicklungsproblematik besteht. Maßgeblich hierfür ist eine Abwägung zwischen dem Selbstbestimmungsrecht der Partner und dem staatlichen Schutzauftrag. So erfährt die nichteheliche Lebensgemeinschaft ihre spezifische Prägung dadurch, dass sie sich in einem persönlichen wie rechtlichen Spannungsfeld befindet. Sie ist geprägt durch die persönlichen Bindungen, welche sich auf einem besonderen Maß gegenseitigen Vertrauens gründen. Jedoch bestehen zwischen den Partnern auch wirtschaftliche Verbindungen; beeinflusst durch die emotionale Komponente werden finanzielle Entscheidungen häufig nicht rein rational getroffen. Nach lang andauerndem Zusammenleben findet keine Trennung zwischen „Mein" und „Dein" mehr statt. Diese Verflechtungen aus persönlichen und wirtschaftlichen Beziehungen bergen jedoch die Gefahr einer extrem einseitigen Benachteiligung eines Partners.

Rechtlich wird die nichteheliche Lebensgemeinschaft einerseits durch das Bestreben nach Individualismus und Unabhängigkeit gekennzeichnet; die jederzeitige und schnelle Auflösbarkeit der Lebensgemeinschaft wird von den Partnern als entscheidender Vorteil gegenüber der Ehe gewertet.[1] Andererseits rufen gerade lang andauernde Beziehungen rechtlich relevante Probleme hervor, zu deren Lösung die Gerichte angerufen werden.

I. Die nichteheliche Lebensgemeinschaft als Rechtsproblem

Die Diskussion um die Frage, ob der nichtehelichen Lebensgemeinschaft Rechtswirkungen zukommen, ist vorwiegend rechtspolitischer Natur. Der weitreichendste Einwand ist, die Rechtsordnung gestehe Ausgleichsansprüche nur bei Vorliegen einer rechtsgültigen Ehe zu.[2] Verzichteten die Partner bewusst auf die vom Recht zur Verfügung gestellten Institute, sei es nicht geboten, diesen mit juristischen Hilfskonstruktionen zu helfen.[3] Demnach käme dem Eherecht eine abschließende Wirkung zu. Dabei scheint jedoch außer Acht gelassen, dass das Eherecht vielfältigen Wandlungen unterlag, wodurch nunmehr den Ehegatten die individuelle Ausgestaltung ihrer Ehe weitgehend selbst überlassen bleibt. Der Gesetzgeber verzichtet oftmals auf zwingendes Eherecht (vgl. §§ 1408,

---

[1] BMJFG, S. 15 sowie Tab. 8 S. 57; *Lauterbach*, in: Klein/Lauterbach, Nichteheliche Lebensgemeinschaften, S. 269, 291.

[2] OLG Frankfurt Beschluss v. 23. Okt. 1981 NJW 1982, 1885; OLG Celle Urteil v. 22. Okt. 1981 FamRZ 1982, 63.

[3] *Lipp*, AcP 180 (1980), 537, 570; *Eyrich*, ZRP 1990, 139, 140.

1585 c BGB), so dass im Umkehrschluss auch der „Typenzwang“ zugunsten der Ehe gelockert sein muss.[4] Einschränkungen der Privatautonomie aus Art. 2 Abs.1 GG können sich insbesondere aber durch den Familienschutz aus Art. 6 GG ergeben. Bei einem Verzicht auf Betreuungsunterhalt (§ 1570 BGB) soll nach der neueren Rechtsprechung des Bundesverfassungsgerichts eine Inhaltskontrolle stattfinden, wenn eine ungleiche Verhandlungsposition der Vertragspartner besteht mit der Folge, dass ein Partner den Vertragsinhalt faktisch einseitig bestimmen kann (z.B. bei einem Vertragsschluss vor der Eheschließung im Zusammenhang mit einer Schwangerschaft).[5]

Zuzugeben ist zwar, dass die Begründung einer umfassenden Rechts- und Pflichtengemeinschaft zwischen den Lebensgefährten einer nichtehelichen Lebensgemeinschaft nicht gewünscht ist; dies schließt aber den Willen zugunsten einer Regelung einzelner, besonders drängender Probleme nicht aus.[6] Der argumentative Wert der Formel von der bewussten und gewollten Bindungslosigkeit lässt sich bei näherer Betrachtung der Motive nichtehelichen Zusammenlebens entkräften. Dafür soll zunächst eine Typenbildung anhand der Motive des Zusammenlebens vorgenommen werden. Die zahlenmäßig größte Gruppe bilden voreheliche Lebensgemeinschaften junger Menschen, die als „Ehen auf Probe“ geführt werden.[7]

Daneben besteht eine kleinere Gruppe von Personen mittleren und älteren Alters, die eine Lebensgemeinschaft als Quasi-Ehe führen, welche auf Dauer angelegt und in ihren Strukturen mit denen von Ehen vergleichbar ist. Eine spätere Eheschließung wird nicht ausgeschlossen, ist aber gegenwärtig nicht beabsichtigt oder aufgrund einer noch anderweitig bestehenden Ehe nicht möglich.[8] Charakteristisch für diese Gruppe sind nacheheliche Lebensgemeinschaften mit nicht gemeinschaftlichen Kindern.[9]

Im Vergleich dazu ist der Anteil der Heiratsunwilligen, welche die Institution der Ehe prinzipiell ablehnen, mit 9-10 % äußerst gering.[10] In dieser (äußerst inhomogenen) Gruppe finden sich sowohl freie Partnerschaften, denen die gemeinsame Vorstellung eines Ideals der „freien Liebe“ als der einzig wahren Form der Liebe zugrunde liegt als auch die Fälle, in denen nur ein Partner einseitig eine (erneute) Eheschließung ablehnt.

---

[4] *Lieb*, Gutachten zum 57. DJT, A 41 f.

[5] BVerfG Urteil v. 6. Feb. 2001 FamRZ 2001, 343 ff.; zu der Frage, ob damit die ständige Rechtsprechung des Bundesgerichtshofes zu überdenken ist, s. Erman/*Graba*, § 1585 c Rn 17.

[6] *Lieb*, Gutachten zum 57. DJT, A 46; *Grziwotz*, § 5 Rn 11.

[7] S. *Schneider/Hartmann/Eggen/Fölker*, Materialien zur Familienpolitik Nr. 10, Wie leben die Deutschen?, Tabelle 2.3.1.16; *Vaskovics/Rupp/Hofmann*, Nichteheliche Lebensgemeinschaften, S. 17 ff.

[8] *Hausmann*, in: Hausmann/Hohloch, Einführung Rn 15.

[9] *Erler*, FuR 1996, 10, 12.

[10] BMJFG, S. 29; *Vaskovics/Rupp/Hofmann*, Nichteheliche Lebensgemeinschaften, S. 67.

Die Tatsache, dass nichteheliche Lebensgemeinschaften nicht vorrangig ein Gegenmodell zur Ehe darstellen, sondern häufig nur als Vorphase zur Ehe betrachtet werden, belegen die Langzeitstudien über die Haltbarkeit nichtehelicher Lebensgemeinschaften. So bestanden nach 10 Jahren von anfänglich 100 nichtehelichen Lebensgemeinschaften 22 unverändert fort, 56 waren in Ehen überführt und nur 22 endeten durch Trennung. Der Trend zur Umwandlung von nichtehelichen Lebensgemeinschaften in Ehen zeigt sich noch deutlicher bei Personen, die jünger als 32 Jahre sind; dort waren bereits nach fünf Jahren mehr als 66 % der Partnerschaften in Ehen umgewandelt.[11] Zusätzliche Belege für diese These sind die von den Beteiligten angeführten Gründe, die sie (noch) von einer Eheschließung abhalten. Dabei dominieren persönliche, emotionale sowie soziale Motive; die Angst vor rechtlichen Bindungen spielt allenfalls eine untergeordnete Rolle.[12]

Zwar weisen nichteheliche Lebensgemeinschaften damit im Durchschnitt eine geringere Bestandsdauer als Ehen auf; dennoch leben Unverheiratete nicht in der stetigen Erwartung eines Scheiterns ihrer Beziehung. Bei dauerhaften nichtehelichen Lebensgemeinschaften, die nicht als Quasi-Ehen geführt werden, liegt dem sogar häufig die Vorstellung zugrunde, durch den Verzicht auf eine Eheschließung eine größere Dauerhaftigkeit und Stabilität zu erreichen. Dazu steht nicht in Widerspruch, dass nach Einschätzung der Partner die jederzeitige Auflösbarkeit der Lebensgemeinschaft einen Vorteil dieser Gemeinschaft darstellt. Insbesondere hat dies keine Bindungslosigkeit der Partner während ihres Bestehens zur Folge; vielmehr gehen die Partner davon aus, sich im Ernstfall aufeinander verlassen zu können, indem man sich beispielsweise in finanziell schwierigen Situationen unterstützt.[13] Selbst wenn aus rechtlichen Gründen von einer Eheschließung abgesehen wird, ist damit noch nicht gesagt, dass die Partner sämtliche mit einer Heirat verbundenen Rechtsfolgen ablehnen.[14] Dafür spricht der Umstand, dass in den wenigen Fällen, in denen Partnerschaftsverträge geschlossen werden, häufig Vereinbarungen getroffen sind, die den Rechtsfolgen der Ehe gleichen.

Durch solche Verhaltensweisen wird gegenseitiges Vertrauen geschaffen, welches - freilich in beschränktem Maße - über das Ende der Lebensgemeinschaft hinaus wirken kann. Insbesondere können Vertrauenstatbestände entstehen, wenn die Lebensgefährten gemeinsame Entscheidungen über die Lebens-

---

[11] *Erler*, FuR 1996, 10, 12; zu einem ähnlichen Ergebnis gelangt *Lauterbach*, in: Klein/Lauterbach, Nichteheliche Lebensgemeinschaften, S. 269, 294, 302, wonach 50 % der befragten Personen mit dem nichtehelichen Partner die Ehe eingingen.

[12] Ausführlich zu den Motiven: *Vaskovics/Rupp/Hofmann*, Nichteheliche Lebensgemeinschaften, S. 68; *Grziwotz*, § 2 Rn 14 ff. m.w.N.

[13] BMJFG, S. 58 f.

[14] MüKo/*Wacke*, Nach § 1302 Rn 11.

führung treffen, die zu finanziellen Abhängigkeiten führen.[15] Beweisen die Partner durch die gemeinsame Lebensführung eine ehegleiche Solidarität, werden sie es meist nicht als unzumutbare Eingriffe in ihr Selbstbestimmungsrecht empfinden, wenn sie im Falle der Trennung *per legem* ein Stück weit an dieser festgehalten werden.[16] Diese Annahme wird durch die Erwartungen der Partner im Hinblick auf die vermögensrechtlichen Auswirkungen einer Trennung gestützt. Danach gingen nur 38 % der Lebensgefährten davon aus, dass die derzeitige dingliche Zuordnung bestehen bleibe. 32 % glaubten an eine Teilung der Vermögenswerte nach Beendigung der Lebensgemeinschaft, währenddessen immerhin noch 28 % der befragten Lebenspartner angaben, keine Vorstellung über die Eigentumslage nach Auflösung der Gemeinschaft zu haben.[17]

Allgemeiner formuliert möchten die Partner ihre Lebensgemeinschaft nicht gänzlich außerhalb des Rechts stellen. Wenden sie beispielsweise einander Sachen zu, möchten sie damit zweifelsfrei Rechtsfolgen herbeiführen.[18] Andernfalls wäre die Zuwendung mangels rechtlichen Grundes der jederzeitigen Rückforderbarkeit ausgesetzt. Obwohl die persönlichen Beziehungen der Partner im Vordergrund stehen, nehmen die Partner damit auch als Gemeinschaft am Rechtsleben teil. Die nichteheliche Lebensgemeinschaft ist als Rechtsfigur in Erscheinung getreten, gerade weil die Lebensgefährten nach deren Auflösung Entscheidungshilfe bei den Gerichten suchen. Die Rechtsordnung kann der nichtehelichen Lebensgemeinschaft zwar die (statusrechtliche) Akzeptanz verweigern, doch kann sie diese nicht ignorieren. Nichteheliches Zusammenleben ist zwar ajuristisch, keinesfalls jedoch antijuristisch.[19]

Zwar ist die nichteheliche Lebensgemeinschaft damit als Rechtsbeziehung anerkannt, einen anderen Gesichtspunkt betrifft jedoch die Frage, ob sich daraus eine Regelungsverpflichtung für den Gesetzgeber ergibt.[20] Aber auch wenn keine Verpflichtung zur Regelung besteht, muss das Recht so weiterentwickelt werden, dass es in adäquater Weise auf veränderte gesellschaftliche Umstände reagieren kann, um seine Ordnungsfunktion zu erfüllen. Zumindest ist es Aufgabe des Gesetzgebers, unverhältnismäßige oder willkürliche Benachteiligungen zu vermeiden, die aus einem Missbrauch der Privatautonomie herrühren.[21]

---

[15] Auch in der Rechtsprechung findet der Vertrauensschutzgedanke bei der Abwicklung nichtehelicher Lebensgemeinschaften immer mehr Berücksichtigung, so vor allem im Bereich des Unterhaltsrechts, vgl. BGH Urteil v. 10. Nov. 1982 NJW 1983, 674, 676.

[16] *Hausmann*, Vermögensausgleich, S. 18.

[17] BMJFG, S. 89.

[18] *Lieb*, Gutachten zum 57. DJT, A 43 f.; diesem folgend: *Hausmann*, in: Hausmann/Hohloch, Kap 4 Rn 3.

[19] TS Urteil v. 5. Juli 2001 RJ 2001, 4993 RG 2; Urteil v. 5. Feb. 2004 RJ 2004, 213 RG 1.

[20] Dazu auch unten 3. Teil § 1.III.2.

[21] *Llebaría Samper*, in: Garrido Melero/Fugardo Estivill, El patrimonio familiar, profesional y empresarial II, S. 363, 370.

II. Der Parteiwille als Maxime

1. Rechtsschutzverzicht?

Kann dem Verzicht der Lebenspartner auf eine formale Bindung gleichzeitig ein Verzicht auf jeglichen Rechtsschutz entnommen werden mit der Folge, dass sich Partner nichtehelicher Lebensgemeinschaften auf die Möglichkeit vertraglicher Vereinbarungen verweisen lassen müssen? Bereits Napoleon begründete mit seiner Aussage „die nichtehelichen Lebensgefährten ignorieren das Gesetz, das Gesetz ignoriert sie"[22] eine bis in die heutige Zeit vorherrschende Grundeinstellung gegenüber nichtehelichem Zusammenleben. So wird in der gegenwärtigen deutschen Diskussion eine Beschränkung des Handlungsspielraumes des Gesetzgebers mit dem Argument befürwortet, die Partner einer nichtehelichen Lebensgemeinschaft verzichteten auf eine Eheschließung, weil sie sich nicht den rechtlichen Bindungen der Ehe unterwerfen wollten;[23] das Eingehen einer nichtehelichen Lebensgemeinschaft sei gewolltes juristisches Kontrastprogramm zu einer Eheschließung.[24] Rechtliche Bindungen und rechtlich verbindliche Geschäfte seien zwischen den Partnern einer Lebensgemeinschaft regelmäßig nicht gewollt und daher die Ausnahme.[25] Diese gewollte Vermeidung von Rechtsverbindlichkeit müsse der Gesetzgeber akzeptieren; jede andere Lösung liefe dem Recht auf freie Entfaltung der Persönlichkeit zuwider. Daran schließt sich der Vorwurf an, eine Verrechtlichung trage den „Keim der Zerstörung" in sich.[26]

Der argumentative Wert dieser Formel basiert auf der Hypothese, dass die Entscheidung für eine nichteheliche Lebensgemeinschaft gleichzeitig eine bewusste Entscheidung nicht nur gegen die Ehe (juristisches Kontrastprogramm), sondern auch gegen die gesamte Rechtsordnung beinhalte. Diese Prämisse vermag in ihrer Pauschalität nicht zu überzeugen. Nur eine Minderheit der nichtehelich Zusammenlebenden sind wirkliche Ehegegner.[27] Aus soziologischer Sicht ist die nichteheliche Lebensgemeinschaft daher keine konkurrierende Lebensform zur Ehe, sondern stellt vornehmlich eine eigenständige Lebensphase

---

[22] "Les concubins se passent de la loi, la loi se désinteresse d´eux".

[23] BGH Urteil v. 17. April 1986 BGHZ 97, 372, 378; von Mangoldt/Klein/Stark/*Robbers*, Art. 6 GG Rn 43; *I. von Münch*, in: Landwehr, Die nichteheliche Lebensgemeinschaft, S. 137, 150; *Zippelius*, DÖV 1986, 805, 809; *Bosch*, FamRZ 1980, 849, 852; näher zum Rechtsbindungswillen der Partner unten 3. Teil § 1.II.3.

[24] *Diederichsen*, NJW 1983, 1017, 1025; *Strätz*, FamRZ 1980, 301, 302.

[25] BGH Urteil v. 3. Okt. 1983 FamRZ 1983, 1213, 1214; *Diederichsen*, NJW 1983, 1017, 1025; *Torrero Muñoz*, RGD 1998, 10625 f.; in diese Richtung auch: TS Urteil v. 30. Dez. 1994 RJ 1994, 10391; OLG Köln Urteil v. 7. Nov.1994 NJW-RR 1996, 518.

[26] *Schwab*, Konkurs der Familie?, S. 26.

[27] Umfragen belegen einen Anteil von etwa 10 %; BMJFG, S. 29; *Vaskovics/Rupp/Hofmann*, Nichteheliche Lebensgemeinschaften, S. 67.

vor der Familiengründung dar.[28] Bei diesen sog. „Ehen auf Probe“ steht der Wunsch, sich vor einer dauerhaften Bindung zu prüfen, im Vordergrund. Von einem (juristischen) Kontrastprogramm zu sprechen, erscheint als grob vereinfachend.[29] Dahinter steht wohl nicht zuletzt die Angst, eine rechtliche Anerkennung nichtehelichen Zusammenlebens könnte nichteheliche Lebensgefährten von einer Eheschließung abhalten.[30]

Die Annahme eines Rechtsschutzverzichts sieht sich zudem methodischen Einwänden ausgesetzt. Wollten die Partner ihren Verzicht auf jeglichen Rechtsschutz erklären, gelten dafür die allgemeinen Vertragsgrundsätze. Ein Verzicht kann nur in Form (konkludenter) Willenserklärungen erfolgen. Die Partner machen sich aber regelmäßig über Art und Umfang der Rechtswirkungen keine Gedanken. Die Annahme entsprechender Willenserklärungen liefe auf eine Unterstellung hinaus. Die Ablehnung bezieht sich lediglich auf die Ehe als umfassende Rechts- und Pflichtengemeinschaft; der Wunsch nach völliger Bindungslosigkeit geht damit nicht einher.[31] Vielmehr liegt in dem Zusammenleben nur eine rein positive Entscheidung für die nichteheliche Lebensgemeinschaft.[32]

2. Verstaatlichung der Privatsphäre

Speziell imperative Regelungen sehen sich dem Einwand einer unverhältnismäßigen Verstaatlichung der Privatsphäre ausgesetzt. Die Verrechtlichung des nichtehelichen Zusammenlebens erlaubt dem Staat nämlich, auf die Ausgestaltung der Partnerschaft Einfluss zu nehmen; gesellschaftspolitisch bedingte Anforderungen und Zwänge werden dadurch in die Privatsphäre der Lebensgefährten getragen. Damit unterliegt auch die nichteheliche Lebensgemeinschaft ein Stück weit staatlicher Kontrolle.

Das Grundgesetz mit dem allgemeinen Persönlichkeitsrecht (Art. 2 Abs.1 i.V.m. Art. 1 Abs.1 GG) sowie die spanische Verfassung mit dem Recht zur freien Entfaltung der Persönlichkeit (Art. 10 Abs.1 CE) gewähren dem Einzelnen ein Abwehrrecht gegen den Staat. Insbesondere Eingriffe in die Privatsphäre unterliegen einer strengen Verhältnismäßigkeitsprüfung. Besonders gefährdet ist der Bereich persönlicher Beziehungen sowie der selbstständigen Organisation der Lebensgemeinschaft während ihres Bestehens. War die rechtliche Regelung

---

[28] *Nave-Herz*, FPR 2001, 3, 6; *Lauterbach*, in: Klein/Lauterbach, Nichteheliche Lebensgemeinschaften, S. 269 ff.

[29] So auch: *Hausmann*, Vermögensausgleich, S. 17; Sachs/*Schmitt-Kammler*, Art. 6 GG Rn 43; *Zeidler*, in: Benda/Maihofer/Vogel, Handbuch des Verfassungsrechts, 1984, S. 555, 579; *Llebaría Samper*, La Ley 1997, D-238, 1624, 1629; vgl. auch die Typenbildung bei *Grziwotz*, § 2 Rn 18 ff.

[30] So die Bedenken von *Eyrich*, ZRP 1990, 139, 141.

[31] *Hill/Kopp*, in: Klein/Lauterbach, Nichteheliche Lebensgemeinschaften, S. 11, 26 f.

[32] So auch: MüKo/*Wacke*, Nach § 1302 Rn 11; *Stintzing*, Nichteheliche Lebensgemeinschaft, F.I.3.

nichtehelichen Zusammenlebens in den autonomen Gemeinschaften Spaniens insbesondere als Option für gleichgeschlechtliche Paare gedacht, denen die Eheschließung verwehrt war, kann sie für heterosexuelle Lebensgemeinschaften aufgezwungen wirken. Verdeutlichen lässt sich dies an dem Umstand, dass nach der überwiegenden Anzahl der Gesetze der autonomen Gebietskörperschaften Spaniens bei Vorhandensein gemeinsamer Kinder sowie nach Ablauf der Mindestfrist unabhängig von dem Willen der Lebensgefährten Rechtsfolgen an das Zusammenleben geknüpft werden.

Anders stellt sich die Situation nach einer Trennung dar. Da zwischen den Partnern keine so enge Verbundenheit mehr besteht, ergibt sich ab diesem Zeitpunkt ein deutlich geringeres Schutzbedürfnis gegen Eingriffe in die geschützte Privatsphäre. Für die vermögensrechtliche Auseinandersetzung kommt diesem Aspekt daher nur eine untergeordnete Bedeutung zu. Zudem muss das Interesse an Privatheit und Selbstregulierung dann zurücktreten, wenn sich Gründe finden, die im Rang übergeordnet sind. Die staatliche Schutzfunktion zugunsten des sozial Schwächeren sowie die Funktion als Wächterstaat (z.B. zugunsten des Kindeswohls der in der Gemeinschaft lebenden Kinder) können ein Eingreifen rechtfertigen.

3. Der Parteiwille als Mittel der Selbstregulierung

Mit dem Vorrang des Parteiwillens gilt es, den Wunsch der nichtehelichen Partner nach einer auch rechtlich individuellen Ausgestaltung der Lebensgemeinschaft zu respektieren. Während in den bisherigen beiden Punkten der Parteiwille als Argument zur Abwehr staatlicher Eingriffe behandelt wurde, soll nachfolgend erörtert werden, inwieweit er als vorrangiges Mittel der Selbstregulierung förderlich ist oder weitergehend sogar gesetzliche Interventionen überflüssig machen könnte. Haben die Lebensgefährten ihren Willen einzelvertraglich manifestiert (z.B. in Form eines Partnerschaftsvertrages), bietet dies den Vorteil flexibler Lösungen, die sich an ihren konkreten Bedürfnissen ausrichten. Einzelne Regelungslücken können im Wege der ergänzenden Vertragsauslegung geschlossen werden.

Problematisch ist jedoch die Vielzahl der Fälle, in denen keine (ausdrücklichen) Vereinbarungen getroffen wurden. Dies gilt gleichsam für ungeregelte Einzelfragen (z.B. die Mitarbeit im Betrieb des Partners) wie auch für umfassende Lösungsmodelle auf Basis des Vertragsrechts (beispielhaft zu nennen ist das bereits erläuterte Gesellschaftsmodell von *Battes*[33]). Verträge bedürfen zu ihrer Wirksamkeit zweier korrespondierender Willenserklärungen. Da entsprechende Erklärungen meist fehlen, ja in der Regel nicht einmal stillschweigend getroffen wurden, bestehen erhebliche Zweifel am Rechtsbindungswillen der Partner; es bliebe nur eine Ausrichtung am mutmaßlichen Parteiwillen. Einwän-

---

[33] S. oben 1. Teil § 3.I.2.c.

de stehen dem entgegen, da der Parteiwille nur schwer verlässlich zu ermitteln ist. Anhaltspunkte für das Vorliegen eines solchen lassen sich dann allenfalls dem öffentlichen Auftreten der Partner entnehmen. Der bloßen Faktizität des Handelns der Partner kann aber ein Vertragsschluss nicht entnommen werden.[34] Dies gilt insbesondere für die Lebensgemeinschaft als Grundbeziehung.[35] Die Annahme eines entsprechenden Rechtsbindungswillens liefe auf Mutmaßungen hinaus. Alle diese Versuche einer Ermittlung des Parteiwillens sehen sich daher dem Vorwurf der Fiktion der erforderlichen Willenserklärungen ausgesetzt.

Eine alleinige Orientierung am Parteiwillen als Lösungsmodell für die Probleme nichtehelichen Zusammenlebens ist daher als unzureichend zu werten.[36] Vor diesem Hintergrund bleibt die Einrichtung eines staatlichen Schutzmodells zu erwägen, welches bei Fehlen eines anderweitigen Parteiwillens eingreift. Sollte im Einzelfall ein Parteiwille erkennbar sein, ist dieser natürlich vorrangig zu berücksichtigen.

4. Verweis auf die Möglichkeit zu vertraglichen Vereinbarungen

Angesichts der erläuterten Unzulänglichkeit der derzeitigen Rechtslage wird den Partnern einer nichtehelichen Lebensgemeinschaft empfohlen, ihre Beziehungen durch vertragliche Vereinbarungen abzusichern.[37] Nachdem solche Verträge nicht mehr dem Verdikt der Sittenwidrigkeit ausgesetzt sind, bieten sie den Partnern die Möglichkeit zu individueller Ausgestaltung der Rechtsfolgen ihrer Lebensgemeinschaft. Von umgekehrter Seite betrachtet, stellt sich aber die Frage, ob eine gesetzliche Regelung aufgrund der Möglichkeit vertraglicher Vereinbarungen abgelehnt werden kann.

Der Verweis auf die Möglichkeit des Abschlusses von Partnerschaftsverträgen ist zugleich Verweis auf die Eigenverantwortlichkeit der Partner. Trotz negativer Erfahrungen aus früheren Trennungen werden von diesen aber nur in ca. 20 % aller nichtehelichen Lebensgemeinschaften derartige Verträge geschlossen.[38] Die Gründe hierfür sind vielfältig: Eine vertragliche Regelung setzt ein Einvernehmen der Lebensgefährten voraus; eine einseitige faktische Durchsetzung gegenüber dem unwilligen Partner verbietet die Privatautonomie. Selbst wenn seitens des anderen Lebensgefährten keine Ablehnung signalisiert wird, herrscht häufig das Empfinden vor, eine vertragliche Regelung bringe ein gewisses Misstrauen zum Ausdruck bzw. stelle das Vertrauensverhältnis in Frage.

[34] *Gernhuber*, FamRZ 1958, 243, 244, der in der Annahme eines Vertragsschlusses durch bloße Faktizität den Begriff der Willenserklärung zur Unkenntlichkeit denaturiert sieht.

[35] So auch: *Schlüter*, S. 27; *Diederichsen*, FamRZ 1988, 889, 895 f.

[36] So auch: *Coester-Waltjen*, NJW 1988, 2085, 2089, die von einer Strapazierung des Parteiwillens spricht.

[37] Vgl. zu den inhaltlichen Gestaltungsmöglichkeiten solcher Partnerschaftsverträge: *Hausmann*, in: Hausmann/Hohloch, Kap 13; für Spanien: *Martínez de Aguirre*, RDP 2001, 841 ff.

[38] BMJFG, S. 17 in 11 % der Fälle mündlich, 8 % schriftlich und 2% notariell.

Darüber hinaus hat das Fehlen eines konstitutiven Begründungsaktes zur Folge, dass sich das Zusammenleben nur langsam verfestigt und damit kein fester Zeitpunkt auszumachen ist, an dem ein Vertrag geschlossen werden könnte. Zudem ist die Unwissenheit über die rechtlichen Folgen nach Auflösung der Lebensgemeinschaft groß. Nur eine Minderheit ist sich bewusst, dass eine Verteilung der Vermögensgegenstände nach Beendigung der Lebensgemeinschaft nicht erfolgt.[39] Dabei ist dieses Phänomen kein spezifisches nichtehelicher Lebensgemeinschaften; ebenso wissen Eheleute kaum um den rechtlichen Inhalt ihrer Statusbeziehung.

Des Weiteren kann mittels vertraglicher Vereinbarungen nur das Innenverhältnis der Partner zueinander geregelt werden; hingegen können Partnerschaftsverträge im Verhältnis zu Dritten keine bindenden Wirkungen entfalten.[40] Zudem erscheint es nahezu unmöglich, alle Spielarten des Lebens im Voraus zu bedenken, so dass auch Musterverträge nur einen Mindestschutz bieten können.

Der Verweis auf die Möglichkeit zu vertraglichen Vereinbarungen erscheint in Anbetracht dieser Umstände nicht als geeignetes Mittel zur Lösung der Problematik nichtehelichen Zusammenlebens;[41] insbesondere der bestehenden Rechtsunsicherheit kann damit nicht wirksam begegnet werden.

III. Die nichteheliche Lebensgemeinschaft als Schutzobjekt

Gleichzeitig haben die beteiligten Personen untereinander wie auch im Verhältnis zu Dritten die Lebensgemeinschaft an sich einen Anspruch auf einen gewissen Mindestschutz. Insbesondere in ersterer Konstellation kann es durchaus zu Konflikten mit einem entgegenstehenden Parteiwillen der Lebensgefährten kommen. Dafür gilt es zu klären, welche Funktion dem Staat gegenüber nichtehelich Zusammenlebenden zukommt.

1. Verfassungsrechtlicher Schutz

Trotz des Umstandes, dass nichteheliche Lebensgemeinschaften in beiden Verfassungen keine ausdrückliche Erwähnung finden, bleiben sie nicht ohne verfassungsrechtlichen Schutz. Der Umfang der Schutzwirkung ist jedoch aufgrund der Bedeutung der einschlägigen Grundrechte verschieden. Erfährt die nichteheliche Lebensgemeinschaft in Spanien Anerkennung als verfassungsrechtlich zu schützende Familie im Sinne des Art. 39 Abs.1 CE, ist damit zugleich eine Vorentscheidung bezüglich des Inhaltes des Schutzes getroffen. Zwar wird von der vorherrschenden Meinung in Spanien eine Differenzierung der Schutzwirkung in Abhängigkeit von der Form des familiären Zusammenlebens befürwortet mit

---

[39] BMJFG, S. 89.

[40] *Schlüter*, FF 2000, 76, 83.

[41] So auch: *Schlüter*, FF 2000, 76, 83; a.A. *Llaquet de Entrambasaguas*, REDCanónico 1999-I, 261, 263; ähnlich auch *Strätz*, FamRZ 1980, 434, 437.

der Folge, dass nichtehelichen Lebensgemeinschaften ein geringerer Schutz als der Ehe zukommt; doch entfaltet Art. 39 Abs.1 CE eine weitaus stärkere Wirkung zugunsten nichtehelicher Lebensgemeinschaften als es dem Auffanggrundrecht des Art. 2 Abs.1 GG mit seinen weiten Schranken möglich ist. Zusätzlich wirken die durch Art. 6 Abs.1 GG statuierten Grenzen im Rahmen der allgemeinen Handlungsfreiheit.[42] Lässt sowohl der Ehe- wie auch der Familienbegriff eine Einbeziehung der nichtehelichen Lebensgemeinschaft als Paarbeziehung in den Schutzbereich nicht zu, kann sich ein gleichwertiger Schutz nicht aus dem Auffanggrundrecht der allgemeinen Handlungsfreiheit ergeben.

Dies hat zum einen Auswirkungen für die Frage einer Regelungsverpflichtung sowie zum anderen auf die einfachgesetzliche Gestaltungsfreiheit des Gesetzgebers.[43] Während für das spanische Recht der Gesetzgeber durch den Gleichheitsgrundsatz des Art. 14 CE sogar zu einer Gleichstellung nichtehelicher Lebensgemeinschaften mit der Ehe und damit zu einem gesetzgeberischen Eingreifen verpflichtet sein kann, ist eine Regelungsverpflichtung für das deutsche Recht auf Ausnahmefälle beschränkt. Mangels Schutzwirkung durch Art. 6 Abs.1 GG kommt der allgemeine Gleichheitsgrundsatz des Art. 3 Abs.1 GG nicht zum Tragen. Da Art. 2 Abs.1 GG vorrangig eine Abwehrfunktion gegen den Staat zukommt,[44] verbleibt für einen solchen Regelungsauftrag allerdings kaum Raum.

Gleichwertig ist der Schutz in beiden Rechtsordnungen allerdings zugunsten nichtehelicher Kinder. Sowohl Art. 6 Abs.5 GG wie auch Art. 39 Abs.2 CE ordnen die Gleichbehandlung nichtehelicher Kinder in Form eines Gleichheitsgrundsatzes an.

2. Schutzbedürftigkeit des Schwächeren

Das Scheitern einer Partnerschaft führt in der Mehrzahl der Fälle zu einer emotionalen und wirtschaftlichen Krisensituation, so dass ein Eingreifen für die Zeit der Krisenbewältigung als soziales Gebot erscheint. In diesem Sinne stützt der Tribunal Supremo seine neuere Rechtsprechung auf den Grundsatz des Schutzes des bedürftigen Partners.[45] Damit hat er einen allgemeinen Rechtsgrundsatz „konstruiert“, der zwar im Gegensatz zu den Gesetzen der autonomen Gebietskörperschaften Spaniens nicht die nichteheliche Lebensgemeinschaft an sich schützt, doch über die Einzelperson zu einem ähnlichen Schutz gelangt. Er verneint dabei ausdrücklich die analoge Anwendung der Parallelvorschriften für die Ehe mit der Folge, diese Normen nicht generell für nichteheliche Lebensgemeinschaften öffnen zu müssen. Wann aber ist ein Partner so bedürftig, dass er

---

[42] S. dazu oben 1. Teil § 2.I.2.
[43] Zu Letzterem unten 3. Teil § 2.I.
[44] Maunz/Dürig/*Di Fabio*, Art. 2 Abs.1 GG Rn 48.
[45] Eingehend oben 2. Teil § 8.I.2.

tatsächlich schutzwürdig ist, um in den Anwendungsbereich dieses Grundsatzes zu fallen? Eine Antwort darauf kann allenfalls in Bezug auf den konkreten Fall gegeben werden und wird selbst von einem geschulten Juristen im Vorfeld der Entscheidung schwer abzuschätzen sein. Diese Einzelfallbezogenheit ist kritisch zu sehen, vermag sie die bestehende Rechtsunsicherheit nicht zu schmälern.

Auch im deutschen Rechtsraum finden sich Ansätze, den Schutz des finanziell schwächeren Partners über eine Ausgleichsregelung sicherzustellen, sofern nach Auflösung einer nichtehelichen Lebensgemeinschaft die wirtschaftliche Existenz eines Partners bedroht ist. Diese soll in Form einer materiellen (Grund-) Sicherung für eine Übergangszeit erfolgen. Begründet wird das Erfordernis nach einer Normierung durch das Sozialstaatsgebot (Art. 20 Abs.1 GG), welches den Staat zu angemessenem Schutz des Schwächeren verpflichte.[46]

In einem Sozialstaat ist jedoch vor allem der Gesetzgeber zur Gestaltung der gesellschaftlichen Ordnung aufgerufen.[47] Einen ähnlichen Ansatz verfolgt das Bundesverfassungsgericht, wonach es in erster Linie dem Ermessen des Gesetzgebers obliege, wie das Sozialstaatsprinzip zu verwirklichen sei.[48] Dem Sozialstaatsprinzip kann demnach kein Gebot entnommen werden, soziale Leistungen in einem bestimmten Umfang zu gewähren; entsprechend begrenzt ist die Funktion des Sozialstaatsprinzips als eigenständiger Rechtsquelle. Es kommt allenfalls dort zum Tragen, wo eine Basissicherung zu gewährleisten ist, beispielshalber im Rahmen des Existenzminimums.[49] Hinzu kommt, dass für Ausgleichsregelungen nach Beendigung der Lebensgemeinschaft nicht der Staat Adressat des Sozialstaatsprinzips ist, sondern das Verhältnis zweier Privater betroffen ist. Ausstrahlungen auf das Privatrecht hat das Sozialstaatsprinzip aber nur in seltenen Ausnahmefällen.[50] Die Schutzbedürftigkeit des Schwächeren kann demnach für das deutsche Recht nicht zu einem allgemeinen Rechtsprinzip erhoben werden.

3. Schutz aufgrund der Inanspruchnahme von Vertrauen?

Hinter der in den Gesetzen der autonomen Gebietskörperschaften Spaniens zum Ausdruck kommenden nachpartnerschaftlichen Solidarität steht der Gedanke einer Inanspruchnahme persönlichen Vertrauens. Dieses konkretisiert sich in einer nachwirkenden personalen Verantwortung der Partner füreinander. Typi-

---

[46] *Schlüter*, FF 2000, 76, 83; *Zippelius*, DöV 1986, 805, 809; *Vogelsang*, in: Hausmann/Hohloch, Kap 3 Rn 43; *Zeidler*, in: Benda/Maihofer/Vogel, Handbuch des Verfassungsrechts, 1984, S. 555, 579.

[47] BVerfG Beschluss v. 19. Dez. 1951 BVerfGE 1, 97, 105.

[48] BVerfG Urteil v. 18. Juli 1967 BVerfGE 22, 180, 204; Beschluss v. 13. Jan. 1982 BVerfGE 59, 231, 263; Beschluss v. 18. Okt. 1983 BVerfGE 65, 182, 193.

[49] *Lecheler*, DVBl. 1986, 905, 911; a.A. *Finger*, JZ 1981, 497, 498; vgl. zum Existenzminimum BVerfG Beschluss v. 29. Mai 1990 BVerfGE 82, 60, 85.

[50] Vgl. den Überblick bei *Jarass*/Pieroth, Art. 20 GG Rn 115 a.

sche Situationen ergeben sich aufgrund gemeinsamer Lebensplanung und gemeinschaftlichen Wirtschaftens.[51] Beruht eine Risikoverteilung auf Abmachungen beider Partner, kann dies ein zurechenbares Verhalten darstellen, an dem sich der Partner nach Auflösung der Lebensgemeinschaft festhalten lassen muss. Vor allem im Unterhaltsrecht als Rechtsgebiet, welches im besonderen Maße von Solidarität und Verantwortungsbewusstsein geprägt ist, spielt das Vorliegen eines Vertrauenstatbestandes eine besondere Rolle. Zielte die Lebensplanung der Partner auf eine klassische Rollenverteilung, kann derjenige, der im Vertrauen auf diese Organisationsabsprache seinen Beruf zur Haushaltsführung oder Kindererziehung aufgibt, schutzwürdig sein.[52]

Jedoch können solche Vertrauenstatbestände keine eigenständige Haftungsgrundlage begründen. Die Lebensgemeinschaft darf nicht zu einer Lebensstandardgarantie werden; insoweit trifft beide Partner eine hohe Eigenverantwortlichkeit für die eigene Lebensplanung. Dies ergibt sich bereits aus der Natur der nichtehelichen Lebensgemeinschaft, welcher ein individualisiertes Bindungsverständnis zugrunde liegt. Rechtliche Bindungen über den Zeitpunkt der Trennung hinaus laufen regelmäßig dem Parteiwillen zuwider. Die Eigenverantwortlichkeit ist dabei in einer kinderlosen Partnerschaft größer als in einer nichtehelichen Lebensgemeinschaft, in der Kinder aufgezogen werden.

Die Inanspruchnahme von Vertrauen kann demnach nur Teilaspekt bei der Abwägung des Regelungsbedürfnisses sein. Allenfalls in Ausnahmefällen kann sie dem schwächeren Partner zu einem Anspruch verhelfen. Folglich besteht auch gegen den die Trennung herbeiführenden Partner grundsätzlich kein Anspruch auf Schadensersatz wegen Auflösung der Lebensgemeinschaft.[53]

4. Die nichteheliche Lebensgemeinschaft als Form familiären Zusammenlebens

Während vor Verabschiedung der Gesetze der autonomen Gebietskörperschaften über die nichteheliche Lebensgemeinschaft in Spanien noch die Tendenz vorherrschte, diese als ein Faktum einzuordnen, ist mit deren Institutionalisierung die Frage aufgekommen, ob nunmehr von einer familienrechtlichen Statusbeziehung zu sprechen sei. Bereits die zwischen ehelicher und nichtehelicher Lebensgemeinschaft erwähnten Ähnlichkeiten legen die Vermutung nahe, dass die Gesetzgeber der autonomen Gebietskörperschaften Spaniens auch letztere als familienrechtliches Phänomen begreifen. Umso erstaunlicher erscheint, warum sie eine Normierung der nichtehelichen Lebensgemeinschaft außerhalb ihrer Partikularrechtssammlungen in je eigenständigen Gesetzen vorgezogen haben. Insbesondere in Katalonien überrascht die Stellung außerhalb des

---

[51] *Wagenitz/Barth*, FamRZ 1996, 577, 584.
[52] Dazu ausführlich unten 3. Teil § 3.I.2.
[53] *Weimar*, MDR 1997, 713, 714; für Spanien s. *Mesa Marrero*, Las uniones de hecho, IV 3.3.4.

Familiengesetzbuches, obwohl beide Gesetze am gleichen Tag verabschiedet wurden. Wollen die Gesetzgeber damit zum Ausdruck bringen, dass es sich doch nicht um eine Form familiären Zusammenlebens handelt? Die häufig zur Begründung dieser These herangezogenen Präambeln legen eine solche Deutung zwar nahe, lassen aber letztendlich keinen eindeutigen Schluss auf die Motive der jeweiligen Gesetzgeber zu.[54] Die eklatante Betonung der Unterschiede zwischen ehelichen und nichtehelichen Lebensgemeinschaften könnte auch als Ursprung haben, wegen der weitreichenden inhaltlichen Anlehnung an Vorschriften des Eherechts nicht den Eindruck einer verfassungswidrigen Ehe zweiter Klasse oder minderen Rechts entstehen zu lassen.[55]

Mit der Normierung nichtehelichen Zusammenlebens durch die autonomen Gemeinschaften Spaniens hat ebenfalls der Tribunal Supremo eine Wendung in seiner Rechtsprechung vollzogen. Sofern nichteheliche Lebensgemeinschaften bestimmte Voraussetzungen erfüllen - durch freien Willen begründet sind, eine gewisse Stabilität und Dauerhaftigkeit aufweisen sowie dazu eheähnlich in der Öffentlichkeit auftreten -, hätten sie sich die Anerkennung „als familiäre Modalität" verdient.[56] Ebenso ordnet die herrschende Meinung im Schrifttum die faktischen Beziehungen der Partner einer nichtehelichen Lebensgemeinschaft als familienrechtlich ein.[57] Seien nichteheliche Lebensgemeinschaften bereits von der Verfassung als Familie anerkannt, könnten sie nicht vom Familienrecht ausgeschlossen und auf die allgemeinen Vorschriften des Zivilrechts verwiesen werden.

Nach geltendem deutschen Recht basieren familienrechtliche Beziehungen grundsätzlich nur auf Verwandtschaft oder werden durch einen Rechtsakt begründet (z.B. Adoption, aber auch Eheschließung). Insbesondere Trennungsfolgen werden im deutschen Familienrecht vorwiegend als eherechtlich behandelt. So beziehen sich Vorschriften über die vermögensrechtliche Auseinandersetzung, Hausratsverteilung oder die Wohnungszuweisung auf Trennungen von Ehegatten. Eine analoge Anwendung auf nichteheliche Lebensgemeinschaften kommt aufgrund der Ehebezogenheit dieser Normen nicht in Betracht.[58] Mit der Beschränkung des Familienrechts auf Verwandtschaft und Ehe steht der Versuch in Einklang, nichteheliches Zusammenleben mit Hilfe von Regelungen zu erfassen, welche Rechtsbeziehungen unter Fremden regeln. Abzulesen ist dies

---

[54] So aber sowie zu weiteren (möglichen) Gründen am Beispiel des katalanischen Gesetzes: *López Burniol*, RJC 1999, 641, 643 f.; *Llebaría Samper*, La Notaría 1998, núm. 10, 57, 74 ff.

[55] So andeutungsweise der siebte Absatz der Präambel des katalanischen Gesetzes.

[56] TS Urteil v. 17. Juni 2003 RJ 2003, 4605.

[57] *Llebaría Samper*, in: Garrido Melero/Fugardo Estivill, El patrimonio familiar, profesional y empresarial II, S. 363, 365; *de Amunátegui Rodríguez*, Uniones de hecho, II.1; dieser folgend: *Torrent*, in: Libro homenaje al profesor Manuel Albaladejo García, S. 4783, 4795; a.A. *de los Mozos*, La Ley 2000, D-226, 1235, 1238 f.

[58] S. bereits oben 1. Teil § 3.I.1.a.

beispielsweise daran, dass es für die im ersten Kapitel erläuterten schuldrechtlichen Lösungsansätze keine Rolle spielt, ob neben der Lebensgemeinschaft eine Ehe besteht oder weitere Liebesverhältnisse unterhalten werden. Die darin zum Ausdruck kommende Ansicht, die Rechtsordnung habe mit der Regelung der Ehe ihr Soll erfüllt, greift jedoch in dieser Pauschalität zu kurz.[59]

In die Erwägungen für eine Anerkennung der nichtehelichen Lebensgemeinschaft ist der Umstand einzubeziehen, dass sie gewisse familiäre sowie auch gesellschaftliche Funktionen erfüllt.[60] Zum einen wird sie von vielen Paaren als Vorstadium zur Ehe gesehen, welches dem Kennenlernen und der gegenseitigen Prüfung dient.[61] Für das Verhältnis der Partner zueinander gewähren sich die Partner ebenso wie in der Ehe Beistand im personalen, menschlichen Bereich. Leben Kinder in der nichtehelichen Lebensgemeinschaft, nimmt diese die Aufgaben einer Familie wahr, selbst wenn eine Eheschließung nicht gewünscht wird. Als wichtigste gesellschaftliche Funktion leistet die Familie mit der Sorge um die Kinder, insbesondere deren Erziehung und Bildung, einen entscheidenden Beitrag im Rahmen der Sozialisation.[62] Kinder, die in einer intakten Familie aufwachsen, haben regelmäßig bessere Entwicklungschancen als in einer Rumpf- oder Restfamilie. Die Familie erschöpft sich aber nicht in der Erziehungsfunktion, sondern ihr kommt darüber hinaus eine Beistandsfunktion zu.[63] Diese Aufgabe ist nicht an die Statusbeziehung der Ehe geknüpft, sondern entscheidend für die Familie als Beistandsgemeinschaft ist, dass sie tatsächlich gelebt wird. Als „Keimzelle der Gesellschaft"[64] sichert die Familie deren Fortbestand (Reproduktionsfunktion).

Diesen gesellschaftlich wichtigen Funktionen darf der Staat nicht jegliche rechtliche Anerkennung verweigern. Insbesondere, wenn ein Partner seinen Beruf aufgegeben hat, um sich den (gemeinsamen) Kindern zu widmen, begibt er sich in eine wirtschaftliche Abhängigkeitsposition; ihm dann aus seinem Personenstand einen Nachteil erwachsen zu lassen, ist unbillig. Vor diesem Hintergrund erscheint es vereinfachend, von der nichtehelichen Lebensgemeinschaft als einem rein sozialen Phänomen zu sprechen.

Die postmoderne Familie ist aus einem zusätzlichen Grund besonders schutzbedürftig: Die (Klein-) Familie ist für den einzelnen zunehmend zu einem Ort der Selbstverwirklichung und Individualität geworden. Die intensivere gefühls-

---

[59] So aber: *Diederichsen*, NJW 1983, 1017, 1025; *von Campenhausen*, VVDStRL 45 (1987), 7, 17; vgl. auch OLG Düsseldorf Urteil v. 10. April NJW 1979, 1509; *Eyrich*, ZRP 1990, 139, 141.

[60] *Zippelius*, DÖV 1986, 805, 810; näher zu den Funktionen der Familie: *Huffmann*, Die Erfassung der Familie im Zivilrecht, S. 14, 17.

[61] *Lauterbach*, in: Klein/Lauterbach, Nichteheliche Lebensgemeinschaften, S. 269, 301.

[62] *Henrich*, in: FS Müller-Freienfels, S. 289, 298.

[63] BVerfG Beschluss v. 18. April 1989 BVerfGE 80, 81, 91.

[64] So: *Torrero Muñoz*, RGD 1998, 10625, 10628.

mäßige Verbindung führt zu einer Emotionalisierung der familiären Beziehungen, was in Krisensituationen eine stärkere Beeinflussbarkeit und Anfälligkeit nach sich zieht.[65] Die Instabilität schwächt die Verlässlichkeit der Familie. In Bereichen, in denen die Familie ihre Aufgaben nicht mehr erfüllt, ist die Gesellschaft gefordert. Da diese vielfältigen Funktionen aber in gleicher Weise von keiner anderen Institution wahrgenommen werden können, liegt es im öffentlichen Interesse, die Familie unabhängig davon, ob sie auf der Ehe oder nur auf einer sozialen Verbindung beruht, zu schützen und zu unterstützen. Gleichzeitig mehren sich aufgrund der zunehmenden Individualität und dem Streben nach möglichst weitgehender Selbstverwirklichung die interfamiliären Konflikte. Die verstärkte Eigenständigkeit der Familienmitglieder wird zudem von dem Willen zur Durchsetzung der eigenen Rechte begleitet.[66] Insbesondere bei einer Trennung werden immer häufiger die Gerichte angerufen. Darum gilt es mögliches Konfliktpotenzial bereits in einem frühen Stadium im Rahmen eines Interessenausgleichs zu mildern.[67]

Die Krise der Idealfamilie begünstigt mittelbar andere Formen familiären Zusammenlebens. Als Unterschied zwischen Ehe und nichtehelicher Lebensgemeinschaft bleibt mit Blick auf die Funktion als Familie nur das Fehlen jeglicher Formalität. Die Familie ist unabhängig von der Statusbeziehung der Lebensgefährten als Lebens- und Erziehungsgemeinschaft zu betrachten. Das Recht darf sich deshalb der Anerkennung neuer Typen familiären Zusammenlebens nicht gänzlich verschließen; vielmehr muss Maxime sein, die bestmöglichen Entwicklungsbedingungen sicherzustellen.

IV. Ergebnis

Zusammengefasst ist auf der einen Seite die freie Entfaltung der Persönlichkeit zu berücksichtigen, nichtsdestominder auf der anderen Seite aber der verfassungsrechtliche Schutzauftrag zu verwirklichen. In den verschiedenen Lebenslagen ist deshalb immer wieder zu fragen, ob der (mutmaßliche) Parteiwille nach rechtlicher Unverbindlichkeit überwiegt oder der Schutz des Schwächeren entscheidend ist. Insoweit gilt es Freiheit und Bindungen in den persönlichen Beziehungen auszubalancieren.

Zwar kann dem bloßen nichtehelichen Zusammenleben ein Rechtsschutzverzicht nicht entnommen werden; doch beinhaltet der Entschluss „frei“ zusammenzuleben mehr als nur den Willen zu selbstverantworteter Lebensgestaltung, nämlich regelmäßig auch ein „Nein“ vor einer Verstaatlichung. Vorrangig ist deshalb der Parteiwille sowie die konkrete Ausgestaltung der Lebensgemein-

---

[65] S. dazu auch: *Nave-Herz*, in: Klein/Lauterbach, Nichteheliche Lebensgemeinschaften, S. 37, 45 ff.
[66] *Schwab*, Konkurs der Familie?, S. 17.
[67] A.A. *Simitis*, in: FS Müller-Freienfels, S. 579, 586 f.

schaft zu beachten. Jedoch ist es nicht ausreichend, die Partner auf die Möglichkeit des Abschlusses vertraglicher Vereinbarungen zu verweisen.

Dem steht gegenüber, dass die nichteheliche Lebensgemeinschaft bzw. der einzelne Partner Schutzobjekt ist. Anders als im spanischen Recht ist die nichteheliche Lebensgemeinschaft als Paarbeziehung zwar keine Familie und bleibt damit aus dem Schutzbereich des Art. 6 Abs.1 GG ausgeschlossen; doch kommt ihr verfassungsrechtlicher Schutz aus Art. 2 Abs.1 GG zu. Trotz der Tatsache, dass nichteheliche Lebensgemeinschaften in Deutschland in der sozialen Wirklichkeit längst die Aufgaben von Familien erfüllen, werden sie deshalb außerhalb des Familienrechts eingeordnet. Dadurch bestehen weiterhin viele Ungereimtheiten im Vergleich zwischen Ehe und nichtehelichen Lebensgemeinschaften sowie zwischen ehelichen und nichtehelichen Kindern.[68] Für letzteres Verhältnis ordnet Art. 6 Abs.5 GG die Schaffung gleicher Entwicklungsbedingungen an. Eine stärkere Entkopplung von Ehe und Familie im Familienrecht würde helfen, solche Ungleichbehandlungen abzubauen.

Die Verstrickung der persönlichen Beziehungen mit rechtlich relevanten Handlungen führt zu Problemen, die auf Basis des Schuldrechts keiner adäquaten Lösung zugeführt werden können; vielmehr handelt es sich um familienrechtliche Sachverhalte, die einer spezifischen Behandlung bedürfen. Da aber die vorhandenen familienrechtlichen Institute des Bürgerlichen Gesetzbuches nicht in verfassungskonformer Weise richterrechtlich auf nichteheliche Lebensgemeinschaften erstreckt werden können,[69] bietet das geltende Recht keine Lösung. Aufgabe des Rechts ist es aber, soziale Konflikte einem angemessenen Ausgleich zuzuführen. Selbst wenn es sich nur um moralische Verpflichtungen handelt, sind diese mit gesetzlichen Normen in vorhersehbare, sichere Bahnen zu lenken.[70] Insoweit besteht ein übergeordnetes Interesse an Rechtssicherheit. Der Gesetzgeber kann sich mit dem Argument der bewussten und gewollten Bindungslosigkeit nicht seiner Verantwortung entledigen; die Verfassung gebietet den Schutz ehelicher wie nichtehelicher Lebensgemeinschaften. Dieser geht aber nicht so weit, dass ein gesetzgeberisches Unterlassen vorläge, sondern die Entscheidung liegt im Ermessen des Gesetzgebers und ist damit eine rechtspolitische Entscheidung. Jedoch darf er nicht zulassen, dass sich ein Partner von der übernommenen Verantwortung einfach durch eine Trennung befreien kann. So kann es in manchen Fällen geboten sein, die Freiheitsrechte zum Schutz vor ungerechtem oder missbräuchlichem Verhalten einzuschränken, welches zu Schäden für einen Partner führen kann. Die Notwendigkeit eines einfachgesetzlichen Schutzes ist daher zu bejahen.[71]

---

[68] Zu den einzelnen Bereichen s. unten 3. Teil § 3.I.

[69] S. dazu 1. Teil § 3.I.1.

[70] *Heilmann*, JA 1990, 116, 120.

[71] So auch die h.M. in Spanien: TS Urteil v. 17. Juni 2003 RJ 2003, 4605 RG 2; Urteil v. 10. März 1998 RJ 1998, 1272 RG 3; *Martín Casals*, ADC 1995, 1709, 1800; *Llebaría Sam-*

Tendenziell wird unter dem Einfluss des engeren Verfassungsverständnisses des Familienbegriffs der Schutzumfang für nichteheliches Zusammenleben im deutschen Recht geringer ausfallen als im spanischen. Ein so hohes Maß an rechtlicher Absicherung und wechselseitigen Verpflichtungen wie sie im Falle der Ehe gesetzlich vorgesehen sind, steht zudem der Vorrang des Parteiwillens entgegen. Rechtfertigen lässt sich allein ein (gesetzlicher) Mindestschutz, der sich am mutmaßlichen Willen der Parteien orientiert. Wie dieser im Einzelnen auszugestalten ist, soll nachfolgend konkretisiert werden.

---

per, in: Garrido Melero/Fugardo Estivill, El patrimonio familiar, profesional y empresarial II, S. 363, 371; *de Amunátegui Rodríguez*, Uniones de hecho, II.2; *Talavera Fernández*, La unión de hecho, Cap. IV.II.4; *López Burniol*, RJC 1999, 641, 662.

§ 2 Form und Ausgestaltung einer Regelung de lege ferenda

I. Verfassungsrechtliche Vorgaben für eine Verrechtlichung nichtehelichen Zusammenlebens

Überlagert wird die Problematik möglicher Ausgestaltungen nichtehelichen Zusammenlebens durch das unterschiedliche Verfassungsverständnis. In Spanien wird die nichteheliche Lebensgemeinschaft ebenso wie die Ehe als Familienbeziehung eingeordnet, so dass sie auch verfassungsrechtlich geschützt wird. Jedoch ist nicht die Einbeziehung der nichtehelichen Lebensgemeinschaft in den Familienbegriff des Art. 39 Abs.1 CE Ausgangspunkt für die Möglichkeit ihres verfassungsrechtlichen Schutzes; vielmehr ist Ansatzpunkt die Trennung zwischen den Schutzbereichen der Ehe (Art. 32 CE) und Familie (Art. 39 CE). Art. 32 CE schützt die Ehe als verfassungsrechtliches Institut, daneben werden andere Formen des Zusammenlebens, welche auf einer engen persönlichen Verbundenheit beruhen, als Familie geschützt. Erst die Trennung erlaubt es, einen solch weiten von der Ehe unbeeinflussten Familienbegriff zu vertreten, welcher sich gegenüber gesellschaftlichem Wandel offen zeigt.

Gut veranschaulichen lassen sich diese Zusammenhänge anhand des gegensätzlichen Schutzmodells des Art. 6 Abs.1 GG. Dieser nennt als (einzig) geschützte Form einer Lebensgemeinschaft die Ehe und verschließt damit gleichzeitig den Familienbegriff für weitere Partnerschaftsbeziehungen. Indem Art. 6 Abs.1 GG beide Schutzgüter in einem Atemzug nennt, wird nämlich klargestellt, dass Ehe und Familie verschiedene Dinge sind. Trotz des Umstandes, dass der Familienbegriff des Grundgesetzes weit weniger institutionalisiert ist als der formale Ehebegriff, ist dadurch eine starre Unterscheidung zwischen horizontalen und vertikalen Beziehungen, d.h. zwischen Lebensgemeinschaft an sich sowie dem Verhältnis zu Nachkommen vorgezeichnet. Eine Lebensgemeinschaft, die nicht Ehe ist, kann auch keine Familie sein.

Zeugleich zeitigt dies Einfluss auf die einfachgesetzlichen Gestaltungsmöglichkeiten. Die Abkoppelung des Begriffes der Familie von der Ehe in Spanien bleibt nicht rein formaler Natur, sondern eröffnet der Legislative einen weitergehenden Spielraum zur Regelung der Rechtsbeziehungen zwischen den Partnern einer nichtehelichen Lebensgemeinschaft, als diesen das Grundgesetz gewährt.[72] Insbesondere erlaubt die spanische Verfassung damit Angleichungen an das Eherecht. Für Deutschland ist das beschriebene Spannungsverhältnis nichtehelichen Zusammenlebens damit bereits verfassungsrechtlich angelegt. Einerseits genießt die nichteheliche Lebensgemeinschaft Grundrechtsschutz aus Art. 2 Abs.1 GG; andererseits sind der Verrechtlichung nichtehelichen Zusammenlebens Beschränkungen sowohl durch den in Art. 6 Abs.1 GG verbürgten

[72] Vgl. für das spanische Recht oben 2. Teil § 2.

„besonderen“ Schutz von Ehe und Familie auferlegt als auch durch die Freiheit der Lebenspartner, eine Ehe nicht eingehen zu wollen.

II. Das Verhältnis zwischen nichtehelicher Lebensgemeinschaft und Ehe

Beide Arten des Zusammenlebens, eheliche wie nichteheliche Lebensgemeinschaft stehen in ständiger Wechselbeziehung. Änderungen des Eherechts, ihres gesellschaftlichen Verständnisses beeinflussen zugleich die Ausgestaltung des formlosen Zusammenlebens. Dennoch kann die von *Striewe*[73] entwickelte Formel, dass die nichteheliche Lebensgemeinschaft dort anfange, wo die Ehe aufhöre, aber allenfalls bei einer formaljuristischen Betrachtungsweise gelten. Wie die Gesetze der autonomen Gebietskörperschaften Spaniens anschaulich verdeutlichen, können sich die Rechtswirkungen in vielfältiger Weise überschneiden. Das geltende deutsche Recht trifft eine Abgrenzung allein in negativer Hinsicht beispielsweise durch die Verwirkungstatbestände im Unterhaltsrecht (§ 1579 BGB). Eine soziologisch vorgegebene Trennlinie scheint nicht zu existieren. Insofern bleibt es dem Gesetzgeber überlassen, festzulegen, welches die Kernelemente der Ehe sind.

1. Keine Gleichstellung mit der Ehe

Eine - auch nur annähernde - Gleichstellung zwischen Ehen und nichtehelichen Lebensgemeinschaften ist in den westlichen Rechtsordnungen meist verfassungsrechtlich unzulässig,[74] darüber hinaus weder sinnvoll noch zweckmäßig.[75] Insbesondere ist die Situation nicht vergleichbar mit der in lateinamerikanischen Staaten, in deren Rechtsordnungen die nichteheliche Lebensgemeinschaft seit langem eine rechtliche Regelung erfährt. Eine (teilweise) Angleichung an die ehelichen Vorschriften ist in diesen Ländern aufgrund der sozialen Gegebenheiten zweckdienlich. So ist nichteheliches Zusammenleben dort ein Phänomen der Unterschichten. Ursachen sind neben einem geringen Bildungsniveau vor allem die soziale Instabilität und Armut, so dass die Tatsache, wirtschaftlich versorgt zu sein, eine große Rolle spielt.[76] Der die lateinamerikanischen Regelungen oftmals tragende Gedanke, den Lebensgefährten durch eine Überführung ihrer nichtehelichen Lebensgemeinschaft in eine Ehe zu helfen, kann für den europäischen Rechtsraum nicht gelten. In den Industrieländern ist die Zunahme nicht-

---

[73] Ausländisches und Internationales Privatrecht der nichtehelichen Lebensgemeinschaft, S. 132.

[74] Zum spanischen Verfassungsrecht s. oben 2. Teil § 2; ebenso wenig würde damit dem Fördergebot der Ehe Rechnung getragen, oben 3. Teil § 2.I.1.

[75] *Schwenzer*, JZ 1988, 781, 782; *Llaquet de Entrambasaguas*, REDCanónico 1999-I, 261, 263; *Schumacher*, FamRZ 1994, 857, 858.

[76] Ausführlich: *Prinz von Sachsen Gessaphe*, Das Konkubinat in den mexikanischen Zivilrechtsordnungen, S. 75 ff.

ehelicher Lebensgemeinschaften Folge der Liberalisierung und eng verbunden mit der finanziellen Unabhängigkeit der Frau. Vorrangig sind es Gemeinschaften von Doppelverdienern und damit sozial gehobenere Schichten.[77] Im Unterschied steht damit in den westlichen Ländern der Wille nach Unabhängigkeit deutlich im Vordergrund. Daraus resultiert ein wesentlich geringeres Schutzbedürfnis nichtehelichen Zusammenlebens, welches eine teilweise Gleichbehandlung nicht zu rechtfertigen vermag. Zur rechtlichen Absicherung ihrer Gemeinschaft steht es den Lebensgefährten frei, die Ehe zu schließen.

Auf der anderen Seite darf der Schutz der Ehe aber auch nicht zur Benachteiligung anderer Formen des Zusammenlebens führen. Mit anderen Worten dürfen der nichtehelichen Lebensgemeinschaft nicht alle der Ehe gewährten Vorteile vorenthalten werden, so dass ein „indirekter Zwang zur Eheschließung"[78] entstünde; dann erscheint nämlich die Entscheidungsfreiheit zwischen den verschiedenen Lebensformen gefährdet. Einen Numerus clausus der rechtlich anzuerkennenden Formen des Zusammenlebens sehen die Verfassungen gerade nicht vor. Dabei geht es nicht nur darum, dem Vorwurf eines Zwanges zu begegnen; vielmehr sind ausgehend von den Besonderheiten beider Formen von Lebensgemeinschaften spezifische Lösungen zu finden. Eine Angleichung bzw. unreflektierte Übertragung der Lösungsansätze birgt die Gefahr, die Unterschiede zwischen beiden Lebensformen zu nivellieren; den eigentümlichen Problemen könnte so allenfalls bedingt Rechnung getragen werden.

2. Ausrichtung an der Ehe?

Vor diesem Hintergrund haben die Gesetzgeber der autonomen Gebietskörperschaften Spaniens eine Lösung zwischen den beiden Extrempunkten der Regelungslosigkeit und der Gleichstellung mit der Ehe gewählt. Rechtspolitisch begründet wurde die Entscheidung zugunsten einer Annäherung an die Ehe in Spanien vor allem mit dem Argument der Gleichberechtigung gleichgeschlechtlicher Partnerschaften. Unter dem Deckmantel der Nichtehelichkeit wurde ein familienrechtliches Institut geschaffen, welches ein Stück weit Gleichberechtigung herstellen sollte. So berufen sich die meisten Gesetzesbegründungen ausdrücklich auf die Entschließung des Europäischen Parlaments vom 8. Februar 1994 über die Gleichberechtigung Homosexueller und Lesben; insofern gelte es bestehende Benachteiligungen abzubauen, welche an die sexuelle Orientierung der Partner anknüpften. Für die deutsche Rechtsordnung ist dieser Aspekt angesichts des bereits geltenden Lebenspartnerschaftsgesetzes nur noch von untergeordneter Bedeutung. Zwar besteht damit keine völlige Gleichberechtigung, doch ist eine solche auch nicht verfassungsrechtlich zwingend vorgegeben.[79]

---

[77] *Lauterbach*, in: Klein/Lauterbach, Nichteheliche Lebensgemeinschaften, S. 269, 283 ff.
[78] *Coester-Waltjen*, NJW 1988, 2085, 2087.
[79] BVerfG Beschluss v. 4. Okt. 1993 NJW 1993, 3058.

Entscheidend für die Ausrichtung an der Ehe sind die Voraussetzungen, anhand derer die nichteheliche Lebensgemeinschaft definiert wird. Damit werden nicht nur andere Formen des Zusammenlebens aus dem Anwendungsbereich ausgeschlossen; entscheidet sich der Gesetzgeber für eine Ausrichtung an der Ehe, ist damit zum anderen eine gewisse inhaltliche Angleichung an das Eherecht vorgezeichnet.

1. Mit dem Merkmal der Eheähnlichkeit der Lebensgemeinschaft wird eine Vorgabe getroffen, die im höchsten Maße für die Konzeption nichtehelichen Zusammenlebens richtungsweisend ist. Exempel für eine nicht an der Ehe ausgerichtete Form nichtehelichen Zusammenlebens sind die im spanischen Recht ebenfalls bekannten Situationen gegenseitiger Hilfeleistung.[80] Eine solche Gemeinschaft besteht zwischen zwei oder mehreren Personen, die zusammenleben und sich gegenseitige Hilfe leisten. Demnach können entsprechende Verpflichtungen ebenfalls Freunde, Bekannte oder Verwandte in Seitenlinie eingehen.

Während damit für das spanische Recht beide Formen des Zusammenlebens rechtlich verschiedene Wege gehen,[81] ist im deutschen Schrifttum weiterhin unklar, welches Konzept dem nichtehelichen Zusammenleben zugrunde liegen soll. So finden sich Vorschläge, welche dem Begriff der nichtehelichen Lebensgemeinschaft eine weite Bedeutung zumessen wollen, so dass insbesondere auch bloße Wohn- und Verwandtengemeinschaften davon erfasst würden.[82] Beiden Konzepten ist somit nur das Erfordernis einer Wohn-, Wirtschafts- und Beistandsgemeinschaft gemein. Insbesondere ist unabdingbare Voraussetzung ein tatsächliches Zusammenleben, da sich nur dann die Vermögensmassen so vermischen können, dass eine klare Trennlinie zwischen „Mein" und „Dein" fehlt.

Die spanische Einteilung ist vor dem weiten Verfassungsverständnis des Familienbegriffes zu verstehen. Im Gegensatz zu nichtehelichen Lebensgemeinschaften handelt es sich bei sonstigen Formen des außerehelichen Zusammenlebens, welche sich auf Freundschaft, Kollegialität oder Verwandtschaft gründen, nicht um Beziehungen der Kernfamilie, die dem Schutz des Art. 39 CE unterstellt sind.

Ein solch weites Verständnis der nichtehelichen Lebensgemeinschaft im Sinne einer Hilfs- und Sozialgemeinschaft hätte demnach eine enorme Heterogenität des personellen Anwendungsbereiches zur Folge. Auch wenn es in Hilfsgemeinschaften ebenfalls zu Abgrenzungsproblemen zwischen den Vermögens-

---

[80] So etwa der Vorschlag der Partido Popular aus dem Jahre 1996, abgedruckt in: B.O.C.G. Congreso de los Diputados. VI Legislatura B núm. 117-1, 29.9.1997 sowie das in Katalonien gültige LEY 19/1998, de 28 de diciembre, sobre situaciones convivenciales de ayuda mutua; ähnlich das belgische Gesetz v. 23. Nov. 1998 über das gesetzliche Zusammenleben, s. *Pintens*, FamRZ 2000, 69, 71 f.

[81] Anders nur: *Gavidia Sánchez*, RJN 1999-IV, 199, 207 ff.

[82] *Gernhuber/Coester-Waltjen*, Familienrecht, § 41 I 1; *Grziwotz*, § 3 Rn 45 f.; *Schlüter*, FF 2000, 76, 83.

sphären kommen kann, ist die Situation mit eheähnlichem Zusammenleben nicht vergleichbar; die zwischen den Partnern bestehende Affektivitätsbeziehung gibt der Lebensgemeinschaft ihre besondere Prägung, da sie wirtschaftliche Abhängigkeiten durch das emotionale Verhältnis zusätzlich begünstigt. Gerade der Grad der Intensität der persönlichen Beziehung führt zu einem unterschiedlichen Schutzbedürfnis für die Partner einer Lebensgemeinschaft mit eheähnlicher Affektivität. Die besondere Schutzbedürftigkeit ergibt sich aus dem familiären Bezugsverhältnis.[83] Die Partnerschaft basiert meist auf einer gemeinsamen Lebensplanung, welche zu zahlreichen Verflechtungen führt. Rechtlich ausgedrückt besteht zwischen den Partnern ein Reziprozitätsverhältnis.[84] Trotz des engeren Familienbegriffes des Grundgesetzes ist daher ebenfalls für das deutsche Recht eine gesonderte Betrachtung für solche Lebensgemeinschaften gerechtfertigt, die auf einer eheähnlichen Partnerschaftsbeziehung basieren.

Eng mit der Eheähnlichkeit verbunden ist die Forderung nach einer gewissen Stabilität der Partnerschaft; nur eine stabile Lebensgemeinschaft kann der grundsätzlich unauflösbaren Ehe ähnlich sein. So verlangen die Gesetze der autonomen Gebietskörperschaften Spaniens eine Mindestdauer des Zusammenlebens. Erst nach deren Ablauf kann von einem gefestigten Vertrauensverhältnis ausgegangen werden, welches Voraussetzung für die Anknüpfung von Rechtsfolgen ist.[85] Zwar ist das Erfordernis einer Mindestfrist kein Allheilmittel zur Feststellung der Festigkeit der Lebensgemeinschaft. Insbesondere bereitet die Bestimmung des für die Berechnung der Fristen wichtigen Beginns der Lebensgemeinschaft Schwierigkeiten. Dennoch gewährleistet eine hinreichend lange Zeitspanne in Verbindung mit dem Öffentlichkeitskriterium einen zuverlässigen Nachweis für die Stabilität der Partnerschaft.

Aber auch die Festlegung starrer Mindestfristen ist letztendlich willkürlich und kann im Einzelfall zu ungerechten Ergebnissen führen.[86] Nach welchen Kriterien soll die Zeitspanne fixiert werden, um von einer gefestigten Lebensgemeinschaft ausgehen zu können? Nicht zu Unrecht stellen einige Autoren die Frage, ob das Zusammenleben eine Woche, einen Monat oder sogar ein Jahr bestanden haben muss, um rechtliche Wirkungen nach sich zu ziehen.[87] Dem er-

---

[83] So i.E. auch *Rauscher*, Familienrecht, § 26 I 1 Rn 727. Der Ansicht, es bestehe eine Gleichheit zwischen einer solchen Hilfsgemeinschaft und einer Studenten-WG ist jedoch entgegenzutreten; a.A. *Schlüter*, FF 2000, 76, 83.

[84] S. dazu *Hausmann*, Vermögensausgleich, S.486 ff.

[85] Dazu oben 2. Teil § 3.I.2.

[86] Vgl. das Beispiel bei *Schreiber*, Die nichteheliche Lebensgemeinschaft, Rn 12.

[87] *Wingen*, FamRZ 1981, 331, 332; *Tschernitschek*, Familienrecht, Rn 169; *Hofmann*, ZRP 1990, 409, 411 (Vierteljahr); *Goetz*, FamRZ 1985, 987, 991 (dreijährige Mindestfrist); ebenso die unterschiedlichen Zeitspannen in der Rspr.: 4 Jahre BGH Urteil v. 23. Feb. 1981 FamRZ 1981, 530; 14 Jahre BGH Urteil v. 12. Juli 1982 FamRZ 1982, 1065; 6 Jahre BGH Urteil v. 2. Mai 1983 FamRZ 1983, 791; 11 Jahre BGH Urteil v. 24. Juni 1985 FamRZ 1985, 1232; 10 Jahre BGH Urteil v. 26. Jan. 1987 FamRZ 1987, 676; 2-3 Jahre BGH Urteil v. 21. Dez. 1988

forderlichen Zeitfaktor kommt bei der Bestimmung der Dauerhaftigkeit deshalb eine besondere Bedeutung zu, da der Regelungsumfang einer Normierung qualitativ in Abhängigkeit zu der Voraussetzung der Festigkeit der Beziehung steht. Insbesondere, wenn die Rechtsfolgen sich mittelbar auf die Rechte Dritter auswirken können, scheint es umso dringlicher, bloße Liebesverhältnisse aus dem Anwendungsbereich auszuschließen.

Die seitens der deutschen Literatur erhobene Forderung, dass die Lebensgemeinschaft auf Dauer angelegt sein müsse,[88] hilft nur bedingt weiter. Da es sich um ein inneres Merkmal handelt, stellt sich zusätzlich die Schwierigkeit, subsumierbare Merkmale zu finden, die objektivierbar und damit nicht wegen zu großer Beweisschwierigkeiten unpraktikabel sind. Der Nachweis der Stabilität und Konstanz der Lebensgemeinschaft wird daher in der Praxis meist nur gelingen, wenn das Zusammenleben bereits von längerer Dauer ist.[89] Um flüchtige Bekanntschaften und vorübergehende Beziehungen auszuschließen, dürfte als Indikator ein Zeitraum von etwa zwei Jahren ausreichend sein.[90] Sofern im Einzelfall weitere Umstände vorliegen, die auf eine besondere Beständigkeit und Regelmäßigkeit der Partnerschaft hindeuten, kann im Einzelfall eine kürzere Frist genügen; insbesondere die Versorgung von Kindern und Angehörigen im gemeinsamen Haushalt ist Ausdruck der Stabilität der Lebensgemeinschaft.[91]

2. Mit der Definition der Lebensgemeinschaft wird aber nicht nur eine Auswahl darüber getroffen, welche Arten außerehelichen Zusammenlebens gesetzlich zu schützen sind, sondern es wird gleichzeitig darüber entschieden, welches Regelungskonzept der Normierung zugrunde liegt. Am Beispiel der Gesetze der autonomen Gebietskörperschaften Spaniens lässt sich diese These belegen. Die seit Beginn der Diskussion um die Verrechtlichung nichtehelichen Zusammenlebens seitens der linksgerichteten Parteien geprägte Orientierung an der Rechtsstellung der Ehegatten hat nicht nur zu einer definitorischen Ausrichtung an der Ehe geführt, sondern auch dazu, für nichteheliche Lebensgemeinschaften eherechtliche Lösungen zu übernehmen. Vor allem die Gesetze jüngeren Datums weisen eine zunehmende Tendenz zur Angleichung der Rechtswirkungen der nichtehelichen Lebensgemeinschaft an die Ehe auf. Die Annäherungen erstrecken sich sogar auf Kernbereiche des Eherechts, wie beispielsweise das eheliche Güterrecht. So gewähren die Rechtsordnungen der autonomen Gebietskörper-

---

2. Mai 1983 FamRZ 1983, 791; 11 Jahre BGH Urteil v. 24. Juni 1985 FamRZ 1985, 1232; 10 Jahre BGH Urteil v. 26. Jan. 1987 FamRZ 1987, 676; 2-3 Jahre BGH Urteil v. 21. Dez. 1988 FamRZ 1989, 487; mindestens 1 Jahr OVG Schleswig Urteil v. 1. Aug. 1991 NJW 1992, 258; 1 Jahr und 4 Monate AG Menden Urteil v. 26. Okt. 1990 FamRZ 1991, 712.

[88] S. oben 1. Teil § 1.II.

[89] BVerfG Urteil v. 17. Nov. 1992 NJW 1993, 643, 646; a.A. wohl *Schreiber*, Die nichteheliche Lebensgemeinschaft, Rn 12.

[90] A.A. *Hofmann*, ZRP 1990, 409, 411 (Vierteljahr); *Goetz*, FamRZ 1985, 987, 991 (3 Jahre).

[91] BVerfG Urteil v. 17. Nov. 1992 NJW 1993, 643, 646.

schaften Spaniens einen Finanzausgleich nach dem Vorbild des Art. 1438 CC bzw. Art. 41 CF.[92] Ebenso weist die „*pensión periódica*" Ähnlichkeiten zu bereits bestehenden Ausgleichsinstrumentarien des Eherechts auf.[93]

Demnach lässt sich feststellen: Je eheähnlicher die Lebensgemeinschaft gelebt wird, umso eher sind die autonomen Gesetzgeber geneigt, die Anwendung eherechtlicher Rechtsfolgen für nichteheliche Lebensgemeinschaften zu befürworten. Besonders auffällig ist die Annäherung an die ehelichen Normen immer dann, wenn die nichteheliche Lebensgemeinschaft dem wohl immer noch vorherrschenden Typus der Hausfrauenehe mit gemeinsamen Kindern entspricht. Dabei handelt es sich aber nicht um ein typisch spanisches Phänomen;[94] eine einmal vorgenommene definitorische Ausrichtung an den ehelichen Normen legt auch die Übernahme eherechtlicher Lösungsansätze nahe. Eine Distanzierung von der Ehe kann am besten dadurch erreicht werden, sie nicht nach diesem Vorbild zu definieren. Anerkennt man mit der hier vertretenen Ansicht aber die Besonderheit nichtehelicher Lebensgemeinschaften, welche auf einer eheähnlichen Affektivitätsbeziehung beruhen, erscheint eine Ausrichtung an der Ehe als folgerichtig.

Dabei gilt es allerdings zu bedenken, dass der Annäherungsprozess zwischen Ehe und nichtehelichen Lebensgemeinschaften nicht einseitig von letzteren ausgeht. Während für die Ehe der „Trend zur Verstärkung des Vergemeinschaftungsgedankens"[95] auf dem Rückzug ist, setzt er sich für nichteheliche Lebensgemeinschaften fort. Demzufolge findet eine zunehmende Verrechtlichung nichtehelichen Zusammenlebens wie auch eine gleichzeitige „Entrechtlichung" der Ehe statt. Insbesondere der Zeithorizont der Ehe wurde durch die Erleichterungen bei der Ehescheidung zur Disposition der Ehegatten gestellt.[96] Eine zu weitgehende Annäherung an das Eherecht sieht sich jedoch dem Vorwurf der Schaffung einer Ehe minderen Rechts bzw. eines Zwei-Klassen-Systems der Ehe ausgesetzt.[97] Zulässig erscheint nur eine limitierte partielle Angleichung von nichtehelicher Lebensgemeinschaft und Ehe. Verfassungsrechtlich unbedenklich sind Regelungen in Anlehnung an das Eherecht nur dann, wenn sie lediglich einzelne Rechtsfolgen umfassen.[98]

---

[92] Dazu oben 2. Teil § 4.II.2.a.aa.

[93] Dazu oben 2. Teil § 4.II.3.a.

[94] Vgl. zu weiteren Rechtsordnungen *Striewe*, Ausländisches und Internationales Privatrecht der nichtehelichen Lebensgemeinschaft, S. 92 ff.

[95] S. ausführlich: *Wagenitz/Barth*, FamRZ 1996, 577, 580 ff.; anders noch *Kühne*, in: FS Beitzke, S. 249, 266 f.

[96] Vgl. für das spanische Recht die Reform LEY 13/2005, de 1 de julio, por la que se modifica el Código Civil en materia de derecho a contraer matrimonio.

[97] *Schlüter*, FF 2000, 76, 80; *Eyrich*, ZRP 1990, 139, 140; *Camarero Suárez*, RGD 1999, 3552, 3564.

[98] Ausführlich oben 3. Teil § 2.I.3.

3. Die Einordnung der nichtehelichen Lebensgemeinschaft zwischen Verlöbnis und Gütertrennungsehe

Bei der inhaltlichen Zuerkennung von Rechtsfolgen steht zudem zu bedenken, wie sich eine an der Ehe definierte nichteheliche Lebensgemeinschaft in das bisher vorhandene familienrechtliche Gefüge einordnet. Tritt die nichteheliche Lebensgemeinschaft in Konkurrenz zum Verlöbnisrecht, betrifft dies die Funktion als Interimsmodell. Das Verlöbnis hat als Vorstadium zur Ehe weitgehend an Bedeutung verloren. Funktionell an seine Stelle getreten ist die nichteheliche Lebensgemeinschaft im Sinne einer Ehe auf Probe.[99] Rechtlich nimmt es dieser gegenüber aber weiterhin eine Sonderstellung ein. Die Rechtsprechung erkennt für Zuwendungen, die der Verwirklichung der später tatsächlich zustande gekommenen ehelichen Lebensgemeinschaft dienten (z.B. zur Anschaffung der ehelichen Wohnung), einen Ausgleich nach § 313 BGB wegen Wegfalls der Geschäftsgrundlage eines familienrechtlichen Vertrages eigener Art zu.[100] Im Gegensatz zu nichtehelichen Lebensgefährten stünden Verlobte in einem „rechtlich geregelten personenrechtlichen Gemeinschaftsverhältnis“.[101]

Struktureller Unterschied zwischen Verlöbnis und nichtehelicher Lebensgemeinschaft ist aber, dass letztere eine eigenständige Lebensphase darstellt oder gar als Alternativlösung dient. Der vielfach im Schrifttum gezogene Vergleich zu der Zugewinngemeinschaft erweist sich als wenig durchdacht, zumal in nichtehelichen Lebensgemeinschaften ebenso wie bei Ehen im Güterstand der Gütertrennung eine Vermögenstrennung besteht. Zwar ist diese nur rein faktischer Natur, doch wird sie ebenso wie in der Gütertrennungsehe willentlich aufrechterhalten. Aus diesem Grund ist die nichteheliche Lebensgemeinschaft vermögensrechtlich in Bezug zur Gütertrennungsehe zu setzen. Damit die Verfassungsmäßigkeit gewahrt bleibt, darf das Recht der nichtehelichen Lebensgemeinschaft jedoch in seinen Rechtsfolgen grundsätzlich nicht weitergehen als die Ehe. Beispielsweise enthält das eheliche Güterrecht der Gütertrennung keine Vorschriften für den Bereich des Vermögensausgleichs; nur in Ausnahmefällen können (ehebezogene) Zuwendungen aufgrund des Wegfalls der Geschäftsgrundlage ausgeglichen werden. Eine Kompensationsnorm für nichteheliche Lebensgemeinschaften liefe daher Gefahr, das Fördergebot der Ehe zu verletzen.[102]

[99] *Lauterbach*, in: Klein/Lauterbach, Nichteheliche Lebensgemeinschaften, S. 269 ff.
[100] BGH Urteil v. 2. Okt. 1991 FamRZ 1992, 160, 161; OLG Köln Urteil v. 18. Jan. 2002 NJW 2002, 3784.
[101] BGH Urteil v. 2. Okt. 1991 FamRZ 1992, 160, 161.
[102] Näher unten 3. Teil § 3.I.1.b.

4. Ergebnis

Im spanischen Recht verliert die Ehe durch die Ausdehnung der eherechtlichen Lösungen auf nichteheliche Lebensgemeinschaften ihre einstmals scharfen Konturen. Dies ist nicht nur Folge der an der Ehe orientierten Gesetze der autonomen Gebietskörperschaften Spaniens, sondern auch durch die höchstrichterliche Rechtsprechung bedingt, welche in zunehmendem Maße Analogieschlüsse zum Eherecht für zulässig erklärt. Im Gegensatz dazu lässt sich für das deutsche Recht eine klare Trennlinie zwischen Ehe und nichtehelicher Lebensgemeinschaft ziehen und damit eine Kernsubstanz der Ehe ausmachen. Als Kernelemente der Ehe sind die Formvorschriften und Ehehindernisse bei der Eingehung einer Ehe, der Güterrechtsstatus, das Ehegattenerbrecht wie auch die nur gerichtlich mögliche Lösbarkeit des Ehebandes zu nennen. Das Grundgesetz konserviert diesen Rechtszustand zum einen durch den besonderen Schutz der Ehe sowie zum anderen durch den engen Familienbegriff des Art. 6 Abs.1 GG. Für das deutsche Recht gilt damit die eingangs erwähnte Aussage, die nichteheliche Lebensgemeinschaft beginne, wo die Ehe aufhöre. Daran lässt sich einfachgesetzlich nicht rütteln. Trotz der bereits genannten tatsächlichen Gemeinsamkeiten zwischen ehelichen und nichtehelichen Lebensgemeinschaften verbietet sich eine - auch nur teilweise - Angleichung in den Kernbereichen des Eherechts. Fußen die Rechtsfolgen aber auf dem tatsächlichen Zusammenleben als familiärer Einheit, ist eine Annäherung zulässig und zu befürworten.

III. Regelungsumfang

Aufgrund der verschiedenen Typen familiären Zusammenlebens können sich die Anforderungen an Regelungssituation und Regelungsbedürftigkeit unterscheiden. Nachdem nunmehr mit dem Erfordernis der Eheähnlichkeit eine Auswahl über die zu regelnden Formen nichtehelichen Zusammenlebens vorgenommen wurde, gilt es nun eine Entscheidung über den Regelungsumfang zu treffen. Personell hat der Gesetzgeber die Wahl, ob er die gemeinschaftlichen Kinder, die Lebensgefährten oder weiterreichend das Verhältnis zu dritten Personen mit Rechtsfolgen belegen will; sachlich stellt sich die Alternative zwischen einer umfassenden oder nur punktuellen Normierung; funktional kann das nichteheliche Zusammenleben als Statusbeziehung anerkannt werden oder weiterhin als rein faktische Beziehung behandelt werden.

1. Personelle Bandbreite der Regelungen

Personell erfassen die Gesetze der autonomen Gebietskörperschaften Spaniens neben den Partnern deren gemeinschaftliche Kinder. Zur Regelung der Eltern-Kind-Beziehung beschränken sie sich jedoch darauf, den Vorrang vertraglicher Vereinbarungen anzuordnen. Weitergehende Regelungen sind entbehrlich, da die von der Verfassung in Art. 39 Abs.2 CE geforderte Gleichstellung zwischen ehelichen und nichtehelichen Kindern bereits im Kindschaftsrecht verankert ist. Aufgrund dieser von der Verfassung vorgegebenen Gleichbehandlung sind sich ergebende Fragen im Verhältnis zu (gemeinsamen) Kindern auch systematisch dem Kindschaftsrecht zuzuordnen.[103] Ebenfalls macht dies der deutsche Gesetzgeber nunmehr in der Überschrift zu den §§ 1615 a ff. BGB deutlich. Die rechtliche Qualität der Elternbeziehung darf nicht zu einem Nachteil für die Rechtsstellung der Kinder werden.

In Bezug auf Dritte sehen die Gesetze der autonomen Gebietskörperschaften Spaniens eine gesamtschuldnerische Haftung für die Gemeinschaftsausgaben vor.[104] Da solche Ausgaben für Wohnung, Unterhalt und Gesundheitsvorsorge nur während des Zusammenlebens anfallen, ist die Regelung für die Abwicklungsproblematik unbeachtlich. Zu untersuchen bleibt daher nur, ob ein dadurch geschaffener Rechtsschein für die Zukunft fortwirkt. Da Voraussetzung für die Begründung der Lebensgemeinschaft die Öffentlichkeit des Zusammenlebens ist und es an dieser mit der Trennung fehlt, müssen sich die Partner an einem gesetzten Rechtsschein nicht festhalten lassen. Dafür spricht zudem, dass mit Beendigung des Zusammenlebens jegliche Vollmachten als widerrufen gelten.

Mangels statusrechtlicher Anerkennung existiert in Deutschland kein entsprechender Rechtsschein. Das Bestehen einer nichtehelichen Lebensgemeinschaft als rein faktische Gemeinschaft vermag die für den Rechtsschein notwendigen Vertrauenstatbestände nicht zu begründen. Da die Besonderheit nichtehelicher Lebensgemeinschaften für den deutschen Rechtsraum allein in der engen Persönlichkeitsbindung zwischen den Partnern liegt, ist das Hauptaugenmerk einer Regelung auf die horizontalen Beziehungen zwischen den Lebensgefährten zu richten. Im Verhältnis zu (gemeinschaftlichen) Kindern ist die Lebensgemeinschaft als Familieneinheit zu betrachten.[105]

2. Punktuelle Regelungen oder Kodifikation?

Gesetzestechnisch hat der Gesetzgeber folgende Grundentscheidung zu treffen: Einerseits kann er sich für eine Kodifikation entscheiden, d.h. eine Zusammenfassung der gesamten Materie in einem Gesetz, welches eine umfassende Ordnung der nichtehelichen Lebensgemeinschaft vornimmt. Andererseits besteht die Möglichkeit zu einer punktuellen Regelung der drängendsten Probleme.

Die Gesetzgeber der autonomen Gebietskörperschaften Spaniens haben sich - beschränkt durch die jeweiligen Kompetenzen im Zivilrecht - für eine Vollregelung entschieden. Zulässig ist eine Vollregelung nur aufgrund des weiten Familienbegriffes des Art. 39 CE.[106] Im Vordergrund stehen Ausgleichsnormen

---

[103] So auch: *Rauscher*, Familienrecht, § 26 I 1 Rn 728.
[104] Art: 5 Abs.4 LPENC; Art. 5 Abs.3 LPE; Art. 5 LUEP; Art. 7 LFIJPE.
[105] Dazu bereits oben 3. Teil § 2.II.1.
[106] Ausführlich dazu 2. Teil § 2.

für während der Lebensgemeinschaft entstandene Vermögensungleichgewichte, die ihre Ursache in der Verminderung der Verdienstaussichten haben. Diese können durch Haushaltsführung, Arbeit für den anderen Partner oder Kindererziehung entstanden sein. Während die älteren Gesetze die Wirkungen im Todesfalle auf die Zuerkennung familienrechtlicher Ansprüche beschränken, enthalten die Gesetze der Balearen, des Baskenlandes sowie Navarras darüber hinausgehend erbrechtliche Regelungen.

Einer Kodifikation nichtehelichen Zusammenlebens nach diesem Vorbild stehen in der deutschen Rechtsordnung die bereits erläuterten verfassungsrechtlichen Beschränkungen entgegen.[107] Eine Parallelregelung zur Ehe mit geringeren Rechten und Pflichten führt zur Schaffung einer verfassungswidrigen Ehe minderen Rechts. Über die Verfassungsmäßigkeit entscheidet dabei nicht nur die Tatsache einer Ausrichtung an der Ehe, sondern auch der Regelungsumfang. Je detaillierter eine Regelung ausgestaltet ist, desto geringer wird der Unterschied zur Ehe.[108] Zudem verlören die nichtehelichen Lebensgemeinschaften bei einer zu detaillierten Einzelregelung ihr Charakteristikum der Ungebundenheit und des Faktischen.[109] Was Rechte für den einen Partner sind, sind meist zugleich Pflichten für den anderen. Da die leichte Lösbarkeit als einer der größten Vorteile nichtehelichen Zusammenlebens betrachtet wird, würde eine Beschränkung diese Lebensform sowohl als Alternativ- wie auch als Interimslösung obsolet machen. Ein umfassender Rechte- und Pflichtenkatalog wird damit der sozialen Wirklichkeit nicht gerecht.

Zudem bestanden nach vorherrschender Meinung die drängendsten Probleme im Bereich der gleichgeschlechtlichen Lebensgemeinschaften,[110] welche mit der Verabschiedung des Lebenspartnerschaftsgesetzes nunmehr als gelöst erscheinen. Da der Anstieg nichtehelicher Lebensgemeinschaften Ausdruck der veränderten Leistungsanforderungen an das Partnerschaftssystem ist,[111] tut der Gesetzgeber für die Zeit eines Wertewandels gut daran, eine gewisse Zurückhaltung zu wahren und die zukünftige Entwicklung abzuwarten.[112] Greift er der Entwicklung zu weit vor, läuft er Gefahr, realitätsferne und willkürliche Regelungen aufzustellen. Einzelregelungen helfen dennoch, eine Kasuistik zu entwickeln, welche die Grundlage für künftig tragende Wertkriterien bilden kann. Zu befürworten ist vor diesem Hintergrund nur eine punktuell zweckgebundene

---

[107] So auch: Staudinger/*Strätz*, Anh zu §§ 1297 ff Rn 19.

[108] So auch: *Prinz von Sachsen Gessaphe*, Das Konkubinat in den mexikanischen Zivilrechtsordnungen, S. 74.

[109] So das oftmals im Spanischen gebrauchte Wortspiel der uniones de hecho - uniones de derecho.

[110] Vgl. statt vieler *Schumacher*, FamRZ 1994, 857 ff.

[111] Dazu: *Nave-Herz*, in: Klein/Lauterbach, Nichteheliche Lebensgemeinschaften, S. 37, 45 ff.

[112] *Von Hippel*, Richtlinie und Kasuistik im Aufbau von Rechtsordnungen, S. 44.

Regelung, welche sich auf bestimmte - im Folgenden näher zu konkretisierende - problematische Bereiche beschränkt.

3. Anerkennung nichtehelichen Zusammenlebens als Statusbeziehung?

In engem Zusammenhang mit dem Umfang des Regelungsbereiches steht die Entscheidung, ob nichteheliches Zusammenleben statusrechtlich anzuerkennen ist. Eine Anerkennung könnte als familienrechtliches Institut oder sogar formal als eigener Personenstand erfolgen.

Mit der Entscheidung für eine umfassende Regelung anerkennen die Gesetzgeber der autonomen Gebietskörperschaften Spaniens nichteheliches Zusammenleben. Insbesondere die detaillierte Normierung der formalen Voraussetzungen für Begründung und Auflösung der Lebensgemeinschaft erlaubt, von der nichtehelichen Lebensgemeinschaft als Rechtsinstitut zu sprechen; nicht aber konnte ein neuer Personenstand geschaffen werden. Dafür fehlt es der nichtehelichen Lebensgemeinschaft an der Eintragungsfähigkeit in das Personenstandsregister (*„registro civil"*).[113] Die Entscheidung darüber liegt im Kompetenzbereich des gesamtstaatlichen Gesetzgebers.

Einer einfachgesetzlichen Anerkennung der nichtehelichen Lebensgemeinschaft als Personenstand stünden aber auf der Ebene des Gesamtstaates keine zwingenden Gründe entgegen.[114] Die Abkopplung des Begriffes der Familie von der Ehe lässt dem Gesetzgeber entsprechenden Gestaltungsspielraum. Für das deutsche Recht dürfte der Gestaltungsspielraum des Gesetzgebers mit der befürworteten Ausrichtung an der Ehe weitgehend ausgeschöpft sein. Die Schaffung eines familienrechtlichen Instituts sowie erst recht eines entsprechenden Personenstandes überschreitet die Grenzen der Verfassungsmäßigkeit.

Darüber hinaus sollte der in Europa vorherrschenden Tendenz einer Entrechtlichung sowie Entstaatlichung der persönlichen Lebensbeziehungen durch eine Institutionalisierung der nichtehelichen Lebensgemeinschaft nicht entgegengewirkt werden. Vielmehr ist zu Gunsten einer Stärkung des Schutzes der Realbeziehung zu entscheiden; die Institution wird insoweit durch die Person verdrängt. Folglich ist ein problemorientierter Ansatz zu wählen, der sich an den praktischen Bedürfnissen ausrichtet. Die erforderliche Flexibilität und Anpassungsfähigkeit des Rechts an gesellschaftliche Veränderungen kann nur so sichergestellt werden.

---

[113] Vgl. zu den weiteren Voraussetzungen: *De Amunátegui Rodríguez*, Uniones de hecho, IV.3.

[114] Vgl. *de Amunátegui Rodríguez*, Uniones de hecho, V.3; *Torrent*, in: Libro homenaje al profesor Albaladejo García, S. 4783, 4812.

IV. Orientierung am Parteiwillen oder staatliches Schutzmodell?

Eine weitere grundlegende Weichenstellung hat der Gesetzgeber mit der Entscheidung zwischen einer Orientierung am Parteiwillen oder der Festschreibung eines staatlichen (Mindest-) Schutzes vorzunehmen. Im Mittelpunkt steht dabei die Frage, inwieweit der Gesetzgeber den Parteiwillen im Rahmen einer Normierung zu respektieren hat. Sofern er nämlich einfachgesetzlich die Frage konkretisiert, ob ein Willensakt zwingende Voraussetzung für die Begründung einer Lebensgemeinschaft sein muss, stehen ihm hierfür zwei Grundmodelle zur Verfügung, die jedoch zahlreiche Vermischungen erfahren haben.

Zum einen ein faktisches Modell, bei welchem ohne vorherige Willensbekundung der Beteiligten bei Vorliegen bestimmter Voraussetzungen an das Zusammenleben Rechtsfolgen geknüpft werden.[115] Meist sind dies solche Erfordernisse, die eine gewisse Stabilität der Lebensgemeinschaft vermuten lassen (bestimmte Dauer des Zusammenlebens, das Vorhandensein gemeinsamer Kinder).

Formale Modelle hingegen setzen für die Begründung einer nichtehelichen Lebensgemeinschaft eine (formgebundene) Willensbekundung voraus. Als solche kommen neben Registrierungen, wie sie die Gesetze der Balearen und des Baskenlandes vorschreiben, förmlich abgegebene Willenserklärungen in Betracht.

Mischmodelle lassen neben formalen Begründungstatbeständen faktische Umstände zur Begründung einer nichtehelichen Lebensgemeinschaft ausreichen. So kann nach den Gesetzen Kataloniens, Aragóns und Navarras die Lebensgemeinschaft sowohl durch eine entsprechende Willenserklärung in öffentlicher Urkunde wie auch durch ein mehrjähriges ununterbrochenes Zusammenleben oder die Zeugung gemeinsamer Kinder begründet werden. Problematisch an solchen Mischmodellen ist allerdings, dass beide Konzepte nur teilweise kompatibel sind.[116]

Das Hauptmerkmal des formalen Modells, das Erfordernis eines formalen Begründungsaktes, ist gleichzeitig dessen größtes Defizit. Auf Paare, die den Weg zum Standesamt (noch) scheuen, wird ebenfalls eine formale Eintragung abschreckende Wirkung haben. Andererseits, wenn sich die Partner bereits zu einer ausdrücklichen Willensbekundung entschlossen haben, wird es für diese naheliegend sein, gleich einen Partnerschaftsvertrag abzuschließen, welcher speziell auf die individuelle Ausgestaltung ihrer gelebten Gemeinschaft zugeschnitten ist. Auch als Instrument, mit dem gleichgeschlechtlichen Paaren die Formalisierung ihrer Lebensgemeinschaft ermöglicht werden sollte, hat das formale Modell an Bedeutung verloren. In Deutschland ist diesem Wunsch

[115] Als Beispiele rein faktischer Modelle seien die südamerikanischen Regelungen über das Konkubinat genannt.

[116] So auch: *Martín Casals*, DPC 1998, 143, 153.

durch das Lebenspartnerschaftsgesetz in weitergehendem Maße Rechnung getragen worden; in Spanien können gleichgeschlechtliche Partner sogar die Ehe schließen. Für den Großteil der nichtehelichen Lebensgemeinschaften bestünde demnach weiterhin der bisherige Rechtszustand enormer Rechtsunsicherheit fort. Zwar lässt sich nie völlig vermeiden, dass einige Formen nichtehelichen Zusammenlebens außerhalb des Anwendungsbereiches der Gesetze verbleiben; doch sollte versucht werden, nicht von vornherein den potenziellen Anwendungsbereich zu weit zu beschränken. Die Statuierung eines auf einer ausdrücklichen Willensbekundung beruhenden Konzeptes nichtehelichen Zusammenlebens dient daher nur unzureichend den Bedürfnissen der sozialen Wirklichkeit.[117]

Entscheidender Vorteil der faktischen Modelle ist demnach, dass ein möglichst breiter Personenkreis von der Regelung erfasst wird. Gleichsam als Tribut für den Verzicht auf das Willenselement ist hinsichtlich der Regelungsdichte wie auch der Regelungstiefe Zurückhaltung geboten; andernfalls liefe eine Normierung den Grundrechten derjenigen zuwider, die den Gesetzen zwangsweise unterworfen sind. Werden für die Begründung der Lebensgemeinschaft weitere Voraussetzungen als ein Zusammenleben in eheähnlicher Weise verlangt, empfiehlt sich ein Mischmodell, da damit zusätzlich der Anwendungsbereich für Lebensgefährten eröffnet wird, die sich freiwillig den Rechtsfolgen unterwerfen möchten.

Anders als für das spanische Recht ist für das deutsche Recht zusätzlich die Beschränkung auf einen bloßen Mindestschutz durch Einzelregelungen zu berücksichtigen. Es gibt dann keinen Status, dem die Partner durch eine bloße Erklärung beitreten könnten; vielmehr müssen sie eine detaillierte Partnerschaftsvereinbarung treffen, deren inhaltliche Regelungen weitgehend ihrer Dispositionsfreiheit überlassen bleiben. Ein formales Modell wäre vor diesem Hintergrund zweckentleert. Zudem stellt das geltende Recht bislang nur auf das Zusammenleben ab (z.B. in § 1969 BGB); weitere Anwendungsvoraussetzungen wie eine gewisse Mindestdauer des Zusammenlebens oder die Existenz gemeinsamer Kinder sind ihm fremd. Da das Zusammenleben bereits konstitutives Element der nichtehelichen Lebensgemeinschaft ist, sind folglich auch Mischmodelle ungeeignet, da sie den Anwendungsbereich dann nicht erweitern können. Vorzugswürdig für die deutsche Rechtsordnung ist demnach ein staatliches (Mindest-) Schutzmodell, welches an der Faktizität der Lebensgemeinschaft ausgerichtet ist.

---

[117] So grundsätzlich auch: *Schmidt-Aßmann*, Referat zum 57. DJT, I 36; *Schlüter*, FF 2000, 76, 84, der jedoch in Einzelbereichen eine Registrierung als sinnvoll erachtet.

V. Kriterien für eine Normierung

Für die Sicherstellung des staatlichen Mindestschutzes gilt es, objektive, der Billigkeit sowie dem regelmäßigen bzw. mutmaßlichen Parteiwillen entsprechende Kriterien zu entwickeln, nach denen ein gesetzliches Lösungsmodell auszurichten ist. Anhand der Besonderheiten nichtehelicher Lebensgemeinschaften sollen im Folgenden solche Merkmale abstrakt herausgearbeitet werden, um dann in einem nächsten Schritt deren Geeignetheit und Anwendbarkeit in den verschiedenen Problemlagen zu überprüfen.

1. Weitgehendste Berücksichtigung der freien Willensbestimmung

Einer gesetzlichen Regelung setzt die allgemeine Handlungsfreiheit sowie das Persönlichkeitsrecht der Lebensgefährten Grenzen. Für die Umsetzung des befürworteten gesetzlichen Mindestschutzes bedeutet dies, dass eine Intervention des Gesetzgebers immer das die freie Willensbestimmung der Lebensgefährten am wenigsten einschränkende Mittel wählen muss. Anders formuliert bedarf es zu einer beschränkenden Regelung eines besonderen Grundes, welcher den Eingriff zu rechtfertigen vermag. Richtschnur einer jeden Norm muss es deshalb sein, einen möglichst schonenden Ausgleich zwischen den betroffenen Rechtspositionen zu finden.

Dabei sind zwei Regelungsbereiche zu differenzieren: Für das Verhältnis zwischen den Partnern hat eine Abwägung regelmäßig zugunsten der Willensfreiheit auszufallen. Insoweit gilt es, die Entscheidung der Partner, keine Ehe schließen zu wollen, zu respektieren. Wegen der vielfältigen Motive und Ausgestaltungen nichtehelichen Zusammenlebens sollte der Regelungsinhalt die Natur der jeweiligen Lebensgemeinschaft berücksichtigen. Genießt jeder Partner finanzielle Autonomie in der Gemeinschaft, so muss dies bei der Abwicklung berücksichtigt werden.[118]

Sind hingegen Rechte Dritter betroffen, kann eine andere Betrachtung geboten sein. So muss der Parteiwille zurückstehen, wenn es sich um die Interessen der in der Lebensgemeinschaft aufwachsenden Kinder handelt, welche aufgrund des Kindeswohls als vorrangig anzusehen sind. Selbst wenn eine nur faktische Familienbeziehung im Sinne einer sozialen Elternschaft besteht, ist deren Schutz einfachgesetzlich sicherzustellen. Dabei darf nicht unterschieden werden, ob diese Beziehung auf der Ehe beruht oder als nichteheliche Lebensgemeinschaft gelebt wird. Weiter als nach bisherigem Recht sind demnach auch Ansprüche, welche den Eltern aufgrund ihrer Elternschaft zustehen, diesen unabhängig von dem Fundament ihrer Elternbeziehung zu gewähren.[119]

---

[118] Vgl. *Schwenzer*, JZ 1988, 781, 784; *Hausmann*, in: Hausmann/Hohloch, Kap 4 Rn 9.

[119] Als Beispiel seien die Unterhaltsansprüche des erziehenden Elternteils genannt, dazu ausführlich unten 3. Teil § 3.I.2.

2. Sicherstellung der Vertragsfreiheit

Eine enge Verbindung mit der vorbeschriebenen Berücksichtigung der freien Willensbestimmung betrifft die Sicherstellung der Parteiautonomie und Dispositionsfreiheit der Lebensgefährten als Grundsätze der Privatrechtsordnung. Als Ausdruck der Vertragsfreiheit räumen die spanischen Gesetze vertraglichen Regelungen Vorrang ein. Auch wenn sie keine Norm enthalten, welche eine Erklärung zulassen, wodurch die Anwendung der Gesetze generell ausgeschlossen werden kann, ist eine solche aufgrund des Grundrechts der freien Entfaltung der Persönlichkeit (Art. 10 Abs.1 CE) zulässig. Gewährleistet wird der Vorrang vertraglicher Regelungen durch die Ausgestaltung der Normen in Form dispositiven Gesetzesrechts. Insbesondere ist die freie und leichte Lösbarkeit der Partnerschaft als entscheidendes Charakteristikum der nichtehelichen Lebensgemeinschaft zu gewährleisten.

Eingeschränkt werden sollte die umfassende Bindungswirkung von Partnerschaftsverträgen aber durch gesetzliche Schutzmechanismen, die zum einen den Partnern Inhalt und Reichweite der Vereinbarung bewusst machen, zum anderen aber ein Verhandlungsgleichgewicht sicherstellen. Solche Beschränkungen der Vertragsfreiheit haben aber in Abhängigkeit der Bedeutung der vertraglichen Vereinbarung zu erfolgen. Ein geeignetes Mittel sind die in den Gesetzen der autonomen Gebietskörperschaften Spaniens vorgesehenen Beschränkungen der Abbedingbarkeit von nachpartnerschaftlichen Ausgleichsansprüchen bis zu dem Zeitpunkt, in dem die Ansprüche fällig werden. Nach der Trennung kommt den ehemals bestehenden affektiven Bindungen allenfalls noch eine untergeordnete Rolle zu, währenddessen die wirtschaftlichen Interessen weitgehend in den Vordergrund rücken. Zu diesem Zeitpunkt ist sichergestellt, dass die Partner sich der Tragweite eines Verzichts auf Ausgleichsansprüche bewusst sind.

Haben die Partner vertragliche Vereinbarungen (z.B. einen Partnerschaftsvertrag) geschlossen, kommt als weitere Maßnahme eine gerichtliche Überprüfbarkeit im Sinne einer Missbrauchskontrolle in Betracht. So sehen die Gesetze der autonomen Gebietskörperschaften Spaniens die Möglichkeit der Korrektur von Vereinbarungen zur Personensorge für die gemeinsamen Kinder durch den Richter vor. Der Bedeutung des Kindeswohls wird damit hinreichend Rechnung getragen.[120] Hingegen erscheint eine allgemeine Billigkeitskontrolle als zu weitgehend, da sie die Vertragsfreiheit zu sehr einschränken würde.

3. Ausrichtung auf faktische Familienbeziehungen

Auch nichteheliche Lebensgemeinschaften sind eine Form familiären Zusammenlebens.[121] Während die im Familienrecht geregelten Bereiche ursprünglich

---

[120] Ausführlich unten 3. Teil § 3.I.3.
[121] Dazu oben 3. Teil § 1.III.4.

patriarchalisch aufgrund der Schutzgewalt des Familienoberhauptes bestimmt wurden, sind die Beziehungen nunmehr partnerschaftlich und durch Gleichberechtigung geprägt. Damit stellt sich die Frage, ob die vom Bürgerlichen Gesetzbuch vorgenommene Beschränkung der familienrechtlichen Beziehungen auf Ehe und Verwandtschaft noch zeitgemäß ist. In den letzten Jahrzehnten zeigt sich eine deutliche Tendenz weg von dem Bild der Familie als einer Blutsgemeinschaft hin zu einer Betrachtung, die von dem gemeinsamen Lebensbezug ausgeht. Diese Entwicklung ist Folge der gesellschaftlichen Veränderungen, in deren Zuge zahlreiche neue Formen familiären Zusammenlebens entstanden sind (z. B. Ein-Eltern-Familie, Fortsetzungsfamilie, Sozialgemeinschaften, Living-apart-together, Patchwork-Familie, Pflegefamilie, Stieffamilie).[122] Durch die aufgezeigten Entwicklungen nimmt neben der biologischen Elternschaft die Bedeutung der sozialen Elternschaft zu. Begrüßenswert sind deshalb die ersten Schritte zur Anerkennung faktischer Familienbeziehungen im Bereich von Adoptiv-, Pflege- sowie Stiefkindfamilien. Mit der Neuregelung des Umgangsrechts in § 1685 Abs.2 BGB wurde erstmals die soziale Elternschaft berücksichtigt.[123] Dabei handelt es sich jedoch nur um Einzelfälle, so dass nicht von einer Tendenz gesprochen werden kann.

Schon mit dem Lebenspartnerschaftsgesetz ist der Gesetzgeber einen Sonderweg gegangen, der wohl nur vor dem Hintergrund der rechtspolitischen Widerstände erklärbar ist. Mit der Lebenspartnerschaft schuf er ein familienrechtliches Institut außerhalb des Bürgerlichen Gesetzbuches! Dem Bürgerlichen Gesetzbuch liegt somit weiterhin ein starrer Familienbegriff zugrunde. Als familienrechtliche Beziehungen sind grundsätzlich nur solche anerkennt, die auf Verwandtschaft beruhen; sofern keine Blutsverwandtschaft zwischen den Mitgliedern besteht, muss die Familienbeziehung durch einen rechtlichen Akt begründet werden (so im Falle von Ehe, Verlöbnis und Adoption). Damit bleibt die nichteheliche Lebensgemeinschaft als bloß faktische Gemeinschaft schutzlos.

Eine zukünftige Regelung sollte deshalb folgende Maßgaben berücksichtigen:

1. Neuregelungen sollten auf eine behutsame Integrierung faktischer Familienbeziehungen in das Bürgerliche Gesetzbuch gerichtet sein.

2. Dazu ist der starre Begriff des Familienrechts im Bürgerlichen Gesetzbuch aufzugeben zugunsten eines weiten Verständnisses der Familie als Sonderform einer sozialen Beziehung, welche sich durch eine spezifische Bindungsqualität auszeichnet.

3. Eine Regelung in Form eines Sonderrechts für nichteheliches Zusammenleben gilt es aber zu vermeiden. Vielmehr sollten künftige Reformvorhaben um eine allgemeine Anknüpfung von Rechtsfolgen bemüht sein. Demnach sollte

---

122 Näher: *Nave-Herz*, in: Klein/Lauterbach, Nichteheliche Lebensgemeinschaften, S. 37, 45 ff.

123 Dazu oben 1. Teil § 5.II.

weniger die Statusbeziehung Regelungsansatz sein, sondern eine Ausrichtung an der Realbeziehung erfolgen. Dabei steht auch das Grundgesetz einer weniger starken Instrumentalisierung familiärer Beziehungen nicht entgegen. Es lässt Wandel zu und steht damit der sozialen Entwicklung der Familie offen gegenüber. Bei vielen Fragen handelt es sich gar nicht um spezifische Probleme nichtehelichen Zusammenlebens, sondern diese beruhen auf den Besonderheiten der engen persönlichen Verbundenheit.

VI. Zusammenfassung

Richtungsweisend für das Verständnis der Rechtsentwicklung ist das unterschiedliche Verfassungsverständnis in beiden Ländern. Der gesetzliche Regelungsrahmen nichtehelichen Zusammenlebens ist maßgeblich durch das Grundgesetz vorgezeichnet. Auch wenn es einen Numerus clausus für das Familienrecht nicht vorsieht, lässt es inhaltsgleiche Regelungen und Annäherungen an das Eherecht nur in beschränktem Maße zu.

Zwar sollte eine Definition der nichtehelichen Lebensgemeinschaft nach der Ehe erfolgen, doch ist bei einer inhaltlichen Ausrichtung an den Normen des Eherechts Zurückhaltung geboten. Eine völlige Ignorierung nichtehelichen Zusammenlebens geht nämlich ebenso wie eine Vollregelung an der sozialen Wirklichkeit vorbei. Vielmehr sollte eine rechtliche Anerkennung über Einzelregelungen erfolgen, um einen staatlichen Mindestschutz sicherzustellen. Erstrebenswert erscheint daher nur eine „kleine Lösung" im Sinne eines gesetzlichen Mindestschutzes, welcher die Partner vor Notlagen bewahrt und unbillige Härten vermeidet. Um der Parteiautonomie hinreichend Rechnung zu tragen, sind die Regelungen weitestgehend als nachgiebiges Recht auszugestalten. Die jederzeitige einseitige Auflösbarkeit der Lebensgemeinschaft darf nicht tangiert werden.

Weiteres Kriterium für eine Normierung ist die Ausrichtung auf faktische Familienbeziehungen. Dafür spricht insbesondere, dass die nichteheliche Lebensgemeinschaft Aufgaben der Familie wahrnimmt. Das Bürgerliche Gesetzbuch verkennt mit der Tatsache, nur solche Beziehungen als familienrechtlich anzuerkennen, die auf Ehe oder Verwandtschaft beruhen, zunehmend die soziale Wirklichkeit. Zu bewerkstelligen ist eine Anerkennung faktischer Familienbeziehungen mit der Abkehr von einem Familienrecht, welches allein an Statusbeziehungen anknüpft. Um eine flexible individuelle Ausgestaltung der familiären Beziehungen zu ermöglichen, sollte eine Regelung an den in der Gesellschaft bestehenden Realbeziehungen orientiert werden. Mit dem Rückzug des Staates aus der Persönlichkeitssphäre ist ein erster Schritt zu einer Öffnung des Familienrechts vollzogen. Eine Anerkennung der nichtehelichen Lebensgemeinschaft als familienrechtliches Institut oder Personenstand wäre dementsprechend kontraproduktiv. Vielmehr gilt es, den erlangten Grad der Optionalität der privaten Lebensführung sicherzustellen. Unverheiratetes Zusammenleben sollte nicht als neue Form der „Liebes-Ehe“ institutionalisiert werden, um damit ein (verfassungswidriges) Konkurrenzinstitut zur Ehe zu schaffen. Der nichtehelichen Lebensgemeinschaft ist allein dann rechtlich zu helfen, wenn eine besondere Schutzbedürftigkeit besteht. Eine solche ergibt sich insbesondere aus dem Zusammenleben mit minderjährigen Kindern.

§ 3 Die Regelungsbereiche im Einzelnen

In einem nächsten Schritt gilt es, die gefundenen Leitlinien für die speziellen Regelungssituationen der Auflösung zu konkretisieren. Zu unterscheiden sind dabei zwei Beendigungstatbestände. Anders als in den Fällen einer Auflösung durch Trennung erfolgt die Beendigung der Lebensgemeinschaft durch Tod nicht durch einen Entschluss der Partner, sondern durch einen äußeren nicht beeinflussbaren Umstand. Die Partner verbindet bis zum Tode eine Affektivitätsbeziehung, so dass die Annahme einer über den Tod hinaus bestehenden Solidargemeinschaft die Anknüpfung gewisser Rechtsfolgen rechtfertigen könnte. Rückblickend hat sich die Lebensgemeinschaft als auf Lebenszeit geschlossen erwiesen. Die Situation gleicht dann derjenigen während der Lebensgemeinschaft, in der die Partner angeben, sich im Ernstfall aufeinander verlassen zu können sowie sich in finanziell schwierigen Situationen gegenseitig zu unterstützen.[124]

I. Auflösung der Lebensgemeinschaft durch Trennung

Es ist schon eine menschliche Eigentümlichkeit, dass nach einer Trennung all das, was während der bestehenden Lebensgemeinschaft noch als gerecht und ausgeglichen empfunden wurde, nunmehr als unbillig und unausgewogen erscheint. Was mit Liebe gegeben wurde, wird dann mit eiserner Hand zurückverlangt.

1. Vermögensrechtliche Folgen der Trennung

a) Güterzuordnung

Beide Rechtsordnungen sehen keine besonderen Regelungen für die Güterverteilung nach Beendigung der nichtehelichen Lebensgemeinschaft vor, so dass die allgemeinen Regeln des Schuld- und Sachenrechts gelten. Dabei wirkt sich der Unterschied, dass die Gesetze der autonomen Gebietskörperschaften Spaniens die Vermögenstrennung zum gesetzlichen Güterstand bestimmen, während in Deutschland nur eine faktische Vermögenstrennung besteht, nicht aus.[125] Einzig wird für das spanische Recht die Vermögenstrennung aufgeweicht, indem der Richter die Möglichkeit hat, das Eigentum an einem konkreten Gegenstand im Rahmen des Anspruchsinhalts einem Partner zuweisen zu können. Dennoch richtet sich der Anspruch grundsätzlich auf einen Vermögensausgleich; nur ausnahmsweise ist ein konkreter Gegenstand zuzuweisen. So stellt das AP Tarragona fest, dass die *„compensación económica"* kein Instrument zur Korrektur der

---

[124] BMJFG, S. 58 f.

[125] Ausführlich zum deutschen Recht 1. Teil § 3.I.2.a; zum spanischen Recht 2. Teil § 4.I.

Verteilung von Vermögensgegenständen ist, sondern lediglich ein Vermögensungleichgewicht kompensieren soll, welches eine ungerechtfertigte Bereicherung darstellt.[126] Einen solchen Ausnahmefall stellt die Aufteilung der Hausratsgegenstände dar.

Einen ähnlichen Gedanken verfolgt das deutsche Recht mit der Hausratsverordnung (§§ 8, 9 HausratsV). Insbesondere, wenn der Lebensgemeinschaft Kinder angehören, erscheint eine Übertragung der Haushaltsgegenstände an den Kinder erziehenden Partner dem Kindeswohl förderlich (vgl. § 2 HausratsV). Der Schutz der Familie gebietet es, die Kinder möglichst gering mit den Auswirkungen einer Trennung zu belasten. Dies kann zum einen dadurch erreicht werden, dass sie im gewohnten Umfeld verbleiben können.[127] Zum anderen gilt es, nach einer Trennung für die Restfamilie möglichst schnell wieder zu einem geordneten, ruhigen und entspannten Zusammenleben zurückzukehren. Diese Wertungen müssen gleichermaßen für eheliche wie nichteheliche Kinder gelten. Auch für die nichteheliche Familie sollte das Recht daher die Möglichkeit vorsehen, dem sorgeberechtigten Elternteil den für die Kinder sowie deren Pflege und Betreuung angemessenen Hausrat zuteilen zu können.

Für alle anderen Fälle ist eine effektive Gütertrennung sicherzustellen. Ansätze des Tribunal Supremo, der anstelle eines Ausgleichs in Geld sogar die Begründung von Miteigentum zulässt,[128] sind für das deutsche Recht als zu weitgehend zurückzuweisen. Schon dem gesetzlichen Güterstand der Zugewinngemeinschaft liegt eine Gütertrennung während der bestehenden Ehe zugrunde. Die (wirtschaftliche) Selbstständigkeit der Partner ist demgegenüber sogar eines der prägenden Elemente nichtehelichen Zusammenlebens; in nichtehelichen Lebensgemeinschaften werden durchweg nur Vermögensteile oder einzelne Gegenstände gemeinsam verwaltet. Dennoch können - ähnlich wie in Gütertrennungsehen - durch das Zusammenleben bedingte Vermögensungleichgewichte auftreten. Gegenläufig bewirkt die Vermögenstrennung dann eine Konservierung der Eigentumsverhältnisse. Inwieweit solche Vermögensverschiebungen im Rahmen von Ausgleichsansprüchen zu berücksichtigen sind, gilt es im Folgenden zu klären.

b) Vermögensausgleich

Im Mittelpunkt gerichtlicher Auseinandersetzungen steht die Frage, ob und gegebenenfalls in welchem Umfang einem Partner ein Vermögensnachteil nach Auflösung der Lebensgemeinschaft auszugleichen ist, bzw. ob er sogar an dem Vermögenszuwachs des anderen zu beteiligen ist.

---

[126] Urteil v. 11. März 2004 JUR 2004\120257.

[127] Zur Frage einer Wohnungszuweisung s. unten 3. Teil § 3.I.4.

[128] S. oben 2. Teil § 8.I.3.

aa) Ausgleichsbedürfnis

In der spanischen Literatur und Rechtsprechung wird die Notwendigkeit eines Vermögensausgleichs nach Beendigung einer nichtehelichen Lebensgemeinschaft von der ganz herrschenden Meinung bejaht.[129] Die Gesetzgeber der autonomen Gebietskörperschaften Spaniens haben dieses Bedürfnis mit dem Anspruch auf eine *„compensación económica"* aufgegriffen. Bedenken werden nur hinsichtlich des Umfangs des Ausgleichs erhoben, da die Vorschriften über den Vermögensausgleich die freie Lösbarkeit der Lebensgemeinschaft beeinträchtigen könnten.[130] Ein bloßer Vermögensausgleich stellt aber regelmäßig keine Beeinträchtigung dar, da nur solche Vermögensmehrungen ausgeglichen werden, die auf unmittelbaren oder mittelbaren Leistungen des anderen beruhen.

Hingegen steht in Deutschland die (rechtspolitische) Frage nach dem *„ob"* eines vermögensrechtlichen Ausgleichsbedürfnisses in engem Zusammenhang mit der Diskussion um einen möglichen Rechtsschutzverzicht.[131] So entnimmt eine Ansicht dem Umstand, dass die Partner in einer nichtehelichen Lebensgemeinschaft zusammenleben, einen Verzicht auf Rechtsfolgen, die über die sich unmittelbar aus dem Zusammenleben ergebenden Konsequenzen hinausgehen.[132] Die Partner seien aufgrund der bewussten Risikoübernahme auf die formale Eigentumslage zu verweisen. Damit in Einklang steht die Annahme, bei nichtehelichen Lebensgemeinschaften stünden die persönlichen Beziehungen derart im Vordergrund, dass persönliche und wirtschaftliche Leistungen, die im Interesse der Gemeinschaft liegen, ersatzlos erbracht würden.[133] Zieht man die Parallele zum Eherecht, wird die Widersprüchlichkeit dieser Argumentation deutlich; auch bei Ehegatten spielen die persönlichen Beziehungen eine wichtige Rolle, ohne dass damit ein Ausgleichsbedürfnis verneint würde.[134] Zwar werden dort die persönlichen Beziehungen durch das rechtliche Band überlagert; dennoch werden über die bloße Verwirklichung der ehelichen Lebensgemeinschaft hinausgehende Vermögensverfügungen als rechtlich qualifiziert (z.B. im Rahmen einer Ehegatteninnengesellschaft). Jedoch ist der Einwand der im Vordergrund stehenden persönlichen Beziehungen nicht völlig bedeutungslos. Ihm ist vor allem im Hinblick auf die Regelungsdichte Rechnung zu tragen.

Als weiteres Argument gegen einen Vermögensausgleich wird vorgetragen, dieser scheitere an der praktischen Unmöglichkeit seiner Durchführbarkeit.[135]

---

[129] S. oben 2. Teil § 4.

[130] *Gavidia Sánchez*, RJN 1999-IV, 199, 234 ff.; konziliánter in: AC 2001, 605, 614 ff.; *Cantero Núñez*, in: Garrido de Palma, Instituciones de derecho privado IV, S. 269, 427.

[131] Dazu oben 3. Teil § 1.II.1.

[132] OLG Celle Urteil v. 22. Okt. 1981 FamRZ 1982, 63.

[133] BGH Urteil v. 3. Okt. 1983 FamRZ 1983, 1213, 1214; BGH Urteil v. 24. März 1980 BGHZ 77, 55, 58.

[134] *Lieb*, Gutachten zum 57. DJT, A 45.

[135] *Diederichsen*, NJW 1983, 1017, 1023.

Die These scheint plausibel, dass eine Rekonstruktion der gegenseitig erbrachten Zuwendungen zum Zwecke der Abrechnung nach mehreren Jahren des Zusammenlebens eher zufällig und willkürlich anmutet (so z.B. bei Leistungen mit Unterhaltscharakter, die zur Haushalts- und Lebensführung verwendet werden).[136] Jeglicher Ausgleichsregelung ist jedoch eine gewisse Pauschalität immanent. Im Gegenteil ist diese sogar zu befürworten, da sie ihre Entsprechung in der Systemstruktur der Familie findet. Ein solches Beziehungsgeflecht lässt sich mit juristischen Mitteln nicht vollständig entwirren. In der Pauschalität liegt somit nur eine normative Umsetzung der vorgefundenen familiären Wirklichkeit. Hingegen lässt sich das Entstehen eines familiären Zugewinns aber kaum auf die individuelle Leistung nur eines Partners zurückführen.[137]

bb) Die rechtliche Einordnung einer Ausgleichsregelung zwischen Familien- und Schuldrecht

In der Diskussion um die Frage eines Ausgleichsbedürfnisses spiegelt sich die rechtspolitische Einordnung der nichtehelichen Lebensgemeinschaft zwischen Familien- und Schuldrecht wider. Während sich für die spanische Rechtsordnung sowohl in den Gesetzen der autonomen Gebietskörperschaften wie auch in der neueren Rechtsprechung des Tribunal Supremo eine Tendenz der rechtlichen Zuordnung zum Familienrecht zeigt, zieht sich das deutsche Recht unter Berufung auf den Grundsatz der Nichtausgleichung auf das Schuldrecht zurück. Dadurch bringt die deutsche Lösung ein gewisses Misstrauen gegenüber der nichtehelichen Lebensgemeinschaft zum Ausdruck, demgegenüber sich in den spanischen Regelungen eine aufgeschlossene Einstellung zeigt.

Gleichzeitig gibt die im Folgenden vorzunehmende Bestimmung der Konzeption des Vermögensausgleichs Aufschluss darüber, ob der jeweilige Gesetzgeber eine Lösung der Ausgleichsproblematik vorrangig im Bereich des Schuldrechts sucht oder die nichteheliche Lebensgemeinschaft als familienrechtlich einstuft. Insbesondere bei der Frage einer Vermögensbeteiligung wird nämlich deutlich, inwieweit eine Rechtsordnung im Statusdenken verhaftet ist oder andererseits eine Ausrichtung an der Realbeziehung vornimmt.[138]

Da im deutschen Recht das Vorliegen von Vermögensverschiebungen entscheidende Voraussetzung für einen Ausgleichsanspruch sind, basiert der Ausgleichsanspruch auf einem schuldrechtlichen Ansatz. Dem liegt eine Einordnung der nichtehelichen Lebensgemeinschaft als Synonym für Individualität zugrunde, woraus eine In-die-Pflichtnahme des Individuums im Sinne einer höheren Eigenverantwortlichkeit folgt. Im vermögensrechtlichen Bereich werden dann

---

136 *Gernhuber/Coester-Waltjen*, Familienrecht, § 44 IV 3, S. 663.

137 Vgl. die oben 2. Teil § 8.I.3 erläuterte Argumentation des Tribunal Supremo; ähnlich: OLG Schleswig Urteil v. 20. Juli 2001 OLG Report 2002, 45, 48.

138 *Schwenzer*, Vom Status zur Realbeziehung, S. 175.

Ausgleichsansprüche nur sehr restriktiv zuerkannt und die Partner auf Eigeninitiative zur Regelung ihrer Rechtsverhältnisse verwiesen. Eine Korrektur sei nur erforderlich, wenn es zu Vermögensvermischungen gekommen sei, die nach Treu und Glauben ausgleichsbedürftig erschienen.[139] Damit wird allenfalls eine Härtefallregelung erreicht, die grobe Unbilligkeiten vermeiden kann.

Hingegen wird in der spanischen Rechtsordnung der während der Lebensgemeinschaft entstandene Vermögenszuwachs regelmäßig als gemeinschaftliche Wertschöpfung beurteilt. Spiegelt sich dies nicht in den formalen Eigentümerpositionen wider, kann dem dinglich nichtberechtigten Partner ein Anspruch auf die Einräumung von Miteigentum zustehen. Ist weitergehend sogar der Schutz des vermögens- und einkommensmäßig schwächeren Haushalt führenden Lebensgefährten beabsichtigt, läuft ein entsprechender Anspruch häufig auf einen pauschalierten Billigkeitsausgleich hinaus.[140] Der Ausgleich solcher „ungerechtfertigter Bereicherungen" beruht maßgeblich auf dem Gedanken des Art. 1438 CC, der für Gütertrennungsehen einen Anspruch auf Vermögensausgleich aufgrund von Hausarbeit vorsieht. Zugleich ist der Anspruch Ausdruck der Gleichberechtigung, wodurch eine häufig ungleiche Umsetzung von individueller Leistung in materielle Rechtspositionen kompensiert werden soll. Während das deutsche Recht nur eine Härtefallregelung erreicht, war es darüber hinaus Intention der Gesetzgeber der autonomen Gebietskörperschaften Spaniens zu verhindern, dass nach Auflösung der Partnerschaft einer daraus reich hervorgeht während der andere arm zurückbleibt. Damit wird eine gewisse nachpartnerschaftliche Solidarität anerkannt.

Diese Tatsachen belegen, wie fundamental sich beide Ansätze dogmatisch unterscheiden. Die spanischen Ansprüche sind familienrechtlichen Ursprungs, während die deutsche Lösung auf dem Schuld- und Sachenrecht basiert. Die Entwicklung zur rechtlichen Anerkennung nichtehelichen Zusammenlebens als familiärer Beziehung ist maßgeblich in dem Verfassungsverständnis des Art. 39 CE begründet.[141] Erkennt man die Zweierbeziehung zwischen den Partnern als Familie an, liegt es nahe, nach deren Beendigung entstehende Ausgleichsverlangen ebenfalls familienrechtlich zu verstehen.

cc) Die Konzeption der Ausgleichsansprüche

Aus systematischer Sicht lassen sich für einen Vermögensausgleich im deutschen Recht zwei Lösungswege unterscheiden:[142]

Im Rahmen der Auseinandersetzung werden die vorhandenen Vermögensgegenstände mit dem aktuellen Wert einem Vermögensausgleich zugeführt. Als

---

[139] Ausführlich oben 1. Teil § 3.I.2.
[140] So in der neueren Rechtsprechung des Tribunal Supremo, dazu oben 2. Teil § 8.I.3.
[141] Dazu ausführlich oben 2. Teil § 2.I.
[142] Nach *Battes*, in: FS Hübner, S. 379, 380 ff.; ähnlich bereits *Schwenzer*, JZ 1988, 781, 784.

Ausdruck der engen Verbundenheit der Beteiligten legt das Güter- wie das Gesellschaftsrecht diesen damit das wirtschaftliche Risiko eines Vermögensverfalls auf, beteiligt sie aber auch an Wertsteigerungen. Eine Auseinandersetzung kommt nur für den Zugewinnausgleich oder das Gesellschaftsrecht in Betracht; der gesetzliche Güterstand entfaltet für eine Ausdehnung der Auseinandersetzungslösung auf andere Formen des Zusammenlebens eine gewisse Sperrwirkung.

Währenddessen ist die Rückabwicklungslösung darauf gerichtet, eine Vermögensverschiebung (weitgehend) ungeschehen zu machen. Der Abwicklung sind dabei die Leistungen zugrunde zu legen, die zu einer Ansammlung der Vermögenswerte geführt haben. Vorstellbar ist dies vor allem bei wertvollen Einzelzuwendungen, die nach Beendigung der Partnerschaft noch messbar im Vermögen des Empfängers vorhanden sind.[143] Eine Differenzierung nach dem Leistungszweck[144] sieht sich jedoch immer der Schwierigkeit gegenüber, eine Auswahl treffen zu müssen, welche Leistungen ausgleichsfähig sein sollen. Häufig werden zwar gerade größere Zuwendungen oder deren Erträge (z.B. Hilfen beim Hausbau, Einsatz der Arbeitskraft im Unternehmen des Partners) gemeinschaftlich genutzt, da diese zunächst nicht als Vermögensopfer empfunden werden, sondern die Vorstellung eines wirtschaftlich gemeinsamen Wertes dominiert.[145] Die Ausnahme bestimmter Leistungen von einem Vermögensausgleich aufgrund der Differenzierung nach dem Leistungszweck zwingt die deutsche Rechtsprechung und Lehre jedoch oftmals zu Korrekturen, insbesondere, wenn eine klassische Rollenverteilung gewählt wurde.[146]

Zur Milderung der möglichen negativen Folgen der Vermögenstrennung behilft sich die deutsche Rechtsprechung für die Ehe mit der Ehegatteninnengesellschaft, wenn die Anstrengungen über das in der ehelichen Lebensgemeinschaft Übliche hinausgehen.[147] Bei (Einzel-) Leistungen „um der Ehe willen" kann es sich um ehebezogene Zuwendungen handeln, welche über § 313 BGB rückabzuwickeln sind;[148] Dienst- oder Arbeitsleistungen können dann subsidiär über die Figur eines familienrechtlichen Kooperationsvertrages ausgeglichen werden.[149] Im Gegensatz zu Ehen im gesetzlichen Güterstand der Zugewinngemeinschaft, für die eine Auseinandersetzung stattfindet, erfolgte in den letzten Jahrzehnten für Gütertrennungsehen de facto nur eine Rückabwicklung unbe-

---

[143] *Lieb*, Gutachten zum 57. DJT, A 46; *Hausmann*, in: Hausmann/Hohloch, Kap 4 Rn 9.

[144] Dazu bereits oben 1. Teil § 3.I.2.b.

[145] *Lieb*, Gutachten zum 57. DJT, A 49.

[146] S. *Hausmann*, in: Hausmann/Hohloch, Kap 4 Rn 9.

[147] St. Rspr. seit BGH Urteil v. 20. Dez. 1952 BGHZ 8, 249, 252; Urteil v. 26. April 1995 NJW 1995, 3383.

[148] Zuletzt: BGH Urteil v. 28. Nov. 2001 FamRZ 2003, 230 m.w.N.

[149] BGH Urteil v. 8. Juli 1982 BGHZ 84, 361; Urteil v. 13. Juli 1994 FamRZ 1994, 1167.

nannter Zuwendungen über die Regeln des Wegfalls der Geschäftsgrundlage.[150] Damit bestand für das eheliche Güterrecht eine grundsätzliche Trennung zwischen Auseinandersetzung und Rückabwicklung. Dieses Regel-Ausnahme-Verhältnis scheint der Bundesgerichtshof nunmehr umzukehren, indem er der gesellschaftsrechtlichen Lösung Vorrang einräumt.[151] Abgeschwächt wird diese Neuerung aber dadurch, dass eine gesellschaftsrechtliche Auseinandersetzung nicht umfassend erfolgt, sondern gegenstandsbezogen und allenfalls Teile des Gesamtvermögens in die Auseinandersetzung einbezogen werden. Demnach gilt weiterhin, dass die Güterstände der Zugewinn- wie auch der Gütergemeinschaft eine institutionalisierende Wirkung haben, während die Gütertrennung eine anti-institutionelle Lösung darstellt.

Einen anderen Ansatz verfolgt das Recht der autonomen Gebietskörperschaften Spaniens im Rahmen der *„compensación económica"*, indem neben Aufwendungen, die dem Erwerb oder Erhalt von Gütern dienen, (Dienst-) Leistungen im Haushalt oder im Unternehmen des anderen Partners einen Ausgleich finden. Zwar scheint es auf den ersten Blick, dass die autonomen Gemeinschaften damit ein System geschaffen haben, welches auf einen umfassenden Ausgleich gerichtet ist, doch zeigt die Auslegung der Normen durch die Rechtsprechung eine andere Realität. Die spanischen Untergerichte erkennen Ausgleichsansprüche nur sehr restriktiv zu. Die beiderseitigen Leistungen werden regelmäßig als ausgeglichen betrachtet. In Anlehnung an den Güterstand der Gütertrennung soll eine „ungerechtfertigte Bereicherung" ausgeglichen werden, die infolge der Vermögenstrennung entstanden ist.[152] Obwohl damit eine teilweise Beteiligung des benachteiligten Lebensgefährten an dem Vermögenszuwachs möglich ist, findet eine Auseinandersetzung, wie sie in den Güterständen der Zugewinn- bzw. Errungenschaftsgemeinschaft vorgesehen ist, nicht statt. Durch die Zuerkennung eines Billigkeitsausgleichs für die Haushaltsführung kann aber nicht von einer reinen Rückabwicklungslösung gesprochen werden. Entgegen der deutschen Zweiteilung zwischen Auseinandersetzung und Rückabwicklung ist daher - dem spanischen Ausdruck *„compensación"* folgend - von einer Kompensationslösung zu sprechen.

Die Ablehnung einer Kompensationslösung manifestiert sich für das deutsche Recht in der Diskussion um die Differenzierung nach dem Leistungszweck. Das Abhängigmachen der Ausgleichsfähigkeit von dem Leistungszweck beschränkt nämlich den Umfang eines möglichen Ausgleichs. Folglich konzentriert sich die Diskussion in Rechtsprechung und Schrifttum auf den Ausgleich durch das Zusammenleben erlittener Vermögensnachteile aufgrund von größeren Vermögensverschiebungen. Häufige Anwendungsfälle sind Wertgegenstände (Grund-

[150] S. dazu: *Jaeger*, in: FS Henrich, S. 323, 325 f.
[151] Vgl. Urteil v. 30. Juni 1999 BGHZ 142, 137, 150 ff.; krit.: *Jaeger*, in: FS Henrich, S. 323 ff.
[152] oben 2. Teil § 4.II.2.

stücke, Häuser, Kraftfahrzeuge etc.), die im Alleineigentum eines Partners stehen oder faktische Gemeinschaftskonten, die nur auf den Namen eines Partners lauten. Die von der Rechtsprechung favorisierte Lösung über das Gesellschaftsrecht stellt insoweit nur eine scheinbar umfassende Auseinandersetzungslösung dar; de facto erfolgt ein Ausgleich regelmäßig nur bezogen auf Einzelgegenstände. Zudem sind die deutschen Gerichte äußerst zurückhaltend bei der Zuerkennung von Ausgleichsansprüchen.

Insbesondere bei den Beiträgen zur gemeinsamen Haushalts- und Lebensführung unterscheidet sich daher der spanische Ansatz vom deutschen. Während in Deutschland diese beiderseitigen Leistungen bei einem Ausgleich grundsätzlich unberücksichtigt bleiben sollen, ist in Spanien ein Mehrerwerb eines Partners durchaus möglich und ausgleichsfähig. Indem auch die Haushaltsführung und Unterhaltsleistungen in die Bewertung für einen Ausgleich einzubeziehen sind, verschließt sich die spanische Regelung nicht von vornherein den typischen Ursachen, welche Vermögensungleichgewichte herbeiführen können. Einfacher erscheint es, solche Leistungen nicht von vornherein auszunehmen, sondern entsprechend dem Kompensationsgedanken zu prüfen, ob sich die gegenseitigen Leistungen ausgleichen. Dabei gilt es aber peinlich genaue Auseinanderrechnungen zu vermeiden, da diese dem Abwicklungsgedanken zuwiderliefen. Als entscheidender Vorteil der Kompensationslösung ist deshalb zu werten, dass sie die einheitliche Behandlung aller zwischen den Lebensgefährten geflossenen Leistungen ermöglicht. Insbesondere Lebensgemeinschaften mit traditioneller Rollenverteilung können der Realbeziehung der Partner entsprechend abgewickelt werden. Korrekturen, wie sie das deutsche Recht oftmals vornehmen muss, bedarf es nicht. Der Kompensationslösung gelingt es damit, die für das deutsche Recht oftmals geforderte Ausrichtung des Vermögensausgleichs an den tatsächlich gelebten Verhältnissen innerhalb der Lebensgemeinschaft[153] sicherzustellen. Jedoch fehlt es an verlässlichen Kriterien, wann von der Ausgeglichenheit der beiderseitigen Leistungen auszugehen ist. Eigentümliche Gefahr solcher Einzelfallentscheidungen ist dann, dass diese zu erheblicher Rechtsunsicherheit führen können.[154]

dd) Die Parallelität der Abwicklungsproblematik zwischen Ehen mit Gütertrennung und nichtehelichen Lebensgemeinschaften

Vermögensvermischungen sind nicht auf nichteheliche Lebensgemeinschaften beschränkt, sondern treten bei allen Formen des Zusammenlebens in einer Affektivitätsbeziehung auf. Während sie in dem Güterstand der Zugewinngemeinschaft regelmäßig durch das Güterrecht einen Ausgleich finden, spitzt sich die Ausgleichsproblematik für den Güterstand der Gütertrennung sowie in nichtehe-

---

[153] So *Schwenzer*, JZ 1988, 781, 784; *Hausmann*, in: Hausmann/Hohloch, Kap 4 Rn 9.
[154] *Llebaría Samper*, La Ley 1997, D-238, 1624, 1631.

lichen Lebensgemeinschaften zu. Die wirtschaftlichen Beziehungen werden häufig von der persönlichen Verbundenheit der Partner überlagert, so dass eine scharfe Abgrenzung der Vermögenssphären mit zunehmender Dauer der Lebensgemeinschaft schwieriger wird. Erst mit Beendigung der Beziehung spielt es dann wieder eine Rolle, dass sich der Gegenwert nur im Vermögen eines Lebensgefährten niedergeschlagen hat. Gemein ist demnach allen diesen Formen des Zusammenlebens, dass zwischen den Partnern kein wie im klassischen Vertragsrecht übliches do ut des-Verhältnis besteht. Zwar bedingen sich die Leistungen der Partner gegenseitig, doch fehlt es an einer synallagmatischen Verknüpfung; vielmehr findet ein sozialer Austausch im Sinne einer Reziprozität statt.[155]

1. In Anerkennung dieser Ähnlichkeiten rückt die spanische Lösung die nichteheliche Lebensgemeinschaft nahe an den Güterrechtsstatus der Gütertrennung (Art. 1438 CC). Gerechtfertigt wird die Beteiligung an dem Vermögenszuwachs des verdienenden Partners dadurch, dass sowohl in Gütertrennungsehen als auch bei nichtehelichem Zusammenleben eine Vermögenstrennung besteht, wenn letztere auch nur faktischer Art ist. Für die deutschen Gütertrennungsehen gibt es jedoch schon keine vergleichbare Vorschrift, sondern Vermögensungleichgewichte bleiben grundsätzlich unausgeglichen. Demnach kann selbst bei einer Ehe im Güterstand der Gütertrennung ein Partner einem enormen Risiko von Vermögensungleichgewichten als Folge von Vermögensverschiebungen ausgesetzt sein. Eine Regelung entsprechend den spanischen Vorschriften würde weiterreichen als das Güterrecht der Ehe im Güterstand der Gütertrennung. Eine solche Beteiligungslösung wirkte nämlich ähnlich einem Güterstand und würde damit das Fördergebot der Ehe aus Art. 6 Abs.1 GG verletzen.[156] Insbesondere im Bereich des Güterrechts als Herzstück des Eherechts verbietet sich eine weitergehende Regelung.

2. Auch wenn die spanische Lösung für das deutsche Recht zu Inkongruenzen führt, die eine Übernahme der Kompensationslösung verhindern, kann der dahinter stehende Gedanke der Parallelität der Ausgleichsproblematik zwischen Ehen im Güterstand der Gütertrennung und nichtehelichen Lebensgemeinschaften für das deutsche Recht im Rahmen einer Abwicklungslösung fruchtbar gemacht werden. Die Position des spanischen Rechts, dass nichteheliche Lebensgemeinschaften vermögensrechtlich nicht anders als Gütertrennungsehen zu behandeln sind, kann gleichwohl nicht unreflektiert für das deutsche Recht übernommen werden. Es sind die in Deutschland vorherrschenden verschiedenen Abwicklungsmöglichkeiten für Lebensgemeinschaften in Relation zueinander zu setzen.

---

[155] Genauer: *Hausmann*, Vermögensausgleich, S. 483 ff.

[156] Dazu eingehender oben 3. Teil § 2.I.1.

Im Gegensatz zur spanischen Rechtsordnung wird im deutschen Recht eine eigenständige Lösung für die Ausgleichsproblematik nach Auflösung nichtehelichen Zusammenlebens gesucht. Zwar bringt die neuere Rechtsprechung weitere Angleichungen, indem zum einen bei der Annahme einer Innengesellschaft für nichteheliche Lebensgemeinschaften nicht mehr auf die Voraussetzung eines zumindest schlüssig zustande gekommenen Vertrages verzichtet wird[157] sowie zum anderen dadurch, dass sich der Bundesgerichtshof für Ehegatten wieder vorrangig der gesellschaftsrechtlichen Lösung bedient[158]; doch wird die nichteheliche Lebensgemeinschaft in der Reichweite der Abwicklungsfolgen immer noch zwischen dem Zugewinnausgleich und dem Wahlgüterstand der Gütertrennung eingeordnet. Dies geschieht nicht dadurch, dass sich die Rechtsprechung verschiedener Rechtsinstitute bedient, sondern Grund sind die unterschiedlichen Anforderungen, die an die Voraussetzungen dieser Institute gestellt werden. Zum einen verlangt der Bundesgerichtshof für die Ehegatteninnengesellschaft, dass Ehegatten - im Unterschied zu nichtehelichen Lebensgemeinschaften - „einen über den typischen Rahmen der ehelichen Lebensgemeinschaft hinausgehenden Zweck verfolgen“ müssen.[159] Dies erscheint jedoch vor dem Hintergrund, dass die persönlichen Beziehungen in beiden Lebensgemeinschaften gleichermaßen im Vordergrund stehen, wenig konsequent; Ehegatten werden regelmäßig keinen weitergehenden Willen entwickelt haben.[160] Das Argument, beide Ehegatten seien dazu verpflichtet, durch ihre Arbeit und mit ihrem Vermögen die Familie zu unterhalten und erhielten dafür einen Ausgleich durch das gesetzliche Güter- und Erbrecht,[161] kann jedenfalls nur gegenüber Ehen im gesetzlichen Güterstand gelten.

Zum anderen stellt die Rechtsprechung mit dem Erfordernis, dass die Versagung von Rückabwicklungsansprüchen zu unangemessenen Ergebnissen für den zuwendenden Ehegatten führen müsse,[162] höhere Anforderungen an die Rückabwicklung ehebezogener Zuwendungen. Die Begründung, Ehegatten hätten eine bewusste Entscheidung für die Gütertrennung und gegen den Zugewinnausgleich getroffen, während nichteheliche Lebensgefährten sich oftmals in Unkenntnis über die Rechtslage befänden, überzeugt jedoch nicht.[163] Wertungsmä-

---

[157] BGH Urteil vom 28. September 2005 FamRZ 2006, 607, 609.

[158] Urteil v. 30. Juni 1999 BGHZ 142, 137.

[159] St. Rspr., vgl. Urteil v. 12. Juli 1982 BGHZ 84, 388, 391 f.; zuletzt: Urteil v. 30. Juni 1999 BGHZ 142, 137, 146; anders noch: OLG Hamm Urteil v. 31. Okt. 1979 NJW 1980, 1530; OLG Frankfurt Beschluss v. 23. Okt. 1981 NJW 1982, 1885; noch weitergehend: Soergel/*Stein*, § 1931 Rn 14.

[160] *Hausmann*, ZEV 1995, 129, 130.

[161] BGH Urteil v. 12. Juli 1982 BGHZ 84, 388, 391 f.

[162] St. Rspr. seit BGH Urteil v. 7. Jan. 1972 NJW 1972, 580; Urteil v. 8. Juli 1982 BGHZ 84, 361, 365; Urteil v. 15. Feb. 1989 FamRZ 1989, 599, 600.

[163] So aber: *Schwenzer*, Vom Status zur Realbeziehung, S. 191.

ßig macht es keinen Unterschied, ob die Gütertrennung faktischen oder rechtlichen Ursprungs ist, zumal es häufig auch bei der Scheidung von Gütertrennungsehen ein „böses Erwachen" gibt. Gerade erst aufgrund dieser Erkenntnis sahen sich Rechtsprechung und ein Großteil der Lehre veranlasst, zusätzliche Ausgleichsmechanismen zu entwickeln. Überdies handelt es sich dabei gar nicht um eine Auseinandersetzungs- bzw. Beteiligungslösung im Sinne der Zugewinngemeinschaft; es wird kein Ersatzgüterstand geschaffen, zumal es nicht darum geht, dass im Trennungsfall etwas von dem erwirtschafteten Vermögen abgegeben werden soll. Vielmehr ist nur eine Zuwendung zurückzugewähren, welche ursprünglich aus dem Vermögen des anderen stammt. Solche Ansprüche werden zudem nicht durch die Vereinbarung einer Gütertrennung ausgeschlossen.

Selbst wenn sich der durch den XII. Zivilsenat nunmehr auch für Gütertrennungsehen beschrittene Pfad über das Gesellschaftsrecht vielfältigen Bedenken ausgesetzt sieht,[164] vereinheitlicht und legitimiert er damit doch ein Stück weit die bisherige Rechtsprechung des II. Zivilsenats. Während die vorherige Lösung für Ehegatten über den Wegfall der Geschäftsgrundlage dogmatisch auf einer Rückabwicklung basierte, öffnet der Bundesgerichtshof, indem er eine breitere Anwendung des Gesellschaftsrechts für Ehegatten befürwortet, nun die Möglichkeit zu einer Auseinandersetzungslösung. Damit ist die Unstimmigkeit, die durch die Rechtsprechung des II. Zivilsenats hervorgerufen wurde, indem dieser für nichteheliche Lebensgemeinschaften schon früh mit dem gesellschaftsrechtlichen Ansatz für eine Beteiligungslösung optierte, vermindert. Ausgleichslösungen, welche für die Ehe nur als Ausnahmefall vorgesehen sind, dürfen aber für nichteheliches Zusammenleben nicht zum Regelfall werden, will man Verstöße gegen das Fördergebot der Ehe vermeiden. Umso schwerer wiegt dieses Argument, als der Bereich des Vermögensrechts zur Kernsubstanz des Eherechts zählt.[165] Schlüssiger ist es demnach, - dem spanischen Recht folgend - einen Gleichlauf zwischen Gütertrennungsehen und nichtehelichen Lebensgemeinschaften zu befürworten. Daher sollte auf das Erfordernis eines über den typischen Rahmen der Lebensgemeinschaft hinausgehenden Zweckes bei der nichtehelichen Lebensgemeinschaft nicht verzichtet werden.[166]

Damit ergeben sich nicht zwangsläufig gleiche Ergebnisse. So besteht - im Gegensatz zur Ehe - für nichteheliche Partner als Folge der mangelnden Institutionalisierung der nichtehelichen Lebensgemeinschaft keine Verpflichtung, zum Familienunterhalt beizutragen. Es ist aber eine Leistung über das „Normale" zu verlangen. Was für die nichteheliche Lebensgemeinschaft üblich ist, lässt sich anhand der konkreten Umstände der jeweiligen Lebensgemeinschaft bemessen.

---

164 *Jaeger*, in: FS Henrich, S. 323 ff.
165 S. oben 1. Teil § 3.I.1.a.
166 So auch: *Frank*, FamRZ 1983, 541, 544.

Übersteigt der Beitrag ein gewisses Quantum, wird er sich kaum mehr nur als Zuwendung zur Verwirklichung der Lebensgemeinschaft darstellen, die im Regelfall mit Leistungen des anderen Partners kompensiert sein wird.[167] Zugleich kann damit die Forderung nach einer Ausrichtung des Vermögensausgleichs an den tatsächlich gelebten Verhältnissen innerhalb der Lebensgemeinschaft[168] durch eine flexible einzelfallbezogene Abwicklung erfüllt werden.

c) Ergebnis

Um den Freiheitsrechten weitgehende Geltung zukommen zu lassen, sollte es bei dem Grundsatz der Nichtausgleichung bleiben. Einzig bei Nachweis besonderer Vermögensungleichgewichte infolge zweckgerichteten Zusammenwirkens oder aufgrund von Zuwendungen „um der Lebensgemeinschaft willen" ist eine Ausgleichsmöglichkeit von der Rechtsordnung vorzusehen. Solche besonderen Lebensumstände können insbesondere bei Lebensgemeinschaften von langer Dauer auftreten, in denen sich die Vermögensmassen zunehmend vermischen. Sähe das Recht keinen Ausgleichsmechanismus vor, begünstigte es damit verborgen den stärkeren Partner, indem es (zufällige) Vermögensverschiebungen als endgültig absegnete. Ein familienrechtlicher Ausgleich, wie ihn das spanische Recht vor dem Hintergrund billigt, dass es dem erwerbstätigen Partner häufig möglich sein wird, Vermögen zu bilden, während der Haushalt führende Partner mangels Einkommens mittellos zurückbleibt, ist jedoch für das deutsche Recht zu weitgehend.

Aber auch wenn der Kompensationsgedanke in Form einer Beteiligungslösung für das deutsche Recht kein tragfähiger Ansatz ist, kann doch der dahinter stehende Gedanke der Parallelität der Ausgleichsproblematik fruchtbar gemacht werden. Die bisherige Rechtsanwendung führt zu dem merkwürdigen Ergebnis einer Ausgleichslösung zwischen Zugewinngemeinschaft und Gütertrennung. Die spanische Lösung, welche die Abwicklungsproblematik in Gütertrennungsehen und nichtehelichen Lebensgemeinschaften einer parallelen Lösung zuführt, erscheint schlüssiger. Dadurch stellen sich nicht notwendig gleiche Ergebnisse ein. Insbesondere bei der Prüfung der Voraussetzungen können sich Unterschiede aufgrund des fehlenden rechtlichen Bandes und der damit verbundenen leichteren Lösbarkeit der nichtehelichen Lebensgemeinschaft ergeben. So wird ein Vertrauen auf den Bestand der nichtehelichen Lebensgemeinschaft regelmäßig weniger schutzwürdig sein. Hat aber der Partner durch sein Verhalten besonderes Vertrauen begründet, ist er daran festzuhalten.

Für den Bereich des Vermögensrechts werden damit die zu Beginn der Arbeit getroffenen Annahmen hinsichtlich der rechtlichen Einordnung der nichtehelichen Lebensgemeinschaft zwischen Familien- und Schuldrecht bestätigt. Zu be-

---

[167] Vgl. auch: *Schlüter/Belling*, FamRZ 1986, 405, 406.

[168] So *Schwenzer*, JZ 1988, 781, 784; *Hausmann*, in: Hausmann/Hohloch, Kap 4 Rn 9.

achten gilt es daher für die deutsche Lösung, dass gleichermaßen für Gütertrennungsehen wie nichteheliche Lebensgemeinschaften die vorgeschlagene Rückabwicklungslösung auf Basis des Schuldrechts nie uneingeschränkt passen wird; zumal das Schuldrecht nicht ausgerichtet ist auf das Bestehen familiärer Bindungen, die zu einem sozialen Austausch im Sinne einer Reziprozität außerhalb des vertraglichen Synallagmas führen, kann es diese nur unzureichend rechtlich erfassen. Im Einzelfall auftretende widersprüchliche Ergebnisse müssen dann im Wege einer Billigkeitsregelung korrigiert werden. Zwar geht eine solche richterrechtliche Lösung zu Lasten der Rechtssicherheit, sie ist aber letztlich Folge der Ablehnung einer umfassenden Verrechtlichung nichtehelicher Lebensgemeinschaften.

2. Unterhaltsansprüche

Während die Problematik eines Vermögensausgleichs nach Beendigung der Lebensgemeinschaft seit langem im Mittelpunkt der Diskussion steht, rückt nunmehr auch die Frage über nachpartnerschaftliche Unterhaltsansprüche in das Interesse. Die Lebensgemeinschaft kann die wirtschaftliche Abhängigkeit des einen Partners vom anderen verursachen. Ein Partner gibt die Erwerbstätigkeit auf oder schränkt sie ein, um den gemeinsamen Haushalt zu führen; der erwerbstätige Partner kommt dann für den täglichen Lebensbedarf auf. Insbesondere bei Lebensgemeinschaften, denen Kinder angehören, findet sich häufig eine solche Rollenverteilung. Gerade im Unterhaltsrecht aktualisiert sich somit die Frage, ob es der Verantwortung des Gesetzgebers obliegt, den schwächeren Partner vor unbilligen Härten zu bewahren oder ob er unter Berufung auf die Eigenverantwortlichkeit der Partner von einer Regelung absehen kann.

Während die herrschende Meinung in Deutschland eine Eigenständigkeit und Unabhängigkeit der Partner befürwortet, haben sich die Gesetzgeber der autonomen Gebietskörperschaften Spaniens für einen nachpartnerschaftlichen Unterhaltsanspruch entschieden. Selbst wenn die Normen über die *„pensión periódica"* nach dem Willen des Gesetzgebers keine gesetzliche Verpflichtung zur Unterhaltsleistung statuieren, erfüllen sie dennoch die Funktion eines Unterhaltsanspruches und sollen deshalb an dieser Stelle behandelt werden.

a) Grundsatz: Keine nachpartnerschaftliche Unterhaltsverpflichtung

Mit der Schaffung gesetzlicher Unterhaltsansprüche konkretisiert der Gesetzgeber eine moralische Verantwortung zwischen den Verpflichteten.[169] Unterhaltsansprüche bestehen daher grundsätzlich nur zwischen Verwandten und Ehegatten. Zwischen letzteren sind sie Ausfluss der Schicksalsgemeinschaft im Sinne einer nachwirkenden Solidarität. Da zwischen den Partnern nichtehelicher Le-

[169] *Schwab*, Konkurs der Familie?, S. 27.

bensgemeinschaften keine entsprechende Rechts- und Pflichtengemeinschaft besteht, wird in beiden Rechtsordnungen eine analoge Anwendung der nachehelichen Unterhaltsvorschriften für unzulässig gehalten.[170]

Des Weiteren stehen nachpartnerschaftlichen Unterhaltsverpflichtungen allgemeine Erwägungen entgegen, die selbst für den Fall der Ehe in immer mehr Rechtsordnungen zu einer Begrenzung der Ansprüche geführt haben.[171] Fortwährende Unterhaltsverpflichtungen erschweren dem Verpflichteten, nach der Trennung sein Leben neu zu organisieren. Der Unterhaltspflichtige hat keinen Anreiz zur Verbesserung seiner Einkommenssituation, da dieser Zuwachs ihm selbst nicht zu Gute kommt, sondern durch die Unterhaltsverpflichtungen verbraucht würde. Zudem provozieren lebenslange Unterhaltsverpflichtungen weitere Spannungen im Verhältnis der ehemaligen Partner, wodurch insbesondere die Beziehung zu gemeinsamen Kindern weiter belastet wird.

Auf der anderen Seite gilt es für den Unterhaltsberechtigten, nach Beendigung der Lebensgemeinschaft Eigenverantwortung zu übernehmen. Für eine Übergangszeit soll ihm eine Anpassung an die neuen Lebensverhältnisse ermöglicht werden. Damit vollzieht sich ein schrittweiser Wandel zu einer Wiedereingliederungshilfe; ein institutionelles Denken, welches auf eine Statussicherung gerichtet ist, scheint zunehmend ausgedient zu haben.[172] Selbst die Ehe gilt damit nicht mehr länger als lebenslanges Versorgungsinstitut. Aus der nachehelichen Solidarität wird so eine nacheheliche Eigenverantwortung.

Die Problematik ist damit jedoch nicht erschöpfend diskutiert, sondern *de lege ferenda* stellt sich die Frage, ob die bisherige Rechtslage eine ausgeglichene Risikoverteilung vornimmt. Wie das Risiko der nichtehelichen Lebensgemeinschaft gerecht zu verteilen ist, hängt dabei entscheidend von Wertungsgesichtspunkten ab. Insbesondere bei Risiken, welche auf Organisationsabsprachen beider Partner beruhen, ist es bedenklich, wenn deren Folgen einseitig auf den davon unmittelbar betroffenen Lebensgefährten übergewälzt werden könnten.[173] Ähnlich wie im spanischen Recht konzentriert sich daher auch die deutsche Diskussion auf die den §§ 1570, 1573 BGB zugrunde liegenden Bedürftigkeitsla-

---

[170] Für Deutschland s. oben 1. Teil § 3.II; für Spanien: AP Asturias Urteil v. 22. Juni 1994 AC 1994, 1156.

[171] So sieht Art. 97 CC nach der Modifizierung durch LEY 15/2005, de 8 de julio, por la que se modifican el Código Civil y la Ley de Enjuiciamiento Civil en materia de separación y divorcio die Möglichkeit einer zeitlichen Befristung vor; so nun auch der Referentenentwurf „eines Gesetzes zur Änderung des Unterhaltsrechts" (Unterhaltsrechtsänderungsgesetz) des Bundesministeriums der Justiz vom 26. April 2005 sowie die Pressemitteilung des Bundesjustizministeriums vom 15. Feb. 2006 zur „Reform des Verfahrens in Familiensachen und den Angelegenheiten der freiwilligen Gerichtsbarkeit".

[172] S. *Schwenzer*, Vom Status zur Realbeziehung, S. 66 ff.

[173] Vgl. dazu auch oben 3. Teil § 1.III.3.

gen, in denen es immerhin diskutabel erscheint, den Schutz eines Partners über die Privatautonomie zu stellen.

b) Unterhaltsansprüche in Fällen gemeinschaftsbedingter Bedürftigkeit?

Eine der Anspruchsalternativen der *„pensión periódica"* ist erfüllt, wenn die Fähigkeit, Einkommen zu erzielen, durch in der Lebensgemeinschaft begründete Umstände vermindert ist. Allgemeiner ausgedrückt werden damit Fälle gemeinschaftsbedingter Bedürftigkeit entschädigt. Dem benachteiligten Partner soll dann eine Wiedereingliederungshilfe gewährt werden. Demgegenüber beschränkt sich die deutsche Diskussion auf Fallkonstellationen wie Kinderbetreuung, Haushaltsführung oder die Pflege von Angehörigen.[174] Solche Entscheidungen über die Art und Weise der Realisation der Lebensgemeinschaft werden regelmäßig im (stillschweigenden) Einverständnis mit dem anderen Partner getroffen worden sein, so dass sie auf zurechenbares Verhalten zurückgeführt werden könnten.

Die Befürworter einer gesetzlichen Normierung berufen sich auf die durch die Lebensgemeinschaft hervorgerufene wirtschaftliche Abhängigkeit, welche den Schutz des sozial Schwächeren gebiete.[175] So könne es nicht angehen, dass einer der Partner während der Lebensgemeinschaft finanzielle Vorteile genossen habe, die zu einer gemeinschaftsbedingten Bedürftigkeit geführt haben, welche nach Beendigung der Lebensgemeinschaft von der Allgemeinheit getragen werden müsse, indem der bedürftige Partner dem sozialen Netz zur Last falle.[176] Dagegen ist aber *Lieb* zuzustimmen, dass es nicht Aufgabe des Unterhaltsrechts sein kann, für eine Entlastung der Sozialkassen zu sorgen; vielmehr sind die Unterhaltsverpflichtungen Ausdruck bestehender sittlicher Vorstellungen über eine nachpartnerschaftliche Solidarität, welche der Gesetzgeber nachzuzeichnen versuchen muss.[177] Eine solche sittliche Verpflichtung könne sich aber auch bei längerem nichtehelichen Zusammenleben einstellen. Dem stehe das Fördergebot der Ehe aus Art. 6 Abs.1 GG nicht entgegen, da sich die in den §§ 1570, 1573 BGB normierten Bedürftigkeitsfälle gedanklich vom Eheband lösen ließen.[178] Die Gesetze der autonomen Gebietskörperschaften Spaniens versuchen das Spannungsverhältnis zwischen nachpartnerschaftlicher Solidarität und wirtschaftlicher Eigenständigkeit auszugleichen, indem sie die Ansprüche zeitlich befristen.[179]

---

[174] Beschluss II.10.b des 57. DJT, NJW 1988, 2998; *Busche*, JZ 1998, 387, 393; *E.-M. von Münch*, ZRP 1988, 327, 329; *Battes*, JZ 1986, 240, 241; Deutscher Juristinnenbund, *Stab*, ZRP 1988, 355; ähnlich auch *Schwenzer*, Vom Status zur Realbeziehung, S. 204 f.

[175] *Martínez Rodríguez*, in: Martinell/Areces Piñol, uniones de hecho, S. 345, 357.

[176] *Stintzing*, Nichteheliche Lebensgemeinschaft, H.I.2.c.

[177] Gutachten zum 57. DJT, A 89.

[178] *Lieb*, Gutachten zum 57. DJT, A 83 f.

[179] S. oben 2. Teil § 4.II.3.d.

Ein über das Ende der Lebensgemeinschaft hinausgehender Unterhaltsanspruch sieht sich aber dem Einwand ausgesetzt, dass damit Verpflichtungen geschaffen werden, welche die leichte Lösbarkeit der Lebensgemeinschaft beeinträchtigen.[180] Anders als bei einem Vermögensausgleich, bei dem nur ein während der Lebensgemeinschaft entstandenes Vermögensungleichgewicht ausgeglichen wird, existiert für die hier zu behandelnden Fälle gemeinschaftsbedingter Bedürftigkeit keine ungerechtfertigte Bereicherung. Unterhaltsansprüche sind zukunftsgerichtet und fallen für einen Zeitraum nach Beendigung der Lebensgemeinschaft an. Der Verpflichtete wird damit an etwas festgehalten, was er beendet sehen möchte. Mit Blick auf die allgemeine Handlungsfreiheit bedarf die Begründung von Verbindlichkeiten für die Zukunft daher einer besonderen Rechtfertigung.

Während im Falle der Ehe das durch den Vertragsschluss begründete formelle Band einen gegenseitigen nachehelichen Unterhaltsanspruch rechtfertigt, hat eine nichteheliche Lebensgemeinschaft eine deutlich geringere Bindungswirkung.[181] Bei der Annahme konkludent vereinbarter Unterhaltsverpflichtungen ist daher Zurückhaltung geboten.[182] Dem Willen der Lebensgefährten dürfte es regelmäßig entsprechen, dass sich rechtliche Bindungen in dem Zeitraum der Affektivitätsbeziehung erschöpfen. Die leichte Lösbarkeit der Lebensgemeinschaft ist Charakteristikum nichtehelichen Zusammenlebens und wird von den Partnern als entscheidender Vorteil gegenüber der Ehe angesehen;[183] folglich kann dann aber ein Vertrauen auf zukünftige Leistungen außerhalb vertraglicher Vereinbarungen kaum schutzwürdig sein.

Dem kann nicht entgegengehalten werden, die Partner stünden in einem besonderen psychologischen oder wirtschaftlichen (Abhängigkeits-) Verhältnis, welches sie am Abschluss einer vertraglichen Vereinbarung hindere.[184] Ein Abhängigkeitsverhältnis besteht gerade nicht von vornherein, sondern ist Folge der von den Partnern während der Lebensgemeinschaft getroffenen Entscheidungen. Entsprechend obliegt es der Eigenverantwortung jedes Lebensgefährten, inwieweit er sich wirtschaftlich an den anderen Partner binden will, ohne über organisatorische Absprachen hinausgehende vertragliche Vereinbarungen zu seinem Schutz zu treffen. In Anbetracht der derzeitigen Wirtschaftslage muss jedem (Partner) bewusst sein, welche wirtschaftlichen Folgen beispielsweise die

---

[180] So auch: *Gavidia Sánchez*, AC 2001, 605, 614 ff.

[181] A.A. Albaladejo/Díaz Alabart/*Merino Hernández*, Art. 13 Ley de parejas estables no casadas.

[182] Vgl. BGH Urteil v. 16. Sept. 1985 NJW 1986, 374.

[183] So gaben 78 % der Befragten an, die nachehelichen Unterhaltsverpflichtungen seien einer der größten Nachteile der Ehe, BMJFG, S. 44; so auch: *Lauterbach*, in: Klein/Lauterbach, Nichteheliche Lebensgemeinschaften, S. 269, 291.

[184] So aber *Busche*, JZ 1998, 387, 393.

Aufgabe des Arbeitsverhältnisses haben kann. Die nichteheliche Lebensgemeinschaft darf insoweit nicht zu einer Finanzierungsquelle werden.

Auch aus dem Reziprozitätsgedanken ergibt sich keine andere Lösung. Zu widersprechen ist daher *Stintzing*, die das Reziprozitätsverhältnis zur Begründung einer vermögensrechtlichen Verantwortung nach Auflösung der Lebensgemeinschaft heranzieht.[185] Die Reziprozität ist nämlich für die Zeit der bestehenden Lebensgemeinschaft insoweit gewahrt, als der Verzicht auf eine eigene Erwerbsquelle durch die vom anderen Partner geleisteten Unterhaltsbeiträge kompensiert wird; ein Defizit des unterhaltsbedürftigen Partners besteht dann für die Zukunft aber nicht mehr.

Für nichteheliches Zusammenleben sollte daher grundsätzlich mit der Abwicklung ein klarer Schlussstrich unter die Lebensgemeinschaft gezogen werden. Der Ansatz eines zurechenbaren Verhaltens in Fällen gemeinschaftsbedingter Bedürftigkeit erweist sich nicht als tragfähiger Ansatz zur Begründung nachpartnerschaftlicher Unterhaltsverpflichtungen.

c) Unterhaltsanspruch aufgrund der Betreuung gemeinsamer Kinder

Anders stellt sich die Situation dar, wenn der unterhaltsbedürftige Partner die gemeinsamen Kinder erzieht. Diese Pflicht obliegt den Eltern bereits von Gesetzes wegen (§§ 1626 ff. BGB), so dass eine Regelung, welche die Wahrnehmung dieser Aufgabe zum Wohl des Kindes sicherstellen soll, nicht von vornherein ausgeschlossen erscheint. Die Beschränkung der persönlichen Freiheit würde dann durch das Kindeswohl überwogen. Dogmatisch wird dieser Ansatz durch den Reziprozitätsgedanken getragen. Für zukünftige Beiträge im Rahmen der Erziehung gemeinsamer Kinder ist das Reziprozitätsverhältnis nämlich mangels Affektivitätsbeziehung gestört. Der Kinder betreuende Partner erbringt dennoch zukünftige Beiträge, die den anderen von seiner Elternpflicht entlasten. Insoweit empfängt der erwerbstätige Partner weiterhin Leistungen, die keinen Ausgleich erfahren.

Ähnlich wie die Alternative der *„pensión periódica“* aufgrund der Unmöglichkeit der Berufsausübung durch Kindererziehung hat der deutsche Gesetzgeber in § 1615 l BGB eine solche Abwägung getroffen. Diese fällt jedoch für nichteheliche Eltern anders aus als für Ehegatten, obwohl beide Normen einen gemeinsamen Schutzzweck verfolgen.[186] Während dem Kinder erziehenden Ehegatten § 1570 BGB einen zeitlich unbeschränkten Unterhaltsanspruch gewährt, ist der Anspruch aus § 1615 l BGB auf drei Jahre befristet. Mit Blick auf Art. 6 Abs.5 GG steht die Verfassungsmäßigkeit der Norm zunehmend in Fra-

[185] Nichteheliche Lebensgemeinschaft, H.I.2.c.

[186] BGH Urteil v. 1. Dez. 2004 NJW 2005, 500.

ge.[187] Als Grund für die unterschiedliche Behandlung wird die fortwirkende nacheheliche Solidarität angeführt, die für nichtverheiratete Eltern nicht bestehe.[188] Gestützt wird diese Ansicht dadurch, dass es sich systematisch um einen Unterhaltsanspruch der Mutter oder des Vaters wegen der Pflege und Erziehung des Kindes handelt.

Vorrangig wird dieser Anspruch jedoch im Interesse des Kindes gewährt.[189] Dem Kind soll nicht der betreuende Elternteil vorenthalten werden, indem dieser zur Sicherstellung seines Lebensunterhalts einer Erwerbstätigkeit nachgehen muss.[190] Vor diesem Hintergrund erscheint fraglich, ob die Norm dem Zweck hinreichend Rechnung tragen kann. Aus emotionaler Sicht ist die Situation der Kinder bei einer Trennung der nichtehelichen Eltern die gleiche wie bei einer Scheidung. Aus der Tatsache, dass die Eltern miteinander verheiratet waren, folgt kein größerer Betreuungsbedarf des Kindes. Allgemein bedürfen Kinder bis zum achten Lebensjahr einer intensiven Sorge, um ihnen ein Umfeld für eine gesunde Persönlichkeitsentwicklung zu schaffen. So besteht ein erhebliches öffentliches Interesse daran, dass Kinder in einer intakten Umwelt aufwachsen, um sie zu verantwortungsbewussten Mitgliedern der Gesellschaft zu erziehen.[191] Dies muss jedoch gleichermaßen für Kinder gelten, deren Eltern nicht miteinander verheiratet sind, werden doch die schlechteren Entwicklungsbedingungen nichtehelicher Kinder hauptsächlich durch die finanziellen Probleme der Mutter begründet.[192] Der bisherige Anspruch auf Kindesunterhalt vermag diese weiterreichenden Ziele kaum zu gewährleisten.

Dies erkennt auch das Bundesjustizministerium (teilweise) an und will der Ungleichbehandlung durch die Streichung des Wortes „grob“ in § 1615 l Abs. 2 S.3 begegnen.[193] Damit gibt man dem Kinder betreuenden Elternteil aber auf,

---

[187] Verneinend neuerdings: OLG Hamm Vorlagebeschluss v. 16. Aug. 2004 FamRZ 2004, 1893; KG Vorlagebeschluss v. 16. Sept. 2004 FamRZ 2004, 1895 m.w.N.; vgl. zum Meinungsstand: *Schilling*, FPR 2005, 513, 514; ausführlich auch: *Peschel-Gutzeit/Jenckel*, FuR 1996, 129, 136; *Wellenhofer-Klein*, FuR 1999, 448, 453.

[188] S. beispielshalber OLG Karlsruhe Urteil v. 4. Sept. 2003 FamRZ 2004, 974.

[189] *Wellenhofer-Klein*, FuR 1999, 448, 449; *Wagenitz/Barth*, FamRZ 1996, 577, 586; a.A. OLG Karlsruhe Urteil v. 4. Sept. 2003 FamRZ 2004, 974; vgl. auch BVerfG Beschluss v. 4. Feb. 2004 NJW-RR 2004, 1153, 1154; Beschluss v. 4. Feb. 2004 NJW 2004, 1789, 1790; BGH Urteil v. 1. Dez. 2004 NJW 2005, 500.

[190] Statt vieler: MüKo/*Born*, § 1615 l Rn 1.

[191] *Bartsch*, JR 1979, 364, 366.

[192] OLG Hamm Vorlagebeschluss v. 16. Aug. 2004 FamRZ 2004, 1893; ausführlich: *Knöpfel*, ZRP 1990, 234 f.

[193] Referentenentwurf „eines Gesetzes zur Änderung des Unterhaltsrechts“ (Unterhaltsrechtsänderungsgesetz) des Bundesministeriums der Justiz vom 26. April 2005, S. 9; in diese Richtung auch eine vereinzelt großzügige Auslegung der Untergerichte, vgl. OLG Schleswig Urteil v. 29. Dez. 2003 FamRZ 2004, 975.

sein Recht im Wege der Klage verfolgen zu müssen. Zudem kann die Ungleichbehandlung allenfalls gemildert werden.

Entsprechend sollte eine zukünftige Regelung unabhängig vom Status der Eltern erfolgen. Daher bietet sich eine gleiche Behandlung im Rahmen eines allgemeinen Betreuungsanspruchs an.[194] § 1615 l BGB sollte deshalb durch eine Regelung ersetzt werden, die sich allein am Kindeswohl ausrichtet und damit das Gleichbehandlungsgebot aus Art. 6 Abs.5 GG wahrt; insofern ist ein Paradigmenwechsel von der Bedürftigkeit des Betreuenden zur Betreuungsbedürftigkeit des Kindes zu vollziehen. Da der Anspruch aus § 1570 BGB eine Nachwirkung der Elternschaft darstellt, läuft eine Ausweitung dem Fördergebot der Ehe aus Art. 6 Abs.1 GG nicht zuwider.

Dabei ist einzige beachtenswerte Besonderheit nichtehelicher Lebensgemeinschaften gegenüber sonstigen nichtehelichen Müttern oder Vätern, dass die Unterhaltsbedürftigkeit regelmäßig nicht schon mit der Geburt, sondern erst nach Beendigung der Lebensgemeinschaft eintritt. *Lieb* schlägt deshalb vor, die Dreijahresfrist des § 1615 l Abs.2 S.2 BGB erst mit der Auflösung der Lebensgemeinschaft beginnen zu lassen.[195] Der Problematik kann aber besser dadurch entgangen werden, dass der Anspruch mit dem Erreichen eines bestimmten Alters des Kindes erlischt.

Die Höhe des Unterhalts sollte sich nach dem Bedarf für die Kindesbetreuung richten.[196] Während bei Kleinkindern ein erhöhter Sorgebedarf besteht, bedürfen ältere Kinder kaum mehr einer so intensiven Betreuung. Bei Eintritt in einen neuen Lebensabschnitt, ist daher die Anspruchshöhe jeweils neu festzusetzen. Mit dem Beginn der Schulpflicht des Kindes ist dem betreuenden Elternteil eine (teilweise) Berufstätigkeit zumutbar.[197] Im Falle psychischer oder physischer Behinderung ist dem Vorbild der Gesetze der autonomen Gebietskörperschaften Spaniens zu folgen, und der Anspruch allein an den tatsächlichen Bedürfnissen auszurichten.

d) Ergebnis

Aufgrund der beabsichtigten leichten Lösbarkeit der Lebensgemeinschaft sollte grundsätzlich auf Unterhaltsverpflichtungen verzichtet werden, welche die Partner über das Ende der Lebensgemeinschaft hinaus aneinander binden. Auch die Annahme einer Vertrauensschutzhaftung aufgrund zurechenbaren Verhaltens ist nicht tragfähig, diesen Grundsatz zu durchbrechen. Insofern müssen sich die

[194] So auch: *Battes*, JZ 1986, 239 , 240 f.; *E.-M. von Münch*, ZRP 1988, 327, 329; Deutscher Juristinnenbund, *Stab*, ZRP 1988, 355.
[195] Gutachten zum 57. DJT, A 86.
[196] *Schwenzer*, Vom Status zur Realbeziehung, S. 204.
[197] So auch: *Knöpfel*, ZRP 1990, 234, 235.

Partner an der gewollten Selbstständigkeit und Eigenverantwortlichkeit festhalten lassen.

Einzig im Falle der Erziehung und Betreuung gemeinsamer Kinder ist eine Ausnahme aufgrund des in Art. 6 Abs.5 GG enthaltenen Gleichbehandlungsgebotes zu befürworten. Die Folgen eines zwar zugunsten des erziehenden Elternteils bestehenden Unterhaltsrechts wirken sich nämlich mittelbar auf das nichteheliche Kind aus. Dies gilt gleichermaßen für alle nichtehelichen Kinder, unabhängig davon, ob sie zunächst in eine intakte nichteheliche Familie geboren werden oder von Beginn an von einem allein erziehenden Elternteil betreut werden. Daher ist der Gesetzgeber aufgerufen, gleiche Entwicklungschancen für nichteheliche Kinder durch einen allgemeinen Betreuungsanspruch nach dem Vorbild des § 1570 BGB sicherzustellen.

3. Kindschaftsrecht

Wie die soziologischen Daten zeigen, ist die Anzahl nichtehelicher Lebensgemeinschaften mit Kindern vergleichsweise gering;[198] sobald ein gemeinsames Kind erwartet oder gewünscht wird, entscheiden sich die Paare überwiegend zur Eheschließung. Dennoch wächst der Anteil der nichtehelichen Geburten an der Zahl der Gesamtgeburten in beiden Ländern stetig. Überwiegend handelt es sich bei Kindern in nichtehelichen Lebensgemeinschaften aber um Kinder eines Partners aus dessen früherer Ehe oder Partnerschaft; nur wenige nichteheliche Paare ziehen in dieser Lebensform gemeinsame Kinder auf.

Das Kindschaftsrecht ist eine Materie, die wie kaum eine andere des Zivilrechts in den letzten Jahren umfassende strukturelle Änderungen erfahren hat. Mit dem Wandel der Formen familiären Zusammenlebens stellt sich zunehmend die Frage nach der rechtlichen Anerkennung nichtformalisierter Familien. Zwar garantieren die Verfassungen beider Länder ehelichen wie nichtehelichen Kindern gleiche Entwicklungsbedingungen. Zu berücksichtigen gilt es bei einer Bewertung zudem, dass eine Regelung, die an den Personenstand der Eltern anknüpft, nicht nur diese, sondern mittelbar auch das nichteheliche Kind deklassieren kann.[199]

Aber nicht nur das Verhältnis zwischen Ehelichkeit und Nichtehelichkeit ist mit Blick auf die nichteheliche Lebensgemeinschaft von Bedeutung. Die Enge der Bindungen zum Kind hängt maßgeblich davon ab, in welchem Verhältnis beide Elternteile zueinander stehen. In der Praxis spielt dies vor allem für die Beziehung zum Vater eine besondere Rolle, da die meisten Kinder aus gescheiterten Verbindungen bei der Mutter aufwachsen. Im Gegensatz zu anderen

[198] So gab es im März 2004 769000 nichteheliche Lebensgemeinschaften mit Kindern, was einem Anteil von 31,5 % entspricht, *Statistisches Bundesamt*, Statistisches Jahrbuch 2005 für die Bundesrepublik Deutschland.

[199] *Röwer*, in: FS Merz, S. 515, 530 m.w.N.

nichtehelichen Kindern haben daher Minderjährige, welche in intakten nichtehelichen Lebensgemeinschaften aufwachsen, eine stärkere Bindung zum Vater als Bezugsperson aufgebaut als solche, die von einem (nichtehelichen) Elternteil allein erzogen werden und dem Vater nur ein Besuchsrecht zukommt.

a) Einheitliche Regelung des Sorge- und Umgangsrechts für eheliche wie nichteheliche Kinder

In beiden Rechtsordnungen ist die Elternverantwortung in Sorge- und Umgangsrecht aufgeteilt. Während es für das Umgangsrecht in beiden Ländern eine einheitliche Regelung für eheliche wie nichteheliche Kinder bereits gibt, lassen sich für das Sorgerecht bei Getrenntleben der Eltern noch Unterschiede ausmachen. Zwar lässt eine Trennung die Sorgerechtszuständigkeit bis auf Weiteres unberührt; doch bietet diese Anlass, eine Übertragung der elterlichen Sorge zu erreichen.

Die Annäherung wurde in den Rechtsordnungen auf unterschiedliche Weise erzielt. Für das spanische Recht erfolgte die Umsetzung des Verfassungsauftrags aus Art. 39 CE durch Richterrecht. Obwohl der Código Civil an keiner Stelle an die Ehelichkeit bzw. Nichtehelichkeit Rechtsfolgen knüpft, ist eine Unterscheidung dennoch vorgezeichnet, da er ausschließlich Vorschriften für den Fall der Nichtigkeit, Trennung oder Scheidung der Ehe bereithält (Art. 90 ff. CC). Zwar werden diese durch die Normen über die Eltern-Kind-Beziehungen (Art. 154 ff. CC) ergänzt, doch wird ein Gleichlauf für nichteheliche Kinder im Falle der Trennung der Eltern in der Praxis fast ausschließlich über Analogieschlüsse zu den Art. 90 ff. CC erzielt. Auch wenn ein ausdrückliches Bekenntnis des gesamtspanischen Gesetzgebers zu anderen Formen familiären Zusammenlebens wünschenswert wäre, gewährleistet die gefestigte Rechtsanwendung hinreichende Rechtssicherheit.

Für das deutsche Recht war es bis zu der durch das Kindschaftsrechtsreformgesetz aus dem Jahre 1998 angestrebten Gleichbehandlung ein langer Weg, dem viele Gesetzesänderungen vorausgingen.[200] Ähnlich wie der spanische Gesetzgeber mit den Art. 154 ff. CC ein Kapitel über die Eltern-Kind-Beziehungen schuf, behandelt das Bürgerliche Gesetzbuch nun das Rechtsverhältnis zwischen den Eltern und dem Kind im Allgemeinen unabhängig von dem Personenstand der Eltern. Zwar deutet der Wortlaut des § 1626 a BGB an, dass die gemeinsame Sorge auch für nicht miteinander verheiratete Elternteile Leitbild des Gesetzgebers war. Die Übertragung der elterlichen Sorge ist allerdings ebenso wie die Erteilung der gemeinsamen Sorge an die Zustimmung der Mutter gekoppelt. Hier zeigt sich der strukturelle Unterschied zum spanischen Recht, nach dem die elterliche Sorge nur bei abweichendem Willen eines Elternteils nicht erteilt wird. Das spanische Recht erkennt damit Vätern nichtehelicher Kinder eine

200 Vgl. den Überblick bei *Schumann*, Die nichteheliche Familie, S. 92 ff.

deutlich stärkere Rechtsposition zu. Hingegen nimmt der deutsche Gesetzgeber mit der Zuteilung der primären Sorge an die Mutter mittelbar eine Integration des Kindes in die Familie der Mutter vor, indem der nichteheliche Vater auf das Umgangsrecht verwiesen wird.

b) Die elterliche Entscheidungsautonomie

In beiden Rechtsordnungen bereitet die Bestimmung der Grenze zwischen Elternautonomie und Staatsverantwortung Schwierigkeiten. Während vormals die gesetzlichen Wertungen zugunsten staatlicher Kontrolle überwogen, findet der Elternwille im modernen Kindschaftsrecht zunehmende Berücksichtigung.[201] Für die spanische Rechtsordnung lässt sich diese Entwicklung sowohl an den Gesetzen der autonomen Gebietskörperschaften wie auch an dem gesamtstaatlichen Recht ablesen. Nach autonomem Recht sind Entscheidungen über die Personensorge und das Aufenthaltsrecht sowie die Ausgestaltung des Umgangsrechts nach einer Trennung vorrangig von den Eltern zu treffen. Dem Richter kommt nur eine subsidiäre Eingriffsbefugnis zu, wenn die Vereinbarungen für einen der Partner oder das Kind grob schädigend sind.

Noch einen Schritt weiter gehen die Modifizierungen des Art. 92 CC. Zum einen können sich die Eltern einigen, dass die elterliche Sorge ganz oder teilweise durch einen Partner ausgeübt werden soll; zum anderen ist eine gemeinschaftliche Ausübung der Personensorge zu verfügen, wenn die Eltern dies so vereinbart haben.[202] Der Richter hat dann nur eine Überwachungs- und Kontrollfunktion; ein Eingriffsrecht besteht nur, wenn die Entscheidungen der Eltern dem Kindeswohl zuwiderlaufen. Der spanische Gesetzgeber erkennt somit den Vorrang des Elternvorschlags durch die Statuierung einer bloßen Negativkontrolle an.

Für das deutsche Recht ist der Gestaltungsspielraum des Gesetzgebers durch das verfassungsrechtliche Spannungsfeld zwischen elterlicher Autonomie aus Art. 6 Abs.2 S.1 GG und dem staatlichen Wächteramt des Art. 6 Abs.2 S.2 GG vorgezeichnet. Mit dem Kindschaftsrechtsreformgesetz aus dem Jahre 1998 zog sich der Staat weiter aus dem Bereich der Kindererziehung zurück. Das Kindeswohl rückte u.a. durch eine Stärkung der Rechtsposition der Eltern und den gleichzeitigen Abbau überflüssiger hoheitlicher Eingriffsbefugnisse weiter in den Mittelpunkt; trotz vieler Rückzüge des Staates aus dem Bereich der Kindererziehung kommt es dennoch zu Diskrepanzen. Beispielshalber sei das Verhältnis von § 1672 Abs.1 S.2 BGB zu § 1671 Abs.2 Nr.1 BGB zu nennen. Letzterer verlangt für eine Sorgeübertragung allein die Zustimmung des anderen Elternteils; hingegen ist bei einer Alleinsorge der Mutter trotz ihrer Zustimmung eine

[201] Auf europäischer Ebene ist das Gebot des Art. 8 EMRK, sich unnötiger Eingriffe in die Familienautonomie zu enthalten, zu nennen.
[202] Ausführlich oben 2. Teil § 6.II.2.

positive Kindeswohlprüfung vorgeschrieben. Hat der nichteheliche Vater bisher seine elterliche Verantwortung beispielsweise innerhalb einer nichtehelichen Lebensgemeinschaft wahrgenommen, gibt es keinen sachlichen Grund, einen strengeren Maßstab anzulegen.[203]

Mit dem Vorrang des Elternvorschlags zieht sich der Staat ein Stück weit auf eine schlichtende Funktion zurück, indem er nur bei mangelnder Einigung der Eltern tätig wird. Wollen die Eltern z.B. eine Änderung der Sorgerechtszuständigkeit erreichen, müssen sie ihren dahingehenden Willen durch Antragstellung manifestieren. Dem Elternwillen müssen aber Grenzen durch das Kindeswohl gesetzt werden. Es kann nämlich die Gefahr bestehen, dass die Kinder zum Spielball des Elternkonflikts werden; insbesondere bei einer Trennung kann das Kind in den Mittelpunkt der Streitigkeiten gerückt werden. Bei einer Gefährdung des Kindeswohls hat der Staat infolge seiner Wächterfunktion einzugreifen. Solange keine Kindeswohlgefährdung vorliegt, ist der Elternautonomie aber grundsätzlich Vorrang zu gewähren.

Inhaltlich dürfen sich die Absprachen der Eltern nicht in einem bloßen Konsens erschöpfen, sondern müssen darüber hinaus Ausdruck der elterlichen Verantwortung sein. Sind diese Voraussetzungen erfüllt, besteht eine Richtigkeitsvermutung zugunsten der elterlichen Vereinbarung, wodurch jede staatliche Kontrolle unterhalb der durch die Wächterfunktion vorgegebenen Intensität abgewehrt wird.[204] Die Richtigkeit dieser Vermutung wird dadurch gestützt, dass das Wohl des Kindes niemandem mehr am Herzen liegt als den Eltern, welche die Pflege und Erziehung ihrer Kinder regelmäßig als von der Natur auferlegte Verantwortung verstehen.[205] Nur bei einem Ausfall oder Missbrauch ist deshalb ein staatlicher Eingriff zum Vorteil des Kindeswohls angezeigt. Jedoch sollte bei Übertragungen der elterlichen Sorge im Falle eines Familienkonflikts (z.B. einer Trennung oder Scheidung der Eltern) eine endgültige Entscheidung der Judikative vorbehalten bleiben. Der Entscheidungsrahmen des Richters ist dann grundsätzlich auf eine Negativkontrolle zu beschränken bzw. sein Ermessen ist zu begrenzen.

Die elterliche Entscheidungsautonomie wird ferner durch den Kindeswillen beschränkt. Seine Beachtlichkeit ist Folge der Fremdnützigkeit der Elternrechte. Als Ausdruck des allgemeinen Persönlichkeitsrechts ist der Kindeswille bei Ent-

---

[203] So auch: *Coester*, FamRZ 1996, 1181, 1183 ff.

[204] *Coester*, FamRZ 1995, 1245, 1247; a.A. *Lipp*, FamRZ 1998, 65, 71; BVerfG Urteil v. 3. Nov. 1982 FamRZ 1982, 1179, 1183.

[205] Vgl. BVerfG Beschluss v. 29. Juli 1968 BVerfGE 24, 119, 150; Beschluss v. 9. April 2003 BVerfGE 108, 82, 100; Urteil v. 3. Nov. 1982 FamRZ 1982, 1179, 1182.

scheidungen, welche die künftige Lebensweise und Entwicklung des Kindes betreffen, zu berücksichtigen.[206]

c) Die Bedeutung der sozialen Elternschaft

Mit der Instabilität familiärer Beziehungen nimmt die Bedeutung der sozialen Elternschaft zu. Beispielsweise formen sich aus Restfamilien allein Erziehender neue (Patchwork-) Familien. Beide Rechtsordnungen reagieren auf diese Entwicklungen zurückhaltend, indem sie sozial-familiäre Beziehungen nur zögerlich rechtlich anerkennen. Als Beispiel für ein Tätigwerden der Gesetzgeber lassen sich die Vorschriften über das Umgangsrecht anführen. Während ehemalig nur dem geschiedenen Ehegatten der Umgang mit seinen Kindern bewilligt wurde, steht nunmehr die Bedeutung als Bezugsperson im Vordergrund. So können unter dem Vorbehalt des Kindeswohls neben weiteren Verwandten auch Personen, die für das Kind eine rein tatsächliche Verantwortung getragen haben, zum Umgang berechtigt sein (§ 1685 BGB, vgl. auch Art. 160 CC).

Anders stellt sich die Situation für das Sorgerecht dar, wie der folgende Vergleich verdeutlicht. Zwar wird die Tatsache, ob ein gemeinsames Sorgerecht besteht, im geltenden deutschen Recht bereits heute nicht mehr als Garantie dafür gewertet, dass sich beide Elternteile stets gleichermaßen um die Belange des Kindes kümmern. Hat der Elternteil seine Sorgebefugnisse nicht wahrgenommen und ist er dem Kind fremd geworden, kann eine Verbleibensanordnung bei einer Bezugsperson nach § 1682 BGB vorgenommen werden, wenn durch die Wegnahme das Kindeswohl gefährdet würde. Dennoch bleiben damit die Normierungen vorrangig auf die biologische Elternschaft ausgerichtet. Anderes kann allerdings für das Verhältnis zwischen biologischer und rechtlicher Vaterschaft gelten (vgl. § 1592 Nr.1 BGB).[207] Insoweit breitet die Rechtsform der Ehe ihre schützende Hand über den Ehemann. Hingegen setzt sich bei einer Entscheidung zwischen biologischem und einem nur sozialen nichtehelichen Vater regelmäßig das Elternrecht des biologischen Vaters durch.

Unter dem Gesichtspunkt der Kontinuität in der Erziehung kann es aber durchaus dem Kindeswohl entsprechen, es bei einem nur sozialen Elternteil zu belassen, als es einem ferner stehenden biologischen Elternteil zuzuweisen. Das vorrangige Abstellen auf eine biologische Verwandtschaft könnte den Blick auf psychologische und soziale Beziehungen verschließen, die bei entsprechender Dauerhaftigkeit eine ähnliche emotionale Bindung haben können. Allgemeiner formuliert erscheint damit fraglich, ob zwischen gemeinsamen und nicht gemeinsamen Kindern eine sachlich vorgezeichnete Grenze verläuft. Aus der Sicht

---

[206] OLG Celle Urteil v. 25. Juni 1991 FamRZ 1992, 465, 466; OLG Bamberg Beschluss v. 21. Feb. 1989 FamRZ 1989, 890, 891; ausführlich zum Willen des Kindes: *Coester*, Das Kindeswohl als Rechtsbegriff, Kap 5 B.

[207] Vgl. BVerfG Urteil v. 9. April 2003 BVerfGE 108, 82.

des minderjährigen Kindes ist nämlich allein von Bedeutung, eine stabile Bezugsperson zu haben.

Gerade diese Stabilität steht aber in Frage, wenn die Elternverantwortung nur auf einer rein tatsächlichen Basis fußt, haben doch die Eltern eine lebenslängliche Verantwortung zu tragen.[208] Ein wichtiger Faktor, welcher die Stabilität der Eltern-Kind-Beziehung garantiert, ist nämlich die Verpflichtung zur Fürsorge aufgrund sittlicher Bindungen. Solche bestehen aber nur für biologische wie auch rechtliche Eltern. Übernimmt ein Lebensgefährte elterliche Verantwortung nur im Rahmen einer sozialen Elternschaft, erschöpft sich diese insbesondere bei Lebensgemeinschaften von kurzer Dauer meist mit dem Ende derselben. Da bislang gesicherte Erkenntnisse darüber fehlen, ob faktische Familienbeziehungen tatsächlich in ihrer Wertigkeit der biologischen Elternschaft gleichwertig sind, ist dem Gesetzgeber in seiner abwartenden Haltung beizupflichten.

d) Ergebnis

In beiden Ländern zeigt sich für das Kindschaftsrecht eine Rechtsangleichung, die als Ausgangspunkt die Änderung der sozialen Wirklichkeit hat. Die aktuelle Rechtslage entspricht daher einer Momentaufnahme der gesellschaftlichen Bedingungen und Vorgaben. Die Leitlinien beider Gesetzgeber basieren auf ähnlichen Bewertungen der gesellschaftlichen Realität. So ist die gemeinsame elterliche Sorge Wunschbild beider Gesetzgeber. Darüber hinaus ist sie Leitbild gleichberechtigt ausgeübter Elternverantwortung und damit Ausdruck der Gleichberechtigung der Geschlechter. Die Vorrangstellung der Mutter ist zwar noch nicht völlig aufgehoben, wurde aber weitgehend zurückgedrängt.

Mit der Aufgabe des Merkmals der Nichtehelichkeit wird zudem eine Gleichstellung der nichtformalisierten Familie erreicht. In dem Vorrang der Elternautonomie manifestiert sich somit die Vermutung der Kindeswohlwahrung durch die Eltern. Allerdings hat der Staat Vorgaben zu treffen, welche ein bestmögliches Wahrnehmen der Kindesinteressen sicherstellen. Diese Vermutung kann nicht schlechterdings auf rein soziale Familienbeziehungen übertragen werden. Zu groß sind hier die Unwägbarkeiten für eine Prognose, ob sich aus einer nur sozialen Elternschaft die gewünschte lebenslange Stabilität der Eltern-Kind-Beziehung ergibt. Der Staat muss sich hier einschalten, um die Wahrung des Kindeswohls gewährleisten zu können.

4. Zuweisung der gemeinsamen Wohnung

In beiden Rechtsordnungen wird das gemeinsame Wohnen als konstitutives Merkmal einer nichtehelichen Lebensgemeinschaft betrachtet. Einem Zerwürfnis der Partner folgt regelmäßig Streit um die weitere Benutzung der Wohnung.

---

[208] *Knöpfel*, FamRZ 1983, 317, 327 ff.

Der Vermieter hat ein Interesse an der Fortsetzung des Mietverhältnisses allenfalls mit dem erwerbstätigen Partner. Der wirtschaftlich schwächere Partner - meist die Frau - wird gezwungen, die Wohnung zu verlassen und sich eine neue Bleibe zu suchen. Dieser Missstand wird umso unerträglicher als der Lebensgemeinschaft minderjährige Kinder angehören, denen der Verlust der ihnen vertrauten Umgebung droht.

a) Die Bedeutung des Eigentums

Die besondere Bedeutung der Wohnung in Spanien spiegelt sich darin wider, dass es einer der ersten Bereiche war, in denen der (gesamtspanische) Gesetzgeber Regelungen für nichteheliche Lebensgemeinschaften schuf. Seine besondere Brisanz erhält die Frage nach der Zuteilung der Wohnung dort durch die hohe Wohneigentumsquote. Der Verbleib in der gemeinsamen Wohnung hat damit einen bedeutenden Stellenwert. Anders stellt sich die Situation in Deutschland dar, wo die Problematik angesichts der insgesamt leichteren Verfügbarkeit von (Miet-) Wohnraum nur eine nebengeordnete Rolle spielt. Entsprechend können die spanischen Wertungen nicht unreflektiert für das deutsche Recht übernommen werden.

In Spanien kann die Wohnung unter Berufung auf den vom Tribunal Supremo entwickelten allgemeinen Rechtsgrundsatz des „Schutzes des durch das Zusammenleben beeinträchtigten Partners“ dem Partner zugewiesen werden, der diese am dringendsten benötigt.[209] Das Recht auf Verbleib in der Wohnung wird damit höher eingestuft als das Eigentumsrecht und die Vertragsfreiheit des Vermieters. Die dingliche Zuordnung tritt gegenüber der sozialen Bindung des Eigentums in den Hintergrund.

Trotz der Tatsache, dass das Bundesverfassungsgericht das Besitzrecht des Mieters als eine im Rahmen des Art. 14 GG geschützte Rechtsposition betrachtet,[210] werden die Lebensgefährten nach deutscher Rechtslage auf die formale Mieter- oder Eigentümerstellung verwiesen. Dies gilt sowohl in den Fällen, in denen einer der Partner Alleineigentümer der Wohnung ist wie auch gegenüber einem Vermieter. Einen Anspruch auf Fortsetzung des Mietverhältnisses gegen den Willen des Vermieters, wie ihn das spanische Mietgesetz in Art. 12 LAU kennt, ist der deutschen Rechtsordnung fremd. Zuspitzen kann sich die Rechtslage insbesondere dann, wenn nach Beendigung der Lebensgemeinschaft ein Partner in der Wohnung bleiben möchte. Der Vermieter wird nämlich häufig einen Neuabschluss eines Einzelmietvertrages nur mit dem wirtschaftlich stärkeren Partner vornehmen wollen oder die Fortsetzung des Mietverhältnisses mit nur einem Schuldner gänzlich verweigern. Das deutsche Recht legt damit das Schicksal des finanziell schwächeren Partners in die Hände des Vermieters.

[209] Dazu oben 2. Teil § 5.II.1.
[210] BVerfG Beschluss v. 26. Mai 1993 BVerfGE 89, 1, 7.

Zwar kann der Verlust der Wohnung einschneidende Folgen mit sich bringen, jedoch ist er nach richtiger Ansicht eine Konsequenz der Auseinandersetzung der nichtehelichen Lebensgemeinschaft und gehört damit zum typischen Risiko einer solchen.[211] Im Rahmen einer Interessenabwägung überwiegen grundsätzlich die Rechte aus dem Eigentum (Art. 14 GG); für eine Einzelperson ist die Beschaffung geeigneten Ersatzwohnraumes zumutbar. Für Härtefälle stellen die Räumungsfristen des § 721 ZPO ausreichenden Schutz sicher.

Die Ablehnung eines gesetzgeberischen Handlungsbedarfes ergibt sich zudem noch aus einem zweiten Aspekt. In nichtehelichen Lebensgemeinschaften wird in der Regel keine Verantwortung übernommen, die über das Ende der Lebensgemeinschaft hinausgeht.[212] Der Wille der Lebensgefährten zu einer rechtsfolgenlosen Kündbarkeit der Gemeinschaft ist insoweit zu respektieren.

b) Die Berücksichtigung des Kindeswohles

Während es für eine Einzelperson erträglich erscheint, eine Ersatzwohnung zu suchen, wird es für den Kinder betreuenden, meist sozial schwächeren Partner schwer sein, für sich und die Kinder adäquaten Ersatzwohnraum zu finden. Während für die eheliche Lebensgemeinschaft das Wohl der Kinder sowohl bei der vorläufigen Regelung des § 1361 b BGB[213] wie auch den Folgeregelungen der Hausratsverordnung (vgl. § 2 HausratsV) eines der wichtigsten Kriterien für die Wohnungszuweisung darstellt, bleibt der nichtehelichen Familie dieser Schutz versagt. Zwar knüpft diese Regelung ihre Unterscheidung an den Personenstand der Eltern, doch kann sie mittelbar zum Nachteil des nichtehelichen Kindes gereichen. Mit diesen Normen sollen nämlich die Kinder vor dem Verlust der vertrauten Umgebung bewahrt werden.[214] Ein Umzug zieht häufig einen Schul- bzw. Kindergartenwechsel nach sich, wodurch die Kinder aus ihrem sozialen Umfeld gerissen würden.

Alle diese Gründe treffen gleichermaßen auf Kinder aus faktischen Familien zu. Dies wird insofern anerkannt, als die Vorschriften des § 1361 b BGB sowie die Hausratsverordnung unabhängig davon angewendet werden, ob die Kinder gemeinschaftlich sind oder nicht.[215] Unter dem Deckmantel der Ehe erfahren damit auch nichteheliche Kinder Schutz. Dies ist ein gutes Beispiel dafür, wie das Familienrecht einfachgesetzlich auf die Idealfamilie ausgerichtet wird.[216] Verkannt wird dabei, dass die nichteheliche Familie ebenfalls unter den Schutzbereich des Art. 6 Abs.1 GG fällt.

---

[211] LG Köln Urteil v. 16. März 1993 NJW-RR 1993, 712.
[212] Vgl. insoweit die Ausführungen zum Unterhaltsrecht 3. Teil § 3.I.2.b.
[213] MüKo/*Wacke*, § 1361 b Rn 6.
[214] MüKo/*Müller-Gindullis*, § 2 HausratsV Rn 4.
[215] MüKo/*Wacke*, § 1361 b Rn 6.
[216] Dazu bereits oben 3. Teil § 1.III.4.

Abhilfe kann eine richterliche Eingriffsmöglichkeit in Form einer Wohnungszuweisung schaffen, indem die Regelungen für Ehen von der formalen Voraussetzung des Ehebandes gelöst werden.[217] Dabei ist in der Regel so zu verfahren, dass dem Partner, der die elterliche Sorge innehat oder bei dem sich die Kinder gewöhnlich aufhalten, die Wohnung sowie der erforderliche Hausrat zuzuweisen ist.[218] Mit der vorgeschlagenen Lösung eines Betreuungsunterhalts sowie des Kindesunterhalts sind die Ansprüche des Vermieters respektive Eigentümers hinreichend gesichert. Das Interesse an der Zuteilung der ehemals gemeinsamen Wohnung überwiegt dann das Eigentumsrecht.

5. Zusammenfassung

Für die Abwicklung der nichtehelichen Lebensgemeinschaft nach einer Trennung sind zwei Regelungsbereiche zu unterscheiden, welche die bisherige Rechtslage nicht immer zutreffend trennt:

1. Sofern die Paarbeziehung als solche anspruchsbegründende Voraussetzung ist, ist der durch den besonderen Schutz der Ehe aus Art. 6 Abs.1 GG vorgezeichnete enge Gestaltungsspielraum des Gesetzgebers zur Regelung nichtehelichen Zusammenlebens schon weitestgehend durch Richterrecht ausgefüllt. Insbesondere im Bereich des Vermögensrechts hat sich die Rechtsprechung in den letzten Jahrzehnten so verfestigt, dass nicht einmal der Vorwurf mangelnder Rechtssicherheit zum Tragen kommt. Ferner ist vor dem Hintergrund der Individualität und der leichten Lösbarkeit der Lebensgemeinschaft das rechtspolitische Bedürfnis weitergehender Regelungen nur als gering zu werten. Wollen die Partner die Lebensgemeinschaft beenden, sollte eine schnelle Rückkehr zur der - auch während der bestehenden Gemeinschaft weitestgehend aufrechterhaltenen - Eigenverantwortlichkeit erfolgen. Belegt man die Lebensgefährten dann mit wechselseitigen Abwicklungsverpflichtungen, wie sie für institutionalisierte Rechtsgemeinschaften wie die Ehe kennzeichnend sind, würde die tendenzielle Entwicklung zu einer Ausrichtung an der Realbeziehung konterkariert.

2. Hingegen wird die durch Art. 6 Abs.5 GG vorgeschriebene Gleichbehandlung nichtehelicher Kinder teilweise immer noch lückenhaft einfachgesetzlich sichergestellt. Während die direkten Verfassungsverstöße im Bereich des Kindschaftsrechts in den letzten Jahrzehnten weitestgehend abgebaut wurden, bleiben

[217] So auch: *Finger*, JZ 1981, 497, 498; *Schwenzer*, Vom Status zur Realbeziehung, S. 196 m.w.N.; *Struck*, ZRP 1983, 215, 219; *Schwab*, FamRZ 1999, 1317, 1323; *Schüren*, JZ 1989, 358, 364; *E.-M. von Münch*, ZRP 1988, 327, 329; *Grziwotz*, § 13 Rn 14; *Brudermüller*, FamRZ 1994, 207, 215 f.; *Heilmann*, JA 1990, 116, 121.

[218] So die Rechtsprechung in den Fällen des § 1361 b BGB sowie der Hausratsverordnung: OLG Karlsruhe Beschluss v. 21. April 1997 OLG Report 1998, 112; OLG Hamburg Urteil v. 14. März 1991 FamRZ 1991, 1317, 1319; OLG Celle Urteil v. 25. Juni 1991 FamRZ 1992, 465, 466; OLG München Beschluss v. 29. März 1996 FamRZ 1997, 752, 753 f.; zu der Frage der Zuweisung des Hausrats s. bereits oben 3. Teil § 3.I.1.a.

immer noch viele indirekte Benachteiligungen zu beklagen, welche sich auf die Entwicklungschancen nichtehelicher Kinder auswirken. Solche Folgen sind nur mittelbar, weil es sich nicht um Vorschriften handelt, die in direktem Zusammenhang mit Ansprüchen des Kindes stehen, sondern als Teil des Eherechts normiert sind. Damit werden - in diesen Fällen zwar verdeckt - unterschiedliche Rechtsfolgen an den Personenstand geknüpft. Dem liegt die (meist unbewusste) Annahme zugrunde, dass Eltern, welche die Ehe nicht eingegangen sind, die Kinder dadurch mit einem erhöhten Risiko belasteten.[219] Darin spiegelt sich ein Statusdenken zugunsten der Ehe als der einzig anzuerkennenden Form des Zusammenlebens und damit Ausgangspunkt der Idealfamilie wider. Mit Blick auf das Zusammenspiel der Art. 6 Abs.1 und Abs.5 GG verkennt diese Ansicht sowohl die Intention als auch den Geist des Grundgesetzes. Der Begriff der Ehe ist von dem Begriff der Familie entkoppelt und steht folglich gleichrangig neben diesem. Selbst wenn man der These zustimmt, dass die Ehe die besten Voraussetzungen und Rahmenbedingungen für die Erziehung von Kindern bietet, darf man sich doch dieser Wertung des Grundgesetzes nicht verschließen. Das Grundgesetz ist Ausdruck einer freiheitlichen Grundordnung, so dass der Willensentscheidung der Partner, eine Ehe nicht eingehen zu wollen, Respekt zu zollen ist.

Vor diesem Hintergrund besteht ein weitergehendes Schutzbedürfnis nichtehelicher Kinder. Dieses kann unabhängig davon sein, ob zwischen den Eltern jemals eine nichteheliche Lebensgemeinschaft bestanden hat. Ein Sonderrecht für nichteheliche Lebensgemeinschaften ist demnach nur zu schaffen, wenn es sich aus der Natur der Sache ergibt; vorrangig sollte versucht werden, solche Ansprüche einheitlich im Rahmen eines allgemeinen Familienrechts umzusetzen. Regelungsansätze dafür können den bereits bestehenden Normen des Scheidungsfolgenrechts entnommen werden, zumal diese häufig nur typische Trennungsfolgen mildern sollen.

II. Beendigung der Lebensgemeinschaft durch Tod

1. Allgemeine Ausgleichsansprüche

Obwohl im deutschen wie im spanischen Recht eine spezielle Ausgleichsnorm für eine Abwicklung im Falle des Todes eines Partners fehlt, werden die Besonderheiten einer Auflösung der Lebensgemeinschaft durch Tod - zumindest auf verdeckte Weise - berücksichtigt. So zeigt sich die Rechtsprechung der obersten Gerichtshöfe beider Länder nicht unbeeinflusst von der Tatsache, dass die Lebensgemeinschaft durch Tod aufgelöst wurde. An dieser Stelle macht sich der bereits angedeutete Unterschied zwischen einer Auflösung durch Tod oder

---

[219] Sogar ausdrücklich: *Knöpfel*, FamRZ 1983, 217, 227 f.

durch Trennung bemerkbar. Im Falle des Todes besteht ein Wille zur Fortsetzung der Lebensgemeinschaft, der das abrupte Ende überdauern kann. Auffällig ist demnach an der vorhandenen Judikatur die Unterscheidung, ob die Rechte von dem überlebenden Partner oder von den Erben geltend gemacht werden. Während der Bundesgerichtshof in den Fällen seitens der Erben geltend gemachter Ansprüche den bei einer Auflösung durch Trennung entwickelten Grundsatz der Nichtausgleichung noch restriktiver handhabt, zeigt er sich deutlich großzügiger, wenn es um die Rechte des hinterbliebenen Partners geht.[220]

Der Tribunal Supremo geht in seiner neueren Rechtsprechung weit über die Rechtsprechung des Bundesgerichtshofes hinaus.[221] Befürwortet der Bundesgerichtshof ähnlich wie unter Lebenden nur eine gegenstandsbezogene Abwicklung, gelangt der oberste spanische Gerichtshof zu einer Beteiligung nahe einer Erbquote. So wurde dem hinterbliebenen Partner eine Entschädigung in Höhe eines Viertels bzw. eines Drittels des Eigentums des Verstorbenen zugesprochen. Zudem fehlt es an einer dogmatischen Grundlage für eine solche Beteiligung; es handelt sich mithin um einen reinen Billigkeitsausgleich, so dass es auch aus diesem Blickwinkel gerechtfertigt erscheint, von einer Quasi-Erbquote zu sprechen.

Hingegen sehen die Gesetze der autonomen Gebietskörperschaften Spaniens allein familien- bzw. erbrechtliche Ansprüche von Todes wegen vor; daneben wird ein schuldrechtlicher (Billigkeits-) Ausgleich nicht gewährt. Grund hierfür ist die Konzeption der nichtehelichen Lebensgemeinschaft als familienrechtliches Institut, welches in den Gesetzen über die nichteheliche Lebensgemeinschaft eine abschließende Regelung erfährt. Darin spiegelt sich mithin die statusrechtliche Anerkennung nichtehelicher Lebensgemeinschaften wider.

Zwar entspricht es bei einer Auflösung durch Tod meist dem Willen der Partner, keine detaillierte Auseinandersetzung der gemeinschaftlich benutzten Gegenstände durchzuführen, zumal die Lebensgefährten wie geplant durch den Tod eines Partners geschieden wurden.[222] Jedoch besteht bei solch hohen, pauschalierten Beteiligungen, wie sie der Tribunal Supremo befürwortet, die Gefahr einer Aushöhlung des gesetzlichen Erb- und Pflichtteilsrechts. Bleiben beachtliche Werte außerhalb des Nachlasses, droht für das deutsche Recht eine Verletzung der Erbrechtsgarantie aus Art. 14 GG. Im Extremfall könnte der dem nichtehelichen Partner zufallende Teil dann sogar höher ausfallen als der (fiktive) gesetzliche Erbteil des Ehegatten. Eine solche Folge wäre zudem mit dem in Art. 6 Abs.1 GG statuierten Fördergebot der Ehe unvereinbar.[223]

---

[220] Vgl. einerseits BGH Urteil v. 24. März 1980 BGHZ 77, 55; Urteil v. 2. Mai 1983 NJW 1983, 2375 sowie andererseits BGH Urteil v. 1. April 1965 WM 1965, 793; Urteil v. 12. Juli 1982 FamRZ 1982, 1065; zu den Gründen s. oben 1. Teil § 6.III.

[221] S. oben 2. Teil § 8.I.4.

[222] Dazu bereits oben 1. Teil § 6.III.

[223] *Schwenzer*, JZ 1988, 781, 786.

2. Erbrecht

Nicht zu Unrecht wird das Erbrecht als Indikator und Trendschreiber in Bezug auf die Behandlung nichtehelicher Lebensgemeinschaften bezeichnet.[224] Wie in keinem anderen Gebiet wird dem Ehegatten dort eine herausgehobene Stellung eingeräumt. Zugleich hat es im Gegensatz zum Familienrecht in den letzten Jahrzehnten keine grundlegenden Modifikationen erfahren. Eine Berücksichtigung des nichtehelichen Lebensgefährten würde insofern für beide Rechtsordnungen eine tiefgreifende Veränderung bewirken.

a) Die Berücksichtigung eines familiären Näheverhältnisses als Ordnungsaufgabe des Erbrechts

Die Frage nach der Zuerkennung erbrechtlicher Ansprüche hängt maßgeblich davon ab, welche Ordnungsaufgaben dem Erbrecht in der jeweiligen Rechtsordnung zukommen. Für eine Untersuchung der Ausweitung gesetzlicher Erbrechte auf nichteheliche Lebensgefährten ist insbesondere von Bedeutung, welcher Stellenwert dem Schutz der Familie des Erblassers beigemessen wird. Soll die gesetzliche Erbfolge Spiegel eines mutmaßlichen Erblasserwillens sein oder geht es vorrangig um den Schutz des Familienvermögens?

Anders noch als bei Schaffung des Bürgerlichen Gesetzbuches erfährt nämlich nach heutiger Auffassung das gesetzliche Erbrecht seine Rechtfertigung durch die tatsächlich bestehenden engen familiären Beziehungen zum Erblasser, der Familie als „Solidaritätsgruppe".[225] Hingegen ist der romanische Rechtskreis - und dies gilt für Spanien nach wie vor in besonderem Maße - geprägt von einem Familienerbrecht. Dem überlebenden Ehegatten kommt nur ein Nießbrauch am Nachlass sowie ein nachrangiges Erbrecht zu.[226] Der Gedanke der Bewahrung des Familienvermögens vor einer Abwanderung in die Familie des Ehegatten kommt besonders in einigen Gesetzen der autonomen Gebietskörperschaften Spaniens zum Ausdruck, indem zwischen *„bienes troncales"* und *„bienes no troncales"* unterschieden wird.[227] Vor diesem Hintergrund überraschen die nunmehr in einigen Gesetzen der autonomen Gebietskörperschaften über nichteheliche Lebensgemeinschaften angeordneten Gleichstellungen nichtehelicher Partner mit dem überlebenden Ehegatten, führt dies doch zu einem Systembruch zu dem vorherrschenden Familienerbrecht.

Ist bereits an mehreren Stellen dieser Arbeit eine Parallele zum Eherecht gezogen worden, gilt es ebenso an dieser Stelle, einen Blick auf das Ehegattenerb-

---

224 *Striewe*, Ausländisches und Internationales Privatrecht der nichtehelichen Lebensgemeinschaft, S. 309.

225 *Coing*, Gutachten zum 49. DJT, A 22 f.

226 Vgl. beispielhaft für das gesamtspanische Recht Art. 834 CC sowie Art. 944 CC.

227 Dazu oben 2. Teil § 7.I.4 und 5.

recht zu werfen.[228] Die Bedeutung des Ehegattenerbrechts kann - freilich in beschränktem Maße - Aufschluss über die Frage einer erbrechtlichen Beteiligung eines nichtehelichen Partners geben, besteht doch eine strukturelle Ähnlichkeit in der Weise, dass auch zu dem nichtehelichen Lebensgefährten eine enge Nähebeziehung bestand. Schon eine Umfrage zu Beginn der 70er Jahre hat ergeben, dass der Erblasserwille im besonderen Maße durch die Nähebeziehung des Erblassers zu den Hinterbliebenen bestimmt wird. Eine Mehrheit sprach sich sogar für eine gesetzliche Erbberechtigung eines langjährigen nichtehelichen Partners neben der Ehefrau aus.[229] Dahinter steht der Gedanke, zunächst den Partner bis zu dessen Tode abzusichern, bevor die nächste Generation Berücksichtigung finden soll. Ebenfalls wird in der spanischen Diskussion auf die Ähnlichkeit zu dem Ehegattenerbrecht hingewiesen. Aufgabe des gesetzlichen Erbrechts sei es, den Nachlass im Einklang mit Kriterien wie Billigkeit oder Gerechtigkeit zu verteilen. Das gesetzliche Erbrecht knüpfe demnach nicht an einen Status, sondern fuße auf der Würdigung der zwischen den Eheleuten bestehenden sentimentalen und gefühlsbetonten Werte. Ebensolche bestünden regelmäßig zwischen den Partnern nichtehelicher Lebensgemeinschaften.[230] Damit ist eine Nachlassbeteiligung für Partner nichtehelicher Lebensgemeinschaften nicht grundsätzlich ausgeschlossen.

b) Das Erbrecht des nichtehelichen Partners

Während in Deutschland die Einführung eines gesetzlichen Erbrechts des hinterbliebenen nichtehelichen Partners nur vereinzelt erwogen wird,[231] setzt sich in Spanien eine starke Meinung für eine Regelung *de lege ferenda* ein.[232] In Anbetracht der Tatsache, dass der Anteil letztwillig Verfügender nur gering ist, erscheint fraglich, ob ein Verweis auf die Möglichkeit der Errichtung letztwilliger Verfügungen der sozialen Realität noch gerecht wird. Doch kann es bei einer Erbrechtsreform nicht darum gehen, das Familienerbrecht tiefgreifend zu verän-

---

[228] Vgl. ausführlich zur Legitimation des gesetzlichen Erbrechts *Leipold*, AcP 180 (1980), 160, 196 m.w.N.

[229] *Stöcker*, FamRZ 1971, 609 ff.

[230] *Llebaría Samper*, La Notaría 1998, núm. 10, 57, 100 f.

[231] Soergel/*Stein*, § 1931 Rn 14; *Däubler*, ZRP 1975, 136, 142 f.; Deutscher Juristinnenbund, *Stab*, ZRP 1988, 355, 356; *Grziwotz*, § 29 Rn 3 (3. Auflage); für eine Nachlassbeteiligung kraft richterlichen Ermessens *Leipold*, AcP 180 (1980), 160, 179 ff.; *Schwenzer*, Vom Status zur Realbeziehung, S. 211 f.; a.A. *Bosch*, FamRZ 1983, 227, 238.

[232] *Estrada Alonso*, Las uniones extramatrimoniales en el derecho español, Cap. XI; *Reina/Martinell*, Las uniones matrimoniales de hecho, VI.3.H; *Gallego Domínguez*, Las parejas no casadas y sus efectos patrimoniales, 3. Teil, Cap. 8, III; *Llebaría Samper*, Hacia la familia no matrimonial, 12.2; *Mesa Marrero*, Las uniones de hecho, V 5.2.; *Torres Escámez*, in: Herrera Campos (dir.), Parejas de hecho, S. 117, 122; *de Amunátegui Rodríguez*, Uniones de hecho, VII.5.2.1.

dern. Für die Vielzahl der Fälle trifft die Vermutung des gesetzlichen Erbrechts, in erster Linie den Ehegatten und Verwandte zu bedenken, weiterhin zu. Erwägenswert erscheint daher für das deutsche Recht allenfalls eine Begrenzung des Verwandtenerbrechts, welche es erlaubt, familiäre Bindungen zu berücksichtigen, wenn diese nicht auf Verwandtschaft beruhen.[233] Insbesondere im Verhältnis (faktischer) Familienangehöriger gegenüber entfernten Verwandten oder dem Fiskus ist eine Beteiligung des nichtehelichen Lebensgefährten in Betracht zu ziehen, zumal bei Letztgenannten innere Bindungen zum Erblasser fehlen.[234] Diskutabel erscheint zudem eine gesetzliche Beteiligung derjenigen Bezugspersonen, welche den Verstorbenen bis zu seinem Tode gepflegt haben.[235]

Der inhaltlichen Ausgestaltung einer erbrechtlichen Beteiligung familienfremder Hinterbliebener setzt das Grundgesetz Grenzen. Zwar bestehen durch die befürwortete definitorische Ausrichtung an der Ehe keine Kollisionen mit dem Ehegattenerbrecht. Art. 6 Abs.1 GG gilt aber nicht nur bei solchen Kollisionen, sondern das Fördergebot der Ehe bewirkt zudem, dass der nichteheliche Lebensgefährte gegenüber anderen Erben nicht besser gestellt werden darf als der Ehegatte.[236] Da das gesetzliche Erbrecht den Kreis der Erbberechtigten in Übereinstimmung mit den zu Lebzeiten bestehenden Unterhaltsverpflichtungen zieht, soll in den Genuss einer Erbschaft nur kommen, wen eine gesetzliche Unterhaltspflicht treffen kann (Versorgungsfunktion des Erbrechts). Der nichteheliche Partner ist hingegen nicht unterhaltspflichtig (und sollte dies nach der hier befürworteten Ansicht grundsätzlich auch nicht sein), so dass eine Einbeziehung dazu führte, dass diesem gleiche Rechte wie Ehegatten zukämen, ihn aber geringere Pflichten träfen.

Für das deutsche Recht ist eine Aufnahme des nichtehelichen Lebensgefährten in die gesetzliche Erbfolge aus einem weiteren Grund problematisch, kann sich doch der nichteheliche Partner nicht auf Grundrechtsschutz berufen.[237] Tritt er in Konkurrenz zu Abkömmlingen, muss er sich Einschränkungen mit Blick auf Art. 6 Abs.1 GG sowie Art. 14 Abs.1 GG gefallen lassen; für Verwandte fernerer Ordnungen ist nur zu berücksichtigen, dass diese Träger der Erbrechtsgarantie aus Art. 14 Abs.1 GG sind.[238]

Hingegen eröffnet die spanische Verfassung, welche den nichtehelichen Partner in den geschützten Familienkreis aufnimmt, dem Gesetzgeber einen weiten

---

[233] Eine Übersicht zu den Vorschlägen findet sich bei *Goetz*, FamRZ 1985, 987, 989.

[234] So auch: *Grziwotz*, § 29 Rn 3 (3. Auflage); *Däubler*, ZRP 1975, 136, 143; *Leipold*, AcP 180 (1980), 160, 180 f.; *Torres Escámez*, in: Herrera Campos (dir.), Parejas de hecho, S. 117, 122; a.A. *Bosch*, FamRZ 1983, 227, 237 f.

[235] Vgl. 49. DJT, K 149, 156; ähnlich *Stöcker*, FamRZ 1971, 609, 616.

[236] *Rauscher*, Reformfragen I, S. 85.

[237] *Rauscher*, Reformfragen I, S. 82; etwas anderes könnte sich aus Art. 8 EMRK ergeben, s. Soergel/*Stein*, § 1931 Rn 14.

[238] Zum Ganzen: *Rauscher*, Reformfragen I, S. 84 ff.

Spielraum.[239] Betrachtet man die Regelungen der Gesetzgeber der autonomen Gebietskörperschaften oberflächlich, so scheint es, als hätten diese durch die angeordneten Gleichstellungen nichtehelicher Partner mit dem überlebenden Ehegatten von ihrem Spielraum Gebrauch gemacht. Dabei ist jedoch zu berücksichtigen, dass in Spanien schon die Erbrechte des Ehegatten deutlich geringer ausfallen. Insofern war der Schritt zu einer Angleichung bei weitem nicht so groß, wie er nach deutschem Recht ausfallen würde.

Das Ehegattenerbrecht ist Ausdruck der durch die Ehe eingegangenen personalen und vermögensrechtlichen Bindungen, welche unter dem Schutz des Grundgesetzes stehen. Daher bedarf es einer besonderen Rechtfertigung, wenn verfassungsrechtlich geschützte Positionen zurückgesetzt werden, ist es doch die rechtliche Solidarität zwischen Ehegatten, die den Weg zu Interventionen zugunsten des Schwächeren öffnet.[240] Aufgrund der geringeren Bindungswirkung der nichtehelichen Lebensgemeinschaft, welche zur Folge hat, dass die Partner regelmäßig eine gewisse finanzielle Eigenständigkeit wahren, ist eine Ausweitung echter, leistungsunabhängiger Erbrechte abzulehnen.

Jenseits von den verfassungsrechtlichen Aspekten ist ein Erbrecht des überlebenden nichtehelichen Partners aus einem anderen Grund nicht notwendig. Rechtstatsächlich besteht nicht mehr ein so großes Bedürfnis einer Aufnahme des nichtehelichen Partners in die gesetzliche Erbfolge. Waren es in der Nachkriegszeit überwiegend Rentnerkonkubinate, bei denen ein Erbfall in absehbarer Zeit eintreten konnte, bestehen nichteheliche Lebensgemeinschaften heute meist zwischen jungen Menschen in einer Phase vor der Eheschließung und Familiengründung. Ein Erbfall wird hier nur äußerst selten eintreten. Demgegenüber sind Lebensgemeinschaften, die in echter Konkurrenz zur Ehe gelebt werden, zahlenmäßig gering.[241]

Zur Begründung eines Erbrechts des nichtehelichen Partners ist die bestehende Nähebeziehung zu dem Erblasser mithin nicht ausreichend. Es bleibt die im Folgenden zu diskutierende Möglichkeit, solche Bindungen außerhalb eines gesetzlichen Erbrechts zu berücksichtigen.

c) Nachlassbeteiligung in Form von Legalvermächtnissen

In beiden Rechtsordnungen viel diskutierte Möglichkeiten einer Nachlassbeteiligung des nichtehelichen Lebensgefährten sind die Überlassung des Hausrats, die Verpflichtung der Erben, den nichtehelichen Partner zu unterhalten sowie ein Nutzungsrecht an der gemeinsamen Wohnung. Während in Spanien solche Beteiligungen familienrechtlich qualifiziert werden, handelt es sich nach deutschem Recht um Vermächtnisse. Mit der Anerkennung der nichtehelichen Le-

[239] Hierzu bereits oben 2. Teil § 2.
[240] *Schwab*, Konkurs der Familie?, S. 35.
[241] S. *Nave-Herz*, FPR 2001, 3, 6.

bensgemeinschaft als Familie war damit in Spanien auch der Weg zur Ausweitung dieser Rechte bereitet. Hingegen stößt in Deutschland die Ausdehnung der vorhandenen Legalvermächtnisse sowie die Schaffung weiterer Rechte des überlebenden Lebensgefährten an die bereits angesprochenen verfassungsrechtlichen Grenzen. Zwar besteht aufgrund der geringeren Bedeutung dieser Rechte keine Gefahr für die Institutsgarantie der Ehe. Bei der Zuerkennung von Legalvermächtnissen ist jedoch zu beachten, dass diese nicht ein generelles Pflichtteilsrecht statuieren. Jedwede Einschränkung der Testierfreiheit steht nämlich im Spannungsfeld zwischen der allgemeinen Handlungsfreiheit des Art. 2 Abs.1 GG, dem in Art. 14 GG garantierten Erbrecht sowie dem Schutz von Ehe und Familie aus Art. 6 GG. Daher ist die Pflichtteilsberechtigung zu Recht auf den Kreis engster Verwandter beschränkt. Wenn der Erblasser bereits auf eine Eheschließung verzichtet hat sowie von Todes wegen anderweitig über sein Vermögen verfügt hat, kann eine Beschränkung seiner Testierfreiheit gegenüber dem nichtehelichen Partner nicht gerechtfertigt werden.

1. Weitergehend als § 1969 BGB schützt das Recht der autonomen Gebietskörperschaften Spaniens den vom Verstorbenen unterhaltenen Partner.[242] In Katalonien wird dies über die Norm des Art. 18 Abs.2 LUEP erreicht, auf den Balearen, in Navarra und dem Baskenland wird durch den Nießbrauch ein ähnlicher Schutz garantiert. Sinn des Nießbrauchs ist es nämlich, die Kontinuität des Haushalts sowie des Hausverbandes zu gewährleisten. Dem überlebenden Partner sollen die finanziellen Mittel verbleiben, um die Erziehung und Bildung der Kinder zu ermöglichen sowie seine soziale Stellung aufrechtzuerhalten.[243]

In Anlehnung an diese Regelungen ist eine zeitliche Ausdehnung des entsprechenden in § 1969 BGB vorgesehenen Legalvermächtnisses zu erwägen. Zwar könnte eine Regelung auch in Form eines Unterhaltsanspruches ausgestaltet werden;[244] naheliegender erscheint jedoch eine Ausdehnung der bereits bestehenden Rechte des § 1969 BGB.[245] Die bisherige Regelung des § 1969 BGB vermag nämlich den angestrebten Sinn der Vorschrift - die Gewährung einer Überbrückungs- und Wiedereingliederungshilfe - kaum zu erreichen. Um dem Hinterbliebenen die Umstellung auf die neue Situation zu ermöglichen, ist eine Zeitspanne zu wählen, welche eine angemessene Trauer, einen eventuellen Wohnungswechsel in eine kleinere Wohnung sowie die (Wieder-) Aufnahme der Berufstätigkeit erlaubt. Die Vorgabe eines festen Zeitraums, wie sie das spa-

---

[242] Ausführlich oben 2. Teil § 7.I.

[243] Im einzelnen: Albaladejo/Díaz Alabart/*Arregui Gil*, Ley 253 de la Compilación o Fuero Nuevo de Navarra II.2 m.w.N.

[244] S. dazu: *Schwenzer*, Vom Status zur Realbeziehung, S. 209.

[245] So auch: Beschluss II.11.b des 57. DJT, NJW 1988, 2998; *Schmidt-Aßmann*, Referat zum 57. DJT, I 30 f.

nische Recht macht, hemmt zwar eine flexible Lösung der Problematik,[246] birgt aber nicht die Gefahr der Rechtsunsicherheit und damit einer weiteren Belastung der Gerichte. Die katalanische Jahresfrist entspricht ebenfalls der deutschen Tradition eines Trauerjahres und ist deshalb zu übernehmen. Eine Ausweitung der Rechte sollte sich aber nicht nur auf die Partner nichtehelicher Lebensgemeinschaften beziehen, sondern wie der bisherige Wortlaut weiterhin alle Familienangehörigen umfassen, die zum Hausstand des Erblassers gehörten und von diesem faktischen Unterhalt bezogen haben.[247]

Da die vorgeschlagene Zeitspanne eine erhebliche Ausdehnung der Rechte des § 1969 BGB bewirkt und als Nachlassverbindlichkeit nicht auf den Nachlass begrenzt ist, ist nach Möglichkeiten der Beschränkung zu suchen.[248] Insbesondere bei kleineren Erbschaften kann das Unterhaltsrecht eine erhebliche finanzielle Belastung für den Erben darstellen, was nicht damit gerechtfertigt werden kann, dem Erben verbleibe das Recht, die Erbschaft auszuschlagen. Der Anspruch ist deshalb an der Unterhaltsbedürftigkeit des Hinterbliebenen auszurichten (vgl. § 1602 Abs.1 BGB), da er nur dazu dienen soll, eine konkrete Bedürftigkeit in Notlagen abzuwenden bzw. unbillige Härten auszugleichen. Ferner ist zu verlangen, dass der hinterbliebene Partner schon zu Lebzeiten von den Leistungen des Erblassers abhängig war.

2. Mit Ausnahme des katalanischen Gesetzes sehen die übrigen Rechtsordnungen der autonomen Gebietskörperschaften für den hinterbliebenen Partner zudem ein Recht auf Weiternutzung der Wohnung vor.[249] Die spanischen Regelungen erlauben dem nichtehelichen Lebenspartner damit für die Trauerzeit den Verbleib in der gewohnten Umgebung. Hingegen ist der deutschen Rechtsordnung eine solche Regelung selbst für Ehegatten fremd. Das bisherige Recht weist insoweit eine Schutzlücke auf, da es zwar ein Eintrittsrecht in das Mietverhältnis (§ 563 Abs.2 S.4 BGB) vorsieht, jedoch keine Regelung für den Fall bereithält, dass die Wohnung im Eigentum des verstorbenen Partners stand.

Regelungstechnisch kommt eine Lösung sowohl im Rahmen des § 1969 BGB, eine Ausweitung des Anspruchs auf den Voraus wie auch die Übernahme der spanischen Nießbrauchlösung in Betracht.

Der Nießbrauch hat in den romanischen Rechtsordnungen traditionell eine große Bedeutung. Dem Hinterbliebenen soll die Aufrechterhaltung seines Lebensstandards ermöglicht werden, indem eine Teilung des Familienvermögens vermieden wird. Vor allem im Falle noch minderjähriger Kinder hat der Nieß-

---

[246] Für eine zeitlich und betragsmäßig flexible Lösung hingegen: *Schwenzer*, JZ 1988, 781, 787; *dies.*, Vom Status zur Realbeziehung, S. 209 f.

[247] Dafür auch: *Lieb*, Gutachten zum 57. DJT, A 98.

[248] S. zu den Beschränkungsmöglichkeiten insbesondere *Goetz*, FamRZ 1985, 987, 990 f.; *Lieb*, Gutachten zum 57. DJT, A 98

[249] Dazu oben 2. Teil § 7.I; ähnlich die neuere Rechtsprechung des Tribunal Supremo 2. Teil § 8.I.4.

brauch eine wirtschaftliche Schutzfunktion.[250] Jedoch lähmt er den Erben erheblich in seiner Verfügungsfreiheit, so dass eine Zielsetzung des deutschen Erbrechts, die Wiedereinbringung des Vermögens in den Wirtschaftskreislauf, verhindert wird. Zudem stellt der Nießbrauch eine Durchbrechung der in Deutschland vorherrschenden Erbteilslösung dar.

Eine andere Auffassung schlägt die Ergänzung des § 1932 BGB um „ein Recht auf dingliche Sicherstellung der weiteren Nutzung“ der Wohnung vor.[251] Letzterer Vorschlag ermöglicht dem Hinterbliebenen, sein bisheriges Lebensumfeld beizubehalten, läuft jedoch mangels zeitlicher Begrenzung auf ein lebenslanges Nießbrauchsrecht hinaus. Da Wohneigentum häufig den Hauptanteil einer Erbschaft ausmacht, kann eine solch weitreichende Einschränkung der Erbenstellung (zumindest) für den nichtehelichen Lebensgefährten nicht gerechtfertigt werden.

Vorteil einer Lösung im Rahmen des § 1969 BGB ist, dass die vorgeschlagene Ausdehnung des Zeitraums des § 1969 BGB ein - zeitlich begrenztes - Nutzungsrecht der Wohnung bereits beinhaltet. Daraus ergibt sich kein Widerspruch mit der Norm des § 563 Abs.2 S.4 BGB, welcher bei einem Eintritt in das Mietverhältnis dem Hinterbliebenen die Pflicht zur Zahlung des Mietzinses auferlegt. Entrichtet der Erblasser die Miete aus seinem Vermögen, handelt es sich ebenfalls um eine tatsächliche Unterhaltsleistung, die sich dann aber im Rahmen des § 1969 BGB als Anspruch auf Zahlung einer Geldsumme richtet.

3. Ergänzt werden sollte die vorbeschriebene Ausdehnung des § 1969 BGB durch eine Regelung zur Verteilung der Hausratsgegenstände.[252] Zwar umfasst § 1969 BGB auch die vorläufige Benutzung der Haushaltsgegenstände, doch ist eine endgültige Regelung im Sinne des § 1932 BGB anzustreben. Die Gesetze der autonomen Gebietskörperschaften Spaniens erkennen durch die Gleichstellung mit dem hinterbliebenen Ehegatten für den nichtehelichen Partner das Bedürfnis an, den gewohnten Lebensstil in vertrauter Umgebung aufrechterhalten zu können.[253] Dem steht mit Blick auf das deutsche Recht nicht entgegen, dass die Regelung des § 1932 BGB untrennbar an den Ehestatus geknüpft ist, zumal dort ebenfalls auf die gemeinsame Haushaltsführung abgestellt wird.[254]

Im Einzelfall kann dem Hausrat eine enorme wirtschaftliche Bedeutung zukommen. Vor allem bei kleineren Nachlässen wird er einen Großteil der Erb-

---

[250] Vgl. Albaladejo/Díaz Alabart/*Merino Hernández*, Art. 9 Ley de parejas estables no casadas I.

[251] So *Strätz*, FamRZ 1998, 1553, 1558 allerdings beschränkt auf eheliche Lebensgemeinschaften.

[252] So auch: Deutscher Juristinnenbund, *Stab*, ZRP 1988, 355, 356; MüKo/*Leipold*, § 1932 Rn 4; *Koutses*, in: Hausmann/Hohloch, Kap 7 Rn 21; vgl. auch: *Struck*, ZRP 1983, 215, 219.

[253] So auch für das deutsche Recht: *Grziwotz*, § 29 Rn 3.

[254] Vgl. Erman/*Schlüter*, § 1932 Rn 2; MüKo/*Leipold*, § 1932 Rn 1; a.A. *Lieb*, Gutachten zum 57. DJT, A 96.

schaft ausmachen. Gerade in solchen Fällen, in denen die Partner keine größeren Vermögenswerte besitzen, fehlt den Betroffenen aber häufig das Bewusstsein der Notwendigkeit einer letztwilligen Verfügung. Umso dringender erscheint ein Eingriff des Gesetzgebers. Geht es doch darum, dem hinterbliebenen Partner seine existenzielle Grundlage zu erhalten. Insbesondere, wenn der Lebensgemeinschaft noch minderjährige Kinder angehören, erscheint eine Ausweitung des Rechts auf den Voraus auf den Partner einer nichtehelichen Lebensgemeinschaft angemessen.

Der Einwand, eine solche Ausweitung schränke die Rechte der gesetzlichen Erben in unzulässiger Weise ein (vgl. § 1932 Abs.1 S.2 BGB),[255] verfängt nicht. Aufgrund der gestiegenen Lebenserwartung werden die Abkömmlinge meist schon einen eigenen Hausstand begründet haben, so dass sie im Gegensatz zu dem hinterbliebenen Lebensgefährten nur ein geringes Interesse am Hausrat haben werden. Erkennt man mit der hier vertretenen Ansicht die nichteheliche Lebensgemeinschaft als familiäre Beziehung an, steht einer Ausdehnung des Kreises der Anspruchsberechtigten nichts entgegen. Die Vorschrift sollte aber auf den Fall beschränkt werden, dass der Hinterbliebene die Gegenstände zur Führung eines angemessenen Haushalts benötigt. Insofern kann auf die Auslegung des § 1932 Abs.1 S.2 BGB zurückgegriffen werden.

d) Ergebnis

Auch die Neuerungen im Erbrecht stehen im Kontext einer Gesamtentwicklung, welche *Schwenzer* mit dem Titel ihrer Habilitation zutreffend als vom Status zur Realbeziehung bezeichnet hat. Die Entwicklungen zugunsten nichtehelicher Lebensgemeinschaften lassen sich dabei in mehrere Stadien untergliedern. Mit der Aufgabe des Verdikts der Sittenwidrigkeit bei Verfügungen an nichteheliche Partner wurde nicht nur die Möglichkeit zu letztwilligen Verfügungen eröffnet, sondern auch das bis dato bestehende Statusdenken zugunsten der Ehe zurückgedrängt. Damit ebnete der Bundesgerichtshof den Weg zu einer stärkeren Berücksichtigung faktischer Familienverhältnisse.

Ansätze zu einer Neubewertung erfolgten dann, indem Rechtsprechung wie Lehre eine sittliche Verpflichtung zur Alterssicherung nichtehelicher Lebensgefährten annahmen. In diesem Sinne ist die Tatsache zu verstehen, dass die Rechtsprechung danach differenziert, ob sich die *post mortem* geltend gemachten Ansprüche gegen die Erben oder gegen den hinterbliebenen nichtehelichen Partner richten.

Auf der letzten Stufe setzt sich die Realbeziehung dergestalt durch, dass Beteiligungen in Form von Legalvermächtnissen vorgesehen werden oder sogar die Einführung eines gesetzlichen Erbrechts gewagt wird. Allerdings ist letzteres in der Weise zu relativieren, dass die Gesetze der autonomen Gebietskörperschaf-

[255] S. zu weiteren Einwänden *Lieb*, Gutachten zum 57. DJT, A 95 f.

ten Spaniens für eine rechtliche Anerkennung nichtehelicher Lebensgemeinschaften teilweise ein formales Modell vorsehen, welches einen Willensakt zur Begründung der Lebensgemeinschaft verlangt. Ähnlich ist die Lösung des Tribunal Supremo zu werten, der eine Gleichstellung mit der Ehe zwar nicht zulassen, doch den nichtehelichen Partner auch nicht in einem erbrechtlichen Vakuum belassen möchte, so dass er die Erbquote des nichtehelichen Partners geringer ansetzt als diejenige des überlebenden Ehegatten.

Die befürwortete Lösung einer Berücksichtigung nichtehelichen Zusammenlebens im Rahmen von Legalvermächtnissen ist demnach stark an der Realbeziehung ausgerichtet, indem sie die Nähebeziehung des nichtehelichen Partners zu dem Erblasser über die Interessen der Erben stellt. Die emotionale Beziehung begründet eine besondere Trauer, welche es legitimiert, den nichtehelichen Partner für eine Übergangszeit unter den Schutz der Rechtsordnung zu stellen. Schließlich hat sich in den Fällen des Todes eines Partners gerade nicht das oftmals beschriebene typische Risiko der nichtehelichen Lebensgemeinschaft, eine Auflösung durch Trennung, verwirklicht. Hingegen bleibt dem nichtehelichen Partner ein gesetzliches Erbrecht verwehrt, da das Erbrecht durch die grundgesetzlichen Vorgaben statusorientiert ist. Hier vermag die besondere Nähe zum Erblasser kein abweichendes Ergebnis zu begründen. Insoweit sind die Partner auf ihre Eigenverantwortlichkeit zur Errichtung letztwilliger Verfügungen zu verweisen.

3. Erweiterung des Anwendungsbereiches des § 844 Abs.2 BGB

Ähnlich wie in Ehen kann die Tötung eines nichtehelichen Partners erhebliche wirtschaftliche Folgen zeitigen. Eine existenzielle Versorgungslücke kann insbesondere dann entstehen, wenn der erwerbstätige Partner getötet wird. Daher bejaht die spanische Rechtsprechung einen Schadensersatzanspruch bei nur faktischen Nähebeziehungen.[256] Ähnlich wird seitens der deutschen Literatur *de lege ferenda* vorgeschlagen, den Anspruch anstatt von einer gesetzlichen Unterhaltsverpflichtung von der tatsächlichen Unterhaltsgewährung abhängig zu machen.[257] Gegen eine solche Ausweitung sprechen im wesentlichen zwei Argumente. Zum einen bestehe eine Gefahr der Ausuferung der Haftpflicht, zum anderen führe dies zu einer Inkongruenz zwischen Familien- und Haftungsrecht.

1. So wird angeführt, eine Ausweitung der Haftungsvoraussetzungen des § 844 Abs.2 BGB beeinträchtige die Rechtssicherheit, da der Kreis der Anspruchsberechtigten kaum überschaubar und damit die Höhe des zu leistenden Schadensersatzes nicht abschätzbar sei. Probleme ergäben sich zudem bei der Anspruchsbemessung, da ein Nachweis über die tatsächlich erbrachten Leistun-

---

[256] S. oben 2. Teil § 7.III.

[257] *Schwenzer*, JZ 1988, 781, 787; *Gernhuber/Coester-Waltjen*, Familienrecht, § 42 II 2; Staudinger/*Strätz*, Anh zu §§ 1297 ff Rn 224.

gen kaum möglich sei.[258] Zuzustimmen ist dagegen *Schwenzer*, dass kein Grund ersichtlich ist, weshalb dem Schädiger das Bestehen einer bloß faktischen Unterhaltsbeziehung zu Gute kommen sollte.[259] Dieser wird regelmäßig von der Höhe der Unterhaltsverpflichtungen des Geschädigten gar keine Kenntnis gehabt haben, so dass die Höhe des Schadensersatzes für ihn immer vom Zufall abhängt.

2. Bedeutender als die vorstehend behandelten Bedenken ist der Einwand, das Haftungsrecht setze sich durch die Berücksichtigung faktischer Unterhaltsleistungen in Widerspruch zu den wertungsmäßigen Vorgaben des Familienrechts. Sofern familienrechtlich Unterhalt nur Ehegatten und Verwandten in gerader Linie geschuldet sei, dürfe die Regelung nicht unterlaufen werden, indem im Rahmen des Deliktsrechts weiteren rein faktischen Unterhaltsverhältnissen der gleiche Schutz gewährt werde.[260] Es handelt sich jedoch um unterschiedliche Aspekte. Auch wenn das Unterhaltsrecht keine entsprechende Bindung der Partner nichtehelicher Lebensgemeinschaften vorsieht, wird damit nur über die Innenbeziehungen der Partner zueinander entschieden. Eine andere Frage ist jedoch, wie weit der Gesetzgeber den Rahmen für die Einstandspflicht des deliktisch Handelnden zieht.[261]

Nachdem der Bundesgerichtshof sogar eine moralische Pflicht zur Sicherung der wirtschaftlichen Existenz des hinterbliebenen Partners bejaht,[262] fällt ein (unterstellter) Wertungswiderspruch nunmehr deutlich geringer aus. Abgeschwächt wird das Argument der Inkongruenz zudem dadurch, dass nach den §§ 842, 843 BGB ein Anspruch für verletzungsbedingt ausfallende Fremdversorgung unabhängig von einer gesetzlichen Unterhaltsverpflichtung besteht.

Ein Regelungsbedürfnis besteht insbesondere in den Fällen, in denen die Familie ihren Versorger verliert. Dies gilt nicht nur im Verhältnis zu den Kindern, sondern auch für die Paarbeziehung der Eltern.[263] Die besondere Bedeutung einer wirtschaftlichen Absicherung des Kinder erziehenden Partners zur Gewährleistung gleicher Entwicklungsbedingungen nichtehelicher Kinder wurde bereits erörtert.[264] Eine Anknüpfung an eine faktische Unterhaltsgewährung hätte zudem den Vorteil, keine Ausnahmeregelung für nichteheliche Lebensgefährten zu schaffen, sondern beträfe alle faktischen Familienverhältnisse.

Die Bemessung des Anspruchs ist an der Höhe des faktisch geleisteten Unterhalts auszurichten. Grenze für auf einer Rechtspflicht beruhender wie aber auch

---

[258] *Becker*, VersR 1985, 201, 204 f.; vgl. die ausführliche Gegenargumentation *Röthel*, NZV 2001, 329, 334.

[259] *Schwenzer*, JZ 1988, 781, 787; *dies.*, Vom Status zur Realbeziehung, S. 221.

[260] So *Lieb*, Gutachten zum 57. DJT, A 89 f.

[261] *Schwenzer*, JZ 1988, 781, 787; *Röthel*, NZV 2001, 329, 334.

[262] BGH Urteil v. 10. Nov. 1982 NJW 1983, 674, 676.

[263] A.A. *Holzhauer*, in: Hausmann/Hohloch, Kap 6 Rn 26.

[264] Dazu oben 3. Teil § 3.I.2.c.

tatsächlicher Unterhaltsleistungen ist jedoch immer das frei verfügbare Einkommen des Getöteten. Daneben ist eine zeitliche Befristung zu erwägen, so dass die Schadensersatzleistungen nur eine Übergangshilfe darstellen. Für den Fall, dass mehreren Lebensgefährten Unterhalt gewährt wurde, besteht hingegen kein Anspruch, da andernfalls nicht wünschenswerte faktische Bigamien gefördert würden.

Bejaht man mit der hier vertretenen Ansicht einen allgemeinen Anspruch auf Betreuungsunterhalt für den Kinder erziehenden Partner, erübrigt sich eine Änderung des § 844 Abs.2 BGB, da dann eine gesetzliche Unterhaltsverpflichtung zwischen nichtehelichen Eltern bestünde. Unterschiede ergeben sich dann allerdings für kinderlose nichteheliche Lebensgemeinschaften. Deren Schutzbedürfnis ist jedoch wesentlich geringer, so dass eine weitergehende Regelung verzichtbar erscheint.

4. Alterssicherung

Eng verknüpft mit der vermögensrechtlichen Ausgestaltung der Lebensgemeinschaft ist der Bereich der Alterssicherung. Der unterhaltsbedürftige, nicht erwerbstätige Partner wird meist schon nicht in der Lage gewesen sein, Beiträge zur Rentenversicherung zu leisten bzw. eine ausreichende private Altersvorsorge zu treffen. Im Falle des Todes des (ehemals) erwerbstätigen Partners verliert der hinterbliebene Lebensgefährte seinen Versorger mit der häufigen Folge, dass die Sozialkassen für den Unterhalt aufkommen müssen. Trotz des Rückgangs der Einverdienerehe mit traditioneller Rollenverteilung erfüllt die Witwenrente immer noch eine Schutzfunktion für den überlebenden Partner. Da Frauen eine statistisch höhere Lebenserwartung haben, sind sie häufig die letzten Lebensjahre wirtschaftlich auf sich selbst gestellt. Verstärkend kommt hinzu, dass die Frau meist einige Jahre jünger ist als ihr Ehegatte.

Während dem Arbeitnehmer Leistungen aus der Rentenversicherung als Äquivalent für die eingezahlten Beiträge zustehen, bedarf der Anspruchsübergang nach dessen Tod auf den Ehegatten einer gesonderten Begründung. Soll damit der Hinterbliebene nur vor finanziellen Notlagen nach dem Tod seines Versorgers abgesichert werden? Bejaht man diese Frage uneingeschränkt, so könnte ein Anspruch auch im Falle des nichtehelichen Lebensgefährten zu rechtfertigen sein, wenn dieser sich in einer vergleichbaren Notsituation befindet. Mit dieser Argumentation wird neuerdings in der spanischen Diskussion eine Anspruchsberechtigung des hinterbliebenen Partners nichtehelicher Lebensgemeinschaften erwogen. Ähnlich scheint auch das spanische Verfassungsgericht das Fundament der Witwenrente zu beurteilen. So erkennt der Tribunal Constitucional dem Gesetzgeber weitgehende Gestaltungsfreiheit bei der Normierung der Sozialversicherung zu, so dass er ebenfalls für den überlebenden Partner einer nichtehelichen Lebensgemeinschaft eine Hinterbliebenenrente vorsehen bzw. sogar die für Ehegatten vorhandene Regelung ausdehnen könne.[265]

Für das deutsche Recht ist der Anspruch gerade nicht durch die Bedürftigkeit des Hinterbliebenen bedingt. Gegen eine Ausweitung des Begünstigtenkreises spricht zudem, dass er erhebliche finanzielle Belastungen für die Sozialversicherung mit sich brächte. Um die Belastungen für die Solidargemeinschaft möglichst gering zu halten, wird deshalb nur eine Ausnahmeregelung für Härtefälle vorgeschlagen. So sollen Voraussetzungen eine bestimmte Mindestdauer des Zusammenlebens sowie die Erziehung gemeinsamer Kinder oder die Pflege des erkrankten Partners sein.[266]

Die Beschränkung auf den Ehepartner erfolgt aber aus weiteren Gründen. Als Ausdruck der nachehelichen Solidarität hat der Anspruch seine Grundlage in der besonderen Pflichtengemeinschaft der Ehe. So schränkt das Bundesverfassungsgericht den Regelungsrahmen des deutschen Gesetzgebers durch den Grundsatz des Fördergebots der Ehe deutlich ein. Mit einer Ausweitung würden den nichtehelichen Partnern gleiche Rechte gewährt, welchen aber geringere Pflichten gegenüberständen. Insbesondere, wenn eine nichteheliche Lebensgemeinschaft einen Anspruch auf Witwenrente begründen könnte, müsste folglich das Eingehen einer solchen Lebensgemeinschaft zu einem Erlöschen der Rentenansprüche führen. Sofern nur der Tatbestand der Eheschließung ein Erlöschen bewirkt, liegt darin eine Benachteiligung der Ehe.

Die Lebensgefährten sind daher auf die Möglichkeiten einer privaten Vorsorge zu verweisen. An dieser Stelle setzen Teile der Literatur an, die zum Schutz des sozial Schwächeren bei lang andauernden Lebensgemeinschaften eine sittliche Pflicht zur Alterssicherung annehmen.[267] Ebenso kann sich nach der Rechtsprechung eine moralische Pflicht zur Sicherung der wirtschaftlichen Existenz des hinterbliebenen Partners ergeben.[268] Darüber hinaus komme eine solche Verpflichtung bei einem nicht lang andauerndem Zusammenleben in Betracht, wenn der andere Partner „gemeinschaftsbedingt“ keine Beiträge zur eigenen Altersvorsorge erbringen könne.[269]

5. Ergebnis

In beiden Rechtsordnungen zeigt sich die übereinstimmende Tendenz, das Fehlen eines rechtlichen Bandes zwischen den Partnern einer nichtehelichen Le-

---

[265] TC Urteil v. 15. Nov. 1990 RTC 1990/184 RG 3; für eine Überlebendenrente *Blanco Pérez-Rubio*, Parejas no casadas y pensión de viudedad, IV.5; ebenso die Bestrebungen der Regierung Rodríguez Zapatero, dazu oben 2. Teil § 8.II.

[266] *Grziwotz*, § 25 Rn 7 (3. Auflage).

[267] Soergel/*Lange*, Nehel LG Rn 33; diesem folgend: *Grziwotz*, § 25 Rn 60.

[268] BGH Urteil v. 10. Nov. 1982 NJW 1983, 674, 676.

[269] *Grziwotz*, § 25 Rn 60 allerdings mit der Einschränkung, dass die Verpflichtung rechtlich nicht durchsetzbar sein soll.

bensgemeinschaft durch den Umstand einer persönlichen wie auch wirtschaftlichen Nähebeziehung sowie emotionalen Bindung zum Erblasser zu ersetzen. Nicht nur, dass die Unterschiede zwischen hinterbliebenem Ehegatten und nichtehelichem Lebensgefährten nivelliert werden, die Individualität der Postmoderne nimmt damit zugleich Einfluss über den Tod hinaus. Dadurch erfolgt zugleich eine Anerkennung faktischer Familienverhältnisse ohne verwandtschaftliche Verbindungen, der „Familie als Solidargemeinschaft".[270] Ein Unterschied zu einer Auflösung der Lebensgemeinschaft durch Trennung liegt darin, dass diese mit dem Tod eines Partners unfreiwillig endet. Nur vor diesem Hintergrund ist die Annahme einer nachpartnerschaftlichen Solidarität überhaupt möglich.

Der Umstand, dass diese Entwicklung in Spanien weiter fortgeschritten ist, wird wiederum durch die verfassungsrechtliche Stellung der nichtehelichen Lebensgemeinschaft als Familie begünstigt. Die spanischen Regelungen fußen insoweit auf der Vermutung einer Solidarität über den Tod hinaus, welche als Fortsetzung der zu Lebzeiten übernommenen faktischen Verpflichtungen zu verstehen ist. Insbesondere an der Rechtsprechung des Tribunal Supremo wird deutlich, dass dieser die Mithilfe zum Erwerb des Erblasservermögens als Ordnungskriterium ansieht. Zwar verfolgen die Gesetze der autonomen Gebietskörperschaften mit der statusrechtlichen Anerkennung einen etwas anderen Ansatz, doch gelangen sie zu einem ähnlichen Ergebnis, indem sie ebenfalls eine Statussicherung des Überlebenden herbeiführen. Noch einen Schritt weiter gehen die auf nationaler Ebene zur Diskussion gestellten Überlegungen, den nichtehelichen Partner in den Kreis der Begünstigten der Hinterbliebenenrente aufzunehmen. Die nachpartnerschaftliche Solidarität wird damit nicht nur als eheähnlich, sondern sogar ehegleich eingestuft!

Dem Aspekt der Solidarität wird hingegen im deutschen Recht nur eine untergeordnete Bedeutung zugemessen; ansatzweise ist er ebenfalls in der deutschen Rechtsprechung und Lehre wiederzufinden. Vorherrschend ist jedoch die Ansicht, die nichteheliche Solidarität sei in das Belieben des einzelnen Partners gestellt und könne deshalb nicht das Ende der Partnerschaft überdauern.[271] Bloß faktische Leistungen, die aufgrund der bestehenden Nähebeziehung gewährt werden, können demnach keine hinreichende Anspruchsbasis begründen. Während für die Ehe die nacheheliche Solidarität weiterreicht und für die Vermögensverteilung nach dem Tod eines Ehegatten eine endgültige Lösung zulässt, kann es im Bereich der nichtehelichen Lebensgemeinschaft nur darum gehen, den Partner für eine Übergangszeit abzusichern. Die vorgeschlagene Berücksichtigung nichtehelichen Zusammenlebens in Form von Legalvermächtnissen ist demnach im Sinne einer Wiedereingliederungshilfe zu verstehen. Erst recht

---

270 *Goetz*, FamRZ 1985, 987, 989; *Schumann*, Die nichteheliche Familie, S. 247 ff.

271 So *Schwab*, Konkurs der Familie?, S. 36.

verbietet es sich dann, im Rahmen einer Hinterbliebenenrente auch noch die Sozialgemeinschaft mit den Folgen nichtehelichen Zusammenlebens zu belasten.

Schlussbemerkung und Ausblick

Grundvoraussetzung für die weitergehenden Regelungen der autonomen Gemeinschaften Spaniens ist der Umstand, dass der Familienbegriff des Art. 39 Abs.1 CE nach herrschender Meinung die nichteheliche Partnerschaft an sich einbezieht. Dem spanischen Gesetzgeber wird damit ein weiter Gestaltungsspielraum eröffnet. Während die Unterschiede, die auf verschiedenen gesellschaftlichen und rechtlichen Traditionen beruhen, vergleichsweise gering sind, führen vor allem die neueren Entwicklungstendenzen in der Gesetzgebung zu strukturellen Verschiedenheiten zwischen beiden Rechtsordnungen. Insbesondere die mit den Gesetzen der autonomen Gebietskörperschaften Spaniens erfolgte statusrechtliche Anerkennung führt zu einer Neubewertung nichtehelichen Zusammenlebens in Spanien. Der vergleichende Blick zeigt aber zudem, dass die rechtliche Behandlung nichtehelicher Lebensgemeinschaften gemeinsame Leitlinien aufweist. In beiden Rechtsordnungen werden vermögensrechtliche Ausgleichsansprüche nur zurückhaltend zuerkannt. Im Mittelpunkt steht die Wahrung der gewollten Selbstregulierung der Partner. Ansprüche, welche die Lebensgemeinschaft zeitlich überschreiten, sind nur in besonderen Ausnahmefällen zu gewähren. Sie können sich insbesondere dann ergeben, wenn in der Gemeinschaft Kinder leben. Insoweit ordnen nämlich beide Verfassungen den gleichen Schutz nichtehelicher Kinder an.

Auch wenn die Gesetze der autonomen Gebietskörperschaften Spaniens vor dem Hintergrund der Gleichstellung gleichgeschlechtlicher Lebensgemeinschaften geschaffen wurden, wird schon das Regelungsbedürfnis in beiden Ländern unterschiedlich bewertet. Trotz der nunmehr seit mehreren Jahrzehnten aktuellen Debatte um das nichteheliche Zusammenleben dürfte aufgrund der rechtspolitischen Widerstände in den nächsten Jahren eine gesetzliche Anerkennung in Deutschland kaum zu verwirklichen sein. Ausdruck findet diese Meinung bereits in den vorgeschlagenen Abwicklungslösungen. Befürwortet man eine Lösung der Probleme nichtehelichen Zusammenlebens durch Rückgriff auf das Schuldrecht, drückt sich darin eine grundsätzlich ablehnende Haltung gegenüber nichtehelichen Lebensgemeinschaften aus; auf dem Boden des Schuldrechts kann ein adäquater Schutz kaum sichergestellt werden. Zwar wird damit das Recht noch nicht zwangsläufig als bewusstes Steuerungselement gegen unerwünschte gesellschaftliche Entwicklungen eingesetzt, doch offenbaren sich Werthierarchien, einem Vordringen der nichtehelichen Lebensgemeinschaft zugunsten der Ehe Einhalt zu gebieten. Sieht man hingegen die nichteheliche Lebensgemeinschaft als Form familiären Zusammenlebens, ist folglich ihr rechtssystematischer Standort das Familienrecht. Zukünftige Reformvorhaben sollten demnach von dem Bemühen um eine behutsame Integration der Probleme nichtehelichen Zusammenlebens in das bestehende Familienrecht geprägt sein.

Mit der Ablehnung der nichtehelichen Lebensgemeinschaft als Form familiären Zusammenlebens geht eine mangelnde Konformität zum Eherecht einher.

Maßstab muss dabei die Gütertrennungsehe sein. Hingegen wird im deutschen Recht immer noch versucht, eine eigenständige Lösung für die nichteheliche Lebensgemeinschaft zu finden. Zum einen ohne die bestehenden Ähnlichkeiten anzuerkennen, zum anderen aber auch ohne Untersuchung der strukturellen Unterschiede, was in manchen Fällen zu kuriosen Ergebnissen führt, wenn nämlich die vorgeschlagene Lösung weiterreicht als jeglicher möglicher Ausgleich in einer Ehe im Güterstand der Gütertrennung. Diese Unstimmigkeiten zwischen den Abwicklungslösungen für die verschiedenen Formen des Zusammenlebens machen eine grundsätzliche Wertentscheidung durch den Gesetzgeber erforderlich.

Ein Bekenntnis des Gesetzgebers für eine Achtung nichtehelichen Zusammenlebens als familiärer Beziehung ist zwar wünschenswert, doch sollte keine statusrechtliche Anerkennung erfolgen. Einem institutionellen Ansatz liegt oftmals die Vorstellung zugrunde, durch rechtliche Normierung auf die Lebensgemeinschaft einwirken zu können. Das Recht wird dann als Steuerungsinstrument für personale Beziehungen eingesetzt. Dies läuft jedoch dem Naturell nichtehelicher Lebensgemeinschaften zuwider, die ihre Kraft gerade aus der Selbstregulierung schöpfen. So zeigt sich der kontinuierliche Anstieg nichtehelicher Lebensgemeinschaften an den Partnerschaftsbeziehungen in den westlichen Industrienationen weitgehend unbeeinflusst von der Position der jeweiligen Rechtsordnung. Andererseits ist die Leitfunktion des Rechts nicht zu unterschätzen. Entfernt sich das positive Recht zu weit von der sozialen Wirklichkeit, verliert es seine Ordnungsfunktion. So entwickelt sich das Recht nicht losgelöst von gesellschaftlichen Realitäten, sondern steht mit diesen in wechselnder Beziehung; die Macht des Tatsächlichen beeinflusst die Rechtsentwicklung, die wiederum auf die soziale Wirklichkeit zurückwirkt.[1] Allgemeiner formuliert sollte versucht werden, Rechtswirkungen nicht mehr primär an einen Status zu knüpfen, sondern anhand der real gelebten Beziehung auszurichten.

Abschließend sollen die im Rahmen der Arbeit gefundenen Ergebnisse noch in einen Gesamtkontext für eine mögliche künftige Entwicklung des Familienrechts gesetzt werden. Wie gezeigt wurde, hängt die Entwicklung der nichtehelichen Lebensgemeinschaft für den deutschen Rechtskreis untrennbar mit der Bedeutung der Ehe zusammen. Damit entscheidet über das nichteheliche Zusammenleben die Frage, ob die Ehe dieser ihr vom Grundgesetz auferlegten Größe noch gerecht werden kann. Soziologisch ist nämlich ein Funktionsverlust der Ehe als Basis familiären Zusammenlebens zu konstatieren.[2] Zwar sind es bislang wenige Eltern, die unverheiratet zusammenleben, doch ist auch hier die Tendenz steigend.[3] Es stellt sich die provokante Frage, ob ein Familienrecht,

---

[1] Vgl. dazu den historischen Rückblick bei *Röwer*, in: FS Merz, S. 515 ff.
[2] Vgl. auch *Wagenitz/Barth*, FamRZ 1996, 577 ff.
[3] Vgl. die Zahlen des Statistischen Bundesamtes, Statistisches Jahrbuch 2005 für die Bundesrepublik Deutschland, S. 47.

welches maßgeblich auf die Rechtsform der Ehe ausgerichtet ist, zukünftig noch zeitgemäß ist. Wenn die Ehe ihre Exklusivität verliert, warum darf dann der Ehe als Grundlage zur Familiengründung der Vorrang vor anderen Formen stabilen Zusammenlebens gegeben werden?

Viele Privilegien, welche die Ehe erfährt, werden ihr mit dem Gedanken gewährt, ein Ambiente zur Familiengründung zu schaffen. Vorrangig deshalb erfährt die Ehe besonderen Schutz durch das Grundgesetz.[4] Erfüllt die Ehe diese Aufgabe nur noch unzureichend - sei es mit Blick auf die vielen kinderlosen Ehen oder die hohe Scheidungsrate - stellt sich die Frage, ob dem staatlichen Interesse an stabilen familiären Verhältnissen für die Zukunft weiterhin nur durch die Ehe genügt werden kann und darf. Kann der vom Grundgesetz verlangte Schutz der Familie, der im Sinne der Väter des Grundgesetzes bisher einfachgesetzlich vor allem über die Ehe realisiert wird, in Zukunft über diese nicht mehr sichergestellt werden, gilt es zu prüfen, ob insofern die Voraussetzungen eines Verfassungswandels vorliegen.[5] Eine zukünftige Auslegung des Art. 6 Abs.1 GG könnte dann ergeben, dass die Betonung nicht wie bislang auf die Ehe zu legen ist, sondern auf das Merkmal Familie.

Folge wäre, die Exklusivität der Ehewirkungen zugunsten eines allgemeinen Familienrechts und damit einer effektiven Familienförderung zurückzufahren. Insbesondere Regelungen des Scheidungsfolgenrechts, welche (auch) im Interesse des Kindes bestehen, könnten dann nicht mehr allein als eherechtlich qualifiziert werden. Solche allgemeinen Trennungsfolgen wären dann dem Kindschaftsrecht zuzuschlagen. Ferner erscheinen vor diesem Hintergrund die gewährten steuerrechtlichen Vorteile für Ehegatten kaum gerechtfertigt.[6] Konsequenterweise wären Rechtsfolgen nicht mehr an das Bestehen der formalen Ehe zu knüpfen, sondern als Anknüpfungspunkt wäre ein - wie auch immer beschaffenes - familiäres Zusammenleben bzw. das Vorhandensein von Kindern zu bestimmen. Damit gelänge es, gleiche Entwicklungsbedingungen für eheliche wie nichteheliche Kinder sicherzustellen und den Schutzauftrag des Art. 6 Abs.5 GG effektiv umzusetzen.[7]

---

[4] Vgl. Parlamentarischer Rat, Verhandlungen des Hauptausschusses, insb. 21. und 43. Sitzung; so ausdrücklich auch noch eine der Vorgängerfassungen (Art. 7 a Abs.1); *Schwab*, Konkurs der Familie?, S. 36 f.

[5] So bereits bejaht von *Stintzing*, Nichteheliche Lebensgemeinschaft, E.I.3; s. auch *I. von Münch*, in: Landwehr, Die nichteheliche Lebensgemeinschaft, S. 137, 141; *Friauf*, NJW 1986, 2595 ff.; *Zuleeg*, NVwZ 1986, 800 ff.; allgemein zu den Voraussetzungen: BVerfG Urteil v. 1. Juli 1953 BVerfGE 2, 380, 401.

[6] A.A. *Zippelius*, DÖV 1986, 805, 810; *Schwab*, Konkurs der Familie?, S. 35.

[7] Die Unterscheidung zwischen kinderlosen Partnerschaften und Familien spiegelt sich auch in neueren Überlegungen des Bundesjustizministeriums wider: Demnach sollen kinderlose Ehen schneller geschieden werden können und die nacheheliche Solidarität vor allem im Unterhaltsrecht deutlich eingeschränkt werden, vgl. Referentenentwurf „eines Gesetzes zur Änderung des Unterhaltsrechts“ (Unterhaltsrechtsänderungsgesetz) des Bundesministeriums der

Diese Vorgehensweise sieht sich indes dem Vorwurf der Entwertung der Ehe ausgesetzt.[8] Zwar bietet die Ehe die besten Voraussetzungen zur Gründung einer Familie, doch kann es nicht vorrangig darum gehen, an einem Status festzuhalten; vielmehr muss der Mensch als Individuum im Mittelpunkt rechtlichen Interesses stehen. Diese Ausrichtung ist bereits im Grundgesetz verankert. Vielleicht könnte es der Ehe sogar zu neuer Qualität verhelfen, legte man weniger Wert auf die quantitative Bedeutung der Ehe als einziger Form des Zusammenlebens. Steht für die Eheschließenden wieder mehr der affektive Wert und das Bewusstsein, einen Bund für das Leben zu schließen, im Vordergrund, könnte dies der Ehe zu mehr Stabilität verhelfen; immerhin wird die Mehrzahl der Ehen nach nur kurzer Dauer geschieden.

Den Kritikern ist aber zuzugeben, dass über den Gedanken des Kindeswohls nicht auch eine rechtliche Gleichstellung der Eltern erfolgen darf.[9] Die Bestimmung einer Grenze ist im Einzelfall schwierig. Der Gesetzgeber sollte sich vor diesem Hintergrund auf die Schaffung von Rahmenbedingungen zur Familienförderung zurückziehen und die konkrete Ausgestaltung des Zusammenlebens den Familienmitgliedern überlassen; andernfalls wird die soziale Realität dem Gesetzgeber immer einen Schritt voraus sein und ihn zur Reaktion zwingen. Damit könnten neuen Phänomenen familiären Zusammenlebens schützende Strukturen geboten werden.

Justiz vom 26. April 2005; Pressemitteilung des Bundesjustizministeriums vom 15. Feb. 2006 zur „Reform des Verfahrens in Familiensachen und den Angelegenheiten der freiwilligen Gerichtsbarkeit".

[8] *Schwab*, Konkurs der Familie?, S. 29 ff.

[9] Diese Grenze sieht *Schwab*, Konkurs der Familie?, S. 38 bereits als überschritten an.

Kolibri 360 GmbH
Ferdinand-Jühlke-Straße 7
99095 Erfurt, Deutschland
produktsicherheit@kolibri360.de

Druck:
CPI Druckdienstleistungen GmbH
im Auftrag der
Kolibri 360 GmbH
Ferdinand-Jühlke-Str. 7
99095 Erfurt